BOCA DO AMAZONAS

SERVIÇO SOCIAL DO COMÉRCIO
Administração Regional no Estado de São Paulo

Presidente do Conselho Regional
Abram Szajman
Diretor Regional
Danilo Santos de Miranda

Conselho Editorial
Ivan Giannini
Joel Naimayer Padula
Luiz Deoclécio Massaro Galina
Sérgio José Battistelli

Edições Sesc São Paulo
Gerente Iã Paulo Ribeiro
Gerente adjunta Isabel M. M. Alexandre
Coordenação editorial Cristianne Lameirinha, Clívia Ramiro, Francis Manzoni
Produção editorial Thiago Lins
Coordenação gráfica Katia Verissimo
Produção gráfica Fabio Pinotti
Coordenação de comunicação Bruna Zarnoviec Daniel

Willi Bolle

BOCA DO AMAZONAS

Sociedade e cultura em Dalcídio Jurandir

© Willi Bolle, 2019
© Edições Sesc São Paulo, 2019
Todos os direitos reservados

Preparação Ísis De Vitta
Revisão Silvana Cobucci, Sílvia Balderama Nara
Projeto gráfico, capa e diagramação Daniel Brito
Mapas Sonia Vaz

*Todos os esforços foram feitos para localizar as pessoas retratadas neste livro,
a fim de obter a permissão de uso de suas imagens. Caso recebamos informações
complementares, elas serão devidamente creditadas na próxima edição.*

Dados Internacionais de Catalogação na Publicação (CIP)

	Bolle, Willi
B6384b	
	Boca do Amazonas: sociedade e cultura em Dalcídio Jurandir / Willi Bolle. – São Paulo: Edições Sesc São Paulo, 2019. –
	352 p. il.
	Bibliografia
	ISBN 978-85-9493-216-7
	1. Literatura Brasileira. 2. Romance de formação. 3. Amazônia. 4. Biografia. 5. Dalcídio Jurandir. I. Título. II. Jurandir, Dalcídio.
	CDD 869.93

Edições Sesc São Paulo
Rua Serra da Bocaina, 570 – 11º andar
03174-000 – São Paulo SP Brasil
Tel. 55 11 2607-9400
edicoes@edicoes.sescsp.org.br
sescsp.org.br/edicoes
❑❑❑❑ /edicoessescsp

para Fátima,

para os professores e alunos da Escola Dr. Celso Malcher,
no bairro de Terra Firme (Belém), que participaram
das montagens teatrais (2009-2014) dos romances de
Dalcídio Jurandir,

*e para Ilse Hey Kemper (*in memoriam*), que foi minha*
professora na escola primária.

– Mamãe, me leve pra Belém. Quero estudar, senão eu morro.

(O menino Alfredo em *Três casas e um rio*)

E assim se coloca a pergunta, se a narração não formaria
o clima propício e a condição favorável para várias curas.
E mesmo, se não seria toda doença curável, se apenas se
deixasse flutuar para bem longe – até a boca do rio –
na correnteza da narração.

(Walter Benjamin, "Narrar e curar")

AFLUENTES DO NORTE

Aliada às ciências humanas, tal qual a antropologia ou a sociologia, a literatura torna-se potência documental. Atua de forma metonímica e oferece sentido a horizontes expandidos, ao tratar de espectros regionais ou recônditos.

Em *Boca do Amazonas: sociedade e cultura em Dalcídio Jurandir*, Willi Bolle, professor e teórico da literatura, se debruça sobre o Ciclo do Extremo Norte, do escritor Dalcídio Jurandir, paraense da Ilha de Marajó. Ao navegar por esse caudaloso *roman-fleuve* (ou romance fluvial) adentra um Brasil ora profundo, ora cosmopolita, situado na década de 1920, sob o declínio da economia da borracha.

O Ciclo do escritor marajoara, obra distribuída por dez livros, apresenta um complexo retrato do cotidiano amazônico do século XX. Trata-se de um romance de formação, em que o teor antropológico e tato político transbordam as sendas sociais. Resultado de um manancial cultural, composto por diferentes tipologias, sotaques, misturas e ofícios, revela uma Amazônia exposta à desigualdade. Ao apreender as oralidades de lavadeiras, caboclos, seringueiros e prostitutas, Dalcídio Jurandir compila um detalhado *dictio-narium* amazônico, dando eco a vozes historicamente silenciadas.

A partir do trabalho de uma década sobre os títulos que compõem o Ciclo, Bolle ressalta três aspectos fundamentais da obra de Jurandir: a descrição minuciosa do cotidiano periférico da sociedade amazônica; a defesa contundente por uma educação de qualidade aos mais pobres; e a importância de retratar a oralidade dos habitantes locais.

Soma-se a isso a importância da conservação da diversidade biológica e cultural da floresta, assim como o respeito pela pluralidade de diferenças culturais e étnicas, temáticas ainda vigentes e urgentes para a manutenção de um presente e futuro seguros e justos a todos.

A crítica literária, assim como a literatura, integra o repertório formativo da cultura, ao contribuir com projetos de difusão e reflexão acerca de obras essenciais, que ainda possam perdurar como desconhecidas do grande público. Ao conceber a cultura como bem de todos, o Sesc estimula ações socioculturais que permitem ao público acessar e desfrutar dessas obras, razão pela qual publicamos este livro.

Danilo Santos de Miranda

Diretor do Sesc São Paulo

SUMÁRIO

12 Introdução

O CICLO DO EXTREMO NORTE

23 O processo de criação da obra

34 Aspectos da recepção

MARAJÓ: UMA SÍNTESE DA AMAZÔNIA

43 Marajó dos campos e Marajó das florestas

56 Os principais elementos de composição do ciclo *Chove nos campos de Cachoeira*

79 Entre a ficção e os estudos sociais *Marajó*

111 Desmontagem da visão do paraíso e luta pela educação *Três casas e um rio*

BELÉM, METRÓPOLE DA AMAZÔNIA

133 Um panorama de épocas

151 Uma topografia social *Belém do Grão-Pará*

A PERIFERIA DE BELÉM – UMA AMOSTRA DO NOSSO "PLANETA FAVELA"

189   As baixadas como cenário

201   Iniciação à periferia *Passagem dos Inocentes*

227   Entre o ginásio e a escola da rua
Primeira manhã e *Ponte do Galo*

244   Exclusão social e luta pelo espaço *Os habitantes*

259   Cenas de vida numa favela *Chão dos Lobos*

RETROSPECTO SOBRE O CICLO DO EXTREMO NORTE

277   Uma típica comunidade amazônica: Gurupá

286   Um *dictio-narium* da Amazônia *Ribanceira*

303   A contribuição de Dalcídio Jurandir para o conhecimento da Amazônia

315   Referências bibliográficas

333   Roteiro da adaptação cênica do romance
Passagem dos Inocentes (1963), de Dalcídio Jurandir

348   Agradecimentos

350   Crédito das imagens

351   Sobre o autor

INTRODUÇÃO

Com este livro, que é o resultado de pesquisas realizadas durante dez anos, tenho a satisfação de concluir uma trilogia iniciada em 1994 com *Fisiognomia da Metrópole Moderna* (retratos das capitais europeias escritos por Walter Benjamin e da megacidade São Paulo) e continuada em 2004 com *grandesertão.br: o romance de formação do Brasil – uma* trilogia que representa meu projeto de uma topografia cultural do Brasil, num percurso que vai da metrópole/megacidade através do sertão até a Amazônia.

Assim como nos dois estudos anteriores, não me proponho aqui realizar um trabalho restritamente literário-estético. Ou seja: utilizo o Ciclo do Extremo Norte de Dalcídio Jurandir como um dispositivo para retratar a sociedade e a cultura da Amazônia, levando em conta as características do estilo e da composição literária. Passo a descrever o método usado para a confecção deste livro, de acordo com o sentido original da palavra grega *méthodos*, que designa o "caminho para se chegar a um alvo".

Optei por estudar a Amazônia à luz da obra de Dalcídio Jurandir, porque seu ciclo de dez romances, com cerca de 3 mil páginas, oferece uma apresentação da história cotidiana e da cultura da Amazônia que é exemplar em termos de amplitude e fidelidade aos detalhes. Como se sabe, a Amazônia, apesar de ocupar cerca de 60% do território brasileiro, desperta um interesse apenas marginal na grande maioria da população, inclusive nos intelectuais, e também na mídia. Com isso, a proposta de fazer conhecer essa região – que, segundo Euclides da Cunha, situa-se "à margem da história" do Brasil – por meio de uma obra que também ficou à margem, a saber, do cânone literário, tem algo de paradoxal, mas ao mesmo tempo, de homeopático.

Antes de me dedicar à obra de Dalcídio, realizei, no início de 2007, um ritual de iniciação à Amazônia, com o qual eu sonhara havia muitos anos: uma viagem em que refiz o percurso da travessia pioneira da expedição comandada por Francisco de Orellana, em 1541/1542, e narrada por Gaspar de Carvajal. Com base nessa experiência organizei, com Edna Castro e Marcel Vejmelka, uma coletânea de 12 estudos multidisciplinares, com o título *Amazônia: região universal e teatro do mundo* (2010).

Comecei os estudos sobre o retrato da Amazônia em Dalcídio Jurandir com uma pesquisa sobre a metrópole Belém, pelo prisma do romance *Belém do Grão-Pará* e, ao mesmo tempo, das *Passagens*, de Walter Benjamin – para apresentar a obra do romancista paraense, desde o início, numa perspectiva comparada e à luz de um autor de projeção internacional.[1]

---

[1]   Cf. Bolle, 2009a, "Belém, porta de entrada da Amazônia".

Mantendo o enfoque topográfico, estudei em seguida – com base nos romances *Marajó, Passagem dos Inocentes* e *Ribanceira* – outros três espaços da Amazônia retratados pelo romancista: 1) a Ilha de Marajó, que é o cenário da trilogia inicial do Ciclo; 2) os subúrbios ou a periferia de Belém, onde se passa uma sequência de cinco romances; e 3) a região do Baixo Amazonas, representada pela cidade de Gurupá, lugar do enredo do romance final.

Quanto à periferia, consegui estabelecer, a partir do Fórum Social Mundial, realizado em janeiro de 2009 em Belém, um contato com um grupo de professores e alunos da Escola Estadual Dr. Celso Malcher, de ensino fundamental e médio, situada no bairro de Terra Firme. Eu estava estudando o romance *Passagem dos Inocentes*, que descreve a iniciação do protagonista à periferia da cidade, e propus ao grupo de elaborarmos uma adaptação teatral da obra.[2] Eles engajaram-se nessa tarefa com plena motivação, porque viam retratada nesse romance a sua realidade cotidiana. Nosso trabalho resultou numa leitura dramática, em novembro de 2009, para o público daquela escola. Em abril de 2010 conseguimos apresentar também uma montagem teatral na Universidade da Amazônia (Unama), seguida de um debate com o público. Foi uma experiência muito bem-sucedida de um diálogo de habitantes da periferia com estudantes e professores universitários.[3]

No que concerne ao Marajó e ao Baixo Amazonas, analisei os romances *Marajó* e *Ribanceira*, de cunho semidocumental e com forte teor antropológico, numa perspectiva comparada com as obras do viajante-pesquisador Alexander von Humboldt e do antropólogo Charles Wagley, que foi interlocutor de Dalcídio Jurandir e retratou a mesma cidade de Gurupá no livro *Uma comunidade amazônica*. Em termos metodológicos, continuei, portanto, a comparar a apresentação da Amazônia por Dalcídio Jurandir com categorias e enfoques de estudiosos de circulação internacional.

No romance *Marajó*, que focaliza a vila de Ponta de Pedras e algumas fazendas às margens do rio Arari, o autor oferece retratos dos principais tipos sociais: vaqueiros, pescadores, lavradores, coletoras de açaí, seringueiros, lenhadores e empre-

---

[2] Duas experiências anteriores me animaram a propor esse trabalho teatral: 1) uma sequência de leituras dramáticas baseadas no romance *Grande Sertão: Veredas*, apresentadas entre 2004 e 2006 em vários lugares do Brasil, e também em Paris e Berlim; cf. Bolle e Dalalio, 2009, "João Guimarães Rosa: um mestre que ensina a dialogar com o povo"; e 2) a "Oficina de leitura dramática: Marajó, de Dalcídio Jurandir" (cf. Bolle, 2008), realizada em 2007, em Ponta de Pedras (Marajó), durante o XI Encontro do IFNOPAP.

[3] Cf. Bolle, 2013c, "Iniciação à periferia de Belém: uma oficina teatral com *Passagem dos Inocentes*, de Dalcídio Jurandir".

gadas domésticas e, por outro lado, latifundiários e comerciantes. No centro do enredo estão as relações de poder, e a tentativa do protagonista, o filho aparentemente rebelde de um latifundiário, de remediar os conflitos por meio de uma plantação denominada "Felicidade", o que acaba sendo desmascarado como um pseudoprojeto. Por meio dessa figura, o escritor nos faz refletir sobre o problema da mediação entre as diferentes classes sociais, no nível da ação narrada, e da comunicação entre a cultura dos letrados e a dos caboclos.[4]

Em *Ribanceira* realcei, por meio da comparação com a obra de Humboldt, a importância da língua como documento da cultura humana, mostrando que naquela comunidade ribeirinha o protagonista e observador participante, como um *alter ego* do escritor, reúne um *dictio-narium* dos habitantes, isto é, uma coletânea de ditos significativos e falas que merecem ser guardados na memória coletiva.[5]

No período de 2011 a 2014 completei a pesquisa com o estudo dos restantes seis romances. O eixo desse trabalho foram as adaptações cênicas e montagens teatrais, com o grupo de Terra Firme, das obras *Primeira manhã*, *Ponte do Galo*, *Os habitantes* e *Chão dos Lobos*. Com estadias na ilha do Marajó, analisei também *Chove nos campos de Cachoeira* e *Três casas e um rio*.

Um traço fundamental da obra de Dalcídio Jurandir é o intenso diálogo com os fatos históricos, sociais e culturais, econômicos e políticos, segundo a tradição do romance realista do século XIX, que foi retomada pelo neorrealismo e os romances de crítica social da década de 1930. Outra característica importante da obra é sua construção como *roman-fleuve*, ou romance fluvial. Com este termo, cunhado por Romain Rolland (1866-1944), designa-se um romance em série, que acompanha o percurso de vida do protagonista e apresenta, junto com a descrição do seu ambiente social, o retrato de uma época. A denominação é especialmente adequada para o projeto literário do nosso autor, que tem como eixo topográfico o sistema fluvial do maior rio do mundo, e como espaço de ação estes quatro já referidos cenários:

1) a ilha de Marajó, que representa uma síntese da Amazônia;

2) os bairros centrais da metrópole regional Belém, fundada em 1616 como porta de entrada da Amazônia e base para a colonização;

---

[4]   Cf. Bolle, 2011a, "A escrita da história de Marajó, em Dalcídio Jurandir".

[5]   Cf. Bolle, 2011b, "Boca do Amazonas: *roman-fleuve* e *dictio-narium* caboclo em Dalcídio Jurandir"; e 2014b, "Procedimentos poéticos de pesquisa da cultura amazônica em *Ribanceira*, de D. Jurandir".

3) a periferia de Belém, isto é, o cinturão dos subúrbios, formado em torno do núcleo urbano ao longo do século XX por centenas de milhares de migrantes pobres;

4) a pequena cidade de Gurupá, no Baixo Amazonas, cujo caráter paradigmático para toda a região foi realçado pelo título do estudo de Wagley: *Uma comunidade amazônica*.

A cada um desses quatro cenários o leitor será introduzido por meio de uma breve síntese, baseada em estudos geográficos, históricos, sociológicos e culturais. Em seguida, através das análises dos dez romances do Ciclo, ele passará a conhecer detalhadamente esses lugares.

O *roman-fleuve* de Dalcídio Jurandir será estudado por meio do conceito de *cronotopo*, proposto por Mikhail Bakhtin, combinando a análise cronológica com a espacial. Ele nos serve de suporte teórico para acompanhar "o caminho de vida" de um jovem do interior da Amazônia, o protagonista Alfredo, dos dez aos vinte anos, durante a década de 1920, que foi marcada pelas consequências do declínio da economia da borracha.

Começamos o estudo dos quatro espaços com a ilha de Marajó, onde se passam os três romances iniciais: *Chove nos campos de Cachoeira* (1941), *Marajó* (1947) e *Três casas e um rio* (1958). Esse cenário representa uma síntese da região amazônica. Somos introduzidos ao ambiente social e cultural de duas vilas típicas do interior fluvial, habitado sobretudo por caboclos e ribeirinhos. Aqui inicia-se a aprendizagem e a formação do menino Alfredo, filho de pai branco, letrado, funcionário público e de mãe negra, doméstica, semianalfabeta. O romance de formação desse indivíduo desdobra-se num romance social, com elementos de estudo antropológico de campo. A partir da perspectiva micro-histórica de uma família e através de observadores participantes são apresentados personagens de todas as camadas sociais, suas condições de vida, seus sentimentos e seu imaginário, e também as relações entre as classes, com um engajamento do autor em favor dos pobres. Entediado com o ambiente tacanho da vila, o menino luta pela sua formação escolar: ele quer estudar na capital Belém. Desde o início, a escola é vista como um fator estratégico na luta entre as classes sociais.

O segundo cenário é a metrópole regional mencionada no título do quarto romance: *Belém do Grão-Pará* (1960), para onde Alfredo, com 12 anos, consegue se transferir e onde começa a frequentar uma escola de bom nível. A cidade é descrita no início dos anos 1920, na época do declínio da economia da borracha, num ambiente econômico e político conturbado. Junto ao protagonista, o leitor percebe Belém como dividida em territórios de diferentes classes sociais: a classe média empobrecida, representada pela família que hospeda Alfredo; a classe dominante, caracterizada como "gente fina que ostenta"; uma família de operários; e os excluídos, os moradores das *baixadas*, que o jovem tem curiosidade de conhecer.

O terceiro cenário é a periferia de Belém, o espaço do enredo dos cinco romances seguintes: *Passagem dos Inocentes* (1963), *Primeira manhã* (1967), *Ponte do Galo* (1971), *Os habitantes* (1976) e *Chão dos Lobos* (1976). Essa parte do Ciclo, que tem sido a menos considerada pela crítica, é justamente a que representa a principal inovação temática de Dalcídio Jurandir: a superação do regionalismo tradicional por meio de um enfoque que aguça a percepção do mundo global de hoje, marcado pela explosão demográfica, e que foi denominado pelo urbanista Mike Davis, com muita pertinência, como *Planeta Favela* (2006). Dalcídio Jurandir foi um precursor da descrição das favelas. Na periferia de Belém, elas começaram a se formar nos anos subsequentes ao declínio da borracha, quando milhares de migrantes saíram do interior da Amazônia em busca de condições melhores de vida na cidade grande. O cinturão de pobreza em torno dos bairros centrais de Belém aumentou ainda mais a partir dos anos 1960, com o surto da modernização, que trouxe também uma avalanche de problemas sociais e de infraestrutura não resolvidos até hoje.

Nos referidos cinco romances, Alfredo é iniciado à periferia, começando a morar no barraco de uma parente. A partir dali e mais adiante, na favela com o nome emblemático "Não-Se-Assuste", ele observa de perto o cotidiano dos habitantes. O fato de ter sido aprovado como aluno de ginásio parece inicialmente lhe abrir uma perspectiva promissora, mas as aulas são tão abstratas e descompromissadas, que ele se frustra e procura um espaço alternativo de aprendizagem: a escola da rua. Nessas circunstâncias, ele se sensibiliza com uma história de exclusão social, que o leva a empreender um verdadeiro trabalho de detetive: tentar elucidar o caso misterioso de uma moça do interior que desejava frequentar o ginásio, mas acabou na "Babilônia" da prostituição da grande cidade. No final, a aprendizagem na rua é desmitificada como "vagabundagem" pelo narrador, que defende a frequência da escola como a melhor forma para sair da pobreza, pleiteando ao mesmo tempo por uma relação equilibrada entre os diferentes tipos de saberes.

O quarto e último cenário do Ciclo do Extremo Norte é a pequena cidade de Gurupá, às margens do rio Amazonas, onde se passa o romance final, *Ribanceira* (1978). A narrativa de ficção será comparada aqui com a pesquisa antropológica, especialmente de Charles Wagley, examinando-se suas afinidades e diferenças. Esse será também o momento de fazer um retrospecto sobre todo o ciclo romanesco de Dalcídio Jurandir. Na relação entre o escritor e o personagem Alfredo merece ser realçado que a trajetória da formação do protagonista termina no lugar onde o autor começou a esboçar o que se propôs como tarefa de sua vida, e na qual trabalhou dos 20 aos 70 anos: elaborar, em forma de um ciclo de dez romances, uma "história interpretada" da Amazônia, como "um rio humano em plena marcha". Um detalhe notável desse *romance fluvial* é que o autor completou sua obra de vida aos 70 anos, no limiar da morte, enquanto seu protagonista permanece jovem: no romance final do Ciclo ele está apenas com 20 anos; ou seja, tem ainda toda a sua vida pela frente. Essa constelação lança sobre a obra algo da magia da literatura: a qualidade de não envelhecer.

Fazendo um balanço final deste percurso pelos referidos cenários, por meio dos romances de Dalcídio Jurandir, levanta-se a pergunta: qual é a contribuição específica do seu ciclo romanesco para os retratos da Amazônia? Nossa análise destaca três aspectos: 1) a descrição da cultura cotidiana das pessoas que vivem na periferia da sociedade; 2) a defesa enfática de uma educação de qualidade também para os pobres; 3) a importância dada às falas dos habitantes da Amazônia. O romancista elaborou um *dictio-narium*, ou seja, uma coletânea de dizeres significativos captados na boca do povo, que merecem ser guardados como documentos da memória cultural e manifestações do desejo dessas pessoas de se tornarem sujeitos da História.

Na fase final da elaboração deste livro achei importante ampliar a perspectiva e situar os romances de Dalcídio Jurandir no contexto das obras canônicas sobre a Amazônia. Nesse sentido, elaborei uma síntese da história social e econômica, política e cultural da região, mostrando que na obra do romancista existem numerosas referências a essa história. A seguir, apresento um breve sumário desses elementos, focalizando dez épocas, em ordem cronológica:

1. Os descobrimentos e o início da colonização (1541-1639). Em relação a esse período, descrito por cronistas como Carvajal (1541-1542) e Acuña (1641), encontram-se na obra de Dalcídio personagens que discriminam os indígenas (cf. *Marajó*) ou que têm uma visão da Amazônia como um "paraíso" (*Três casas e um rio*). Com o personagem do menino Belerofonte (*Passagem dos Inocentes*), é evocado o herói que derrotou as Amazonas, as figuras míticas cujo nome foi projetado a partir da expedição de Orellana sobre o grande rio e toda a região.

2. A colonização por missões religiosas e por particulares (1640-1750). Os principais textos-fonte são os dos missionários Antônio Vieira, Samuel Fritz e João Daniel. Em *Belém do Grão-Pará* há referências ao "tempo velho" da fundação de Belém e à figura lendária da cobra-grande, que morava no lugar onde foi construída a Catedral da Sé. O personagem seu Virgílio evoca com saudade a época colonial – uma idealização que é desmontada (em *Marajó* e *Passagem dos Inocentes*) por referên-

cias aos frades coloniais, que caçavam índios "como se caça onças", e à exploração das empregadas domésticas que são forçadas a executar trabalhos de escravas.

3. O Grão-Pará na Era Pombalina (1750-1777), descrito na *Correspondência* (2005) do governador do Estado. De *Marajó*, passando por *Belém do Grão-Pará* até *Ribanceira*, a obra de Dalcídio apresenta situações de pessoas exploradas que lembram o tempo da escravidão. São retomadas também as palavras ambíguas daquela época que camuflavam a situação real de "serva" e "escrava" com eufemismos como "criada" e "afilhada". Quanto à miscigenação, que foi incentivada pelo governo para aumentar a população e, com isso, a defesa da colônia, é importante salientar que Dalcídio Jurandir optou, em seu ciclo romanesco, por um protagonista mestiço.

4. A Amazônia no final do século XVIII, retratada entre 1783 e 1792 por Alexandre Rodrigues Ferreira, pesquisador e "informante oficial" a serviço do governo de Portugal e autor da *Viagem filosófica*. Nos romances de Dalcídio há uma série de observações semelhantes, como a descrição topográfica das vilas ribeirinhas e o diagnóstico sobre o mau funcionamento da administração, incluindo casos de corrupção (cf. *Chove nos campos de Cachoeira*, *Três casas e um rio* e *Ponte do Galo*). Assim como o informante, também o romancista (em *Ribanceira*) faz o leitor sentir a sofrida vida cotidiana dos ribeirinhos.

5. A Amazônia no fim do período colonial. Em *Chão dos Lobos* há uma referência ao naturalista alemão Philipp von Martius, que viajou pela Amazônia em 1819/1820. Um traço em comum entre o relato do viajante e a obra do romancista é a atenção dada às lendas e aos mitos, como o da cobra-grande, e também à miscigenação dos habitantes.

6. A Amazônia no início da Independência. No *Compêndio das Eras da Província do Pará* e no *Ensaio corográfico* (1839), o historiador Antônio Baena descreve o aparato administrativo e sua presença na vida cotidiana dos habitantes. Ele refere-se também à situação deficiente das escolas e introduz o leitor à cultura cabocla, inclusive à festa do Círio de Nazaré. Todos esses elementos estão presentes também na obra de Dalcídio, especialmente em *Chove nos campos de Cachoeira*, *Belém do Grão-Pará* e *Ribanceira*.

7. A Revolução da Cabanagem (1835-1840), sangrentamente reprimida pelos militares e estudada por historiadores como Di Paolo (1985), Salles (1992) e Simões Rodrigues (2009). Referências à Cabanagem encontram-se nos romances iniciais do Ciclo do Extremo Norte, sendo que em *Três casas e um rio* ocorre uma acirrada discussão entre o pai e a mãe de Alfredo, que defendem pontos de vista antagônicos.

8. A Época da Borracha (1850-1912), quando a Amazônia se projetou no cenário nacional e internacional, como mostram as pesquisas de Santos (1980), Hardman (1988), Weinstein (1993), Dias (1999) e Sarges (2000). O romance *Belém do Grão-Pará* é centrado no declínio dessa época, rememorando também o seu auge. Uma passagem dessa obra é citada por Sarges (2000) como fonte historiográfica para fazer o leitor sentir a atmosfera da *Belle Époque*: "o tempo da champanhe escorrendo pelos babados, ensopando mangas dos fraques".

9. Declínio, estagnação e tentativas de reestruturação (1913 até os anos 1950). "Declínio", "desastre", "desabamento de fortunas", "ruínas" e "vilas abandonadas" são termos usados tanto nos textos historiográficos de Márcio Souza (2009) e de Aguinaldo Figueiredo (2011) quanto nos textos ficcionais de Dalcídio Jurandir. Em vários romances ele descreve o êxodo de habitantes do interior para a periferia de Belém, falando também de greves de operários e do clima de rebelião entre os militares.

10. A modernização a partir dos anos 1960 e os desafios do presente. Foi durante a época da modernização que Dalcídio redigiu a maior parte dos romances que constituem o Ciclo do Extremo Norte, no qual ele nos faz perceber a dupla face da modernização: o avanço e a estagnação ou o retrocesso. A socióloga Violeta Loureiro (2004) chega à conclusão que "o crescimento econômico não se fez acompanhar da redução da pobreza e da desigualdade". Dos diversos problemas apontados pelos historiadores que estudam a nossa época (Schwarcz e Starling, 2015; B. e S. Fausto, 2015; Mota e Lopes, 2015) consta sempre a situação deficiente do ensino público nos níveis fundamental e médio. Essa é uma preocupação constante e um *leitmotiv* no ciclo romanesco de Dalcídio Jurandir.

Verificamos, por meio desta síntese, que existem, nos textos do romancista, dezenas de passagens que remetem aos fatos e às características mais significativas da história da Amazônia. Como bem constatou o historiador Vicente Salles, "não é possível escrever a história social paraense" – e, acrescento: a de toda a Amazônia – "sem o conhecimento da obra de Dalcídio Jurandir".[6] Ficou demonstrado que o seu ciclo romanesco merece ser incluído no cânone dos retratos da região, ainda mais porque esse retrato da Amazônia no século XX se destaca pelo fato de ser articulado em sua maior parte através da voz dos habitantes da região, notadamente dos mais humildes, que assim se tornam sujeitos da História.

Essas qualidades demandam que se dê uma maior atenção a essa obra que ficou à margem do cânone, como também à região que continua "à margem da história"

---

[6] Salles, 1978, "Chão de Dalcídio", p. 348.

do país, pois tanto o Ciclo do Extremo Norte quanto a Amazônia aguçam a nossa percepção para problemas estruturais que dizem respeito ao Brasil como um todo.

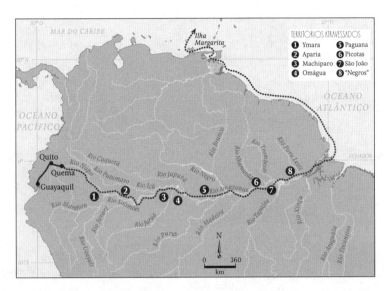

Mapa 1. A Amazônia no século XVI: percurso da expedição de Francisco de Orellana (1541-1542)

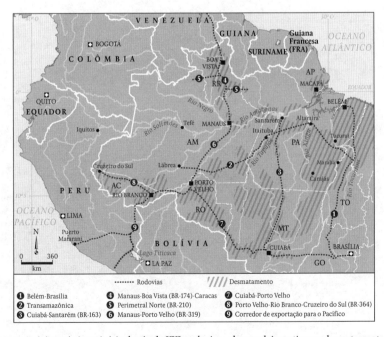

Mapa 2. A Amazônia no início do século XXI: rodovias – desenvolvimentismo e desmatamento

I.

O CICLO DO EXTREMO NORTE

1. O PROCESSO DE CRIAÇÃO DA OBRA

A feição do Ciclo do Extremo Norte é profundamente marcada pela experiência biográfica, social, cultural, histórica e política de Dalcídio Jurandir. O protagonista Alfredo, cujo caminho de vida dos seus 10 aos seus 20 anos acompanhamos em nove dos dez romances do ciclo, é um *alter ego* do autor. Este não optou pela autobiografia, mas pelo gênero ficcional, escrevendo um romance de formação que se desdobra num romance social. Nesta introdução ao Ciclo, as informações sobre a elaboração e a publicação dos dez romances que o compõem serão apresentadas em ordem cronológica, considerando-se paralelamente dados biográficos do autor e circunstâncias sociais, políticas e econômicas de sua criação literária que possam contribuir para uma melhor compreensão da obra.

Imagem 1. As capas dos dez romances do Ciclo do Extremo Norte

O romance de estreia, *Chove nos campos de Cachoeira*, pode ser resumido desta forma: o enredo passa-se por volta de 1920 na vila de Cachoeira, na ilha de Marajó. Inicia-se aqui o caminho de aprendizagem do menino Alfredo, filho de pai branco, letrado, funcionário público, e de mãe negra, doméstica. Esse romance de formação de um indivíduo desdobra-se num romance social, na medida em que, a partir da perspectiva micro-histórica de sua família, é apresentada a sociedade de uma vila do interior. No papel de protagonista e informante principal predomina, na verdade, um personagem já adulto, Eutanázio, o meio-irmão de Alfredo; ele vai recolhendo as fofocas na vila, aprofundando com isso o retrato das relações sociais.

Uma consulta aos dados biográficos de Dalcídio Jurandir Ramos Pereira[1] revela vários elementos que o romancista tem em comum com sua criação, o protagonista. Ambos são paraenses, nascidos em 1909, na ilha de Marajó, e passaram a infância na vila de Cachoeira do Arari. O título militar e a função de secretário da Intendência Municipal de Cachoeira do Arari, que são atributos do major Alberto, pai de Alfredo, fazem lembrar o pai de Dalcídio: Alfredo Nascimento Pereira era militar condecorado por D. Pedro II e em 1910 mudou-se para aquela vila, para exercer ali o cargo de secretário da Intendência. Também existem fortes semelhanças entre a mãe de Dalcídio, d. Margarida Ramos, filha de Florentino Ramos, ex-escravo, e a mãe do personagem Alfredo, chamada d. Amélia, que executa os trabalhos domésticos na casa do major Alberto, que a convidou para viver com ele após ter se tornado viúvo. Sobre a relação entre seus dados biográficos e as características de seus personagens, Dalcídio, numa carta ao seu irmão Ritacínio, em 1948, declarou:

> Nenhum personagem é real no sentido biográfico. Estou cada vez mais convencido que a ficção é mais verossímil quanto mais inventada tendo como base a realidade. D. Amélia pode ter alguma parecença com mamãe, mas não é senão d. Amélia. Assim todos.[2]

Dentre os traços em comum entre o autor e o seu protagonista, merece ser realçado o fato de ambos serem mestiços e filhos da união de um pai letrado com uma mãe que trabalha como doméstica, pois essa é uma base importante para ambos se tornarem figuras de mediação entre o mundo do trabalho braçal e a esfera da cultura letrada.

A primeira versão de *Chove nos campos de Cachoeira* foi escrita por Dalcídio em 1929, quando ele tinha 20 anos e trabalhava em Gurupá. Depois de ter reescrito o romance em 1939 em Salvaterra (Marajó), enviou-o para concorrer ao Prêmio Dom Casmurro de Literatura, concedido pela revista de mesmo nome e pela Editora Vecchi, do Rio de Janeiro. A revista foi, naquela época, a mais importante publicação do gênero no Brasil; da comissão julgadora participaram autores como Oswald de Andrade, Jorge Amado e Rachel de Queiroz.[3] Agraciado em 1940 com o prêmio, Dalcídio publicou seu romance pela Editora Vecchi, em 1941, e no mesmo ano mudou-se com a família para o Rio de Janeiro.

---

[1] Cf. "Dalcídio Jurandir – Notas biográficas", *in: Asas da Palavra*, n. 26 (2012), pp. 19-23; e "Cronologia", *in*: B. Nunes; R. Pereira; S. Pereira (orgs.), 2006, *Dalcídio Jurandir: romancista da Amazônia*, pp. 19-58.

[2] Carta a Ritacínio, 8 jun. 1948, *in: Dalcídio Jurandir: romancista da Amazônia* (2006), p. 52.

[3] Cf. "Dalcídio Jurandir – Notas biográficas" (2012), p. 20.

Em 1932, ele começou a escrever seu segundo romance, *Marinatambalo*, confeccionando uma versão provisória em 1939, em Salvaterra.[4] A partir de 1941, reescreveu o romance, publicando-o em 1947 sob o título de *Marajó* (pela Editora José Olympio, no Rio de Janeiro). O cenário do enredo é a vila de Ponta de Pedras, onde o escritor nasceu em 10 de janeiro de 1909; de lá, a ação estende-se a várias fazendas à beira do rio Arari. Dentre todas as obras do Ciclo, este romance, com seus numerosos *tableaux* sociais e culturais, é o que mais se aproxima de um estudo antropológico de campo. Os personagens são vaqueiros, pescadores e lavradores com suas famílias, canoeiros, lenhadores, colhedores de açaí e empregadas domésticas, das quais as mais velhas foram escravas. Nessa obra, o autor faz um experimento com outro tipo de protagonista: o jovem Missunga, que inicialmente se rebela contra seu pai latifundiário, criando um projeto de reforma social que acaba sendo desmascarado, e a desigualdade social, com suas estruturas neocoloniais, continua.

Numa entrevista, Dalcídio confirma o que a crítica havia realçado nesse romance: o fato de se tratar de um importante documento etnográfico e sociológico:

> Os temas dos meus romances vêm do meio daquela [...] gente das canoas, dos vaqueiros, dos colhedores de açaí. Uma das coisas que considero válidas na minha obra é a caracterização cultural da região. Acumulei experiências, pesquisei a linguagem, o falar paraense, memória, imaginação, indagações. [...] Os meus livros, se nada valem, valem por serem o documentário de uma situação que ainda tinha caráter cultural. [...] Os meus livros ficariam como o registro de uma cultura que está sendo destruída pela invasão da Amazônia [pelo progresso tecnológico].[5]

Nesse contexto, convém lembrar que Dalcídio mantinha correspondência com o antropólogo Nunes Pereira, consultando-o sobre "mitos, lendas, *causos*, para refundir no romance".[6]

A partir do seu terceiro romance, *Três casas e um rio*, escrito em 1948, mas publicado somente dez anos depois (pela Editora Martins, em São Paulo), Dalcídio optou definitivamente por Alfredo como protagonista, passando a desenvolver

---

[4] Cf. D. Jurandir, 1941, prefácio da 1ª ed. de *Chove nos campos de Cachoeira*, reproduzido com o título "Tragédia e comédia de um escritor novo do Norte", *in: Asas da Palavra*, n. 4 (1996), p. 14.

[5] "Um escritor no purgatório": entrevista com D. Jurandir, por Antônio Torres, Haroldo Maranhão e Pedro Galvão [1976], 1996, p. 29.

[6] Carta a Nunes Pereira [194?], *in: Dalcídio Jurandir: romancista da Amazônia* (2006), p. 163.

o projeto de um romance em série, dentro da tradição de Balzac, a quem se referia em diversas ocasiões. As três casas mencionadas no título são a da família de Alfredo, a da vizinha Lucíola Saraiva e a fazenda "Marinatambalo", de Edmundo Meneses, filho de latifundiário. Alfredo, agora com 11 anos, está frustrado com o péssimo ensino naquela vila do interior e luta para poder estudar na capital Belém. A escola é apresentada como um fator estratégico na luta entre as classes sociais. O tema da educação e da formação é, desde o começo, um dos eixos do ciclo romanesco e será aprofundado nas obras seguintes.

Numa entrevista a Eneida de Moraes, em 1960, depois de ter publicado quatro romances do ciclo, Dalcídio fez um retrospecto: "Toda a série de romances que estou escrevendo não é nada mais que o desenvolvimento dos temas apresentados ou esboçados em *Chove nos campos de Cachoeira*".[7] Em relação aos três primeiros volumes, todos ambientados na ilha de Marajó, ele esclareceu numa entrevista dada a Antônio Torres, Haroldo Maranhão e Pedro Galvão, em 1976: "Foi a tentativa [...] de transmitir, em termos de ficção, o que vive, sente e sonha o homem marajoara. Vale como um depoimento, uma memória, uma denúncia, uma antecipação. Tentei captar o trivial, o não heroico, o dia a dia da vida marajoara". Ao explicar a elaboração de sua obra, o escritor destaca a importância do elemento lúdico; as raízes mais profundas de sua criação literária situam-se num imaginário simbolizado por um brinquedo das crianças do Marajó:

> O caroço de tucumã, jogado na palma da mão de Alfredo, levava o menino ao diálogo com sonhos, ambições e miragens. Esse jogo solitário [...] se tornou em fermento romanesco. Do grelo no caroço pobre brotou *Chove nos campos de Cachoeira*, matriz de toda a obra. Com o tucumã na palma da mão, foi capturando almas, cenas, figuras, linguagem, coisas, bichos, costumes, a vivência marajoara que ressoa, miudinho como num búzio, em dez volumes.[8]

Na década de 1950, o projeto do ciclo amazônico sofreu uma longa interrupção por causa da militância política de Dalcídio, que desde os anos 1930 se engajara na luta partidária. Como participante da Aliança Nacional Libertadora e colaborador de vários jornais e revistas, lutou contra o fascismo, sendo preso em 1935, por dois meses, quando leu na cadeia o *Dom Quixote*, de Cervantes; e novamente em 1937, por três meses. Durante os anos de 1940, continuou a defender a causa

---

[7] "Eneida entrevista Dalcídio" (1960), *in: Asas da Palavra*, n. 4 (1996), p. 32.

[8] "Um escritor no purgatório" [1976], 1996, p. 28. Essa temática é desenvolvida por Rosa Assis no artigo "Dalcídio Jurandir, uma leitura do caroço de tucumã: vias de sonhos e fantasias", *in: Asas da palavra*, n. 17 (2004), pp. 23-31.

do socialismo comunista, atuando no Rio de Janeiro como redator da *Tribuna Popular* e colaborador do semanário *A Classe Operária*. Em 1952, viajou para a União Soviética, fazendo parte de uma delegação de escritores e jornalistas. Incumbido pelo Partido Comunista do Brasil, escreveu, entre 1951 e 1955, com base em pesquisas realizadas no Rio Grande do Sul, um romance sobre a história do movimento operário no porto do Rio Grande, que foi publicado em 1959 com o título *Linha do parque* (Rio de Janeiro: Editora Vitória). Uma versão russa foi lançada em Moscou, em 1962, com apresentação de Jorge Amado.[9]

Em 1956, no contexto da revisão do stalinismo e do movimento comunista internacional, Dalcídio, numa carta ao seu irmão Ritacínio, fez um balanço autocrítico:

> Aos 47 anos, sentia que a minha obra de romance, cuja estreia foi auspiciosa, estava em atraso e isso seria uma traição ao nosso povo [...], deixando inútil todo um material e toda uma aprendizagem e plano de um romance sobre 20 anos de vida paraense. Resolvi acordar, agora estou empenhado na obra. Trabalharei noutro

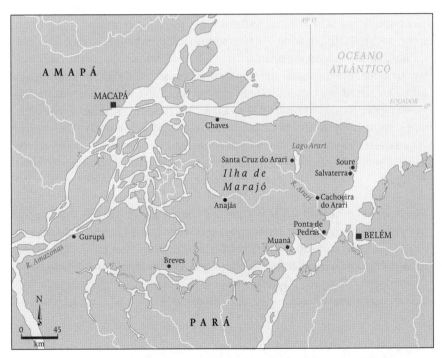

Mapa 3. A boca do Amazonas: cenário dos romances do Ciclo do Extremo Norte

---

[9] Sobre *Linha do parque*, cf. a resenha de Antonio Olinto, *in: D. Jurandir* (2006), pp. 142-145.

setor, na medida que me permitir o trabalho literário. Tenho cinco volumes a escrever. Acabei o segundo, *Os Alcântaras* [= *Belém do Grão-Pará*], estou passando a limpo. [...] Estou sem receber do jornal, vivo mal, luto com mil dificuldades para sustentar-me no trabalho.[10]

Numa carta à amiga Divina, de Goiás, em 1958 (?), ele complementa: "Eu, como escritor, [...] já não posso [...] simultaneamente ter uma atividade prática política e uma atividade literária, tendo em vista que o meu plano de romances é volumoso e árduo, requer tempo, meditação, concentração, ócio e vagares".[11]

A retomada do ciclo amazônico, com a publicação de *Belém do Grão-Pará*, em 1960 (São Paulo: Martins), repercutiu positivamente no meio literário: Dalcídio recebeu o Prêmio Paula Brito, da Biblioteca do Estado da Guanabara, e o Prêmio Luíza Cláudio de Souza, do Pen Club. Com esse romance, que começa com a chegada do protagonista Alfredo em Belém, o cenário transfere-se da ilha de Marajó para a capital do Pará. Algumas semelhanças entre a trajetória de formação de Alfredo e a do autor continuam existindo: ambos foram alunos do ensino fundamental no Grupo Escolar Barão do Rio Branco. No romance, a cidade é descrita no início dos anos 1920, quando se fizeram sentir cada vez mais as consequências do declínio da borracha. A estagnação e o recuo da economia e as correlatas conturbações sociais e políticas são apresentados da perspectiva de uma família de classe média em decadência, os Alcântaras, em cuja casa Alfredo está hospedado. Através da percepção desse jovem de 12 a 13 anos, o narrador transmite ao leitor uma ampla visão da topografia da cidade, mostrando-a dividida em territórios de diferentes classes sociais. Com isso, o autor confirma o que declarou numa entrevista daquele tempo: "Meus romances, sim, tomam partido. [...] Minha visão do mundo se inspira [...] nesta vida em movimento, em que há classes sociais em luta."[12]

Em seu depoimento sobre Belém – que se torna, ao lado de Alfredo, a protagonista do romance –, o escritor explica que essa cidade tem duas faces: "Em *Belém do Grão-Pará*, está muito do meu primeiro amor à cidade e um pouco do meu desprezo e enjoo pelo que a enfeia. [...] Em *Passagem dos Inocentes* e *O ginasiano* [= *Primeira manhã*], aquele na editora e este já na metade, falo da Belém suburbana e assim são cidades diferentes que vejo e imagino."[13]

---

[10] *In: D. Jurandir: romancista da Amazônia* (2006), pp. 93 e 95.

[11] *In: D. Jurandir: romancista da Amazônia* (2006), p. 98.

[12] "Eneida entrevista Dalcídio" [1960], 1996, p. 33.

[13] *Ibidem.*

Com isso, Dalcídio iniciou uma nova fase do seu romance em série, uma sequência de cinco volumes, com o foco nos subúrbios de Belém. Situando esses romances no conjunto do seu projeto de "levantar um quadro extenso da Amazônia", ele explicou, em 1960:

> O plano da obra, já no sexto volume [*Primeira manhã*], e que deve ir ao décimo, é um pensamento da mocidade. [...] Todo o meu romance, distribuído, provavelmente, em dez volumes, é feito, na maior parte, de gente mais comum, tão ninguém, que é a minha criatura de Marajó, Ilhas e Baixo Amazonas, meus irmãos de igapó e barranca. Fui menino de beira-rio, do meio do campo, banhista de igarapé. Passei a juventude no subúrbio de Belém, entre amigos nunca intelectuais, nos salões da melhor linhagem que são os clubinhos de gente da estiva e das oficinas, das doces e brabinhas namoradas que trabalhavam na fábrica. Um bom intelectual de cátedra alta diria: são as minhas essências, as minhas virtualidades. Eu digo: É a farinha d'água dos meus beijus. [...] A esse pessoal miúdo que tento representar nos meus romances chamo de aristocracia de pé no chão.[14]

Ao retomar essas palavras, numa entrevista em 1976, ele deixa claro que a visão que tem da realidade social, como romancista, é feita de lutas: "Meu romance é um romance político".[15]

A partir de *Passagem dos Inocentes*, publicado em 1963 (pela Editora Martins), o protagonista Alfredo não mora mais na área central de Belém, mas é iniciado à periferia. Agora com 14 anos, está hospedado no barraco da família de uma parente, d. Celeste. Quanto à moradia, há novamente uma semelhança com os dados biográficos de Dalcídio, que também "morava na barraquinha" de uma parente, "dona Lulú que [lhe] dava comida, luz para escrever versinhos e um sapato de quando em quando".[16] No romance, d. Celeste torna-se uma segunda protagonista: são descritas as suas frustrações com a vida naquele ambiente pobre e suas tentativas de evasão – às quais o narrador contrapõe uma manifestação política de operários com suas mulheres, contra o descaso das autoridades públicas em relação à infraestrutura sanitária dos bairros pobres, o que causou uma epidemia. Quanto a esse assunto, cabe lembrar que, em 1944, Dalcídio redigiu textos publicitários e legendas para filmes de educação sanitária, no Serviço Especial de Saúde Pública (Sesp).[17]

---

[14] "Eneida entrevista Dalcídio" [1960], 1996, pp. 32-33; e *D. Jurandir* (2006), p. 199.

[15] "Um escritor no purgatório" [1976], 1996, p. 29.

[16] D. Jurandir [1941], 1996, "Tragédia e comédia de um escritor novo do Norte", p. 16.

[17] Cf. "Dalcídio Jurandir – Notas biográficas", 2012, pp. 20-21.

Com o romance *Primeira manhã*, publicado em 1967 (Editora Martins), passa novamente para o primeiro plano o tema da educação. Alfredo, agora com 16 anos, foi aprovado no exame de admissão do ginásio. No entanto, as aulas ali ministradas, abstratas e descompromissadas com a realidade social e a procura de saber por parte dos adolescentes, são para ele uma grande frustração. Assim, ele escolhe como alternativa de aprendizagem a escola da rua ou a "vagabundagem", como observa criticamente o narrador. A trajetória de Alfredo reflete a experiência de Dalcídio que, em 1925, matriculou-se no Ginásio Paes de Carvalho. "Estive dois anos no ginásio", relata o escritor. "Nele desaprendi o que levara do grupo [i.e., do Grupo Escolar Barão do Rio Branco]. Quase todos os professores me desanimavam."[18]

O título do romance seguinte, *Ponte do Galo*, publicado em 1971 (Editora Martins e MEC), refere-se explicitamente às *baixadas* de Belém. O local mencionado por Dalcídio como moradia de sua família durante os anos 1930, "uma barraca na São João",[19] é provavelmente a passagem São João, no bairro do Telégrafo, paralela ao igarapé do Una e próxima à ponte do Galo. Perto dali localiza-se o porto de comunicação com a ilha de Marajó, de onde, ao longo do século XX, vieram grandes contingentes de migrantes, que formaram o cinturão de pobreza em torno dos bairros centrais. Quanto à atração do adolescente Alfredo pela escola da rua, o narrador não compartilha dessa opção e a desmitifica com este conselho dado pela mãe: "– Meu filho, desforra de pobre é estudar!"

A defesa de uma educação pública de boa qualidade, com acesso também para os pobres, é uma causa defendida por Dalcídio Jurandir na sua obra inteira. A esse respeito deve ser lembrado que no contexto dos anos 1930, quando o romancista elaborou a base do seu projeto literário, cultural e político, um expressivo grupo de intelectuais brasileiros estava engajado num movimento de reordenação política a partir de um investimento maciço na renovação do sistema escolar, procurando romper com a concepção oligárquica que considerava o acesso a uma boa escola como privilégio da classe dominante. O marco principal foi o *Manifesto dos Pioneiros da Educação Nova* (1932), assinado, entre outros, pelos educadores Fernando de Azevedo e Anísio Teixeira e os escritores Afrânio Peixoto e Cecília Meireles.[20] Na sua apresentação da temática pedagógica, Dalcídio Jurandir pôde basear-se também na sua experiência profissional como oficial da Diretoria de Educação e Ensino do Estado do Pará. Ele ingressou nesse serviço em 1932, foi secretário da revista *Escola*, em 1934, e exerceu em 1939, em Salvaterra, o cargo

---

[18]   D. Jurandir [1941], 1996, "Tragédia e comédia de um escritor novo do Norte", p. 16.

[19]   "Tragédia e comédia de um escritor novo do Norte" [1941], 1996, p. 15.

[20]   Cf. J. Lima, 2012, "Intelectuais e política: o exemplo de Dalcídio Jurandir", pp. 253-254.

de Inspetor Escolar.[21] Numa carta de 1954 à amiga Divina, ele denunciou "a desordem da educação [no Brasil], onde mais de 5 milhões de jovens em idade de estudar não podem entrar na escola".[22]

Com o romance *Os habitantes*, concluído em 1967, mas publicado somente em 1976 (Rio de Janeiro: Artenova), termina uma trilogia que começou em *Primeira manhã*: a história da moça Luciana, que representa um caso de exclusão social. O ginasiano Alfredo sente-se culpado por estar hospedado na casa onde ela, filha bastarda de um fazendeiro do Marajó, deveria morar. Mas o desejo de Luciana de frequentar o ginásio foi boicotado pela família, e a moça, que fugiu para Belém, acabou caindo na prostituição. Alfredo resolve investigar esse caso misterioso, que parece ter traços de um crime. O título do romance, num primeiro momento, refere-se aos moradores daquela casa, que acaba sendo ocupada pela irmã invejosa de Luciana. Mas, além disso, a denominação "os habitantes" pode se referir também aos moleques da rua, que atacam essa casa, e, por extensão, a todos os sem-teto.

No último dos cinco romances que se passam nos subúrbios de Belém, em *Chão dos Lobos* (concluído em 1968 e publicado em 1976 pela Editora Record), é descrito o convívio de Alfredo, quase adulto, com os habitantes da favela "Não-Se--Assuste",[23] que pertence aos Lobos, uma família de latifundiários. Entre seus interlocutores estão a empobrecida professora Nivalda, que o convida para dar aulas na escolinha que ela instalou em sua casa; e o migrante seu Almerindo, que o põe em contato com rituais e festas populares: os cordões de pássaro e o boi--bumbá. O protagonista continua "flutuando entre o ginásio e a vagabundagem", assim como o jovem Dalcídio que, em 1927, "acab[ou] perdendo os exames do segundo ano" e "vir[ou] vagabundo de subúrbio", tendo sua matrícula cancelada. Assim como o seu criador, Alfredo viaja, então, na terceira classe do navio Duque de Caxias, para o Rio de Janeiro. Lá, ambos procuravam se sustentar, trabalhando ora como lavadores de pratos num restaurante, ora "passando o esfregão no corredor da pensão onde morava[m] de favor". Desiludidos, acabaram voltando para Belém.[24]

---

[21] Cf. "Dalcídio Jurandir – Notas biográficas", 2012, p. 20.

[22] *In: D. Jurandir: romancista da Amazônia* (2006), p. 97.

[23] Antes da descrição desse "renque de palhoças", no romance *Chão dos Lobos*, o autor publicou, em 1955, uma reportagem sobre uma favela em São Cristóvão, no Rio de Janeiro: "Um Natal na Barreira do Vasco", *in: D. Jurandir* (2006), p. 64.

[24] Cf. D. Jurandir [1941], 1996, "Tragédia e comédia de um escritor novo do Norte", p. 16.

Dalcídio Jurandir concluiu a sua série de dez romances amazônicos, "que ele chamou de Ciclo do Extremo Norte",[25] em 1970, com *Ribanceira*, publicado em 1978, pela Editora Record. O cenário desloca-se para a vila de Gurupá, no Baixo Amazonas. A inspiração para Dalcídio escrever essa obra veio-lhe novamente de sua experiência biográfica. Em outubro de 1929, aos 20 anos, foi nomeado secretário da Intendência de Gurupá pelo intendente, Raynero Maroja, ficando nesse cargo até novembro de 1930, voltando depois para Belém. O trabalho administrativo, tanto de Alfredo quanto de Dalcídio, consistia sobretudo em fazer inspeções e estabelecer contato com pessoas de todas as camadas sociais. Uma característica específica desse romance consiste no colhimento de falas na boca do povo, que são registradas como documentos da memória cultural.

Depois de Dalcídio ter terminado *Ribanceira*, ele teve de interromper o seu trabalho como romancista, porque tinha sido acometido pela doença de Parkinson,[26] que o fez sofrer durante vários anos, até ele falecer em 16 de junho de 1979, no Rio de Janeiro. Mas, conforme declarou numa de suas últimas entrevistas, sua obra "talvez tenha um certo encanto por ser assim interrompida", pois "o personagem principal, que ainda é jovem, não envelhece".[27]

Antes de passar destas observações sobre o processo de criação da obra para algumas questões-chave da recepção, vem ao caso lembrar que, em 1972, a Academia Brasileira de Letras concedeu a Dalcídio Jurandir o Prêmio Machado de Assis pelo conjunto de sua obra. Jorge Amado, em seu discurso de saudação, qualificou essa obra como "uma das mais importantes de nossa ficção em qualquer tempo".[28] Dalcídio, por sua vez, agradeceu à Academia por ter escutado "uma das vozes daquele tão longe Extremo Norte", e qualificou a sua própria obra como "difusa e miúda, toda enterrada na região onde foi buscar os seus temas e a raiz de sua linguagem".[29] Numa carta, dos anos 1950, à amiga Divina, ele escreveu: "Não quero senão realizar-me como escritor [...] e servir assim ao meu povo". Ora, para poder realizar esse desejo, ele foi, durante a vida toda, "obrigado a ganhar dinheiro para as necessidades comuns".[30] Em notas e observações sobre o ofício e a função do escritor, Dalcídio se considerou um "aprendiz de romance". Durante

---

[25] A. Torres, H. Maranhão, P. Galvão [1976], 1996, "Um escritor no purgatório", p. 28.

[26] Cf. Moacir Costa Lopes, "Dalcídio Jurandir (A face amarga da literatura)", *in: D. Jurandir* (2006), p. 211.

[27] "Um escritor no purgatório" [1976], 1996, p. 30.

[28] Discurso de Jorge Amado, *in: Asas da Palavra*, n. 4 (1996), p. 17.

[29] *In: D. Jurandir: romancista da Amazônia* (2006), p. 114.

[30] *In: D. Jurandir: romancista da Amazônia* (2006), p. 180.

a refundição e reescrita de seus textos, percebeu que "o desejo é maior que a possibilidade", tocando com isso na questão do "querer artístico" (*Kunstwollen*), cuja importância, segundo Walter Benjamin, costuma ser menosprezada por uma crítica que valoriza somente as "obras-primas".[31] Nessa luta constante de "apurar a técnica", Dalcídio Jurandir leu e releu "os grandes romances universais", que ensinam a "sondar mais profundamente o mundo humano: cenas, situações, personagens". No fim, ele chegou à conclusão de que é preciso "experimentar todas as técnicas", "mas não está nas técnicas o fim do romance". Segundo ele, a principal tarefa do escritor de romance, que é "um gênero eminentemente social", é o seu comprometimento com as questões sociais.[32]

---

[31] Cf. W. Benjamin, 1984, *Origem do drama barroco alemão*, p. 77.

[32] Cf. *D. Jurandir: romancista da Amazônia* (2006), pp. 181, 175, 182 e 183.

2. ASPECTOS DA RECEPÇÃO

O mais detalhado registro de dados bibliográficos sobre a obra de Dalcídio Jurandir – as publicações de seus romances, resenhas contemporâneas, referências em histórias da literatura brasileira, estudos em forma de dissertações e teses, e uma bibliografia crítica geral – encontra-se no livro eletrônico *Dalcídio Jurandir: bibliografia geral e estudos críticos*, organizado em 2014 por Gunter Karl Pressler, Flávia Menezes e Mário Santos Neto.[33] Na introdução, intitulada "O espelho adiantado", Pressler, retomando estudos seus anteriores,[34] apresenta um panorama e uma avaliação do processo da recepção.

As reedições dos dez romances do Ciclo do Extremo Norte foram estas: 1) em 1984, saiu pela Editora Falangola (Belém) o volume *Passagem dos Inocentes*; 2) de 1991 a 1997, as Edições Cejup (Belém) republicaram os três romances iniciais: *Chove nos campos de Cachoeira*, *Marajó* e *Três casas e um rio*; 3) em 1998, seguiu-se uma edição crítica de *Chove nos campos de Cachoeira* (Belém: Unama), organizada por Rosa Assis; a mesma estudiosa elaborou uma "edição nova e definitiva" (baseada na reescrita desse romance por Dalcídio), que foi publicada em 2011 pela Editora 7Letras (Rio de Janeiro); 4) em 2004, saiu *Belém do Grão-Pará* pela EdUFPA (Belém) e pela Casa Rui Barbosa (Rio de Janeiro); e 5) em 2009, por ocasião do centenário do nascimento do escritor, *Primeira manhã* (Belém: Eduepa).[35] Com a reedição deste romance, por iniciativa de Josebel Fares, ganhou maior visibilidade um tema-chave do romancista: a educação.

A divulgação das obras do Ciclo do Extremo Norte continua incompleta, mas nos últimos três anos houve novas iniciativas. Carlos Pará, editor da *Revista PZZ*, reeditou em 2016, pela Editora Marques (Belém), os romances *Marajó*, *Belém do Grão-Pará* e *Primeira manhã*. Esses relançamentos fazem parte do projeto "Dalcídio Jurandir nas Escolas", coordenado por Adriana Lima, professora da Esco-

---

[33] La Coruña: Editora SMD, 2014, editado em formato de *e-book*, Toronto: Kobo. O livro contém também alguns estudos complementares, dentre os quais: Angelina da Costa Rodrigues, "A representação de Ponta de Pedras na obra *Marajó*"; Raimundo Tadeu Gama, "A representação de Cachoeira do Arari na obra *Chove nos campos de Cachoeira*"; e Maria do Socorro Macedo Pereira: "A representação de Cachoeira do Arari na obra *Três casas e um rio*". Uma segunda versão, ampliada, desse livro saiu em 2016: Belém, SMD.

[34] Pressler, 2004, "A nova recepção da obra de Dalcídio Jurandir"; 2007, "O espelho adiantado: sobre a recepção da obra de Dalcídio Jurandir"; e 2012, "Dalcídio Jurandir – João Guimarães Rosa: A crítica literária diante do romance de nova feição regionalista".

[35] Pressler, 2014, "Introdução: o espelho adiantado", pp. 11-28.

la Barão do Rio Branco.[36] Além disso, em 2017, 2018 e 2019 a Pará.grafo Editora (Bragança – PA), republicou os romances *Ponte do Galo, Três casas e um rio, Os habitantes* e *Chão dos Lobos*.

Quanto aos estudos sobre os romances, Pressler, na referida introdução, traz uma série de informações importantes, e também várias críticas. Assim, apesar de reconhecer méritos no trabalho do historiador da literatura Massaud Moisés, ele o desvaloriza como "simplificação estereotípica"; na recepção em geral denuncia supostos "desvios", censura os críticos que veem no ciclo romanesco de Dalcídio Jurandir "uma obra de crítica social e de cunho regionalista-amazônico", e exorta os estudiosos a cumprirem com a "tarefa" de compreender "a particularidade da obra no contexto do século XX como romance moderno" e de "incluir a obra e o nome do autor entre os grandes romancistas do século XX". Um dos enfoques apoiados por Pressler é o de "um paraensismo universalizado".[37]

É comum que haja divergências entre os comentaristas de uma obra literária importante, e isso pode até ser frutífero. O presente livro, como o leitor deve ter percebido desde o começo, se inclui assumidamente entre os estudos que representam "desvios". Neste sentido, são selecionados aqui – dentre os trabalhos sobre o Ciclo do Extremo Norte – aspectos, estudos e conceitos que possam abrir caminhos para uma melhor compreensão da sociedade e da cultura da Amazônia à luz da obra de Dalcídio.

Uma questão a ser esclarecida previamente é saber qual é o lugar que tem sido atribuído aos romances de Dalcídio Jurandir no conjunto da literatura brasileira. Dentre as várias histórias da literatura citadas, seleciono a de Alfredo Bosi, cuja avaliação continua sendo bastante representativa: a sua *História concisa da literatura brasileira*, redigida em 1968-1969, ou seja, quando Dalcídio já tinha publicado a maior parte de sua obra. No capítulo final, "Tendências contemporâneas" (após 1930), depois de ter comentado *Usina* (1936) e *Fogo morto* (1943), de José Lins do Rego, e *São Bernardo* (1934) e *Vidas secas* (1938), de Graciliano Ramos, como "obras-primas" do regionalismo de crítica social, Bosi registra a "permanência e transformação do regionalismo". Entre esses autores, com romances que encarnam "um regionalismo menor" – nos melhores casos, com "inegável valor documental" –, ele situa, como "o mais complexo e moderno de todos", Dalcídio

---

[36] Em outubro de 2016, na Escola Estadual Deodoro de Mendonça, participei de uma das apresentações desse projeto, numa mesa integrada, entre outros, por Marlí Furtado e Paulo Nunes.

[37] Pressler, 2014, pp. 10, 11, 18 e 13/28.

Jurandir, com o Ciclo do Extremo Norte.[38] Com essa avaliação, configurou-se uma situação em que a obra do romancista paraense, no início do século XXI, continuava "à margem do cânone da literatura nacional".[39] Apesar dos esforços de um número expressivo de estudiosos para melhorar esse quadro, e apesar do fato de algumas das principais teses e dissertações sobre a obra terem sido elaboradas em universidades do Rio de Janeiro, São Paulo e Minas Gerais,[40] a situação infelizmente não mudou substancialmente até hoje.[41]

Como principal núcleo de divulgação de estudos sobre a obra de Dalcídio Jurandir tem se destacado nos últimos vinte anos um grupo de professores da Universidade da Amazônia (Unama), em Belém, que publicou cinco coletâneas entre 1996 e 2012.[42] Os autores desses artigos são, em sua grande maioria, pesquisadores que atuam no Pará, o que mostra que a obra de Dalcídio é conhecida basicamente no seu estado de origem. Como para compensar esse fato, alguns estudiosos valorizaram enfaticamente a obra e o autor, qualificando-o como "o maior romancista da Amazônia"[43] – o que pode ser verdade; no entanto, a crítica teria que explicar por que a obra de Milton Hatoum, um autor da Amazônia que é nosso contemporâneo, alcançou grande visibilidade internacional, enquanto a recepção da obra de Dalcídio Jurandir continua tão limitada.[44]

Existem também tentativas de equiparar a obra de Dalcídio à de Guimarães Rosa e à de mestres da literatura universal como Dostoiévski ou Proust. Retomando a

---

[38] Bosi, 1ª ed., 1970, *História concisa da literatura brasileira*, p. 479; e 43ª ed., 2006, p. 426.

[39] Cf. Pressler, 2004, "A nova recepção da obra de Dalcídio Jurandir", pp. 123-124.

[40] Assim, por exemplo, a tese de Olinda Assmar, defendida em 1991 na UFRJ e publicada em 2003 com o título *Dalcídio Jurandir: um olhar sobre a Amazônia*; a de Marlí Furtado, *Universo derruído e corrosão do herói em Dalcídio Jurandir*, defendida em 2002 na Unicamp e publicada em 2010; a de José Alonso Torres Freire, *Entre construções e ruínas: o espaço em romances de Dalcídio Jurandir e Milton Hatoum*, defendida em 2006 na USP e publicada em 2008; e a tese ainda inédita de Paulo Nunes, *Útero de areia: um estudo do romance* Belém do Grão-Pará, *de Dalcídio Jurandir*, defendida em 2007 na PUC-Minas Gerais. Além disso, deve ser mencionado também o estudo "Ruínas idílicas: a realidade amazônica de Dalcídio Jurandir", publicado na *Revista USP*, n. 13 (1992), pp. 48-57, por Pedro Maligo, professor da Michigan State University (EUA).

[41] Foi isso que me fez escolher, para um artigo recente sobre o Ciclo do Extremo Norte, o título "À margem da literatura brasileira"; cf. Bolle, 2014a.

[42] Três números da revista *Asas da Palavra*: n. 4 (1996), n. 17 (2004) e n. 26 (2012); e as coletâneas *Leituras dalcidianas* (2006), org. por Marcus Leite; e *Estudos comemorativos Marajó – Dalcídio Jurandir – 60 anos* (2007), org. por Rosa Assis.

[43] Cf. Pressler, 2010, "O maior romancista da Amazônia – Dalcídio Jurandir – e o mundo do arquipélago de Marajó".

[44] A tese de doutorado de Freire (2008) sobre *O espaço em romances de Dalcídio Jurandir e Milton Hatoum* poderia ser um ponto de partida para tal avaliação comparada de processos de recepção tão diferentes.

fórmula da "apresentação do mundo regional" com uma "expressão universal" (Álvaro Lins sobre Guimarães Rosa),[45] há quem defenda que a escrita de Dalcídio Jurandir não é regional, mas universal.[46] Também um destacado crítico como Benedito Nunes – que publicou o excelente ensaio de síntese "Dalcídio Jurandir: as oscilações de um ciclo romanesco" – manifestou essa tendência:

> Esse traço proustiano [a saber: a autoanálise de Alfredo no episódio da morte de sua irmãzinha] se adensa com um toque forte, à maneira de Dostoiévski, da mimese de rebaixamento, quando o personagem central descobre que a mãe [...] se embriagava.[47]

> Chego a pensar que o conjunto desses romances [o ciclo de D. Jurandir] forma uma espécie de *À la Recherche...* escrita na Amazônia e que Dalcídio é, um pouco, o nosso Proust.[48]

Complementando essas declarações, merece ser lembrada uma conversa que Benedito Nunes teve com o romancista:

> Em 1963, momento da publicação da *Passagem dos Inocentes*, encontrei-me, no Rio, com Dalcídio, emocionalmente abalado, senão traumatizado, pela leitura de *Grande sertão: veredas*, de Guimarães Rosa. Escritor nato, ele jamais tentaria imitar Rosa; mas esse impacto estético serviu para despertar nele as mais recônditas potencialidades de sua linguagem, um tanto recalcadas pela vigilância realística, senão política, que exercia sobre o seu estilo, sem que jamais tivesse podido afiná-lo ou desafiná-lo pelo metrônomo do realismo socialista [...].[49]

Cabe perguntar: como é que um autor pode se sentir abalado e mesmo traumatizado pelo surgimento do romance de Guimarães Rosa, se a crítica atesta à sua própria obra qualidades de Proust ou de Dostoiévski? Como contraponto às supervalorizações da obra de Dalcídio, vale relembrar a modéstia com a qual o

---

[45] Cf. a resenha de A. Lins, "Uma grande estreia", 12 abr. 1946, republicada em *Jornal de Crítica, 5ª série*, 1947, pp. 178-179: "Apresenta ele [J. G. Rosa] o mundo regional com um espírito universal"; "Em *Sagarana* temos [...] o que, a meu ver, deveria ser o ideal da literatura brasileira na feição regionalista: a temática nacional numa expressão universal".

[46] Cf. Pressler, 2006, "Dalcídio Jurandir – a escrita do mundo marajoara não é regional, é universal".

[47] B. Nunes, 2006b, "Dalcídio Jurandir: as oscilações de um ciclo romanesco", p. 247.

[48] B. Nunes, entrevista a José Castello para o *Jornal de Poesia*, s.d., *apud* Marlí Furtado, "Dalcídio Jurandir e o romance de 30 ou um autor de 30 publicado em 40", *Teresa: Revista de Literatura Brasileira*, n. 16 (2015), p. 194.

[49] B. Nunes, 2006b, "As oscilações de um ciclo romanesco", p. 248.

próprio romancista avaliou sua obra, como vimos no capítulo anterior sobre o processo de sua criação. Não se deve confundir o querer *equiparar* os romances de Dalcídio às obras-primas da literatura universal – o que é um ato arbitrário – com propostas de *estudá-los* à luz de categorias daquelas obras, o que pode abrir perspectivas profícuas.

Em vez de forçar equiparações, parece-me mais instrutivo relacionar o ciclo romanesco de Dalcídio com a tradição literária com a qual o vinculam, efetivamente, as suas principais características de composição: o romance realista documental e semidocumental, escrito em forma de série, como no caso de Balzac; alguns elementos do naturalismo de Zola; e vários componentes do regionalismo brasileiro, especialmente do romance de crítica social dos anos 1930, em cujo contexto Dalcídio Jurandir elaborou suas duas primeiras obras. Sem dúvida, ele incorporou além disso uma série de inovações técnicas do romance moderno, como o discurso indireto livre, o monólogo interior e passagens descritivas em linguagem poética.[50] Contudo, esses ingredientes não alteram substancialmente o fato de que os padrões composicionais básicos são os anteriormente mencionados.

Dentre os vínculos com a tradição, merece destaque a composição da obra narrativa de Dalcídio Jurandir como um *romance em série*. O protótipo é a *Comédie humaine* de Balzac, que narra em 16 volumes a história cotidiana de sua época.[51] Essa forma teve vários desdobramentos, especialmente na literatura francesa: ainda no século XIX, na série romanesca *Les Rougon-Macquart* de Émile Zola, e depois, no século XX, nas obras de Romain Rolland (*Jean-Christophe*, 1904-1912), Roger Martin du Gard (*Les Thibault*, 1922-1940) e Jules Romains (*Les Hommes de bonne volonté*, 1932-1947), entre outras.[52] Foi Romain Rolland, ao se referir à sua obra *Jean-Christophe*, que narra em dez volumes a vida de um músico transitando entre a cultura alemã e a francesa e tendo como eixo geográfico o rio Reno, quem sugeriu a denominação *roman-fleuve*.[53]

---

[50]   Cf. M. Furtado, 2015, "Dalcídio Jurandir e o romance de 30 ou um autor de 30 publicado em 40".

[51]   Cf. Paulo Rónai [1947], 2012, *Balzac e a Comédia humana*.

[52]   Cf. Hermann Gmelin, 1950, *Der französische Zyklenroman der Gegenwart: 1900-1945*.

[53]   No prefácio ao 7º volume, intitulado *Dans la Maison* (1ª ed., 1909, 75ª ed., s.d., p. III), Romain Rolland escreve: "Qu'est-ce donc que cette œuvre? [...] Avez-vous besoin d'un nom? [...] *Jean-Christophe* m'est apparu comme un fleuve, je l'ai dit dès les premières pages." De fato, no 1º volume, *L'Aube*, o autor começa o seu *roman-fleuve* com a evocação do murmurejar de um rio ("Le grondement du fleuve monte derrière la maison") e, algumas páginas depois, relaciona a história do protagonista com o "rio da vida" ("Des îles de mémoire commencent à surgir du fleuve de la vie"). Por uma curiosa coincidência, a época em que Romain Rolland batizou o seu ciclo romanesco de *roman-fleuve* foi justamente a do nascimento de Dalcídio Jurandir: janeiro de 1909.

Esse termo foi transferido pelo historiador da literatura Massaud Moisés para caracterizar o ciclo romanesco de Dalcídio Jurandir, como nos faz lembrar Paulo Nunes:

> Dalcídio Jurandir [...] concebeu e executou com mão de ferro um ciclo, o do "Extremo Norte", composto de dez volumes. [...] Painel da terra e gente de Marajó e Belém do Pará, a série define-se como um romance-rio, ou melhor, uma novela-rio, por sinal desenrolada à beira-rio. Vasta narrativa de aprendizagem, obedece ao fluxo histórico do tempo, com personagens recorrentes, em meio a outras que saem de cena após cumprir o seu papel. Hesitando entre o documentário e a autobiografia [...] narra a trajetória existencial de um menino pobre, mestiço [...] [e a sua] progressiva tomada de consciência dos problemas sociais [...].[54]

Além de ser considerada, pelo autor de *Aquonarrativa*, como um meio para uma "sugestiva (re)leitura da obra dalcidiana", a denominação de *roman-fleuve* foi retomada também por Benedito Nunes em seu ensaio sobre a obra de Dalcídio como "um ciclo romanesco". Ele situa esse ciclo na tradição dos romances realistas de Balzac e dos escritos ficcionais do Nordeste dos anos 1930, mas sublinha também o seu "parentesco espiritual com Marcel Proust",[55] o autor do mais importante romance cíclico em perspectiva psicológica.[56] É uma hipótese. Para comprová-la, dada a complexidade de *À la Recherche du temps perdu*, não bastam uma ou duas páginas de ensaio, mas seria necessário o esforço de um estudo equivalente a uma tese de doutorado.

Voltando ao conceito de *roman-fleuve* no sentido de Romain Rolland e Massaud Moisés: uma vez que caracteriza da melhor maneira tanto a forma de composição do romance social – de formação e em série – quanto o meio geográfico, social e cultural apresentado no Ciclo do Extremo Norte, resolvi incorporá-lo, com a denominação *romance fluvial*, como um dos eixos de estruturação do presente livro.

No que concerne ao valor de informação do Ciclo do Extremo Norte sobre a Amazônia, essa questão está vinculada à do regionalismo. A abordagem da obra de Dalcídio Jurandir sob essa perspectiva tem sido muito discutida e é controversa, porque, para alguns críticos, isso equivaleria a lhe atribuir um valor estético menor. Ora, como esclarece uma exímia conhecedora do regionalismo, Lígia Chiappini, a dicotomia entre "o regional e o universal" tornou-se um argumento

---

[54] M. Moisés, 3ª ed., 1996, *História da literatura brasileira,* v. V: *Modernismo,* p. 240, *apud* P. Nunes, 2001, *Aquonarrativa,* pp. 29-30.

[55] Cf. B. Nunes, 2006b, "As oscilações de um ciclo romanesco", pp. 245-246.

[56] Cf. Gmelin, 1950, cap. IV: "Der Zyklenroman der psychologischen Perspective: Proust", pp. 116-157.

desgastado e até falso. A tarefa da crítica, segundo ela, consiste em estudar a *função* que a regionalidade exerce nas obras.[57] Assim, o romance regionalista pode se tornar uma "forma de conhecimento", retomando a tradição em que ele, como mostrou Antonio Candido, foi uma "forma de pesquisa e descoberta do país".[58]

Regionalismo e modernidade (modernismo) não se repelem necessariamente, esclarece Chiappini. Cada uma das duas tendências tenta expressar, à sua maneira, o processo de modernização do Brasil, sendo o regionalismo mais atento às condições de vida na periferia, aos indícios remanescentes do subdesenvolvimento e aos problemas dos pobres.[59] Nesse campo, a literatura regionalista estimulou, inclusive, pesquisas das ciências sociais.[60] De fato, o romance documental ou semi-documental permite ao leitor conhecer de perto o ambiente social, as falas, os costumes, os saberes e os problemas dos habitantes de determinada região, além de contribuir para o diálogo entre os estudos literários e as outras ciências humanas.[61]

Quanto ao conjunto dos trabalhos sobre o Ciclo do Extremo Norte, nota-se que a maioria deles se concentra nas três obras iniciais, publicadas nos anos 1940 e 1950 e cujo cenário, a ilha de Marajó, representa a cultura dos caboclos e ribeirinhos. Ora, pelo menos tão importante quanto a face regional é a temática urbana na obra de Dalcídio Jurandir. Por volta de 1960, ou seja, a partir da época do desenvolvimentismo, começou a ocorrer no Brasil, e também na Amazônia, uma transformação histórica fundamental: "o imenso e progressivo deslocamento das populações do campo para as grandes cidades". Enquanto, na década de 1950, 64% da população brasileira ainda se concentrava na zona rural e 36%, na urbana, houve em 1980 a inversão: 33% de população rural e 67% urbana.[62]

---

[57] Cf. Chiappini, 1995, "Do beco ao belo: dez teses sobre o regionalismo na literatura", p. 158.

[58] Chiappini, 1994, "Velha praga? Regionalismo literário brasileiro", pp. 698 e 684; e Candido, 6ª ed., 1981, *Formação da literatura brasileira*, vol. II, p. 112.

[59] Cf. Chiappini, 2014, "Regionalismo(s) e regionalidade(s) num mundo supostamente global", pp. 50, 32-33; e 1994, pp. 698-699. Ver também Candido, 1987, "Literatura e subdesenvolvimento", pp. 157-160.

[60] Cf. W. Galvão, 2008, "Sobre o Regionalismo", pp. 98-99. Além disso, a autora sublinha a importância do romance social norte-americano, com autores como John Steinbeck, Sinclair Lewis, John dos Passos e William Faulkner, "cuja silhueta avulta como uma sombra sobre o [...] nosso romance de 30" (p. 100).

[61] Cf., por exemplo, os estudos da historiadora e socióloga Rosa Acevedo Marin, 2006, "*Marajó*: *tableaux* de uma sociedade pós-escravista"; do engenheiro agrônomo Gutemberg Guerra, 2006, "Personagens e problemas rurais em Dalcídio Jurandir: o fazendeiro-coronel"; e do professor de filosofia Ernani Chaves, 2006, "*Ponte do Galo*: a cidade como labirinto do desejo".

[62] Chiappini, 1994, p. 675. As informações demográficas ali citadas e aqui retomadas baseiam-se em dados do IBGE. Como ainda esclarece a autora, "o regionalismo não é apenas um conceito temático, mas também um modo de formar, utilizador de formas da literatura urbana" (Chiappini, 2014, p. 21).

No seu ciclo romanesco, Dalcídio Jurandir acompanhou essa transformação, mostrando de forma lúcida como ela já se anunciava com migrações ocorridas desde a década de 1920. Assim, à riqueza de suas informações sobre o interior da Amazônia acrescenta-se uma inovação pioneira que é, no mínimo, de valor igual: ele se firmou como "introdutor da paisagem urbana da Amazônia na literatura brasileira de ficção", conforme realçou Benedito Nunes em sua resenha do romance *Belém do Grão-Pará*.[63] Nessa obra, como já vimos, o palco do enredo é a área central da cidade. Nos cinco romances seguintes, o cenário desloca-se para os subúrbios, com um constante vaivém dos personagens entre a capital e o interior fluvial, o que cria uma superposição entre essas duas culturas, como é próprio da periferia. Ocorre que a temática suburbana é a que tem recebido, até agora, a menor atenção por parte dos estudiosos do Ciclo.

Em todos os romances de Dalcídio Jurandir – tanto no interior fluvial quanto na cidade de Belém e em seus subúrbios – são de importância primordial as falas dos habitantes da Amazônia. Como destacou Benedito Nunes, "a narrativa do nosso autor sempre primou, desde *Chove nos campos de Cachoeira*, pelo relevo dado à fala dos personagens, como um dos principais dados da atestação documental da realidade".[64] Quanto ao aspecto linguístico, os estudos mais significativos foram realizados por Rosa Assis,[65] e são referências importantes para quem deseja inteirar-se do material linguístico e da gramática dalcidiana. Contudo, para se compreender a função "da fala dos personagens na fabulação da narrativa e no seu desenvolvimento romanesco",[66] tais pesquisas necessitam ser complementadas por estudos estilísticos e literários. E há ainda um terceiro aspecto, que se pode chamar de "função emancipatória das falas". É uma questão que transcende o âmbito da "obra literária" e das discussões sobre sua qualidade "estética" como finalidade última. A coletânea ou o *dictio-narium* contido no *roman-fleuve* de Dalcídio Jurandir é resultado de uma seleção de falas que o escritor captou no meio social em sua volta, na boca do povo; ele a retrabalhou na sua oficina literária e a devolveu, na forma dos romances, ao público, que pode utilizá-la como um acervo permanente de aprendizagem de emancipação social.[67]

---

[63] B. Nunes, "Crônica de Belém", *Suplemento Literário do Estado de São Paulo*, 25 mar. 1961. *In*: Nunes, R. Pereira, S. Pereira (orgs.), 2006, *Dalcídio Jurandir – romancista da Amazônia*, p. 126.

[64] B. Nunes, 2006b, "As oscilações de um ciclo romanesco", p. 248.

[65] Cf. Assis, 1992, *O vocabulário popular em Dalcídio Jurandir*; 2002, *A fala 'caboca' em Passagem dos Inocentes*; e 2004, *Evém chuva...: um glossário de Dalcídio Jurandir* (em coautoria com Ana Cerqueira).

[66] B. Nunes, 2006b, "As oscilações de um ciclo romanesco", p. 248.

[67] Cf. Bolle, 2011, "Boca do Amazonas: *roman-fleuve* e *dictio-narium* caboclo em Dalcídio Jurandir", p. 441. À guisa de exemplo, são citadas e comentadas (às pp. 441-444) dez falas, uma de cada romance.

II.

MARAJÓ: UMA SÍNTESE DA AMAZÔNIA

1. MARAJÓ DOS CAMPOS E MARAJÓ DAS FLORESTAS

"Na grande boca do rio das Amazonas está atravessada uma ilha de maior comprimento que todo o reino de Portugal [...]", escreveu em 1659 o Padre Antônio Vieira numa carta ao Rei, sob o impacto que lhe causou a maior ilha fluviomarítima do mundo.[1] Embora aquela comparação tenha sido um pouco exagerada, o Marajó, com uma área de 49.606 km^2, não deixa de ter uma superfície maior que a da Suíça (41.285 km^2) ou a da Dinamarca (43.098 km^2). "O Marajó é uma síntese da Amazônia dentro da própria Amazônia", declarou, com muita pertinência, o escritor paraense João de Jesus Paes Loureiro (2007).[2] De fato, essa ilha e o arquipélago, que integram o delta do rio Amazonas, expressam significativamente a fisionomia da Região Amazônica, porque reúnem uma grande quantidade das características de sua geografia, assim como de sua flora e fauna. O povoamento do Marajó começou há cerca de 5 mil anos[3] e a ilha foi um marco fundamental da história da região, oferecendo um quadro completo da sociedade local, cuja base são os caboclos e ribeirinhos, com uma cultura popular original – além de apresentar uma série de problemas crônicos em termos de qualidade de vida, que precisam ser superados para se alcançar um desenvolvimento pleno.

O primeiro contato dos europeus com o rio Amazonas ocorreu três meses antes da chegada de Pedro Álvares Cabral ao Brasil. Em janeiro de 1500, o navegador espanhol Vicente Yáñez Pinzón, que já estivera antes na América, quando capitaneara a caravela Niña da esquadra de Cristóvão Colombo,[4] chegou à embocadura do Amazonas, à qual atribuiu o nome de "Mar Dulce", e desembarcou na aldeia de Joanes. A ilha era denominada de Marajó ou Ilha Grande de Joanes, como já constatou o viajante La Condamine, em 1743.[5] Foram os aspectos físicos da ilha e sua posição, entre o Amazonas e o Tocantins, diante do oceano Atlântico, que levaram as tribos da região a denominá-la Marajó, que, em língua geral, é Mbará-yô, "o anteparo do mar".[6] Quanto à denominação de ilha de Joanes, Nunes Pereira (1956) remete à explicação de Alexandre Rodrigues Ferreira, que visitou a ilha em 1783 e esclarece, com base nas informações de um experiente indígena sacaca,

---

[1] Trecho da "Carta ao Rei", do Padre Vieira, citado por D. Jurandir como epígrafe do seu romance *Marajó*.

[2] Paes Loureiro, "A ilha de um doce mar", p. 3, *in*: IPHAN, 2007, *Marajó: Referências culturais*, CD-ROM.

[3] Cf. D. Pahl Schaan, 2009, *Cultura marajoara*.

[4] Cf. Miranda Neto, 2005, *Marajó – desafio da Amazônia*, p. 49.

[5] Ch.-M. de La Condamine, 1993, *Voyage sur l'Amazone*, p. 121.

[6] Nunes Pereira, 1956, *A ilha de Marajó*, p. 13.

que se chama ilha de Joanes porque, entre as diversas nações de indígenas que povoaram a ilha, esteve também a dos iuioanas; e, com o tempo, esse nome reduziu-se a Joanes, "como se disséssemos ilha de Iuioanas".[7]

Com a travessia pioneira da Amazônia, em 1541/1542, pela expedição de Francisco de Orellana, ficou confirmada a importância estratégica da ilha e do arquipélago de Marajó como acesso a toda a região. O próprio Orellana retornou à foz do Amazonas em 1545, mas morreu nessa sua tentativa de iniciar a colonização, e assim o projeto fracassou.[8] A partir das décadas finais do século XVI e no início do século XVII, franceses, ingleses e holandeses conseguiram estabelecer algumas bases na região do delta e negociar com os indígenas. Portugal começou a se interessar pela Região Amazônica apenas mais tarde, no contexto político favorável da união temporária com a Espanha. A fundação, em 1616, da cidade-fortaleza de Belém foi a base a partir da qual os portugueses conseguiram expulsar os seus concorrentes da região do delta. Entretanto, nas suas tentativas de conquistar a Ilha Grande de Joanes, tiveram que enfrentar, durante várias décadas, a resistência das aguerridas tribos indígenas, sobretudo dos aruãs e dos nheengaíbas. Apenas em 1659, graças à habilidade do padre jesuíta Antônio Vieira, conseguiu-se estabelecer um diálogo com aquelas tribos e firmar com elas um tratado de paz. A partir daí, com a fundação da povoação de Joanes pelos jesuítas, começaram a catequese e a colonização da ilha, implicando também a escravização dos indígenas.

No desenvolvimento de suas atividades econômicas, os colonizadores tinham que se ater, em primeiro lugar, às condições do meio geográfico, aos diferentes biomas, que até hoje continuam sendo determinantes fundamentais. Enquanto nas metades leste e nordeste da ilha de Marajó predomina a vegetação dos campos, as metades oeste e sudoeste são cobertas pela típica floresta amazônica. O eixo do Marajó dos Campos é o rio Arari (com cerca de 115 km de comprimento), que sai do lago Arari (18 km de comprimento e 7 km de largura) e desemboca na baía de Marajó, a uma distância de cerca de 45 km de Belém. À região dos campos pertencem sete municípios: Cachoeira do Arari, Santa Cruz do Arari, Ponta de Pedras, Muaná, Chaves, Soure e Salvaterra. O Marajó das Florestas ou dos Furos é formado, além da ilha-mãe, por "um confuso e intrincado labirinto de rios", "com infinitas entradas e saídas".[9] Essa região é composta por cinco municípios:

---

[7] Cf. A. R. Ferreira, "Notícia histórica da ilha de Joanes ou Marajó", disponível em <http://filologia.org. br/pereira/textos/noticia_historica_da_ilha_grande_de_joanes.pdf>, p. 4. Acesso em: 1º jun. 2015.

[8] Cf. Bolle, 2010, "A travessia pioneira da Amazônia (Francisco de Orellana, 1541-1542)", p. 50.

[9] Continuação do trecho da "Carta ao Rei", do Padre Vieira, citado por D. Jurandir. Para uma descrição detalhada dessa região, cf. J. Huber, 1902, "Contribuição à geographia physica dos furos de Breves e da parte ocidental do Marajó".

Breves, Afuá, Anajás, Curralinho e São Sebastião da Boa Vista. O fato de três dos doze referidos municípios – Chaves, Breves e Afuá – abrangerem também um grande número de ilhas mostra a transição da *ilha* para o *arquipélago* de Marajó. Do arquipélago fazem parte, atualmente, mais quatro municípios: Bagre, Portel, Melgaço e Gurupá. Note-se que Dalcídio Jurandir não usa a denominação "arquipélago", mas somente "ilha", uma vez que os enredos de seus três romances que têm como cenário o Marajó passam-se basicamente em Cachoeira do Arari e em Ponta de Pedras, ou seja, na região dos campos.

Desde o início da colonização, a principal atividade econômica no Marajó dos Campos tem sido a pecuária. Com a construção do primeiro curral, em 1680, e a introdução de bovinos de Portugal e das ilhas do Cabo Verde, começou a criação de gado por um colono particular (Francisco Rodrigues Pereira). Pouco depois, as ordens religiosas dos mercedários, jesuítas e carmelitas estabeleceram fazendas na região entre o lago Arari, a vila de Soure e Ponta de Pedras.[10] No período de 1690 a 1794, o número de fazendas chegou a 32, com um total de 272.465 bovinos, dos quais 134.465 pertenciam às nove propriedades dos jesuítas. Foram esses estabelecimentos que abasteceram de carne a cidade de Belém.[11] Em 1762, após o confisco dos bens das ordens religiosas, as fazendas foram doadas a 22 civis e militares, chamados "os contemplados".[12] Nas décadas seguintes, devido a furtos generalizados de gado, à Cabanagem e, sobretudo, à incompetência dos gestores, a pecuária marajoara mergulhou numa grave crise, da qual se recuperou apenas no auge do Ciclo da Borracha.[13]

Na década de 1890, o fazendeiro Vicente Chermont de Miranda introduziu os primeiros búfalos, provindos da Índia. Com maior capacidade de adaptação e resistência ao ambiente selvagem, o búfalo vem gradativamente substituindo os bovinos.[14] Enquanto até o início do século XX predominavam os latifúndios, houve uma redivisão contínua das propriedades, chegando-se, no final do século XX, a um número de 1.500 fazendas.[15] Afora o crescimento do gado bubalino, registra-se um constante declínio da pecuária bovina, devido, sobretudo, à concorrência das fazendas continentais, que são localizadas junto às rodovias e dispõem de melhor infraestrutura. Assim, a pecuária marajoara, que no passado (em 1972)

---

[10] Cf. o "Mapa da origem da ocupação", *in:* Miranda Neto, 2005, p. 178.

[11] Miranda Neto, 2005, p. 182.

[12] Miranda Neto, 2005, p. 181.

[13] Cf. Miranda Neto, 2005, p. 182.

[14] Cf. P. Lisboa, 2012, *A terra dos aruã: uma história ecológica do arquipélago do Marajó*, p. 110.

[15] Cf. Miranda Neto, 2005, p. 182.

chegou a contribuir com 42% da produção bovina do Estado do Pará, tem ultimamente reduzida a sua participação a 6%.[16]

Antes de passar para as demais atividades econômicas, vem ao caso considerar um fator climático que afeta quase todas elas: existem basicamente duas estações por ano, uma marcada por intensas chuvas, e a outra, por forte seca. A esse respeito, é muito expressivo o título de um livro de Giovanni Gallo: *Marajó: a ditadura da água.* O autor esclarece:

> Aqui domina uma ditadura absoluta e incontestável [...]: quem manda é a água. É a água que [...] condiciona a saúde, o trabalho, a vida da gente [...]. As estações do ano, aqui, têm um nome exclusivo: água, lama e seca.[17]

O período de fevereiro a maio é o das chuvas, chamado de inverno. Elas provocam grandes enchentes, que inundam cerca de dois terços da superfície da ilha, causando perdas de lavoura e de gado. De agosto a dezembro estende-se o chamado verão, o período da seca, quando rios e lagos menores desaparecem, o solo racha, ficando "aterroado", e ocorrem perdas de gado por falta de água. As águas, sob o efeito das marés, ditam o ritmo de vida no Marajó.[18] Aspectos significativos dessa "geografia das calamidades"[19] foram documentados em fotos por Nunes Pereira e por Giovanni Gallo. Eis uma pequena seleção das legendas: "O efeito das secas: o chão 'aterroado' dos campos"; "Barraca de pescadores, abandonada porque invadida pelas águas"; "O gado, preso nos currais, vai emagrecendo e morre à falta de pasto".[20] E: "Moradora com criança em casa de palafita, no período da seca"; "A povoação de Jenipapo, no lago Arari, inundada"; "Casco sendo puxado com cordas pelos caboclos, num riacho que está secando".[21]

A pesca, como principal fonte de alimentação dos indígenas, que dominavam todas as técnicas de captura dos peixes, tornou-se uma atividade econômica básica também para os colonizadores. Em 1665, portanto antes da instalação da pecuária, foram fundados pesqueiros reais na ilha de Marajó, para sustento das tropas e também da população de Belém. Desde o início houve muitos conflitos com os

---

[16] Cf. P. Lisboa, 2012, pp. 158 e 160.

[17] G. Gallo, 3ª ed., 1997, *Marajó: a ditadura da água* p. 53.

[18] Cf. Miranda da Cruz, 1987, *Marajó, essa imensidão de ilha*, pp. 47-48; Miranda Neto, 2005, p. 34-36; e P. Lisboa, 2012, pp. 42 e 44.

[19] N. Pereira, 1956, p. 64.

[20] Cf. Pereira, 1956, pp. 11, 33 e 39.

[21] Cf. Gallo, 3ª ed., 1997, foto da capa, e Gallo, 2ª ed., 1981, pp. 15 e 231.

indígenas, que não gostavam da atividade sistemática da pesca em regime de escravidão. Com isso, a partir de fins do século XVIII, esses pesqueiros tornaram-se decadentes.[22] A participação atual do Marajó no mercado paraense de pescado corresponde a cerca de 20% da produção total do estado. Há cerca de 9.500 pescadores profissionais distribuídos pelos 12 municípios, sendo os dois principais polos de pesca para o mercado de Belém as vilas de Salvaterra e Soure.[23] Quanto à pesca no lago do Arari, Giovanni Gallo chama a atenção para a diminuição contínua do peixe, que é praticamente a única fonte de sustento dos moradores – confirmando o diagnóstico crítico de Nunes Pereira, que denunciou "a economia destrutiva das águas fluviais", praticada desde o início da colonização, e a falta de assistência aos "pescadores analfabetos, famintos e doentes".[24]

Desde o início, os colonizadores cuidavam também da agricultura, tanto para o consumo local quanto para a exportação. As companhias religiosas estabeleceram engenhos de açúcar no Marajó, utilizando inicialmente a mão de obra indígena.[25] A partir da Era Pombalina foram introduzidos escravos da África, que passaram também a cuidar do gado. Por volta de 1820, a ilha de Marajó era "um lugar de grande valor econômico para todo o norte do Brasil", um centro de abastecimento principalmente para a cidade de Belém[26] – o que é confirmado pelos viajantes alemães Spix e Martius, que qualificaram o Marajó como "a despensa da capital Belém".[27] Atualmente, a atividade agrícola predominante da ilha é do tipo familiar. Prevalece o consumo doméstico, mas, quando possível, comercializa-se a produção excedente. Os principais produtos cultivados são mandioca (67% da colheita e 51% da renda), abacaxi, banana, milho, arroz e laranja.[28]

A ilha e o arquipélago do Marajó, escreve Miranda Neto, são como "uma síntese de toda a variada indústria extrativa da Amazônia: de tudo se tira um pouco daquele imenso mundo".[29] Assim, durante o Ciclo da Borracha, houve no Marajó das Florestas uma intensa exploração das seringueiras – bem como dos seringueiros, que foram escravizados, como critica Nunes Pereira, que observa tam-

---

[22] Cf. Lisboa, 2012, pp. 326-328.

[23] Cf. Lisboa, 2012, pp. 207-210. Na p. 204 encontra-se um quadro com imagens das principais espécies pescadas, entre elas o bagre, a dourada, o filhote, a pescada-amarela, a tainha, a piramutaba e o tucunaré.

[24] Cf. Gallo, 1997, pp. 245-246; e Pereira, 1956, pp. 80 e 82.

[25] Cf. Miranda da Cruz, 1987, p. 34.

[26] Miranda da Cruz, 1987, p. 40.

[27] Spix e Martius [1831], 1981, *Viagem pelo Brasil 1817-1820*, vol. III, p. 24.

[28] Cf. Lisboa, 2012, pp. 167-175.

[29] Cf. Miranda Neto, 2005, p. 103.

bém que a qualidade do látex extraído no arquipélago do Marajó era inferior à dos seringais do Acre, do Purus e do Madeira.[30] Depois da época da borracha, o produto do extrativismo vegetal que mais contribuía para o Produto Interno Bruto (PIB) do Marajó passou a ser a madeira, como informa Pedro Lisboa, que cita, inclusive, uma crônica de Dalcídio Jurandir sobre a exploração madeireira no oeste do Marajó na década de 1940.[31] Entre as madeiras com maior valor de mercado estão andiroba, angelim, quaruba, macacaúba e jacareúba, além de cedro, ipê e pau-marfim. O polo madeireiro situa-se no município e na cidade de Breves. Lisboa chama também a atenção para os graves danos ao ambiente causados pela extração de madeira.[32] O extrativismo vegetal abrange, ainda, uma série de outros produtos, principalmente o açaí, o palmito e a pupunha; cipós, fibras, cascas e resinas; vegetais oleaginosos como a andiroba; plantas medicinais como o alecrim, o capim-santo, a copaíba, o gengibre e o tamarindo; e plantas frutíferas como o bacuri.[33]

A população dos dezesseis municípios do arquipélago de Marajó, segundo o censo de 2010, era de 487.010 pessoas, com 92.860 habitantes no município de Breves, 20.443 no de Cachoeira do Arari e 25.999 no de Ponta de Pedras.[34] Quanto ao aspecto étnico da população, predomina o caboclo marajoara, resultante da miscigenação entre brancos, indígenas e negros.[35] A questão étnica e racial está intimamente ligada à estrutura da sociedade colonial, baseada na escravidão. No topo da pirâmide social havia sempre os *brancos* – palavra com a qual se designa, sobretudo a classe dos grandes proprietários e mandatários da vida econômica e política.[36] Os indígenas, negros e mestiços foram usados por eles para trabalhar como vaqueiros, lavradores, pescadores, canoeiros e serviçais em geral. Houve casos de escravos sendo marcados com os mesmos ferros em brasa que se usavam para o gado. As mulheres escravas serviam principalmente para o trabalho doméstico e também como concubinas dos brancos.[37] Os escravos que fugiam

---

[30] Cf. Pereira, 1956, pp. 86 e 88.

[31] Cf. Lisboa, 2012, pp. 175 e 176. O texto de D. Jurandir – cujo título não é citado por P. Lisboa – foi publicado na revista *Cultura Política*, v. 16 (1942), pp. 325-326. Sobre o mesmo tema, Jurandir publicou a crônica "Os viradores de madeira", no jornal *O Estado do Pará*, 14 jun. 1939, pp. 1-2; ver a análise de T. Barbosa e M. Furtado, 2012.

[32] Cf. Lisboa, 2012, p. 178.

[33] Cf. Lisboa, 2012, pp. 181-189. Nas pp. 185-186 é apresentada uma tabela com 118 plantas medicinais.

[34] Cf. <http://cidades.ibge.gov.br/xtras/uf.php?lang=&coduf=15&search=para>. Acesso em: 7 mar. 2016.

[35] Cf. Pereira, 1956, pp. 106-107; e Miranda Neto, 2005, p. 73.

[36] Cf. Miranda Neto, 2005, p. 82.

[37] Cf. Lisboa, 2012, pp. 58-60; e V. Salles, 3ª ed., 2005, *O negro no Pará sob o regime da escravidão*. Ver também, no Museu do Marajó, a documentação sobre os escravos e o "Dicionário do sofrimento negro".

organizavam-se em *quilombos*; com base nessa tradição, várias comunidades quilombolas continuam ativas até hoje.[38]

Em termos de estratificação social, a classe alta é formada, no Marajó dos Campos, pelos fazendeiros; a classe média, pelos comerciantes e funcionários públicos; e a classe baixa, pelos vaqueiros. A *casa-grande*, onde mora o proprietário ou o administrador, fica geralmente num lugar firme e alto, o *teso*, à beira de um igarapé ou lago, com um *trapiche* e uma lancha ou *montaria*. As moradias dos vaqueiros e de suas famílias são simples *ranchos*. Para a apartação, contagem e ferra do gado existem os *currais*, e as *caiçaras* são as instalações para o embarque do gado. O vaqueiro recebe salário, alimentação e moradia; no entanto, é mantido num estado de dependência. Para atenuar os antagonismos entre o patrão e os empregados existe o sistema de compadrio, em que os afilhados pobres ficam sob a proteção do padrinho. No Marajó das Florestas, a classe alta é constituída pelos donos da terra e os principais comerciantes; estes são também os senhores da situação nas cidades da ilha.[39]

A cultura marajoara caracteriza-se tanto pelo legado arqueológico dos povos indígenas que já habitavam a ilha antes da chegada dos europeus, quanto pelos usos e costumes da população cabocla, formada por vaqueiros, pescadores, lavradores, lenhadores, seringueiros, colhedores de frutos da selva, canoeiros e demais trabalhadores e trabalhadoras braçais, com suas famílias.

A cultura cotidiana dos antigos marajoaras foi detalhadamente descrita pela arqueóloga Denise Schaan.[40] Os indícios da mais antiga ocupação da ilha são sambaquis, que têm entre 3 e 5 mil anos de idade. A partir das escavações arqueológicas dos *tesos*, que são as partes elevadas do terreno, criadas pelas tribos indígenas, foram identificadas várias fases de sua cultura, desde 1100 a.C. até o século XVI: Ananatuba, Mangueiras, Formiga, Marajoara e Aruã. Dentre elas, a fase mais rica foi a Marajoara, que se estendeu de 400 a 1300 d.C., com uma população que chegou a 40 mil habitantes. Uma das ilustrações no estudo de D. Schaan dá uma ideia da fisionomia de uma típica vila marajoara.[41]

A organização social e política desses povos era caracterizada por "cacicados", uma forma intermediária entre uma aldeia autônoma e um Estado. Os marajoa-

---

[38] Cf. R. Acevedo Marin, 2008, "Quilombolas na ilha de Marajó: território e organização política".

[39] Cf. Miranda Neto, 2005, pp. 78-88. Veja-se, no Museu do Marajó, a maquete de uma fazenda de gado.

[40] Cf. D. Pahl Schaan, 2007, "O patrimônio arqueológico da ilha de Marajó"; e 2009, *Cultura marajoara*.

[41] Schaan, 2009, p. 196.

ras mantinham relações de intercâmbio de matérias-primas e produtos manufaturados com outras sociedades amazônicas. Sua economia era baseada sobretudo na pesca, em pequena escala era praticado também o cultivo da mandioca. Como meio de transporte, usavam as canoas. Os principais produtos manufaturados eram cestos e redes de algodão, além de uma grande variedade de objetos de cerâmica. Pratos, garrafas, tigelas, vasos, brinquedos e urnas, muitos deles decorados com desenhos, são testemunhos de festas e rituais, da mitologia, de cultos religiosos e das práticas funerárias.[42]

Nos motivos decorativos da cerâmica marajoara predominam as representações de animais: cobras, jacarés, tartarugas, peixes, macacos, onças, corujas e urubus. A cobra-grande, como símbolo da destruição e ao mesmo tempo da procriação, foi o ser mitológico mais importante da cosmogonia indígena. Nas representações de figuras humanas nota-se um forte simbolismo sexual. Uma peça que tem chamado muita atenção são as ricamente decoradas tangas de cerâmica usadas pelas índias marajoaras.[43] Nos tempos atuais, os motivos ornamentais da cerâmica arqueológica passaram a servir de inspiração e modelo para a fabricação artesanal, como mostram os trabalhos pioneiros de um artesão da vila de Icoaraci, Raimundo Saraiva Cardoso (1930-2006), e também um livro publicado sobre esse assunto pelo padre jesuíta Giovanni Gallo (1990; 3ª ed., 2005),[44] que chegou ao Marajó em 1972 e começou a morar em Santa Cruz do Arari.

A partir de um presente recebido – uma série de cacos de cerâmica arqueológica –, Giovanni Gallo (1927-2003) teve a ideia de criar um museu para preservar aquilo que representava a maior riqueza da cultura local. A coleção acabou sendo transferida para Cachoeira do Arari, onde foi inaugurado em 1984 o Museu do Marajó, que é a principal exposição permanente de documentos da cultura popular e arqueologia marajoaras.[45] Estabelecido no prédio de uma antiga fábrica de óleos, numa área de 900 m², o acervo exibe informações e coleções sobre os seguintes temas: flora e fauna da Amazônia; história e cultura de indígenas, negros e caboclos, com destaque para a escravidão; atividades econômicas, sobretudo pesca e criação de gado; costumes, cozinha e utensílios dos marajoaras, inclusive embarcações; imagens de santos e práticas religiosas; a fala, as lendas e a cosmogonia dos caboclos; e os saberes populares, entre eles a defesa contra bichos e

---

[42] Cf. Schaan, 2009, capítulo 5 ("A vida dos antigos marajoaras"), pp. 195-231.

[43] Cf. Schaan, 2009, capítulo 6 ("A linguagem simbólica da cerâmica"), pp. 233-285.

[44] Cf. Schaan, 2009, pp. 288-299; e Gallo, 2005, *Motivos ornamentais da cerâmica marajoara*.

[45] Sobre o Museu do Marajó, a história de sua criação e a biografia de Giovanni Gallo, ver Schaan, 2009, pp. 298-329; e 2007, pp. 21-23.

pragas, e a medicina caseira, mágica e religiosa, com suas receitas, remédios e rituais de cura.[46]

Na seção do Museu do Marajó dedicada aos pratos típicos são descritas receitas como a de preparar um mingau de farinha, uma marreca no tucupi, um pirarucu no leite de coco, uma paçoca de carne seca e um vinho de açaí. Da ampla coleção das lendas constam, entre outras, imagens e descrições da matintaperera, do boto, da cobra-grande e da mãe-d'água.[47] Os bichos e pragas que podem atormentar a vida dos caboclos são de uma quantidade espantosa, como mostram as tabuletas sobre cabas, gafanhotos, carapanãs, traças, pulgas, piolhos, moscas, abelhas, baratas, aranhas, carrapatos, mutucas, formigas, saúvas, cupins, lombrigas, sanguessugas, ratos, lacraias, escorpiões, cobras, arraias, piranhas, jacarés e morcegos. As diversas formas do catolicismo popular, com seus santos, suas ladainhas, festas, folias e devoções, a crença nos "encantados", a pajelança e a medicina popular são descritas, além do Museu, também num estudo de Raymundo Heraldo Maués (2007), que usa como principal referência o romance *Marajó*, de Dalcídio Jurandir.[48]

Como exemplos de remédios usados pelo povo, vejamos estas duas tabuletas do Museu. Como curar a *panema*, ou seja, o fracasso na pesca? "A raízes raladas de vai-vem, folhas de muricacaá e gaivotinha, misturadas na água são um banho poderoso para tirar a panema". Como curar a asma? "Pescar um peixe e cuspir na boca dele, dizendo: Leva a minha asma. Depois soltá-lo no rio". E o que fazer no caso de torcicolo? O padre Gallo nos transmite esta receita que lhe recomendaram: "Passar a cabeça debaixo da renda da saia de três Marias virgens". Ele ainda acrescenta: "O remédio pode até ser salutar; porém, por várias considerações de diversa natureza, achei oportuno não experimentá-lo".[49]

---

[46] Um amplo repertório de tradições, práticas culturais e saberes populares marajoaras encontra-se também na tese de doutorado de Agenor Sarraf Pacheco (2009), *En el corazón de la Amazonia*. Além disso, ele organizou, em 2011 e 2012, juntamente com Denise Schaan e Jane Beltrão, os dois volumes de *Remando por campos e florestas: I: Memórias e paisagens dos Marajós, e II: Patrimônios marajoaras em narrativas e vivências*. Baseadas em pesquisas de campo, com textos produzidos por professores, essas obras destinam-se ao ensino fundamental (5ª a 8ª séries) e médio.

[47] Sobre os seres "encantados" e sobrenaturais, que fazem parte do imaginário dos caboclos, cf. Josebel Fares, 2007, "Encantarias marajoaras: o mundo das mães míticas"; e 2003, "Cartografias marajoaras: cultura, oralidade, comunicação".

[48] R. H. Maués, 2007, "A novilha encantada do lago Guajará: religião e medicina popular na ilha do Marajó (primeira metade do século XX)".

[49] Gallo, 1997, *Marajó, a ditadura da água*, p. 166.

Apesar de toda a simpatia que os estudiosos aqui citados demonstram em relação ao Marajó, eles não deixam de lembrar também os graves problemas que têm caracterizado a vida da grande maioria da população local. As visões pitorescas, folclorizantes e turísticas que são divulgadas sobre o Marajó – vaqueiros com búfalos em campos verdejantes, tendo como pano de fundo uma revoada de guarás, ou pescadores com canoas cheias de peixes em praias "paradisíacas" com palmeiras – podem eclipsar as observações críticas sobre a dura realidade. Por isso, vários autores chamam a atenção para o contraste entre a natureza potencialmente muito rica e a extrema pobreza em que permanece mergulhada a população. Marajó, como mostra Pedro Lisboa (2012), tem um IDH (Índice de Desenvolvimento Humano) menor que a média do mundo e é uma das regiões mais pobres do estado do Pará e do Brasil.[50] O arquipélago é uma das quadras mais trágicas na área geográfica da fome, estabelecida por Josué de Castro, observa Nunes Pereira (1956).[51]

As causas do atraso vêm de longa data. Já no final do século XVIII, o naturalista e informante do governo Alexandre Rodrigues Ferreira, como também o padre jesuíta João Daniel, apontaram os erros na exploração econômica da ilha. Retomando aquelas críticas, Nunes Pereira denuncia o saque da natureza e a escravização dos trabalhadores, que carecem de assistência e são mantidos na ignorância, por funcionários de uma administração que prima pela incapacidade.[52] Mais recentemente, também Pedro Lisboa aponta para o "despreparo das prefeituras, ora ineptas, ora envolvidas em escândalos financeiros". Mesmo que surjam às vezes homens com boa vontade, "falta-lhes a competência necessária para mudar a letargia administrativa e econômica, que atravessa os séculos, marginalizando o marajoara e assim tirando-lhe qualquer aspiração de melhora de qualidade de vida".[53] Quanto à forma como a "elite" exerce o seu poder, o estudioso nota que a ilha é "quase toda rateada entre os latifundiários da pecuária e empresários de madeira e do palmito que, na sua maioria, sequer ali moram", confirmando assim uma observação de Giovanni Gallo de que "o prefeito está em Belém, quando seria sua obrigação morar no município".[54] Esse quadro crítico é completado por Miranda Neto (2005), que vê como causa do atraso tecnológico e do baixo padrão de vida da população "a falta de compreensão do meio sociocultural". A praxe da economia é um "extrativismo predatório", que quebra o equilíbrio eco-

---

[50] Cf. Lisboa, 2012, pp. 473-474.

[51] Cf. Pereira, 1956, p. 65.

[52] Cf. Pereira, 1956, pp. 65, 80, e 86-87.

[53] Lisboa, 2012, p. 474.

[54] Lisboa, 2012, p. 474; e Gallo, 1997, p. 220.

lógico; pratica-se uma "exploração de produtos primários para exportação, sem que houvesse o reinvestimento dos lucros auferidos na região de origem". Dessa forma, "o caboclo até agora só foi *usado* pelo processo de desenvolvimento".[55]

Quais são os desafios a vencer e quais as principais tarefas a cumprir para que o Marajó alcance um desenvolvimento verdadeiro? Na parte técnica da economia, trata-se de adaptar as tecnologias modernas às condições ambientais: construir canais de drenagem para controlar as águas de inundação, estabelecer um sistema para irrigar as lavouras na estação da seca, incrementar as pastagens com lagos e bebedouros artificiais e criar centros de piscicultura.[56] Quanto à parte social da economia, especialmente a pesca, sugere-se organizar cooperativas que recebam financiamentos e implantem novas técnicas e estruturas.[57] Numa perspectiva mais ampla, é preciso atender às principais carências da população marajoara, que tem sofrido de subnutrição e de doenças crônicas e cuja taxa de analfabetismo em 2000 era de 30%.[58] É indispensável instalar um sistema mais eficiente de educação, de saúde e higiene, e melhorar toda a infraestrutura, inclusive o abastecimento com água encanada.[59]

A ideia-guia de todas essas medidas deveria ser a concepção de que *"o desenvolvimento é para o homem e não o homem para o desenvolvimento"*.[60] Isso significa que a principal medida para desenvolver o Marajó, e por extensão, a Amazônia, deveria ser a disposição das autoridades de "ouvir o homem comum", cujas aspirações são muito simples, mas nunca foram devidamente atendidas.[61] O desenvolvimento não deve ser imposto, em nome da ciência e da tecnologia modernas, mas é preciso dialogar com o caboclo, para conhecê-lo, inteirar-se de seus valores culturais, de suas práticas religiosas, de sua medicina caseira – e respeitar esses saberes. Em suma, é preciso dar, finalmente, à população marajoara condições verdadeiras para ela se desenvolver, física e mentalmente, e ser capaz de se autodirigir, tomando o seu destino em mãos.[62]

---

[55] Miranda Neto, 2005, pp. 121-122.

[56] Cf. Pereira, 1956, pp. 115-116; e Miranda Neto, 2005, pp. 128-129.

[57] Cf. Gallo, 1997, p. 216.

[58] Cf. Lisboa, 2012, p. 472.

[59] Cf. Gallo, 1997, pp. 33, 103-105 e 220; Miranda Neto, 2005, pp. 130-134; e Lisboa, 2012, pp. 474-475.

[60] Miranda Neto, 2005, p. 123.

[61] Cf. Lisboa, 2012, p. 475.

[62] Cf. Miranda Neto, 2005, pp. 121-124 ("Valorização do homem").

Como veremos nas análises que seguem, a grande maioria das características do Marajó, apresentadas neste capítulo, e das críticas à falta de qualidade de vida das camadas populares, é tratada também nos três romances de Dalcídio Jurandir que têm essa ilha como cenário.

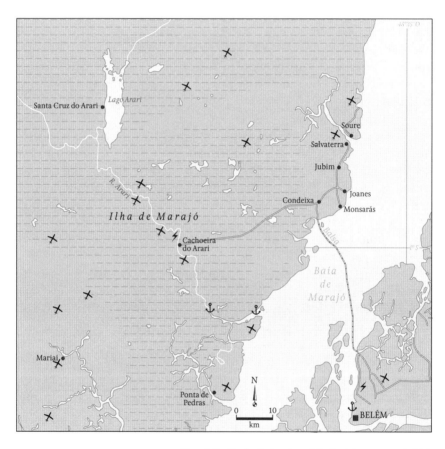

Mapa 4. Região do rio Arari: cenário dos três romances iniciais

Imagem 2. Cachoeira do Arari (em 2009)

2. OS PRINCIPAIS ELEMENTOS DE COMPOSIÇÃO DO CICLO (*CHOVE NOS CAMPOS DE CACHOEIRA*)

A primeira versão de *Chove nos campos de Cachoeira* foi redigida em 1929/1930 na vila de Gurupá. O autor reviu o manuscrito no final dos anos 1930 e o encaminhou para um concurso promovido pela editora Vecchi e pelo jornal literário *Dom Casmurro*. Tendo sido premiado com o primeiro lugar, o romance foi publicado pela referida editora em 1941 no Rio de Janeiro. Dentre todas as obras de Dalcídio Jurandir, é a que teve o maior número de edições, ao todo oito[63] e, com isso, é também a mais conhecida. Neste romance de estreia já estão presentes os principais elementos de composição do Ciclo do Extremo Norte, ao qual o autor se dedicou durante a sua vida inteira. Uma análise dessas partes constitutivas permite, portanto, fazer uma prospecção sobre o conjunto do ciclo. Como se pode observar, o projeto de Dalcídio Jurandir consistiu, desde o início, em apresentar em sua obra romanesca um amplo e detalhado panorama da sociedade da Amazônia. É para esse objetivo que convergem os dez elementos de composição descritos em seguida.

Um espaço geográfico e um tempo histórico reais

Conforme a tradição do romance realista, a história narrada em *Chove nos campos de Cachoeira* é ancorada num cenário geográfico real e num determinado tempo histórico. O enredo se passa por volta de 1920 na ilha de Marajó, na vila de Cachoeira do Arari. Um *prospecto*[64] topográfico dessa vila encontra-se no parágrafo inicial do terceiro romance, *Três casas e um rio* (1958), no qual a obra de Dalcídio Jurandir começa a se configurar como um romance em série:

> Situada num teso entre os campos e o rio, a vila de Cachoeira, na ilha de Marajó, vivia de primitiva criação de gado e da pesca, alguma caça, roçadinhos aqui e ali, porcos magros no manival miúdo e cobras no oco dos paus sabrecados. O rio, estreito e raso no verão, transbordando nas grandes chuvas, levava canoas cheias de peixe no gelo e barcos de gado que as lanchas rebocavam até a foz ou em plena baía marajoara. Na parte mais baixa da vila, uma rua beirando o rio, morava

---

[63] A edição mais recente de *Chove nos campos de Cachoeira* foi publicada pela Pará-grafo Editora (Bragança-PA), em 2019. Usamos aqui, contudo, com a sigla CCC, a "edição crítica", organizada por Rosa Assis e publicada pela Unama (Belém), em 1998, pelo fato de ter sido, desde então, a referência mais frequente dos estudos publicados sobre o romance.

[64] Cf. a tradição das descrições de vilas da Amazônia em forma de *prospectos*, iconográficos e textuais, pelo viajante naturalista e "informador" do governo, Alexandre Rodrigues Ferreira.

num chalé de quatro janelas o major da Guarda Nacional, Alberto Coimbra, secretário da Intendência Municipal de Cachoeira, adjunto do promotor público da Comarca e conselheiro do Ensino. (TCR: 5)[65]

Os componentes deste quadro já constam do romance de estreia, *Chove nos campos de Cachoeira*, mas de forma dispersa; o leitor tem que reuni-los para chegar a uma visão de conjunto. Em ambos os romances realça-se a inserção da vila na paisagem do interior da Amazônia, no caso, o ambiente rural e o entorno fluvial do Marajó dos campos. A função econômica da vila de Cachoeira, com as "canoas cheias de peixe" e os "barcos de gado" mostrando o papel da ilha de Marajó no abastecimento da capital Belém, é tratada apenas na obra posterior. No romance inicial, ao contrário, com a quase ausência de uma relação com o mundo de fora, predomina a imagem de um pequeno universo *insulado*, em que o tempo atmosférico, marcado pelo mormaço e pelas chuvas, é mais importante para os habitantes que o tempo histórico, com suas contingências econômicas e políticas.

De fato, as referências à história contemporânea em *Chove nos campos de Cachoeira* são escassas. Em relação à Amazônia, fica-se sabendo apenas de passagem que houve a "crise da borracha" (CCC: 142) e eventuais investimentos na "Fordlândia" (cf. p. 149, a referência a "*mister* Ford"); no plano internacional, mencionam-se a batalha de Verdun (p. 353), a implantação do "comunismo na Rússia" (p. 148) e a ausência de "uma nova guerra no mundo" (p. 148), o que são sinais de que a história narrada neste romance é posterior a 1918. No mais, o tempo histórico é subordinado ao tempo atmosférico. A partir da descrição dos "campos queimados", logo no início do romance, e das "grandes chuvas", que "em janeiro [...] lavam a marca do fogo" (p. 120), podemos inferir que a ação narrada ocorre na maior parte (capítulos I a XVI) no "aspérrimo dezembro" (p. 165) de 1919, e o restante (capítulos XVII a XX), alguns meses depois, por volta de abril ou maio de 1920.

O enredo de *Chove nos campos de Cachoeira* resume-se, em dezesseis dos vinte capítulos, a três dias comuns na vida dos dois protagonistas Alfredo e Eutanázio. Acompanhando-os em suas andanças, o narrador nos apresenta um leque de tipos sociais daquela vila. Ele nos faz participar também dos pensamentos e sentimentos dos protagonistas, especialmente nos quatro capítulos finais, nos quais são narrados dois dias complementares, que mostram Eutanázio agonizando. São poucos os personagens que mantêm algum contato com o mundo lá fora: o major Alberto, através do seu ofício como secretário da Intendência e a sua pai-

---

[65] A sigla TCR refere-se ao romance *Três casas e um rio*, 3ª ed., Belém: Cejup, 1994.

xão pelos livros; o dr. Campos, que publica artigos num "órgão dos interesses da sociedade e da família em Belém" (CCC: 175); e Ezequias Saraiva, que vive obcecado pela leitura dos jornais. No entanto, observa o narrador, "o jornal faz Ezequias ficar fora do mundo" e "desligado da vida" (p. 148). Dessa forma, predominam como características dos personagens o seu insulamento e sua solidão.

Quanto à topografia de Cachoeira, o marco inicial de orientação é a "parte baixa" da vila, constituída por "apenas uma rua beirando o rio" (CCC: 135). É ali que se localiza o chalé onde mora o major Alberto com a sua família. Defronte ao chalé está uma casa de condição semelhante, a da família Saraiva, além da casa-grande do coronel Bernardo (p. 172); nas proximidades há, ainda, um conjunto de barracas de pobres (p. 196). Ao se tomar "o rumo do aterro" (p. 135), chega-se da parte baixa da vila à "parte alta", que "é propriamente a vila" (p. 135). Nela situam-se a Intendência e o largo com a igreja que, assim como o mercado, são apenas mencionados de passagem. Várias referências são feitas à "rua das Palhas", onde fica a casa da costureira d. Duduca (p. 223). Ali perto estão as tavernas de Ezequias e Salu e a botica do farmacêutico, seu Ribeirão. Há ainda "o caminho dos campos", por onde Alfredo segue para a "escola de seu Proença" (p. 247), e que Eutanázio costuma tomar para chegar à "casa de seu Cristóvão que ficava na ponta da rua para os lavrados" (p. 125).[66]

Com o seu romance de estreia, Dalcídio Jurandir inaugura uma linha de títulos que são, em sua grande maioria, de cunho topográfico: ora mais documentais (*Marajó, Belém do Grão-Pará, Ponte do Galo*), ora com a introdução de uma referência mais genérica (*Três casas e um rio, Ribanceira*), ou ainda com nomes inventados (*Passagem dos Inocentes, Chão dos Lobos*). Mesmo os títulos *Primeira manhã* (inicialmente: *Primeira manhã no ginásio*) e *Os habitantes* têm uma certa afinidade com o padrão topográfico, como será comentado mais adiante.

A perspectiva micro-histórica de uma família

Como paradigmas de romances que retratam a sociedade a partir da perspectiva de uma família, merecem ser lembrados a saga em vinte volumes *Les Rougon-Macquart: Histoire naturelle et sociale d'une famille sous le Second Empire* (1871-1893), de Émile Zola; o romance *Buddenbrooks: Verfall einer Familie* (Decadência de uma

---

[66] Sobre a "Representação da cidade de Cachoeira do Arari nos aspectos físicos, sociais e culturais na obra *Chove nos campos de Cachoeira*", ver também o artigo assim intitulado de Raimundo Tadeu Gama, *in:* Pressler; Menezes; Santos Neto (orgs.), 2014, item 3.2. dos "Estudos críticos".

família, 1901), de Thomas Mann; e um *roman-fleuve* como *Les Thibault* (oito volumes, 1920-1939), de Roger Martin du Gard.

O autor de *Chove nos campos de Cachoeira* também utiliza a perspectiva dessa célula social que é a família, um enfoque micro-histórico, para atingir seu objetivo principal, que é a descrição da sociedade de uma vila amazônica. Por sua composição, por seu status social e sua condição econômica, a família inventada pelo romancista, a do major Alberto, constitui uma plataforma muito adequada para entrar em contato com as diferentes camadas sociais e para exercer uma função mediadora: tanto no nível da ação narrada, em termos dos contatos entre os personagens, quanto no nível da narração, no qual se trata de introduzir o leitor naquele ambiente social.

O chefe da família, o Major da Guarda Nacional Alberto Coimbra, nascido em Belém, é um homem culto, dedicado à causa pública e detentor de prestígio geral, como se vê pelo relato dos anos em que ele atuava na vila de Muaná. Apaixonado pelos estudos e pelas letras, gosta de ler para sua mulher "discursos inteiros de Antônio Cândido" (o poeta e jurista português, 1846-1883) e contar "a história de Nabuco, o Nabuco da Abolição" (CCC: 168). Alberto Coimbra veio para Cachoeira para exercer as funções de secretário do Intendente, a convite de um dos mandriões da política local, o coronel Bernardo (p. 167), já falecido no tempo da história narrada. Ele "era o homem de confiança do coronel", "escrevia os relatórios" e "fazia tudo na Intendência"; "coronel era só para assinar" (p. 174). O major chegou, inclusive, a publicar um jornalzinho, o *Cachoeira*, "que durou um ano" (p. 187), e a escrever "uma monografia de Cachoeira" (p. 174).

Profundo conhecedor da economia e da política do município, o major Alberto, embora não engajado em militância alguma, faz alguns apartes críticos sobre o atraso e o retrocesso de Cachoeira. Em relação ao decreto que elevou a vila à categoria de *cidade*, ele comenta ironicamente: "– Cidade! [...] com a casa da Intendência para cair e o intendente mudando a luz elétrica [...] por luz de carbureto" (CCC: 393). Faz também duras críticas aos fazendeiros de Marajó: "Tudo o que ganham é para Belém. Não fazem uma benfeitoria em Cachoeira. Não há uma casa deles na vila. Isto aqui vai de mal a pior" (p. 304). A condição econômica da família do Major é modesta. Ele tem "uma tranquila incapacidade para a fortuna" (p. 177) e um traço distintivo seu é a honestidade – que contrasta com a corrupção praticada por outros funcionários públicos. A sua situação financeira se resume a esperar todo mês "aquele dinheirinho escasso da Secretaria Municipal" (p. 351), que é a única fonte de renda para se sustentar, juntamente com a mulher e os três filhos.

Depois que ficou viúvo, há mais de dez anos, o Major convidou para conviver com ele d. Amélia, uma jovem mulher do povo, que assumiu as tarefas domésticas: "D. Amélia era uma pretinha de Muaná, neta de escravos, dançadeira de coco [...], cortando seringa, [...] apanhando açaí, gapuiando, atirada ao trabalho como um homem" (CCC: 179). Essa união entre um destacado funcionário público branco e uma negra de condição humilde provoca na sociedade local uma série de comentários. São manifestações de um racismo escancarado, como na reação das filhas que o Major teve com a sua falecida esposa: "Era uma pretinha. Se ainda fosse pessoa de qualidade... Mas uma pretinha de pé no chão!" (p. 180). Ou ainda, uma mistura de moralismo hipócrita e de inveja, como na maledicência de d. Dejanira, mulher de seu Cristóvão: "Afrontando a sociedade com aquela preta. [...] Rapariga. [...] [Eles] vivem na amasiagem, fora da lei, da sociedade. São felizes" (p. 241).

Da família de Alberto Coimbra ainda fazem parte os já mencionados protagonistas Eutanázio e Alfredo, e a menina Mariinha. Enquanto Eutanázio, de uns 40 anos, é filho do primeiro casamento do Major, o menino Alfredo, assim como a sua irmãzinha, nasceu da união do Major com d. Amélia. Com Alfredo, filho de pai branco e letrado, e de mãe preta, quase analfabeta, o romancista criou um personagem que utilizará em nove dos dez romances do seu Ciclo para desempenhar o papel de um *go-between* entre as raças e as classes sociais.

A estratégia de retratar a sociedade a partir da perspectiva de uma família será mantida por Dalcídio Jurandir em quase todo o Ciclo. No segundo romance, *Marajó*, ele focaliza uma outra família, a de um latifundiário, o Coronel Coutinho, com seu filho Missunga; a partir da obra seguinte, *Três casas e um rio*, ele retoma a família do Major Alberto, que permanecerá daí em diante como pano de fundo dos demais romances. Quando o cenário da ação se desloca da ilha de Marajó para a capital Belém, o mapeamento social se faz inicialmente (em *Belém do Grão-Pará*) a partir de uma família de classe média, os Alcântaras, em cuja casa Alfredo está hospedado. Em seguida (em *Passagem dos Inocentes*), o jovem passa a conhecer a cidade a partir da periferia, ao morar na casa da família de uma parente do seu pai, d. Celeste Coimbra de Oliveira, que em Muaná pertence a uma família de nome, mas em Belém mora na favela. A perspectiva continua sendo a do subúrbio na trilogia formada por *Primeira manhã*, *Ponte do Galo* e *Os habitantes*, quando Alfredo está hospedado na casa mantida em Belém pelo latifundiário marajoara coronel Braulino Boaventura. A família desse coronel, que é o pai da moça Luciana, passa a ser a personagem coletiva central em *Os habitantes*. Apenas nos dois últimos romances do Ciclo (*Chão dos Lobos* e *Ribanceira*), o enfoque da sociedade já não se dá mais a partir de um núcleo familiar, mas da perspectiva do protagonista Alfredo, que se tornou adulto e, com isso, mais independente.

60

O protagonista como observador participante

Nos procedimentos de retratar a sociedade, existe certa afinidade e um intercâmbio de experiências entre os romances de cunho realista, em que o narrador e o protagonista se situam perto de determinado grupo de personagens e descrevem esse mundo social de dentro, e o trabalho de campo das ciências sociais, sobretudo a antropologia, que criou o método da "observação participante". A principal diferença entre os dois tipos de enfoque está no caráter ficcional do romance e no uso, por parte deste, de recursos mais refinados na forma de narrar: procedimentos como o discurso indireto livre e o monólogo interior.

Que tipo de narrador e protagonista o autor de *Chove nos campos de Cachoeira* põe em obra para retratar a sociedade daquela vila amazônica? Aqui, como nos demais romances do seu Ciclo, Dalcídio Jurandir opta por um narrador impessoal em terceira pessoa, que não faz parte da ação, mas acompanha de perto os passos dos personagens principais, mostrando os seus sentimentos e o modo como percebem o mundo à sua volta. Com isso, ele reúne os elementos para traçar um quadro da sociedade. Aqui, na obra de estreia, entram em ação simultaneamente dois protagonistas, ambos pertencentes à família do major Alberto: o menino Alfredo e seu meio-irmão Eutanázio. Cada um deles representa um enfoque diferente em termos de escrita de uma história social.

O comportamento e a trajetória de Eutanázio são, em chave irônica, o contrário do que sugere o seu nome, que é derivado de *eutanásia* = "morte sem sofrimento". Ele contraiu uma doença venérea com a prostituta Felícia (outro nome irônico) e está definhando. Tudo isso por causa da paixão autodestrutiva que cultiva por uma bela moça que não quer saber dele, o despreza e ridiculariza. Na figura e no nome dela, Irene (do grego *eiréne* = "paz"), a ironia da narração e o masoquismo de Eutanázio atingem o clímax. Em vez de tratar aqui de seus problemas psicológicos – o que já foi feito por outros estudiosos[67] –, esta análise focaliza a função de informante que Eutanázio exerce na construção da narrativa. Por meio desse personagem, que costuma transitar por diversos ambientes sociais, chegamos a conhecer o perfil e a vida cotidiana de vários habitantes da vila. Como veremos, o romancista utiliza a história *individual* das dores desse protagonista como um meio para apresentar uma história *coletiva* de sofrimentos: a dos pobres.

---

[67] Para uma leitura psicanalítica do personagem Eutanázio, ver J. Fares e P. Nunes, 2004.

O segundo protagonista é o meio-irmão de Eutanázio, o menino Alfredo, de apenas 10 anos. Nesse primeiro livro, *Chove nos campos de Cachoeira*, ele ainda não tem condições de cumprir todas as funções de sondagem do campo social e de mediação entre a sociedade representada e o leitor com a mesma eficiência que seu irmão adulto Eutanázio. Contudo, à medida que se desenrola o Ciclo, Alfredo vai assumindo e aperfeiçoando, de romance em romance, seu papel de observador participante da vida social.

Romance de formação e romance social

Na obra inicial do Ciclo, como também nos demais oito romances que têm Alfredo como protagonista, uma questão prioritária é a sua formação escolar e a sua socialização. Com base na trajetória desse jovem, vários estudiosos caracterizaram a obra de Dalcídio Jurandir como um *romance de formação*. Massaud Moisés (1996) define o Ciclo do Extremo Norte como uma "vasta narrativa de aprendizagem". Ele especifica que esse "romance-rio"

> narra a trajetória existencial de um menino pobre, mestiço, que pouco a pouco descobre suas discriminações. O homem perante o universo natural e citadino, num diálogo dramático que a progressiva tomada de consciência dos problemas sociais aguça, eis, em síntese, a substância deste ciclo [...]. Dalcídio Jurandir é bem o fabulista popular, engajado na reconstituição do mundo em redor do Amazonas, num estilo desataviado, permeável de coloquialismos e expressões locais.[68]

Paulo Nunes cita essa passagem em seu estudo sobre *Chove nos campos de Cachoeira*,[69] e retoma a ideia da "narrativa de aprendizagem" com o termo *Bildungsroman*, cujo protótipo é o romance de Goethe, *Os anos de aprendizado de Wilhelm Meister* (1795-1796).

Quando se trabalha com o *Bildungsroman*, é preciso lembrar que existem, entre os críticos, duas acepções muito diferentes desse tipo de romance. Por um lado, alguns fazem questão de opor a história do desenvolvimento de um "herói individual" ao "romance social". Por outro, há os que consideram como parte fundamental da formação do indivíduo a sua socialização, isto é, a sua participação na cultura coletiva, nos conflitos sociais e nas questões de interesse público, ou seja, nos assuntos que caracterizam o romance social. Enquanto a primeira postura é

---

[68] M. Moisés, 1996, *História da literatura brasileira,* v. V: *Modernismo,* p. 240.

[69] P. Nunes, 2001, *Aquonarrativa,* p. 30.

tributária da atitude da burguesia alemã do século XIX, que privilegiava os interesses da esfera privada, a segunda postura – além de resgatar a abertura para o campo social e político, já presente na obra de Goethe – leva em conta as questões de formação da sociedade moderna, desenvolvidas na mesma época pelos grandes romancistas franceses, ingleses e russos.[70] De acordo com este segundo enfoque e completando o que foi dito no início deste capítulo, a obra de Dalcídio Jurandir pode ser considerada, ao mesmo tempo, um romance de formação e um romance social.

Existem, contudo, notáveis diferenças entre o paradigma goetheano do *Bildungsroman* e o romance escrito por Dalcídio Jurandir, como já foi observado por Paulo Nunes (2001):

> Alfredo atravessa nove das dez narrativas do ciclo [...] as quais desvelam os conflitos humanos das gentes das ribeiras e barrancos nortistas, além de sinalizar para a decadência da sociedade burguesa rural brasileira. Alfredo compõe – com os demais personagens e tipos – o manancial para onde afluem as dores e as expectativas do povo simples: pescadores, vaqueiros, costureiras, operários.[71]

As referidas diferenças consistem, em síntese, no deslocamento para outro espaço geográfico (da Europa central para a Amazônia), na mudança de época (dos tempos da Revolução Francesa para o período posterior à Primeira Guerra Mundial),[72] e principalmente na modificação da perspectiva social: o jovem protagonista não é um representante da classe burguesa emergente, que dialoga preferencialmente com integrantes da aristocracia, mas um menino que vive no limiar entre uma modesta classe média e os pobres, entre brancos e caboclos.

Ao acompanhar a trajetória do menino Alfredo, o romancista faz o leitor sentir os problemas da educação e da formação com uma visão "de dentro". Na escolinha local, que seu Proença mantinha em sua casa, as condições de ensino são muito precárias e Alfredo é humilhado: "Uma tarde [...] ele foi posto nu" pelo mestre, o qual, "com os seus olhos de louco e o riso canalha gritava: – [...] olha o pipi dele" (CCC: 249).

---

[70] Cf. W. Bolle, 2004, *grandesertão.br – O romance de formação do Brasil*, pp. 376-382.

[71] P. Nunes, 2001, *Aquonarrativa*, p. 64.

[72] Num artigo sobre o *Bildungsroman* na literatura da Amazônia, em Inglês de Souza e Dalcídio Jurandir, G. Pressler, 2005, chega à conclusão de que a obra dalcidiana é um "ciclo moderno de *Bildungsroman* do século XX" (p. 98). O conceito de "romance moderno de formação" é especificado em Pressler, 2018.

Paralelamente à escola, há outros tipos de aprendizagem. Assim, por exemplo, quando Alfredo fica sabendo "como vem uma criança para o mundo", são desmitificadas as histórias que se costuma contar para as crianças: aquele "mundo falso, mentiroso, complicado, cheio de Deus, muitos anjos, santinhos, fadas, anjos da guarda e demônios, cobras-grandes, visagens, lobisomens, matintas, jacurututu e proibições de toda espécie" (CCC: 310-311). Na sua iniciação à religião, os adultos lhe apresentam "três deuses diferentes" – o Pai do Céu de Lucíola, o Deus de d. Amélia e o Supremo Criador do Major Alberto –, o que "complicava cada vez mais a coisa" (p. 311). E, não por último, a formação de Alfredo inclui também o despertar do seu interesse por figuras femininas, como se vê na sua atração pela moça Clara, que "lhe deu uma obscura sensação do proibido, do intocável, a real significação duma nudez que não se podia ver nunca senão através daquele vestido e daquele único instante. Aquele corpo [...] era toda a natureza" (p. 281).

Como um sério obstáculo que se opõe ao seu desejo de formação, Alfredo sente a rotina do cotidiano. As tarefas diárias impostas pelos pais causam-lhe aborrecimento: "Todo dia isso! Buscar carne, comprar querosene, trazer pão e açúcar [...]" (CCC: 374). Além disso, Alfredo sente um incômodo constante por causa dos moleques da vizinhança que vêm pedir coisas. Apesar da antipatia que o protagonista sente pelos meninos pobres, esse contato não deixa de ser uma espécie de socialização *ex negativo*. Mas o que mais lhe pesa é a atmosfera na sua família, que é a de uma "poderosa incompreensão mútua" (p. 376). Com o pai não existe comunicação, pois este "vivia entre os catálogos, sem dar [...] a intimidade que o filho sonhava" (*ibid.*). Com o irmão "parado em casa, a [...] angústia se espalhava e contaminava o chalé" (*ibid.*). E com relação à mãe, Alfredo vem notando que ela "se transformava, ia perdendo aquelas qualidades que tanta segurança davam à vida no chalé" (p. 375). Além disso, surgem às vezes "discussões terríveis" entre o major e d. Amélia. Por fim, "o chalé se fragmentava" (p. 376).

Tudo isso vai se somando e resulta no desejo de Alfredo de mudar-se para Belém: "– Mamãe, me mande para Belém. Eu morro aqui, mamãe. [...] Quero estudar, quero sair daqui" (CCC: 299). Enquanto o pai letrado continua indiferente em relação ao seu filho, a mãe semianalfabeta, que lida com as tarefas domésticas, quer lhe proporcionar uma boa educação. Ela quer enviá-lo a Belém, mas não tem dinheiro; vai demorar para consegui-lo, e com muito sacrifício.

Com esse enfoque da formação e da socialização de um menino, que vive num limiar social e inicialmente não quer ter nada em comum com os moleques a sua volta, o caso individual de Alfredo acaba se tornando representativo de milhares de jovens do interior que querem migrar para a capital Belém para obter uma boa formação escolar e uma melhoria de suas condições de vida. Nesse romance de formação, portanto, estão também presentes elementos de um romance social. Como ideia-guia do ciclo romanesco de Dalcídio Jurandir é possível ver, desde a obra de estreia, que a "formação" tem muito a ver com um engajamento por uma mediação entre o mundo das pessoas "cultas" e os excluídos, e que o nosso escritor considera como uma de suas tarefas a construção de figuras e de estratégias de mediação.

E, não por último, vem ao caso observar que a obra em série de Dalcídio Jurandir se configura como uma verdadeira "en-ciclo-pédia" do universo cultural da Amazônia, na acepção original da palavra, isto é: como um ciclo de saberes em forma romanceada, cujo centro temático é uma "paideia", que, na Grécia antiga, designava "a educação e formação das crianças e dos jovens" e a partir daí a formação dos cidadãos.[73] O romancista amazônico resgata o sentido dessa ideia, deixando claro que a "formação" não se limita aos estudos na escola, mas é algo que se dá numa perspectiva muito mais ampla: com a percepção do mundo social em volta. É o que veremos ao longo dos comentários dos demais romances.

O elemento erótico

Em nove dos dez romances do Ciclo aparecem figuras femininas que exercem sua atração sobre o protagonista: Irene (em *Chove nos campos de Cachoeira*), Alaíde e Guita (*Marajó*), Andreza (*Três casas e um rio*), Libânia (*Belém do Grão-Pará*), Luciana (*Primeira manhã, Ponte do Galo, Os habitantes*), Roberta (*Chão dos Lobos*) e Bi (*Ribanceira*). No caso de *Passagem dos Inocentes*, a personagem d. Celeste, que ocupa um espaço igual ou maior que Alfredo, divide com ele o papel de protagonista. Com essas figuras femininas, que fazem lembrar a importância das mulheres no cotidiano da vida amazônica, introduz-se um elemento erótico que motiva o protagonista a querer conhecer mais de perto o ambiente social. Embora o romance de Flaubert, *Madame Bovary* (1857), não tenha sido escolhido como modelo por Dalcídio Jurandir, vem ao caso lembrá-lo aqui, por causa da combinação do título com o subtítulo: por meio de uma protagonista feminina mergulha-se numa descrição da sociedade, com uma forte conotação antropológica: *Costumes de província*.

Em *Chove nos campos de Cachoeira*, o fascínio erótico que Irene exerce sobre Eutanázio faz com que ele cumpra a função de uma figura de mediação no sentido de pôr o leitor em contato com a vida cotidiana daquela vila, especialmente

---

[73] Cf. W. Jaeger, 1973, *Paideia: Die Formung des griechischen Menschen.*

com o mundo dos pobres. Eutanázio visita regularmente a família de Irene, que vive num estado de penúria, e ele sempre leva algum tipo de ajuda material, tornando-se assim o principal provedor daquela casa. Um segundo tipo de relação do protagonista com os pobres são os seus conhecimentos de letrado – o que é, também, um modo de o autor apontar para o problema geral da representação dos pobres na literatura. Eutanázio escreve cartas para os analfabetos e também textos para os rituais das festas populares, como o boi-bumbá (CCC: 212). Suas habilidades como escritor, contudo, são bastante limitadas; é uma "poesia pobre", com "alguma utilidade" (*ibid.*), porém restrita àquele círculo local.

O terceiro elemento de ligação de Eutanázio com os pobres, e o mais importante, é a sua já referida função de observador participante, ou seja, a coleta e transmissão de informações sobre os costumes dos habitantes daquela vila. Para ir da casa do seu pai até a casa de seu Cristóvão, onde mora Irene, Eutanázio atravessa diariamente a vila inteira, parando no meio do caminho em pontos de encontro das pessoas, como a taverna de Salu e a casa da costureira d. Duduca. Nesses lugares, ele sempre ouve muitas fofocas, e o narrador, que acompanha o protagonista nessa travessia, retransmite aquelas informações.

Um mapeamento da sociedade

Em todos os romances do Ciclo, Dalcídio Jurandir nos faz perceber as vilas do interior da Amazônia e a capital Belém como territórios repartidos entre diferentes classes sociais. Em *Chove nos campos de Cachoeira*, a base para tal "mapeamento" da sociedade são os tipos de moradia dos personagens – barracos, chalés, casas, fazendas – como indicadores mais evidentes das diferenças sociais. Reunindo as observações dos dois protagonistas, podemos traçar o seguinte quadro.

Num nível de miséria extrema vive a jovem prostituta Felícia, de quem Eutanázio contraiu a doença. Ela mora num barraco dos mais deteriorados, num "quartinho escuro e sujo" e é descrita como "uma mulher que cheirava a poeira" e "fedia a fome" (CCC: 127). O juiz substituto dr. Campos a compara a um animal: uma "danada de fome como uma cachorra" (p. 222). Outra figura deplorável e também de nome irônico é Dionísio. Ele é introduzido como "um vulto" que "vem pelo escuro sob a neblina", com "um saco cobrindo a cabeça e uma cambada de aracus na mão. A roupa fedia a peixe. [...] Seu bafo é cachaça pura" (p. 176). O quadro dos miseráveis é completado pelo personagem do Bode, um "escuro, meio idiota, surdo", que parece um "bicho" com "riso de macaco", um "monstro" que Alfredo tem receio de encontrar. O Bode obriga-o a se ajoelhar e a lhe tomar a bênção, e assim "se desforrara em nome de todos os moleques maltratados por Alfredo" (pp. 346-347).

Através de Alfredo, entramos em contato com os numerosos moleques que vivem nos barracos próximos ao chalé, "com uma fome crônica, tendo ataques de vermes, cabeludos e viciados" (CCC: 197). Frequentemente, esses "meninos rotos e febrentos" vêm pedir coisas para d. Amélia: "leite, farinha, resto de comida, retalho de pano, roupa usada, remédios, fósforos, dois palmos de linha de costura" (p. 313). Alfredo sente-se incomodado e faz questão de distinguir-se deles: "não gostava desses moleques. Brincava pouco com eles. Tinha um ar de menino branco" (p. 197). A postura que ele assume em relação aos meninos pobres é uma amostra de como começam cedo os comportamentos de diferenciação que caracterizam a sociedade.

Um degrau acima dos miseráveis e pobres vivem os empobrecidos, que não moram em barracos, mas também passam fome, como a família de seu Cristóvão. Eutanázio ouve duas versões muito diferentes de como essa família chegou à situação de penúria. Segundo d. Dejanira, o responsável pela miséria é o marido: "– Seu Cristóvão não traz nada pra casa. [...] Um moleirão. [...] Veja, seu Eutanázio, se uma senhora como eu nascida na fortuna pode aguentar este desespero, este inferno, esta vergonha. [...] eu aguentando esta velhice faminta!" (CCC: 153). Já Raquel, filha das primeiras núpcias de seu Cristóvão, contesta a versão da história apresentada por d. Dejanira:

> – Quando a senhora se casou com ele, ele 'tinha'! [...] depois que a senhora se casou com ele é que tudo desandou... [...] A senhora com seu luxo, com sua pompa, com seu estrago, foi que acabou com o dinheirinho dele. Ele possuía a sua fazenda. A senhora fez ele vender para fazer não sei que negócio. [...] A senhora foi a maior desgraça do papai. (CCC: 230-231)

Configura-se, assim, a história de um fazendeiro que perdeu a fortuna e acaba tentando sobreviver como vendedor de arroz-doce. Figuras de classe média empobrecidas aparecerão em destaque ao longo de todo o ciclo romanesco, como a família Alcântara, em *Belém do Grão-Pará*, d. Celeste em *Passagem dos Inocentes*, d. Nivalda em *Chão dos Lobos*, e o comerciante seu Bensabá em *Ribanceira*. Muitas vezes, o empobrecimento está ligado ao declínio econômico da Amazônia, depois da crise da borracha, em 1912.

A maioria dos tipos sociais retratados em *Chove nos campos de Cachoeira* situa-se num degrau social intermediário, como os membros da família do major Alberto e da família Saraiva, por meio das quais o leitor entra em contato com o ambiente dos funcionários públicos e o dos pequenos comerciantes. Na família Saraiva, no tempo em que estava viva a chefe siá Rosália, houve indícios de ascensão social. Os seus filhos Didico, Ezequias e Rodolfo "cresceram em Cachoeira como rapazes da sociedade, vestindo fato H. J. e casimira inglesa, fazendo cordões joaninos, bailes só para a família, conquistas galantes e alguns filhos clandestinos" (CCC: 201). No presente da ação narrada, predomina o declínio. Didico, depois de ter perdido o emprego na Intendência, "teve de se ocupar só na pescaria" (p. 355); Rodolfo trabalha a serviço do major Alberto como um modesto tipógrafo (p. 199); e Ezequias é um taberneiro, com as prateleiras "melancolicamente vazias" (p. 149). As duas irmãs, Lucíola e Dadá Saraiva, são solteironas – e, com isso, relegadas à margem da sociedade. Lucíola tenta encontrar uma compensação através da tentativa de assumir a maternidade de Alfredo, mas, à medida que ele cresce, vai perdendo o domínio sobre ele e recai na vida de solteirona.

Entre os funcionários retratados no romance, o major, que é um profissional moralmente íntegro, representa uma exceção. Nos demais servidores públicos, o narrador realça o lado negativo, através dos comentários que uns fazem dos outros. O velho Araguaia, o fiscal, é um corrupto, que faz "negociatas [...] com os vendedores de cachaça e mel, enchendo a sua dispensa [...] à custa da fiscalização municipal" (CCC: 325). O velho oficial de justiça seu Gonzaga, apelidado Guaribão, caracteriza-se pela burrice. Depois de ter ouvido falar em experimentos de laboratório com "o protoplasma", declara que "o Brasil podia se orgulhar de possuir um grande sábio: o dr. Protoplasma" (p. 262). Quando o farmacêutico local lhe explica que o protoplasma "não [é] cidadão brasileiro, mas o princípio fundamental da vida", o Guaribão, percebendo que sua burrice se tornou pública, "pul[a] como um possesso" (p. 262).

O retrato mais detalhado é o do juiz substituto, o dr. Campos. Diante da plateia provinciana da vila, ele se gaba com seu currículo, sua cultura e suas viagens pela Europa. Como qualidade especial da Alemanha, ele realça a cerveja: "Ah! as cervejarias de Munique! A Alemanha é a pátria de Goethe, de Bismarck, da Brahma!" (CCC: 222). Na França e na Itália, ele destaca os espetáculos culturais e suas aventuras eróticas: "Mas sempre Paris me seduziu. [...] Amei uma francesinha no Bois de Boulogne! [...] Gastei algumas dezenas de contos [...] mas vi a civilização! Ouvi a Duse! Vi Isadora Duncan! A Comédia Francesa! [...] A minha aventura com uma corista em Milão" (*ibid.*). De regresso ao Brasil, o dr. Campos ficou confinado a exercer o seu cargo no ambiente isolado do interior. Entrega-se então à bebida e às noitadas com prostitutas ou moças por ele prostituídas. Na cena em que aparece pela última vez, está completamente bêbado e enlouquecido (cf. p. 388).

Passando da classe média para a dos fazendeiros, são esboçados retratos de dois deles, o Gomes e o Carvalho. No caso do primeiro, o narrador realça o exibicionismo e a vaidade (cf. CCC: 268). No caso do segundo, ficamos sabendo, através do monólogo interior de Eutanázio, que a fazenda dele foi "ganha com muita safadeza, capangagem, contrabando". Mas:

> Propriedade é propriedade. Matara um homem. Fora empregado no Recreio para surrar caboclo, ferrar, fazer o que os Neves queriam. Carvalho foi sempre muito protegido. Ficou mais tarde dono da canoa *Deus te guie*. Faz negócio de cachaça e mel. Conduz gado. Está a caminho da fortuna. (CCC: 158)

No topo da escala social situam-se "os mandriões da política" (CCC: 173), os donos do poder. Como peça final desta tipologia – com a qual Dalcídio Jurandir se situa nos moldes críticos do romance social dos anos 1930 – aparece o retrato do latifundiário dr. Casemiro Lustosa, a figura central do penúltimo capítulo (XVIII: "Bem Comum cercou os campos"). Era advogado em Belém e através de grandes inventários e negócios com terrenos ganhara muito dinheiro. Com isso, se pôs a realizar o seu desejo de "um dia ser grande fazendeiro em Marajó" (p. 289). Resolveu, então, instalar em Cachoeira "uma fazenda-modelo". Para isso,

> necessitava comprar campos, convencer os pequenos criadores vizinhos de Cachoeira a cederem as suas fazendas para aquela obra de patriotismo e desprendimento. Era também necessário explicar que a grande fazenda de nenhuma maneira se compararia com o latifúndio dos grandes fazendeiros. (CCC: 390-391)

A partir daí, a narração começa a incorporar ironicamente os elementos da retórica do personagem. A falsidade da proposta "social" do dr. Lustosa é evidenciada pela justaposição de seus eufemismos demagógicos com as consequências que suas medidas trazem para os habitantes de Cachoeira: O "novo proprietário dos campos de Cachoeira" mandou levantar em torno da vila uma cerca de arame farpado e uma tabuleta: "BEM COMUM. Propriedade do dr. Casemiro Lustosa" (CCC: 390). Os dois termos se excluem: o primeiro é apenas uma fachada verbal, o segundo, a realidade. O fato é que "a vila não pode se estender mais para os campos" e "os pobres não podem mais tirar lenha" (p. 390). Uma vez instaurado o código da ironia, por parte do narrador, o leitor já sabe qual é o sentido verdadeiro das demais características e falas do dr. Lustosa, esse "cavalheiro afável", "sempre cordato [e] fino", esse *gentleman*, que era a "simplicidade em pessoa". O dr. Lustosa, conforme disse, "desejava era servir Cachoeira. Simpatizara com a terra e com o povo e queria por isso [...] proteger aquele povo e aquela terra. Com os campos comprados e reunidos" (pp. 390-391).

Sabendo perfeitamente de que se trata, o leitor pode se divertir com a reação dos personagens que são subservientes e bajuladores diante do dr. Lustosa. Como o velho Guaribão, que fica comovido, pois agora "os pobres podiam se orgulhar de possuir uma fazenda-modelo" (CCC: 392). Ou as velhas benzedeiras, que apoiam com as suas rezas o autor do "Bem Comum" (cf. 394). Ou ainda o sr. Gomes, que exclama: "Esse advogado [...] oxalá que seja o nosso intendente municipal, depois deputado federal e mais tarde governador do Estado!" (p. 393).

Engajamento pela causa dos pobres

O romance *Les Misérables* (1862), de Victor Hugo, foi um marco na literatura por trazer para o primeiro plano a causa das camadas populares. Dentro dessa tradição situa-se também o romance brasileiro de crítica social dos anos 1930. No caso de Dalcídio Jurandir, o engajamento em favor dos pobres caracteriza a sua obra inteira. Como acabamos de ver no mapeamento da sociedade em *Chove nos campos de Cachoeira*, os que pertencem às camadas de baixo não têm nada a esperar nem da classe abastada, nem da administração pública. Nos donos do poder, o autor critica os abusos e a invenção de falsos projetos sociais; no funcionalismo, a corrupção; e na classe média, o egoísmo e o oportunismo.

No relacionamento dos membros da família do major Alberto com o mundo dos pobres, o romancista registra atitudes muito diferentes. O major "se danava com o povo todo da vizinhança tomar leite e não dar um vintém que fosse. Os meninos iam todas as manhãs, com cuias, tigelas, garrafas" (CCC: 195-196). Diante de uma menina que vem pedir farinha, ele manifesta a sua irritação e recusa: "– Isto já é um vício! Não somos ricos, não" (p. 197). No protagonista Alfredo, o narrador, longe de idealizá-lo, realça uma atitude discriminatória em relação aos meninos pobres: "metido a fino", ele "se julgava acima dos meninos que fediam a peixe e a poeira das barracas" (p. 312) e "dava sobras para os moleques, com desdém, negava as coisas, via que eles eram como bichos" (p. 197). Alfredo "crescia sempre alheio à miséria dos meninos que vinham pedir farinha no chalé. [...] Sim, simpatia era que lhe faltava pelos meninos [...] que pediam" (pp. 312-313). Só a mãe lhe põe limites: "Pequenino e já ruim, dizia d. Amélia que fazia era distribuir o que tinha, com os pobres" (p. 197). Ela é, portanto, o contraponto ao comportamento do major e de Alfredo, e o que falta àqueles dois, ela compensa com uma solidariedade redobrada: "d. Amélia [...] sabia curar. [...] Atendia os moleques pelas barracas próximas [...], onde os quartinhos lançavam um bafo crônico de febre. [...]. Dava purgantes, sobras de pano, conselhos, carões e comidas" (p. 196). Como se vê, cada um desses membros da família do major assume uma postura diferente em relação aos pobres. No seu conjunto, essas atitudes se equilibram e mostram a complexidade do trabalho de mediação social.

Já o outro protagonista, Eutanázio, apesar de cumprir um papel de mediador para com o mundo dos pobres, manifesta também em relação a eles alguns comportamentos decididamente maldosos. Assim, resolve "envenenar aquelas cartas", que os namorados João e Ângela, que são analfabetos, lhe pedem para escrever. Eutanázio "invejava" aqueles dois, que "iam se namorar, se casar talvez" (CCC: 321). Ele sente o ímpeto de "fazer uma maldade para João, escrever, justamente, o contrário do que João queria. [...] Não uma declaração de amor, mas uma declaração de ódio!" (p. 322). Ele põe essa intenção perversa em prática na resposta a Ângela, redigindo uma "carta infame" (p. 345). Ora, a ironia da história é que os dois namorados não leem as respectivas cartas, mas contentam-se com o simples fato de recebê-las. É um caso divertido de como a ingenuidade dos analfabetos vence a tramoia do letrado. A outra ação infame de Eutanázio é tornar-se "ladrão [...] da mais pobre e da mais doente das raparigas de Cachoeira!" (p. 345). Em vez de entregar os 30 mil réis que um barqueiro lhe confiou para remeter a Felícia, que vive num estado de miséria extrema e precisa desse dinheiro para se tratar, Eutanázio os leva para a casa de seu Cristóvão, onde mora a sua idolatrada Irene (cf. p. 272).

Olhando o conjunto dos dez romances do Ciclo do Extremo Norte, é só na obra de estreia que se observa um maior acúmulo de comportamentos e declarações que parecem pedaços de uma *história universal da infâmia*, para lembrar o livro famoso publicado em 1935 por Jorge Luís Borges. O autor de *Chove nos campos de Cachoeira* parece sentir uma certa atração pela máxima cínica do seu personagem Rodolfo, o tipógrafo: "Sempre é delicioso assistir à miséria dos outros" (CCC: 269-270). A partir daí, o narrador tece algumas reflexões morais de ordem geral, mudando da terceira pessoa para o "nós", como para provocar o leitor a tomar posição. "Havia nele [em Eutanázio] esse momento em que todos nós somos depravados" (p. 273). Ainda segundo o narrador, "há uma necessidade do mal num ser humano"; "há forças cegas e soltas em nós que escapam à nossa consciência e assumem às vezes um poder demoníaco"; enfim: "somos capazes da maior infâmia" (p. 273). O autor paga, com isso, um certo tributo a tendências estéticas que estavam em voga na época da redação e publicação do seu primeiro romance: desde o fascínio pelo inconsciente e o interesse pelas teorias do darwinismo social, até o culto do cinismo e da crueldade em certas estéticas que refletiam práticas políticas reais.

Por outro lado, a figura de Eutanázio, como símbolo de intenso sofrimento – no que se notam também traços da decadência e do mórbido característicos da estética do Expressionismo –, mantém a atenção do romancista voltada para as causas sociais não resolvidas. É o que mostra sobretudo a sua descrição do estado de saúde dos habitantes de Cachoeira. A quantidade de doenças é espantosa. A começar pelos dois protagonistas. O romance se inicia com a referência à doença de Eutanázio, "que parecia invadir todo o chalé", e a caracterização de Alfredo como "moído pela febre" (CCC: 118). E a narrativa termina com o receio deste de que "a febre era capaz de voltar" (p. 398), e com um grupo de pessoas passando a noite na saleta do chalé, "como num velório", pois "Eutanázio podia morrer de madrugada" (p. 401). Além disso, acompanhamos ao longo do enredo o reumatismo e as crises de asma do velho Cristóvão (pp. 162 e 237), os ataques de tosse do filho de Mariana, com risco de "morrer sufocado" (p. 155), a gripe de Felícia (p. 127), "o bafo crônico de febre" dos moleques (p. 196) e, juntamente com o "paludismo" de Alfredo (p. 259), as "noites de febre" de sua irmã Mariinha (p. 338). Há, inclusive, uma referência ao fato histórico real da epidemia da gripe espanhola que, no tempo da guerra de 1914-1918, "espalh[ou] em Cachoeira o terror e o pesadelo" (p. 203).

Essa profusão de doenças é indício de uma total falta de infraestrutura no sistema público da saúde. Na educação, a situação não é muito diferente, como mostra a experiência de Alfredo. O desleixo da administração pública não oferece nenhuma perspectiva de melhoria. Tudo isso contribui para que vários dos personagens manifestem a sua vontade de "ir embora" daquela vila. Um dos dois eixos da narrativa são as tentativas do protagonista menino de sair desse dilema.

Um *dictio-narium* dos habitantes da Amazônia

Ao acompanhar o outro eixo do romance, as caminhadas do protagonista adulto Eutanázio pela vila de Cachoeira, nos inteiramos das notícias locais e encontramos várias amostras significativas do grande projeto do autor do Ciclo do Extremo Norte, que consiste em reunir um *dictio-narium* dos habitantes da Amazônia; isto é, uma coletânea de *dictiones* ou ditos expressivos, em linguagem coloquial, que constitui um amplo repertório dos costumes locais. De fato, como bem observou Benedito Nunes (2006), a narrativa do romancista "sempre primou [...] pelo relevo dado à fala dos personagens".[74] No romance inicial, o contato com a fala popular se dá sobretudo através de um mergulho no ambiente das fofocas.

---

[74] Cf. B. Nunes, 2006b, "Dalcídio Jurandir: as oscilações de um ciclo romanesco", p. 248.

"O que é que se fazia em Cachoeira que não se soubesse em casa de seu Cristóvão?" (CCC: 277), pergunta o narrador. Entremos, pois, naquela casa, junto com o observador participante Eutanázio. Com o dono da casa, o velho seu Cristóvão, moram os três filhos que teve das primeiras núpcias: Cristino, a solteirona Raquel e Mariana, que é casada com um canoeiro e tem um filho. A esposa atual de seu Cristóvão é d. Dejanira, que tem duas filhas, Bita, que é solteira, e d. Tomázia, que ficou viúva e é mãe de três moças: Henriqueta e as gêmeas Rosália e Irene, sendo esta a grande paixão de Eutanázio. A casa de seu Cristóvão, além de empobrecida, é um ambiente de muita falação e brigas, "um coito de escândalos", "um pandemônio", como diz o dr. Campos (p. 146), traduzindo a opinião geral de que naquela casa "as discussões em família não acabam, os casos sobre a vida alheia não têm fim, os escândalos entram pela porta como pessoas de intimidade" (p. 145).

No momento em que Eutanázio chega, discute-se naquela família uma notícia que atingiu a todos como um choque: "Seu Carvalho desmanchou o casamento [quer dizer: o noivado] com a Bita" (CCC: 153). Cita-se o bilhete de ruptura: *"A senhora devia ter mais vergonha na cara pra não comer meu rico dinheiro [...]. Tenho nas minhas mãos uns documentos [...] que provam o quanto a senhora é muito descarada"* (p. 156). Pelo impacto da notícia do noivado desmanchado, percebe-se que o casamento naquela sociedade é concebido, antes de mais nada, em função de vantagens materiais. D. Dejanira, a mãe de Bita, deixa isso muito claro: "Ela ia se arrumar, ter um futuro, diminuía a carga de gente que tem nesta casa" (p. 154). As mulheres pressionam, então, Cristino para tirar satisfação com seu Carvalho. Quando ele recusa, cria-se uma confusão e um bate-boca geral, que é também um exemplo da inserção de cenas dramáticas nas narrativas de Dalcídio Jurandir.

Acompanhemos Eutanázio também na sua passagem pela casa da costureira d. Duduca, ponto de reunião de quatro velhos: o oficial de justiça seu Gonzaga, apelidado Guaribão (CCC: 216); seu Araguaia, especialista em leis municipais (p. 218); seu Abade, fabricante de caixões (p. 147); e o ex-vaqueiro seu Antônio (p. 217). Costuma fazer parte da roda também o juiz substituto, o dr. Campos (cf. p. 222). A costureira defende explicitamente a necessidade de "falar mal da vida alheia" (p. 219); assim, a sua casa se torna uma espécie de eco amplificador das notícias da vila, um lugar propício para se ter uma ideia dos costumes locais.

Além do noivado desmanchado de Bita – que teve, ao todo, sete noivados desfeitos e é conhecida na vila como "a eterna noiva" (CCC: 233) – quais são os principais outros assuntos comentados? Há o caso do montepio de siá Rosália Saraiva, a mãe (já falecida) de Didico, Ezequias, Rodolfo, Lucíola e Dadá. Ela era uma mulata que trabalhou em Belém como camareira e arranjou um casamento muito vantajoso.

O fato de ela ser "a única criatura em Cachoeira que recebia montepio do Estado" causara muita inveja e "dera o que falar": "Contaram que o velho Saraiva assinou a herança do montepio na hora da morte"; e que "Siá Rosália tinha obrigado o pobre do velho já moribundo a assinar o papel do casamento. Assinar? Alguém assinou por ele" (p. 200). "Ah! montepio mal dado", comenta d. Dejanira, "não há justiça mesmo na terra!" (p. 202). Outros temas das fofocas são a honestidade do Major Alberto, que causa incômodo e é comentada com maledicência: "– Faz de honesto. Diz-que pobre. Mas guarda. Tem. As filhas luxam em Belém, em Muaná" (p. 175); a paixão infeliz de Eutanázio por Irene, que ele gostaria de guardar como um segredo (cf. p. 226); e o suicídio de Ezequias, que se matou por causa da sífilis. A repercussão do suicídio faz a sua irmã Lucíola se sentir humilhada: "Era todo um espetáculo para aquele povo" (p. 356).

Como se vê, o acompanhamento dessas fofocas proporciona um mergulho no ambiente social da vila; elas são para o romancista uma rica fonte para apresentar aquele dia a dia por meio de uma linguagem coloquial. Na função de observador participante, Eutanázio caminha, por assim dizer, de fala em fala, de *dictio* em *dictio*, colhendo na boca do povo palavras e dizeres que são relevantes para a história do cotidiano e que o autor registra como documentos da memória cultural coletiva.[75] É precisamente a função de um coletor de falas que será assumida de forma exemplar no último romance do Ciclo, em *Ribanceira*, por Alfredo enquanto protagonista e *alter ego* do escritor. Essa continuidade é uma prova de que o projeto literário de Dalcídio Jurandir, ao longo do seu ciclo romanesco inteiro, consiste na confecção de um *dictio-narium* dos habitantes da Amazônia.

Os sentimentos e o imaginário dos personagens

A visão do mundo e os sentimentos dos personagens são intensamente explorados em todos os romances do Ciclo, através do discurso indireto livre e do monólogo interior. No que concerne à obra inicial, como é que os habitantes de Cachoeira se sentem em sua vila? Apenas num momento fugaz, Cachoeira aparece como uma "vila de cartão-postal": "quietinha dentro da manhã" e com "um ar de felicidade" (CCC: 316). No mais, predomina, sob a atmosfera carregada de chuvas, um mal-estar geral: "Todos agora sentem a miséria maior" (p. 387), observa

---

[75] A importância de falas memoráveis é realçada num dado momento pelo próprio narrador, quando informa que, depois do suicídio de Ezequias, "quatro frases [dele] ficavam em Cachoeira: – Eu sei quais são os doze maiores milionários do mundo. – O Brasil é um país arrasado pela sífilis. – Os aliados devem acabar com essa coisa horrível da Rússia. – Ford vem salvar a Amazônia" (CCC: 334).

Alfredo. A miséria abrange desde a já comentada penúria material e os numerosos casos de doenças, como também as sensações de tristeza, solidão e tédio, a falta de perspectivas e a vontade de ir embora.

"Aqui em Cachoeira [...] morre-se de tédio" (CCC: 224), constata o dr. Campos, resumindo com isso a sensação de vários personagens. Inclusive a de Alfredo que, "no seu caminho de todas as tardes", sente "uma preguiça, um tédio, um desalento" (p. 249). O que ele experimenta com frequência é "uma sensação obscura de que é infeliz" (p. 350), juntamente com a "quase certeza de que era impossível partir" (p. 379). Ele quer "fugir [...] do chalé, de Cachoeira" (p. 314). Esse desejo de "ir embora de Cachoeira" é manifestado também por vários outros personagens, todos jovens e migrantes em potencial, como João, o namorado de Ângela (cf. p. 318), o tipógrafo Rodolfo (cf. p. 199), e Henriqueta, a irmã de Irene (cf. pp. 233-234).

Um caso extremo de mal-estar – além do masoquismo de Eutanázio, que impregna o livro inteiro e já foi objeto de estudos específicos – é o de Raquel, a filha solteirona das primeiras núpcias de seu Cristóvão. Ela não conta as suas frustrações a ninguém, mas desejaria comunicá-las a Eutanázio, o qual, na parte final da narrativa, está agonizando. Falta-lhe, porém, a coragem de confessar-se a ele, de modo que o não dito de seus pensamentos é colocado pelo narrador entre parênteses: "(Um desejo de lhe dizer. Me falta amor, seu Eutanázio. Os homens foram maus para mim. [...] Eles me fizeram linguaruda, má, invejosa, briguenta, digna de toda a lástima)" (CCC: 380). Como ele se mostra disposto a ouvir a sua "maluquice", Raquel, referindo-se a um assassinato cometido pelo seu irmão Cristino, chega a declarar: "– Tudo é possível, seu Eutanázio. Não duvido das maiores monstruosidades, meu amigo. [...] Minha cabeça [...] vive cheia de pensamentos infernais" (pp. 380-381). Aqui, novamente, os seus sentimentos mais íntimos são comunicados "apenas em pensamento": "Acabo enlouquecendo, seu Eutanázio" (p. 381). O restante é dito "em voz baixa" e "na maior parte, nem pronuncia[do]": "– Seu Eutanázio, me sinto tão desamparada [...], uma vontade de gritar. Me botar pela rua e gritar. De me atirar num poço" (p. 381). Eis um caso em que as condições de vida da personagem a levam à beira da loucura e a fazem pensar em suicídio.

Um traço marcante de vários personagens é o seu refúgio no imaginário, como mostra, especialmente, a imagem que Alfredo faz de Belém enquanto lugar alternativo a Cachoeira. Ele "acorda com aquela cidade cheia de torres, chaminés, palácios, circos, rodas giratórias que lhe enchem o sonho" (CCC: 188). Contudo, as lembranças que Alfredo guarda daquela cidade incluem também um lado de desprazer, pois ele não chegou a conhecer a Belém dos teatros e dos cinemas, do

Museu, do Bosque, dos mercados e dos bondes (cf. pp. 189-190). Enquanto seus pais passeavam por aqueles lugares, o menino ficou confinado na casa de uma tia, a mãe Ciana, uma "velha e meio gaga", que morava com sua família numa "barraca escura", "distante, sem linha de bonde, sem passagem para automóvel, cheia de lama e moleques sujos empinando papagaios" (p. 188). Essa Belém de duas faces, a dos bairros nobres e a da periferia, será o cenário de um total de seis romances de Dalcídio Jurandir, depois da conclusão das três narrativas iniciais, ambientadas na ilha de Marajó.

A dimensão autorreflexiva da ficção

Um fato bonito na construção da obra de Dalcídio Jurandir é a coerência do seu ciclo romanesco, ao qual ele se dedicou desde os seus 20 anos até o final de sua vida. A vila de Gurupá, às margens do rio Amazonas, é ao mesmo tempo o lugar onde ele redigiu, em 1929/1930, o primeiro esboço do seu romance inicial, *Chove nos campos de Cachoeira*, e o cenário que ele escolheu para o seu último romance, *Ribanceira* (publicado em 1978, um ano antes de sua morte), no qual ele mostra o jovem escrevente Alfredo iniciando-se na atividade de escritor. Em vez de optar pelo gênero autobiográfico, o escritor embutiu a sua experiência de vida na forma mais discreta do romance. Nessa obra de ficção há uma série de elementos de autorreflexão.

Já vimos alguns exemplos do interesse do romancista pelo imaginário de seus personagens. Um caso paradigmático é a relação do protagonista Alfredo com o seu brinquedo preferido, que é um caroço de tucumã. Para o menino, esse caroço passa a ser um objeto mágico – um recurso para suportar as adversidades, um símbolo de sua resistência, de seus sonhos e desejos. O caroço era "o corpo da imaginação" de Alfredo (CCC: 250), "o seu faz de conta" (p. 253), ele tinha "o dom do maravilhoso" (p. 371). O narrador acompanha de perto o fluxo de consciência do protagonista: "Carocinho, faça Alfredo [...] livre do querosene, da carne, do açúcar e do pão" (p. 375). Como esclarece Rosa de Assis (2004), num estudo sobre esse tema, o caroço, além de representar o imaginário de Alfredo, simboliza também o poder da construção ficcional: é a semente e a matriz de todo o projeto do romancista.[76]

Se é verdade que, na visão de Alfredo, o "faz de conta era a única salvação" (CCC: 398), nem por isso o narrador compartilha integralmente desse refúgio do seu protagonista no imaginário. Uma característica de todo o ciclo romanesco de

---

[76] R. de Assis, 2004, "Dalcídio Jurandir, uma leitura do caroço de tucumã: vias de sonhos e fantasias".

Dalcídio Jurandir é a desmontagem de excessos de subjetividade, de fantasias de seus personagens que estão a ponto de perder o contato com a realidade. Nesse sentido, o episódio final de *Chove nos campos de Cachoeira* mostra uma dimensão reflexiva que a forma ficcional do romance oferece para que os personagens – e também o leitor – possam avaliar as ficções com as quais se confrontam na vida cotidiana. Como se vê ao longo do romance, os principais personagens, diante de suas frustrações, refugiam-se no imaginário: o infeliz e solitário Eutanázio mergulha na paixão por Irene, num amor não correspondido que é um prazer puramente masoquista; o Major Alberto, numa alienação cada vez maior de sua família, passa a viver nos catálogos, que representam seus sonhos, "todos os projetos perdidos", "o seu impossível" (pp. 118 e 130); a solteirona Lucíola Saraiva procura superar a falta de prazer e de sentido da vida com a fantasia de ser a mãe de Alfredo; e o menino Alfredo escolhe como amparo o seu "faz de conta", que é o caroço de tucumã.

Com esses casos, dos quais os três primeiros são causas perdidas, contrasta a situação do taberneiro Salu, que é um apaixonado leitor e contador de romances. Num determinado momento, ele "está contando o *Manuscrito materno* para Dadá e Lucíola" (CCC: 293), num outro, está mergulhado no "seu novo romance: *A dor de amar*" (p. 344), e nas linhas finais de *Chove nos campos de Cachoeira*, ele conta baixinho a Dadá, na saleta do chalé, "o romance da Rainha e Mendiga" (p. 401). Esta última narração faz parte de uma situação especialmente significativa. Alfredo, que sacudiu o lençol, acabou perdendo o caroço de tucumã, que "salta no soalho correndo para debaixo da rede do major". Temendo a censura do pai, o menino não tem coragem de pegar o caroço. Ele espera, então, que o major se levante para ir à saleta e ouvir a narração de Salu. Esta passagem final do romance é emblemática porque mostra o jovem protagonista suspenso entre o "faz de conta" das suas fantasias subjetivas e um romance que, desde o título, "Rainha e Mendiga", aponta para os antagonismos sociais. Esta situação prefigura o rumo que Dalcídio Jurandir tomará com o seu *romance fluvial*, do qual Alfredo será o protagonista. A trajetória de formação desse jovem não se limitará a conquistar um lugar numa boa escola na capital Belém, mas será uma detalhada aprendizagem de como funcionam as relações sociais num ambiente caracterizado por fortes desigualdades, e de como situar-se no meio delas. A suspensão do poder do caroço de tucumã, nas linhas finais do romance de estreia, é para o protagonista – e também para o leitor – um sinal para despertar de mergulhos excessivos no imaginário.

Imagem 3. Fazenda de gado no Marajó

Imagem 4. Marcas de ferrar

3. ENTRE A FICÇÃO E OS ESTUDOS SOCIAIS (*MARAJÓ*)

Dentre os dez romances do Ciclo, *Marajó* é o que contém a maior diversidade de informações sobre a ilha homônima.[77] Além de ser uma obra ficcional, é também a mais documental do autor e, com isso, um bom exemplo do romance como "forma de pesquisa e descoberta do país".[78] Assim, *Marajó* aproxima-se bastante dos estudos historiográficos e sociais, o que é confirmado pelo interesse que essa obra tem despertado em pesquisadores dessas disciplinas. Pode-se até dizer – e esta é a nossa hipótese de trabalho – que Dalcídio Jurandir se propôs, nesse romance, nada mais nada menos do que escrever uma história cotidiana do Marajó.[79] Procuraremos mostrar detalhadamente como ele constrói essa história em sua narrativa, com atenção também para as diferenças do gênero romance em relação à historiografia.

Em vez de apresentar a história do Marajó de modo cronológico, conceitual e sistemático, como uma pesquisa historiográfica, o romance evoca os fatos mais significativos através da ordem casual de rememorações espontâneas, que são inseridas na narrativa em forma de fragmentos. Assim, temos algumas referências aos primeiros colonizadores do arquipélago, nos séculos XVII e início do XVIII: os padres jesuítas, que instalaram engenhos e fazendas de gado, onde usavam como escravos os indígenas que eles capturavam e os negros trazidos da África. Há também informações sobre a segunda fase da colonização, a partir de meados do século XVIII, quando os jesuítas foram expulsos pelo governo português e substituídos por latifundiários leigos, os quais, apesar da revolução da Cabanagem (1835-1840), que foi derrotada, e da Abolição (1888), continuaram o seu domínio sobre a ilha, com estruturas coloniais, que eles mantiveram ainda no início do século XX.

Esse *background* histórico permite ao leitor situar-se melhor na época em que se passa o romance: entre 1915 e 1920, um tempo marcado pelo colapso da economia da borracha na Amazônia e por seu declínio, com algumas tentativas de

---

[77] Com as referências aos municípios de Anajás e Santa Cruz (no centro da ilha), Chaves (no norte), Breves (no sudoeste), Muaná, Ponta de Pedras e Cachoeira do Arari (no sul e no sudeste) e Salvaterra e Soure (no leste) são representados nove dos (atuais) doze municípios de Marajó, de modo que o retrato fornecido nesse romance pode ser considerado representativo da ilha inteira.

[78] Candido, 1981, *Formação da literatura brasileira*, v. II, p. 112.

[79] Sobre o conceito de "história cotidiana", cf. Lüdtke (org.), 1989, *Alltagsgeschichte*.

reestruturação. Na ilha de Marajó houve, então, escassez de empregos e descontentamento da população com as condições de trabalho. Resultou daí, como fenômeno histórico mais significativo daquele período, o êxodo da mão de obra. Através do olhar de um dos personagens é apresentado "o povo esvaziando Ponta de Pedras, em lenta e triste migração" (MAR: 68).[80] A preocupação geral é: quais são, nessa situação, as oportunidades de emprego? "Trabalho mais não havia", por isso "os homens iam para Abaeté, Tocantins, para os garimpos, escolhiam as olarias, serrarias, a pesca na Contra-Costa, a vida dos barcos, partiam para as ilhas" (ibid.). O destino principal dos migrantes é a capital do Pará: "Em Belém, era o apito das fábricas chamando pessoal de todas as vilas abandonadas do interior" (ibid.). O tema da migração está presente no ciclo inteiro de Dalcídio Jurandir, sendo que, em Marajó, ele se detém na descrição das condições de trabalho dos que permanecem na ilha.

Em sua apresentação da sociedade local, o romancista realça a polarização entre ricos e pobres, isto é, as relações de poder entre os proprietários, latifundiários e comerciantes – os "brancos", que lidam com bens e dinheiro e ocupam os cargos públicos – e os caboclos, que são os comandados, a mão de obra, os trabalhadores braçais. Uma classe média praticamente não existe.[81] O romance Marajó apresenta os processos econômicos, políticos e sociais a partir da perspectiva micro-histórica de uma família, no caso, a do latifundiário coronel Coutinho, com destaque especial para o seu filho Missunga. No relacionamento do coronel com o seu entorno social encontram-se resumidas todas as estruturas do sistema (neo)colonial.

Para que o leitor possa acompanhar melhor a nossa análise desse extenso romance, de 53 capítulos e 431 páginas, começamos com um

Resumo do enredo

1) (capítulos 1-3). No início, é apresentado o retrato do coronel Coutinho, com sua família, suas propriedades e seu poder: ele "sabia dominar os sítios e a vila de Ponta de Pedras, os lagos e as fazendas de Cachoeira". Sua esposa, d. Branca, também de uma família de fazendeiros, morreu, e desde então o coronel convive com outra mulher, a jovem d. Ermelinda. No limiar da velhice, ele quer se aposentar em sua casa de campo em Paricatuba (em frente da vila de Ponta de Pedras, do

---

[80] A abreviatura MAR refere-se, daqui em diante, ao romance Marajó, 4ª ed., 2008.

[81] Cf. Furtado, 2007, "De reses, de homens e mulheres: as cercas do latifúndio em Marajó, de Dalcídio Jurandir", p. 116.

outro lado do rio Marajó-Açu), desejando que Missunga, seu único filho, assuma os negócios. Este, porém, se mostra rebelde com relação ao pai: não concluiu seus estudos em Belém e no Rio de Janeiro, mas entregou-se às farras; "o mal da fartura" o fez voltar para a ilha, onde viveu a infância. Ali ele leva uma vida ociosa, passando o tempo caçando e interessando-se por várias moças caboclas, notadamente Alaíde, Guíta e Orminda.

2) (capítulos 4-7). Com Missunga como observador participante, e a partir de pontos de encontro como a loja do seu pai, a do comerciante Calilo, a rua, a igreja e alguns barracos de pobres, esboçam-se *tableaux* sociológicos e antropológicos da população da vila:[82] antigas escravas, que em sua juventude tiveram relações sexuais e filhos com o Coronel; pequenos sitiantes, que se endividaram e acabaram perdendo suas terras; homens e mulheres que ganham a vida com fornecimentos de lenha e açaí; rezadores, que procuram consolo na religião; e muitos desempregados que abandonam a ilha para procurar emprego em Belém.

3) (capítulos 8-27). O episódio central do romance é um projeto de colonização idealizado por Missunga durante suas andanças, observações e aventuras eróticas: uma plantação à qual ele dá o nome de Felicidade. Essa colônia agrária, que ele funda em terras que foram desapropriadas pelo seu pai, deverá servir para o bem da população. De toda parte afluem os desempregados e os famintos com suas famílias. Ora, esse empreendimento é improvisado por Missunga de maneira leviana, faltam todas as estruturas básicas: uma boa administração, ferramentas, sementes, um serviço de saúde e, sobretudo, um real diálogo com os trabalhadores e um interesse verdadeiro por suas necessidades. Missunga deixa simplesmente as coisas acontecerem e passa o tempo na rede com Alaíde (ela, sim, se engaja no trabalho social) e em aventuras eróticas paralelas com Guíta. Quando fica sabendo que Alaíde está esperando um filho seu, a obriga a fazer o aborto. Nessas circunstâncias, o projeto Felicidade acaba fracassando e termina com a expulsão dos trabalhadores.

4) (capítulos 28-36). Missunga viaja com o seu pai até as fazendas deste ao longo do rio Arari, entre a vila de Cachoeira e o lago Arari. As observações feitas nesses lugares constituem um contraponto realista à pseudoutopia Felicidade. O coronel Coutinho e seu primo, o capitão Guilherme, são retratados como latifundiários exploradores. O administrador das fazendas do coronel é o severo Manuel Raimundo, que extrai dos vaqueiros o máximo de trabalho, forçando, ao mesmo

---

[82] Cf. Acevedo Marin, 2006a, "Marajó: *tableaux* de uma sociedade pós-escravista", p. 116.

tempo, a redução dos custos. Da mesma maneira age o capitão Guilherme, que deixa seus vaqueiros passarem fome. Ambos os latifundiários são também, juntamente com um comerciante, os donos dos rios e lagos, proibindo os moradores de pescar para o seu sustento, obrigando-os, assim, a comprarem sua comida na loja e mantendo-os num sistema de dívidas. Essa descrição das condições econômicas e de dominação é complementada por observações da vida cotidiana dos vaqueiros e dos pescadores, de seus costumes e suas festas, incluindo as práticas de uma pajé e as *chulas*, ou canções críticas do vaqueiro Ramiro, que vive um breve romance com a bela Orminda.

5) (capítulos 37-45). Na volta de Missunga para Ponta de Pedras é focalizada a sua relação com Guíta e com Alaíde. Na ida, ele participa ao pai o seu plano de escolher Guíta como sua companheira, o que o coronel desaprova, por ela não ser da mesma condição social. A questão se resolve de maneira trágica, pois Guíta sofre um acidente fatal. Missunga empreende, então, uma viagem de barco ao longo da costa leste da ilha com Alaíde – usando-a como consolo pela perda da outra. Temporariamente, eles se retiram para um barraco. O coronel vai atrás do filho, intimando-o a voltar, com a ameaça de deserdá-lo.

6) (capítulos 46 e 47). A notícia da morte do coronel provoca no seu filho uma mudança radical. O seu "único sentimento real" passa a ser o da posse da herança. Ao mesmo tempo, ele liquida com todas as suas demais emoções e começa a se dedicar à administração de seus bens, secundado pelo administrador Manuel Raimundo. Ele muda, inclusive, de nome, chamando-se agora "dr. Manuel Coutinho". A entrada na posse, a administração de seus bens e o tratamento dos seus empregados equivalem à manutenção das velhas estruturas.

7) (capítulos 48-53). Nos últimos capítulos completa-se o retrato da vila de Ponta de Pedras, que é cada vez mais abandonada pelos seus habitantes, e de onde também Manuel Coutinho se retira, mudando-se para Belém e Rio de Janeiro. Descreve-se a situação difícil dos que ficam e suas tentativas de encontrar uma saída: o desempregado, que perdera o seu sítio, afunda na miséria total; o vaqueiro andante sobrevive graças às suas canções, a trabalhos temporários e pequenos furtos; quanto a Alaíde, em vez de se resignar como a maioria das caboclas, ela resolve migrar para Belém em busca de trabalho.

Na trama desse romance em forma de micro-história estão contidos vários elementos que permitem situá-lo no contexto da história colonial. Assim, por exemplo, através da rememoração de d. Branca, a falecida esposa do coronel Coutinho, são evocados elementos do ciclo da cana-de-açúcar, que foi importante no período inicial da colonização. "Para fazer o gosto da senhora" – d. Branca era filha de dono de engenho – o coronel tinha instalado, durante os primeiros anos de seu casamento, um engenho, que ele fechou depois. D. Branca procura rememorar esse passado com visitas às "ruínas de engenhos que os frades coloniais deixaram", em Santana, Araquiçaua e no Alto Arari (MAR: 54). Outro exemplo é a extensão das terras que pertencem ao coronel. Na visita de Missunga aos "campos do seu pai", ele vai conhecendo "a grande propriedade ao longo da ilha [...], Chaves, Anajás, Soure, Cachoeira" (p. 274). Como esses são os municípios que constituem a área principal de criação de gado, o coronel, na qualidade de "maior fazendeiro do Arari" (p. 302), é dono de parte considerável da ilha. Quando o herdeiro vai fazer o inventário dos domínios do seu pai no rio Arari, realiza um percurso de "duas horas e pico de lancha. Mundão" (p. 398). Temos aqui, sem dúvida, o uso amplificador da ficção literária; mas, uma vez que o romancista quer mostrar a continuidade das estruturas coloniais, vale lembrar que no início da colonização as fazendas do Marajó estavam nas mãos de apenas quatro grandes proprietários.[83] Um terceiro exemplo de referências à História são as passagens sobre a exploração da mão de obra: a caça aos indígenas, a escravatura e a revolta dos cabanos – três temas controversos, conforme o ponto de vista de quem narra a história. Assim, o piloto Pedro Mala Real critica a crueldade dos frades colonizadores, que "amarravam os escravos [...] no tronco espinhento do tucumãzeiro e caçavam índio como se caça onça"; por isso, ele defende a revolta dos cabanos (p. 367). Já o coronel Coutinho realça os feitos gloriosos do seu avô, "português da gema", que veio "com a tradição do Rei e da Corte" e "domou índios", além de "lut[ar] com os cabanos, essa página negra da história paraense" (p. 186). O que evidencia a continuidade das estruturas coloniais até o tempo narrado presente é a forma como o coronel passa o seu legado para o filho. Embora Missunga, num primeiro momento, se apresente como crítico do pai e idealizador de um projeto que pretende superar as velhas estruturas, o conjunto de sua trajetória, sobretudo o seu comportamento como herdeiro das propriedades do pai, junto à adoção definitiva do seu nome tradicional, deixa claro que "nada vai mudar" (p. 397).

O que diferencia, essencialmente, o gênero romance de uma pesquisa historiográfica? Além da liberdade da invenção ficcional, um distintivo são os componentes sentimentais da trama, especialmente os de cunho erótico. Em *Marajó*, um dos eixos da narração é o *romance* que Missunga vive com as caboclas Alaíde e Guíta, com início, auge, declínio e um encerramento definitivo. Paralelamente, é apresentada a trajetória de Missunga como ator de uma história econômica e social, que começa

---

[83] Cf. Miranda Neto, 2005, *Marajó – desafio da Amazônia*, p. 178.

com o seu interesse pela vida cotidiana dos caboclos e atinge o ápice no projeto da colônia agrária Felicidade. Depois do fracasso dessa utopia, é narrado o contato do protagonista com a realidade prosaica das fazendas. Inicialmente, ele é um observador crítico da exploração dos trabalhadores que ali impera; mas depois de assumir a herança e os poderes do pai, passa a ser o principal responsável por esse estado das coisas. Na primeira metade da história, as peripécias erótico-sentimentais do protagonista atenuam a polarização entre ricos e pobres; já na segunda metade, elas sofrem o impacto dos comportamentos regidos pelos interesses do poder e se apagam.

O modo como o romancista utiliza o personagem Missunga como guia para introduzir o leitor no universo da cultura cabocla, fazendo-o conhecer as diversas facetas do convívio e do conflito entre os donos do poder e os oprimidos, nos leva ao outro elemento diferenciador do gênero romance em comparação com uma pesquisa historiográfica. Trata-se da arte de narrar, centrada na figura do narrador, que faz a mediação entre o mundo representado e o leitor. Em todas as sociedades a literatura desempenha, além da autorreflexão, uma função de comunicação, de socialização e de mediação entre os diferentes segmentos sociais. Essa função mediadora constitui um desafio especial na sociedade brasileira, com seus fortes antagonismos entre pobres e ricos, diante do pano de fundo histórico da escravidão, como expressa emblematicamente o título da obra de Gilberto Freyre: *Casa-Grande & Senzala* (1933). Nesse contexto, os romances de Dalcídio Jurandir contêm muitos elementos relevantes para se estudar a questão da mediação social: tanto no nível da ação narrada (com os conflitos entre dominadores e dominados, entre ricos e pobres) quanto no nível da transposição literária da cultura iletrada dos caboclos para o código do leitor culto. Nas obras do Ciclo do Extremo Norte, a tarefa da mediação é repartida entre um narrador externo ao enredo e um protagonista, que atua como um *go-between* entre as classes. Em nove dos dez romances, esse protagonista mediador é o adolescente Alfredo. Somente no romance *Marajó*, o autor optou pelo filho rebelde de um latifundiário como figura mediadora. O estudo das questões que se colocam com essa opção é instrutivo, tanto para o conhecimento dessa obra específica quanto para a literatura brasileira em geral. Veremos ao longo desta análise que *Marajó* não é apenas um experimento, mas também um caso exemplar em termos de mediação.

A questão da mediação literária entre as diferentes classes sociais é tão complexa como a das relações de poder, e o que ainda aumenta essa complexidade é o fato de ambas serem profundamente imbricadas. Por isso, vamos por partes.

Durante uma oficina de leitura dramática com o romance *Marajó*, que realizamos em 2007 em Ponta de Pedras, com professores e estudantes, estes manifestaram sua dificuldade de entendimento do texto. Como causa principal da dificuldade foi apontada a frequente mudança do foco narrativo. Muitas vezes, o leitor fica sem saber de quem é a fala: se do narrador ou de um personagem e, neste caso, de qual dos personagens. Acrescenta-se a isso a mescla de observações do lado de fora com mergulhos no fluxo de consciência dos personagens. Essas constatações dos participantes da oficina[84] valem também como um indício da tentativa de Dalcídio Jurandir de se apropriar do olhar dos diferentes atores sociais, que se repartem em dois grupos antagônicos: os donos do poder e os pobres.

A divisão deste capítulo em três segmentos (além desta Introdução) é de ordem didática. Os dois segmentos que tratam das relações de poder envolvem sempre os dois lados ao mesmo tempo, não importa se a perspectiva é a dos senhores ou a dos dominados. As atitudes e ações de cada uma dessas duas classes sociais sempre implicam, também, o antagonista. Quando tratamos dos donos do poder, não tomamos com isso o partido deles, mas procuramos descrever de quem são as falas e as opiniões manifestadas: se de um determinado personagem, do narrador ou do protagonista mediador. Além de procedimentos de desmontagem crítica, observamos tons de denúncia e de ironia, que costumam ser formas de resistência à visão dominante da História. E quando focalizamos o lado dos pobres, importa estar atento sobretudo ao modo como a história deles é narrada pelo romancista. O que pode parecer apenas um relato de derrotas é também uma história de lutas contra a ordem dominante, e o próprio fato de o autor dar voz aos vencidos não deixa de ser uma forma de resistência e uma vontade de mudar a historiografia oficial.

O fato de acoplarmos o estudo das relações de poder (nos segmentos 1 e 2) ao dos procedimentos de mediação (no segmento 3) tem uma razão metodológica. Procuramos, com isso, superar a dicotomia entre as interpretações sociológicas, antropológicas, etnográficas e históricas, de um lado; e do outro, as análises literárias ou narratológicas. Uma tal divisão do romance de Dalcídio Jurandir em aspectos conteudísticos e aspectos formais representaria uma redução do valor cognitivo de sua obra em termos de escrita da História. Como bem observou Walter Benjamin, não existe, a rigor, uma "história literária" independente; o que existe, sim, é a literatura como parte da história geral.[85] É esse tipo de elo entre a história narrada no

---

[84] Cf. Bolle, 2008, "Oficina de leitura dramática: *Marajó*, de Dalcídio Jurandir".

[85] Cf. Benjamin, 2006, *Passagens*, citando Marx: "Não existe história da política, do direito, da ciência etc., da arte, da religião etc." (p. 509 ["N", 5a,3]); e: "Não existe uma história homogênea, por exemplo, a história da economia, nem tampouco existe uma história da literatura ou do direito" (p. 512 ["N", 7a,2]).

romance e a realidade econômica e social fora dele que faz com que a experiência protagonizada por Missunga se revista de um interesse geral. O seu projeto social da plantação Felicidade – que, num primeiro momento, parece superar as velhas estruturas coloniais – tem valor paradigmático. Vários elementos daquela experiência podem ser transpostos para a Amazônia do início deste século XXI, ajudando a pensar projetos de modernização atualmente em curso, nos quais se colocam problemas de comunicação entre caboclos e profissionais vindos de fora; a questão da cidadania e dos sujeitos da História; antigas e novas estratégias de dominação e de resistência; e, não por último, a ideia de uma história de Marajó contada pelos caboclos, o que é sugerido em vários momentos da obra de Dalcídio Jurandir. A proposta deste capítulo é descrever as diversas características de sua escrita da História, inclusive as lições que o leitor pode tirar das ilusões e dos fracassos do protagonista.

As relações de poder – I: o lado dos senhores

A apresentação da esfera dos senhores, ou melhor, dos "donos de gado e gente" (para usar a formulação de Geraldo Vandré) é centrada no personagem do coronel Coutinho. Seu retrato não pretende ser um estudo psicológico diferenciado de um indivíduo, mas é a descrição de um tipo social, o latifundiário explorador, que representa uma estrutura: daí, inclusive, haver alguns traços estereotipados, como é próprio dos romances de crítica social. A base do poder do coronel é o seu patrimônio:

> Quarenta mil reses [...], búfalos, a melhor cavalaria de Marajó, terras, barcos, lojas, lanchas, depósitos nos bancos, servos, cartórios [...] e contas a receber. (MAR: 395)

Como bem resumiu Gutemberg Guerra (2004),[86] o poder do coronel baseia-se em quatro atributos: a posse de terras extensas, grandes rebanhos de gado, o fato de "ter o povo na mão" e ter à sua disposição as mulheres caboclas. Além disso, cada um desses atributos desdobra-se em um complemento negativo, configurando-se assim um conjunto de abusos do poder: falsificação de escrituras, roubo de gado, exploração da mão de obra e desprezo pelos caboclos.

No que concerne ao domínio sobre as terras, o narrador informa – reportando o ponto de vista do coronel Coutinho e de outros grandes fazendeiros – que a ilha

---

[86] Cf. Guerra, 2004, "Personagens e problemas em Dalcídio Jurandir: O fazendeiro-coronel", p. 70.

de Marajó é para eles "um mundo à parte, privado, [que] lhes pertencia totalmente" (MAR: 55). A mentalidade desses latifundiários é comparada à voracidade de uma "ave de rapina", imagem usada por Missunga para caracterizar a sua própria família (p. 272): coronel Coutinho "devorava pequenas fazendas em Cachoeira, estreitando cada vez mais o cerco em torno das últimas e teimosas pequenas propriedades que deixavam, enfim, de lutar com o grande domínio rural" (p. 55). Um exemplo concreto é a expropriação do sitiante Tenório. Assim como o seu pai, que tinha perdido parte de suas terras por causa de dívidas, ele cai na armadilha montada pelo comerciante Calilo e pelo Coronel. Um dia, esses dois, acompanhados do delegado e do tabelião Lafaiete, aparecem no sítio de Tenório e o obrigam a assinar um papel em que entrega sua propriedade. Ao protesto de Tenório de que a dívida "não é a terça parte do que vale o sítio", o Coronel responde que não quer "bandalheira" no seu município e comenta sobre "a necessidade de educar os caboclos a obedecer leis" (pp. 91-92).

Não é bem a obediência às leis que caracteriza o comportamento do próprio latifundiário, mas o seu sistemático desrespeito. Mesmo reconhecendo que o tabelião Lafaiete é "um pulha", Coutinho o convida para trabalhar a seu serviço, justamente pela "sua arte de não ter escrúpulos" e "pelas suas habilidades", especialmente a falsificação de escrituras (cf. MAR: 183-187). O coronel cuida, também, de consolidar e perpetuar o seu poder. Ele insiste para que o seu filho obtenha o título de "bacharel" e "doutor" – com o desejo de ver "Missunga advogando as suas questões", ou seja, "defendendo os réus amigos" (p. 47). A lei, na concepção do coronel, é principalmente um meio para transformar crimes em atos legais.

O fato de "ter gado numeroso, à solta nos vastos campos" é, como diz o narrador, o "melhor empenho" do coronel Coutinho (MAR: 55). Com as "40 mil reses" que possui, o coronel tem em mãos uma parte considerável do abastecimento de Belém em carne.[87] A importância que o gado tem para ele expressa-se, inclusive, no seu modo de lidar com a religião. "– Quero o meu gado na graça de Deus" (MAR: 233) é uma de suas falas, reproduzida com jocosa ironia pelo narrador. O coronel não perde ocasião para mandar "abençoar os currais", benzer o seu gado e "defumar as marcas da propriedade", ora por Santa Luzia (ibid.), ora pela pajé e feiticeira nhá Leonardina (p. 292). Além desse zelo religioso para com o gado, ele se junta aos outros pecuaristas para pressionar o poder público. Seguindo o pai, também o seu herdeiro Missunga acaba defendendo os interesses da "sua classe de fazendeiros", assinando um "memorial [...] ao governo" (p. 397).

---

[87] Segundo Miranda Neto, 2005, havia no início do século XX um rebanho de aproximadamente 400 mil bovinos na ilha de Marajó (p. 182).

Uma prática escusa no ambiente da pecuária é o roubo de gado. O romance apresenta, lado a lado, pequenos e grandes ladrões. Os pequenos são castigados, como o vendedor ambulante Elias, que recebe uma surra e perde tudo, porque "abusou, comprando carne de rês furtada" nas fazendas de Coutinho (MAR: 342); ou como o vaqueiro Gervásio, o qual, apenas por ser suspeito de ter roubado uma novilha, é castigado pelo coronel com a marca do "ferro em brasa" (p. 318). Os grandes ladrões, por outro lado, aumentam a cada dia a sua prosperidade. É o caso do comerciante Calilo, que é amigo do coronel e "embarcava gado alheio [...], altas horas da noite" (p. 343); e também do capitão Guilherme, que é descrito por um dos vaqueiros como "turuna [isto é, um poderoso] [...] no roubo de gado e de terras" (p. 321).[88] A isso acrescentam-se outros tipos de roubo por parte dos de cima. Quando o tabelião Lafaiete é acusado pelo coronel de ter sumido com o dinheiro doado pelos devotos – "Você soca a fé dessa boa gente na entreperna de qualquer cabocla" (p. 262) –, ele não pode revidar às palavras do seu patrão. Mas para si (e para o leitor) ele relembra em seguida o paradeiro da parte maior daquele dinheiro, que era destinado à igreja: foi transformado pelo coronel numa casa de veraneio, e o que restava foi gasto ao bel-prazer pela sua jovem companheira, d. Ermelinda (p. 263).

A expressão "coronel queria ter o povo na mão" (MAR: 64) tem para ele um duplo sentido: ser venerado ("povo ficava agarrado a ele como turu dentro do pau, dizia seu Felipe"; *ibid.*) e dominar. Seu pai, observa Missunga, "era dono daquele rio, daquela terra e daqueles homens calados e sonolentos" (p. 43). Um dos estratagemas do coronelismo é, como se sabe, o sistema de compadrio, cuja função é fazer com que os pobres se sintam protegidos pelos poderosos. Quem desempenhou esse papel no passado foi sobretudo a falecida esposa de Coutinho, d. Branca, que deixou nas recordações dos pobres a imagem de "protetora" e "madrinha do povo" (p. 54). O coronel, por sua vez, cultiva a imagem de ser jovial e bonachão: "saía para a loja, ia passar a mão na costa de seus eleitores e fregueses, chamá-los de compadres com aquele seu à vontade tão familiar para com todos" (p. 186).

Uma outra característica do coronelismo é cultivar a imagem pública de um "homem de fé".[89] É assim que o coronel Coutinho, "um graúdo, um branco", consegue ser visto pelas velhas beatas do município: "quando chegava o Divino na fazenda, carregava a Coroa [...]. Como o povo, beijava as fitas, benzia-se e ouvia, de cabeça baixa, como um pecador, a folia do Divino" (MAR: 232). Com a mesma disposição

---

[88] Sobre o roubo de gado na região do Arari, em época mais recente, nos anos 1970, escreve o padre Giovanni Gallo, 1981: "Não é o povo que furta, são uns poucos, explorados por outros poucos", destacando "o organizador do roubo, quem financia e faz o papel de receptador" (pp. 73-74).

[89] Cf. Carone, 1970, *A República Velha*, p. 252.

o coronel vai visitar o presépio de Natal, preparado por Guíta, filha de lenhador. Esta, porém, mais perspicaz que as beatas, nos faz enxergar através da máscara: "aquele homem alto lhe parecia tão distante", "um homem rico, dono da vida e dos campos [...], falando de cima de sua riqueza e daquele orgulho que vinha por trás do ar acolhedor e bonachão" (p. 252). É precisamente essa atitude de "distância que deve haver entre pessoas de categorias diferentes" que o coronel recomenda ao seu filho: a "distância entre o prestigiado e os prestigiadores". Como exemplo, cita o papa: "Que seria do papa se estivesse sempre aparecendo ao povo? [...] Que seria do sumo pontífice se não tivesse a guarda suíça, a pompa, o Vaticano? É uma exigência da religião" (pp. 58-59). Desta forma, é desmontada a imagem do homem de fé que se identifica com o povo. Com efeito, o Deus dos ricos é muito diferente do Deus dos pobres, como deixa claro o monólogo interior do filho do coronel quando observa os rezadores: "Velho Deus da doceira Benedita, não és mais o meu Deus"; "Meu Deus é o da Basílica, é de um papa que também chamam pontífice ou santidade [...], num trono de ouro fala difícil para o mundo" (p. 85).

"Ter o povo na mão" significa para o coronel, sobretudo, explorar a mão de obra. A dimensão histórica dessa exploração projeta-se no tempo presente. Ele se declara categoricamente a favor da escravidão:

> O negro foi um mal no Brasil. E sua liberdade um mal maior. [...] A desgraça do Brasil foi o 13 de maio. A lavoura e a indústria pastoril não puderam mais progredir por falta de braço... Veio a vadiagem, a preguiça, a pretensão de se dar carta de abc aos pretinhos. [....] o Brasil não estava preparado para a Abolição... (MAR: 158)

Para defender os interesses de sua classe, o coronel cuida de garantir a continuidade na ocupação dos cargos públicos e o controle da imprensa. "Quando o seu pai agonizava em Ponta de Pedras", informa o narrador, "já estava Coutinho escolhido para substituí-lo na Intendência" (MAR: 55). Da mesma forma, o filho do coronel, imediatamente após a morte deste, indica para a chefia do município um parente, o tio Guilherme (p. 395); pensando, talvez para si mesmo, em cargos na capital do Estado que o pai desejara que ocupasse: "secretário-geral [do PRF], deputado federal, líder da câmara..." (p. 47). Quando o coronel tenta responder a um artigo publicado na imprensa de Belém sobre as condições de trabalho nas fazendas e o preço da carne, o narrador realça o recurso do fazendeiro a chavões da retórica politiqueira: o jornalista é acusado de "má-fé", de querer "tornar odiosa a classe dos fazendeiros", de fazer uma "pseudodefesa da população pobre" etc. (pp. 157-158). No mais, as disputas na mídia são resolvidas pelo coronel com outro tipo de argumento: ele "confessou que pagara uma vez 30 contos para sustar uma campanha absurda contra os marchantes" (p. 159).

"Qualquer pensamento para aliviar as condições do vaqueiro" – e do trabalhador rural em geral – é visto pelo coronel como um "ato de invasão à propriedade" (MAR: 55). É ele em pessoa que expulsa os roceiros famintos e suas famílias da colônia agrária Felicidade depois do fracasso do projeto: "– O remédio é arrumar as bagagens e ir embora. Se arrumem. [...] Deem o fora [...]" (p. 219). Quando o seu filho propõe para os vaqueiros da fazenda no Arari "uma sociedade como os pescadores", o coronel rebate o argumento, desqualificando e criminalizando as tentativas de auto-organização dos trabalhadores:

> Você sabe o que quer dizer uma colônia de pescadores no Arari? Brigas e roubalheiras. Só tem servido pra tirar dinheiro do pescador e mais nada. [...] Você deve saber que índio não tem instinto gregário ainda, vaqueiro é ainda índio, caboclo disfarçado em semicivilizado, analfabeto, manhoso e pronto para cravar a garra. (MAR: 272)

O que caracteriza a situação nas fazendas é o domínio absoluto sobre a mão de obra, representado no romance pelo personagem que o coronel escolheu como administrador: Manuel Raimundo. Seu estilo de "feitor de escravos" é criticado por Missunga, que denuncia, inclusive, os furtos que ele pratica (p. 211). O coronel rebate essas críticas, defendendo o administrador com o argumento de que ele é sua "coluna mestra" e que lhe deve "a segurança de todos os [s]eus serviços". Sabe perfeitamente que sofre alguns furtos por parte dele, mas: "nossos gênios se combinam tão bem. [...] Que desfalque de gado já me fez que me abalasse? Dou-lhe tudo quanto quiser". O essencial para o latifundiário é que seu administrador se imponha aos subordinados como "um general em campo" (p. 150). Manuel Raimundo, por seu lado, exibe numa conversa com Missunga a "sua responsabilidade" como administrador: "– Meu filho, [...] aqui deve haver ordem senão eles montam em nosso cangote. Seu pai sabe. São meus zelos de compadre e amigo também. Você amanhã vai saber" (pp. 301 e 304).

Uma preocupação básica dos donos do poder é garantir a manutenção das estruturas de dominação. Quando o coronel, num momento de embate com o filho, lhe lança a ameaça "te posso deserdar" (MAR: 381), ele o acerta no seu nervo mais sensível. "A ameaça de deserdá-lo. Seria legal? [...] E para quem a fortuna?", são as perguntas que "sobem pela garganta" de Missunga. Finalmente ele se deixa envolver pelo "único sentimento real e total", que é "o da posse universal da herança poupada e tranquila" (p. 389). Ao assumir os bens do pai e "visitar o seu domínio com o administrador", o filho herdeiro compreende rapidamente que Manuel Raimundo lhe é "indispensável" e que a ele "havia de se impor como patrão, um Coutinho, à maneira do pai com aquela cumplicidade, aquele entendimento que tanto unia os compadres". Está feito o pacto entre o novo patrão e o velho administrador, que resume a situação: "Agora é que é preciso estar de olho aberto. Temos que fazer o inventário, a contagem. É preciso estar de olho em cima. Mostrar a essa canalha que nada vai mudar" (pp. 396-397).

Com todo esse poder, o coronel exerce também o seu domínio sobre as mulheres caboclas. Diante de seus amigos em Belém ele se exibe, dizendo

> que sabia povoar os seus matos, cruzar o seu fidalgo sangue português com o das índias, encher a terra de povo com a marca dos Coutinhos. De que serviam as vacas e as mulheres senão para aumentar os rebanhos? (MAR: 55)

É com essa disposição, como relembra o remador Benedito, que o coronel "atravessa[va] currais e porteiras", "feitorias de pesca" e "procissões nas vilas": "onde erguia a cabeça de seu alazão era para laçar nos ranchos e na beira do rio, entre as lavadeiras, a assustada moça donzela". As amantes que o coronel distribuíra pelas fazendas do Arari, hoje "já maduronas, quase da idade [dele]", "aparec[em] às festas de fim de ano em Cachoeira", "com os afilhados berrando na igreja [...], à espera do batismo" (MAR: 100-101). Na sociedade local, o sistema de compadrio é – como "todo mundo sabia", inclusive Missunga – uma forma de o coronel, "sob a capa de padrinho [...] escond[er] filhos e filhos" (p. 63). Um exemplo é Alaíde, com a qual Missunga dança numa festa e que ele leva numa noite para o igarapé. Procurando defender-se das investidas dele, ela revela "– Sou sua irmãgaua! Seu pai é meu padrinho! Sou sua irmã. Me largue" (*ibid.*).

Em alguns momentos, no entanto, o romance coloca limites àquele "velho garanhão feliz" (cf. MAR: 352). Com relação à bela Orminda, que é desejada por muitos homens da ilha e se entrega a alguns deles, o coronel "mal podia recalcar o despeito de saber que outros homens eram amantes da filha que [ele] também desejava" (p. 263). A isso se acrescenta a frustração, comunicada pelo próprio coronel ao filho, de ter sido abandonado pela sua amante Ermelinda em prol do seu sobrinho Nelsinho, que "veio do Rio e está metido com a cachorra" (p. 380). O que resta, no final, do domínio do coronel sobre as mulheres e da opinião de Missunga de que "o gemido das moças defloradas" tem para seu pai "o segredo de conservar-lhe a velhice e o pegadio às fazendas" (p. 274)? Essa visão é confirmada ou desmontada conforme a perspectiva com a qual se lê a descrição do que foi o último ato do coronel. Ele sofreu um colapso, numa casa de praia em Soure, sendo que "daquele subitamente cadáver, velho e gordo, que pesou sobre ela", se despojou uma "moça desgrenhada". Para o filho do coronel, aquilo foi "um fim conveniente a um Coutinho": "o búfalo morrera por força da própria vitalidade.

Aquele fim os aproximava cada vez mais, os fundia". Já o sentimento da moça, "uma pequena embrulhada num lençol", é bem diferente: ela "saiu gritando do quarto e até hoje parece transtornada" (p. 389).

A outra face do domínio do coronel sobre as mulheres é o seu desprezo por elas e por todos os subalternos em geral. Uma observação infame, reportada por Missunga, é que ele "só distingui[a] a carne das vacas da carne das mulheres porque as vacas valiam mais no matadouro" (MAR: 353). As moças caboclas são vistas pelo coronel como um perigo para o seu filho: "– Tens de voltar para Belém. [...] é preciso acabar com a história daquela cabocla [Alaíde]" (p. 99). Reiteradamente ele volta ao assunto: "Sabe que pode cair numa cilada? [...] lhe podem fazer uma chantagem": "Você deve partir daqui" (p. 151). O pai admite que o filho "gaste na cidade", porque isso é "razoável, humano"; "mas com essa caboclada, com esses bichos [...]?" (p. 238). Quando o coronel, acompanhado de Lafaiete, tenta resgatar Missunga, que se retirou para um barraco com Alaíde, ela é criminalizada pelo tabelião, que a ameaça com a polícia, e demonizada pelo coronel, que a insulta: "– Sua cabocla audaciosa! Feiticeira do diabo!" (pp. 380-382). Guíta, a outra mulher com quem Missunga se envolve, sente da parte do Coronel uma atitude semelhante. Durante a já referida visita do fazendeiro ao presépio, ela "cheg[a] a convencer-se [...] que não passava de uma criada para servi-lo". E que os "cães dinamarqueses, tão bravios", dos quais o coronel não se cansava de falar, "esses cães ele os soltaria sobre ela, se um dia fosse queixar-se do filho, ou buscar refúgio ao ser expulsa de casa" (pp. 252-253).

Do desprezo dos donos do poder pelos trabalhadores braçais já vimos vários exemplos. Assim como no tempo colonial, eles são considerados objetos para serem explorados, escravos. "– Estes caboclos só a muxinga", sentencia o Coronel, quando resolve acabar com o engenho. "– Meu pai que os conhecia e sabia como os tratava" (MAR: 54). Quando vê os trabalhadores abandonarem cada vez mais a vila e o município de Ponta de Pedras, em busca de melhores condições fora da ilha, o coronel se queixa, usando uma de suas fórmulas sentimentais: "– Isso é falta de amor à terra!" O seu parente, tio Nélson, resume todo o desdém de sua classe pelos pobres com esta frase: "– Só fica a baixa categoria de gente", a gente de "ínfima categoria" (pp. 68 e 71). No final, a vila é abandonada e renegada também pelo próprio Manuel Coutinho. O herdeiro do coronel – como relata Rafaël, que cuida da igreja – declarou que "não queria mais saber de Ponta de Pedras que [...] só lhe tinha dado desgosto. Era uma joça. Deixava a vila entregue ao primo Guilherme que sabia tratar essa gente" (p. 455). Essa é a última palavra dos donos do poder. Mas não a do romancista, que dá a réplica, com as palavras do caboclo Rafaël:

Falei que ele [...] se lembrasse que a sua fortuna, de sua família, muito deve a Ponta de Pedras, a joça que ele dizia. Que o avô, o bisavô [...] quando veio de Portugal veio com o fundilho roto e aqui se achou. [...] Que a terra era infeliz justamente porque sempre teve homens como o pai dele e ele, tomando conta. (MAR: 455-456)

As relações de poder – II: o lado dos pobres

O romance apresenta uma amostra das principais atividades econômicas exercidas no Marajó: as lides com o gado nas fazendas às margens do rio Arari, a pesca comercial nesse rio e no lago Arari, o trabalho dos roceiros em Paricatuba, a colheita nos açaizais de Ponta de Pedras, a extração de látex no município de Muaná e o corte da madeira nas florestas de Ponta de Pedras e de Breves. Graças à concretude das descrições, essas atividades tornam-se presentes como se fossem instantâneos de um álbum de imagens: os vaqueiros trabalhando na vaquejada (MAR: 271), lutando para salvar os bezerros nas inundações (p. 337), embarcando o gado para os matadouros de Belém (p. 321); os pescadores cercando os peixes com as redes e jogando as tarrafas (p. 279); os homens nos roçados, cortando o mato (p. 192); as cunhatãs entregando açaí e lenha no barracão do comerciante (p. 93); a cabocla Alaíde defumando borracha na selva de Muaná (p. 439), o mestre Amâncio e seus filhos cortando árvores nos arredores de Ponta de Pedras (p. 345). Acrescentam-se a isso os serviços dos empregados do coronel, como o remador Benedito (p. 35) e a doceira preta nhá Benedita. O açaí que ela amassa traz para o filho do fazendeiro "o sabor do antigo tempo quando havia escravos em Ponta de Pedras", e ele se pergunta "que fim levaram [...] as netas de escravas", que trabalhavam na "batição" do algodão (p. 79). Da época da Abolição até a do enredo do romance passaram-se apenas três décadas. A atmosfera do velho tempo colonial ainda pesa sobre a mão de obra, como mostram os artigos de jornais de Belém que criticam as condições de trabalho nas fazendas e as praxes dos fazendeiros e dos comerciantes de peixe (pp. 155 e 281). Os próprios trabalhadores têm plena consciência da exploração, como o vaqueiro Antônio Parafuso, que evita "meter a cara no serviço", pois "via muito bem como os outros caíam arrebentados e podres" (p. 313).

Um exemplo dessa exploração é o que ocorre na fazenda do capitão Guilherme. O narrador mostra o contraste entre os "barcos cheios de gado", com os quais o fazendeiro parte para Belém e, por outro lado, a situação dos vaqueiros, que ele deixa "esfalfados e famintos", depois de uma dura jornada de trabalho (MAR: 329

e 322). "– Sustento essa gente com cachaça", declara cinicamente o capitão; "é a inteligência deles. O povo quer beber enquanto trabalha" (p. 323). À falta de carne para os vaqueiros e suas famílias acrescenta-se a proibição de caça e pesca para o sustento deles e dos pescadores. "Nos lagos próximos onde há peixe", denuncia o vaqueiro Ramiro, "o rifle dos fazendeiros está na mão do vigia atento", sendo que "os donos do rio [...] eram [...] coronel Coutinho, capitão Guilherme e [o comerciante] Sinhuca Arregalado" (pp. 338-339). O efeito visado pela proibição é obrigar os trabalhadores a comprarem comida no comerciante e se aprisionarem no sistema de dívidas:

> Durante seis meses no inverno, sem peixe, sem caça, sem boa palha para a cumeeira da barraca, o pescador perdia o fôlego no balcão de Sinhuca Arregalado. Os seis meses duros de pescaria no verão não chegavam para pagar a metade da dívida. (MAR: 280)

Os roceiros que são atraídos pela propaganda de Missunga para o projeto da plantação Felicidade vêm com a expectativa de encontrar trabalho, comida e remédios (MAR: 201). Esses pobres são comparados a "feras, dotados de um faro prodigioso, [que] vinham de longe em busca das carnes" (p. 199). A voz dos famintos condensa-se numa palavra:

> Carne, murmuravam as crianças espantadas. Carne! disseram, com a garganta seca, os peitos doídos, a língua pesada, os homens esfalfados. Carne, cochichavam quase a medo, as mulheres grávidas, como se tudo aquilo fosse um sonho. (MAR: 166)

O sonho desmancha-se rapidamente. Devido à falta de organização e de responsabilidade por parte de Missunga, em vez de roças cultivadas obtém-se apenas a exaustão dos trabalhadores; em vez de remédios espalham-se as doenças: febre, paludismo, verminose, alastrim e bouba (cf. pp. 166, 194, 220); e em vez de poderem providenciar os seus meios de vida, os trabalhadores e suas famílias se veem expulsos (pp. 219-223). Também os que trabalham com os produtos da floresta ficam em desvantagem e com sérios prejuízos: o lenhador Amâncio e seus filhos são obrigados pelo Coronel a trabalhar também aos domingos, porque lhe "deve[m] uma conta enorme" (p. 345); as caboclas que levam açaí e lenha para o comerciante Calilo são enroladas por ele que, além do mais – como relata o remador Benedito–, espalha entre elas "doença do mundo" (p. 93); quanto a Alaíde, que teve que defumar borracha num seringal, ela não vê possibilidade de continuar e tem que "procurar serviço naqueles barracões arruinados do Muaná" (p. 439).

Devido à exploração pelos proprietários, a história cotidiana dos pobres torna-se uma "história dos sofrimentos".[90] "O mato, a gente com a sua miséria", resume o próprio Missunga, "tudo isso pertencia ao coronel Coutinho, senhor seu pai" (MAR: 102). Ele tem consciência de que as muitas farras e "noite[s] de champanhe", que passou na cidade, foram "espremid[as] do suor e do sangue daqueles caboclos" (p. 43). A história dos sofrimentos é marcada por acidentes fatais de trabalho. O filho do pescador Manuel Camaleão, que "havia se atirado n'água para arrancar do fundo a tarrafa atravessada num toco ou nas pedras", morre afogado (p. 282). O lenhador Deodato "não volt[a] mais de sua comprida viagem nos rios de Breves", onde procurou ganhar a vida (p. 440). O vaqueiro Gaçaba, trabalhando no embarque dos bois, tomba na água e é devorado pelas piranhas, o que não impede o seu patrão de partir "naquela noite mesma, [...] com seus barcos cheios de gado" (pp. 327-329). Também a combinação da proibição da pesca de subsistência com o onipresente sistema de dívidas faz as suas vítimas. Os pescadores na entressafra pedem fiado e acabam "deix[ando] o resto de sua vida no balcão [do comerciante]" (p. 338). O sistema de dívidas é também, como já vimos, uma armadilha para despojar pequenos proprietários de seus terrenos. A perda da propriedade que foi seu meio de subsistência desestabiliza a vida dos desapossados: o ex-pequeno fazendeiro Guarin sobrevive como ladrão de gado (pp. 284-285); e o ex-sitiante Tenório torna-se ajudante de um desonesto regatão dos campos (pp. 285-286), quando é despedido, cai na miséria total, ajuntando-se com "uma sem ninguém", numa "palhoça à beira do rio morto" (pp. 403-405).

As condições de trabalho levam também à desestruturação das famílias, como mostra a história da moça Rita. Seu pai, o vaqueiro Antônio Parafuso, depois de "quantos anos vaqueirando" numa fazenda, foi despedido com sua mulher e os quatro filhos, com a alegação de que "vaqueiro não pode ter familhão" (MAR: 310). A história da longa retirada deles pelos campos até a casa do tio é lembrada pela filha Rita, anos depois, numa conversa com o vaqueiro Almerindo, que também foi despedido, com o argumento de que "devia trabalhar um ano de graça para saldar a conta" e a advertência de que "está proibido amigamento nas fazendas" (p. 303). Daquela caminhada, Rita lembra especialmente o episódio do encontro com um canoeiro, que fez uma proposta aos seus pais, que sentiam os filhos como um peso: "– Vocês me dão que eu levo ela pra Belém. Conheço quem precisa de uma menina assim". A reação da mãe: "– Está aí a menina. Por mim..." E a do pai: "– Pode levar, o nome dela é Rita". A transação apenas não se realizou porque a menina implorou a seus pais para não a entregarem (pp. 315-316). Mas

---

[90] Este termo é de W. Benjamin, 1984, *Origem do drama barroco alemão*, p. 188.

ela acabou caindo nas mãos do tio, o qual, com a ameaça de encarcerá-la, por ser filha de ladrão de gado, a vendeu como objeto sexual para o administrador. Quando Rita conta a história do seu sofrimento para Almerindo, que quer saber se "ele [o administrador] também fez contigo?" (p. 306), o vaqueiro, em vez de ser solidário com a sua companheira de sofrimento, a repele de modo cruel: "Te some da minha vista, ordinária" (p. 308).

O romance conta ainda os casos de várias outras mulheres que são usadas como objetos sexuais (embora, às vezes, elas participem desse jogo) e depois, socialmente desclassificadas. É o caso da cabocla Marta, que foi viver com seu Nélson, cuja senhora enlouqueceu, e que então procurou "uma pequena que cuidasse da casa e da louca" (MAR: 73). Ora, Marta deixa-se envolver pelo comerciante Calilo, que acaba por expulsá-la; desamparada, ela se arrepende e se sente, como ela própria diz, "capaz de pedir de joelhos um lugar de lavadeira pro seu Nélson" (p. 161). Alaíde, depois de ter sido deixada por Missunga, fica temporariamente na palhoça de Tenório (p. 405), depois se reergue. O destino de Guíta, a outra amante de Missunga, provavelmente teria sido semelhante, mas ela morre num acidente (p. 350). A história desses sofrimentos é resumida pelo resignado silêncio da velha Felismina, que teve um filho morto, um desaparecido, dois ladrões e a filha desonrada: "um clamor na sombra, escuro e anônimo, clamor de todas as mães de prostitutas e ladrões" (p. 140).[91] Um clamor que faz eco ao grito do cego do Arapinã, lembrado por Missunga no início da história e que expressava "a voz dos homens primitivos gritando o seu medo e a sua dor" (p. 33).

Quais são as formas de resistência dos pobres diante de toda essa exploração e esses abusos? Um modo de reação, que é imediatamente sentido pelos patrões, é a migração da mão de obra. Um desses casos é o de Francisco, filho de siá Felismina, que se recusa a continuar no regime de trabalho imposto pelos donos da ilha:

---

[91] A história de Orminda, a filha de Felismina, tem alguns elementos em comum com a daquelas outras mulheres, mas é diferente na medida em que ela foi vítima do rancor de pessoas do povo. Depois de ter sofrido abuso sexual por parte do líder espírita Manuel Rodrigues (MAR: 137), ela resolveu usar livremente o seu corpo, o que provoca o ódio dos homens que ela recusa e a inveja de muitas mulheres. Em torno de Orminda, de beleza perfeita, desenvolve-se uma lenda em que acaba predominando o elemento trágico. Em Cachoeira, conta o povo, ela foi vista "uma noite subir a torre da igreja com o próprio sacristão" e no dia seguinte foi encontrada "a marca do corpo dela no soalho da torre" (p. 363). Diante da interpretação geral de que "Nossa Senhora marcou a sombra de Orminda no chão sagrado que a perdida profanou", Ramiro se pergunta se aquilo não foi "malvadeza das mulheres da beirada do rio", que desejavam que "aquele corpo havia de apodrecer em vida" (p. 423). O fato é que Orminda sofreu com essa perseguição e, no final, morre de "inchação" (pp. 459-461). Essa história é relevante também por mostrar que o romancista, apesar de toda a sua crítica aos donos do poder, evita o maniqueísmo de idealizar o povo. – Sobre Orminda como recriação da figura de "Dona Silvana", do velho romance folclórico ibérico, ver V. Salles, 1978, "Chão de Dalcídio".

"Que faço aqui?", pergunta ele para sua mãe. "Ser eleitor do coronel Coutinho? Apanhando açaí toda a vida? [...] É só desgosto. Só temos esta miséria" (MAR: 80). Francisco sai então de Marajó e alista-se no Exército em Belém, para "servir a pátria". O trágico, nessa opção, é que ele, que escapou aos poderosos da ilha, acaba morrendo numa revolta de rua em Belém, em que é obrigado, como militar, a defender a causa desses mesmos donos do poder. "Meu filho morreu na revolta e os políticos bem como querem", lamenta-se a sua mãe; "meu filho com a barriga aberta na rua como qualquer desgraçado e os mandões se abraçando" (p. 81).

O "desejo de ir embora" é nutrido também por dois jovens lenhadores, os irmãos de Guíta, tão logo chegam na colônia Felicidade, para onde Missunga os chamou. Sua aspiração de "sair dali" para um lugar onde seja possível "lutar por um futuro" é expressa na sua relação com as ferramentas de trabalho: "Amolavam o machado como se amolassem aquele desejo de fuga. O seu desejo ficava tão agudo, tão amolado, tão cortante como os machados" (MAR: 180). É como se adivinhassem que em Felicidade não havia futuro nenhum. De fato, o desejo de ir embora acaba se concretizando, mas de uma forma inesperada e indesejada: todos os trabalhadores e suas famílias são expulsos e abandonados à sua sorte.

Num dado momento, contudo, esses infelizes encontram uma forma de resposta que atinge o alvo: "Um caboclo riu alto e mulheres não reprimiam também o riso". É que "uma mulher havia arrancado a tabuleta: FELICIDADE para utilizá-la como remo". Para Missunga, o leviano idealizador do projeto, esse gesto é "pior do que vaia": "aquilo humilhava-o e o expulsava também" (MAR: 221). O modo como a cabocla refuncionaliza pragmaticamente a tabuleta mentirosa é um expressivo exemplo de uma "história a contrapelo", no sentido de Walter Benjamin.[92] Saber remar contra a corrente de uma história infeliz é também uma das virtudes de Alaíde. Depois de ter sido abandonada por Missunga, ela consegue reorganizar a sua vida. Ela se junta com um caboclo trabalhador, Deodato, e tem com ele um filho; no entanto, ela perde os dois: o filho, por doença, e o marido, por acidente. Depois de um tempo de luto, na selva de Muaná, ela resolve que "não seria [...] como aquelas mulheres, nas palhoças [...], esperando o tabaco para as resignadas [...] cachimbadas, à beira do jirau olhando a maré e a solidão" (p. 447). Decide partir de volta para Ponta de Pedras, executando no caminho os mais diversos trabalhos para sobreviver. Chegando à vila e vendo-a cada vez mais abandonada, faz planos de trabalhar numa olaria, "ou, por que não? em Belém, na fábrica" (p. 452). Esse plano se realiza, como o leitor fica sabendo ao reencontrar a persona-

---

[92] Cf. a tese VII de Benjamin sobre a filosofia da história (*in:* Löwy, 2005, p. 70), na qual ele propõe "escovar a história a contrapelo".

gem Alaíde num dos romances posteriores do Ciclo (em *Passagem dos Inocentes*, pp. 211-212), que trata também da questão da migração.

Quais são as formas de resistência dos que ficam na ilha? Na sua rotina cotidiana, os trabalhadores tomam algumas medidas pontuais de sobrevivência contra as penúrias impostas pelos patrões. São pequenos atos de sabotagem, como a "quebra" proposital de reses, na hora do embarque do gado. Contra o capitão Guilherme, que deixa seus empregados passarem fome, o vaqueiro Gaçaba combina com seus companheiros: "O coirão velho nos paga. [...] Uma rês quebrada é rês sangrada". É o que de fato ocorre: o vaqueiro provoca a quebra de uma novilha. Sob as imprecações do fazendeiro, cerra-se entre os vaqueiros "uma rápida e vigilante solidariedade": "o feitor fazia vista grossa" e todos "comiam filé com pirão de leite" (MAR: 323). É, no romance, um dos raros momentos de alegria dos trabalhadores e de suas famílias.

A forma política da resistência, a grande revolta coletiva, não chega a se realizar. No tempo em que se passa a ação do romance, ela existe apenas em forma potencial. "Aqueles homens reunidos assim podiam revoltar-se" (MAR: 194), teme Missunga quando, na colônia Felicidade, se acumulam os trabalhadores, a falta de organização e os problemas de saúde. "Aquele povo podia se reunir, se ajuntar num só homem e abrir o rio" (p. 435), é o que deseja, por outro lado, o vaqueiro Ramiro, como reação contra a medida de fechamento do rio por parte do mesmo filho de fazendeiro, que abandonou as utopias sociais e perpetua o velho sistema de opressão. Mas Ramiro sabe realisticamente, assim como o romancista, que o povo marajoara não se revoltará, por estar "desunido e com medo" (*ibid.*).[93]

No passado, houve na Amazônia um movimento popular de grande repercussão: a revolução dos cabanos.[94] É uma referência histórica controversa entre os pobres e os poderosos, como mostram as já citadas observações do piloto Pedro Mala Real e do coronel Coutinho. O movimento é relembrado também por siá Felismina. A morte do seu filho Francisco, na rebelião em Belém, gera nela o "ódio" e a "revolta contra os brancos". Ela questiona as grandes palavras da retórica oficial: "Siá Felismina amaldiçoava a tal de Pátria. Chamava os caboclos e os caboclos iam morrer em defesa duns homens que desonravam a pátria" (MAR: 81). Ela deseja "uma nova cabanagem", "uma grande cabanagem no mundo", "para acabar com

---

[93] A luta dos trabalhadores, naquele início do século XX, realizou-se numa outra parte do Brasil, no Rio Grande do Sul, como descreve Dalcídio Jurandir em *Linha do Parque* (1959), o único de seus romances que não faz parte do Ciclo do Extremo Norte.

[94] Cf. Di Paolo, 1990, *Cabanagem: a revolução popular na Amazônia*.

muito branco" (pp. 82 e 367). Essa memória da Cabanagem, mesmo não levando a nenhuma ação concreta, não deixa de ser uma parte da construção da identidade dos pobres e uma forma de resistência.

Uma vez que faltam, por parte dos oprimidos, ações de resistência mais organizadas, o romance *Marajó* pode parecer uma crônica de suas derrotas. Contudo, os próprios registros desses reveses – como o das "últimas e teimosas pequenas propriedades que deixavam, enfim, de lutar com o grande domínio rural" (MAR: 55) – não deixam de ser também testemunhos de lutas.[95] Certos dados da história presente real nos fazem reconsiderar e reavaliar aqueles momentos de lutas aparentemente perdidas. Se tivesse havido apenas derrotas dos oprimidos, daquele tempo de 1915-1920 para cá, como explicar a existência, neste início do século XXI, de uma expressiva organização política dos quilombolas na ilha de Marajó em defesa de seus territórios?[96] O que atesta o *status* dos pobres como sujeitos da História, nessa resistência, é sobretudo a conquista de uma fala autônoma. A inclusão, por parte do romancista, de expressivas falas e ações dos caboclos – como a da mulher que arrancou a tabuleta FELICIDADE, para utilizá-la como remo – foi uma iniciativa literária pioneira, que é amplificada pelos movimentos políticos no presente.

No mais, a principal forma de resistência descrita no romance são as *chulas* ou canções de protesto do vaqueiro Ramiro. A chula, como esclarece Marcus Leite (2004),[97] com base nas descrições do viajante inglês Alfred R. Wallace, é um gênero de canção de protesto que se situa na tradição das músicas dos escravos:

> Seu instrumento é uma espécie de viola primitiva, da qual tiram apenas três ou quatro notas, repetindo-as horas a fio [...]. Em cima dessa pobre melodia, improvisam uma letra, geralmente com os acontecimentos daquele dia. Os feitos dos brancos são os temas mais frequentes dessas canções.[98]

O vaqueiro-poeta Ramiro, que "não tinha emprego certo nas fazendas" e trabalhava somente "quando a necessidade era muita", é livre; assim como Orminda, que passa algum tempo com ele, é uma mulher livre.[99] O amor aguça a sensibilida-

---

[95] Isso vale igualmente para o romance seguinte de Dalcídio Jurandir, *Três casas e um rio*, no qual ele relata um caso de firme resistência de um sitiante, Manuel Bolacha, contra as investidas do latifundiário Edgar Meneses, que acaba lhe tomando as terras. Mesmo que este e mais alguns outros casos narrados tenham terminado com a derrota dos pobres, houve por parte deles resistência e luta.

[96] Cf. os documentos apresentados e comentados por Rosa Acevedo Marin, 2005, 2006b e 2008.

[97] M. Leite, 2004, "Fazendeiros e vaqueiragem no *Marajó*, de Dalcídio Jurandir", p. 116.

[98] Wallace, 1979, *Viagens pelos rios Amazonas e Negro*, p. 68.

[99] Uma das formas de resistência pela qual os poderosos se sentem particularmente atingidos é o com-

de de Ramiro, inclusive quando fala da memória coletiva: do "grito dos vaqueiros mortos", da proibição da pesca nos lagos das fazendas, da luta para sobreviver e também das festas, como a de São Sebastião em Cachoeira (MAR: 427). "As chulas de Ramiro", resume o narrador, "falavam dos vaqueiros", da "pessimidade" e dos "podres dos brancos", e "davam vida" (p. 319). Há uma forte empatia entre o vaqueiro-poeta e o seu meio social: "as chulas corriam os campos, batiam bem fundo no coração do povo" (p. 275). Com suas canções de protesto, Ramiro faz questão de se distanciar de ficções folclóricas inócuas, como a história de Maria do Pau e do príncipe, narrada pela cabocla nhá Diniquinha como uma espécie de consolo para os pescadores que se perguntam "onde achar o peixe?" (pp. 432-433). Ele quer "outras histórias", como a do rio Abaí, fechado para os pescadores e que "ninguém contava. Nhá Diniquinha não sabia ou tinha medo de contar". Ramiro imagina que Orminda certamente lhe pediria, nessa situação, para fazer uma canção de cunho político e social: "– Faz chula deste teu rio Abaí e lasca no seu Manuel Raimundo" (p. 434). Nessa altura, o vaqueiro-poeta já sofreu as consequências do seu engajamento: ele é expulso de todas as fazendas onde trabalha, pois os donos têm "medo da [sua] língua e da música": "seus instrumentos lhe davam aquela liberdade, aquela cadência, aquela franqueza que os brancos temiam" (p. 319). As *chulas* de Ramiro contêm, inclusive, alguns traços de autorretrato do crítico social que foi Dalcídio Jurandir, alguns princípios que caracterizam a sua postura diante da relação entre a literatura e a política, especialmente o distanciamento das formas corriqueiras de consolo e o fato de dar voz aos pobres.

A forma de consolo mais banal à qual recorrem os oprimidos e humilhados é a cachaça. Até Ramiro chega a entregar-se a ela numa ocasião em que dois vaqueiros o convidam para beber. Das coisas que "aquelas três bocas buscavam no fundo do garrafão" constam desejos como os "[rios] Abaís abertos a todos os pescadores", "quartos de carne sabrecando em grossos espetos na fogueira", "misteriosas felicidades", "farinha muita farinha" e, como desforra: a visão do administrador "Manuel Raimundo num tacho de fogo e o Diabo com uma colher de ferro mexendo o caldeirão" (MAR: 436).

Outro tipo de consolo são as já referidas histórias feéricas, e também as consultas aos pajés: "Volvia-se para o pajé aquela humanidade marajoara com todos os cheiros suados de seu trabalho" (MAR: 414). Aqui, é preciso esclarecer que os que procuram o pajé não são apenas os pobres, mas os "desenganados dos médicos"

---

portamento da bela Orminda, que se entrega a vários homens de sua condição social, mas se nega ao coronel, a Missunga e a Lafaiete. Quando este pretende seduzi-la, ela o expõe ao ridículo (MAR: 119-120).

em geral, entre eles também "brancos fazendeiros", "advogados", um "espancador de caboclos" e o próprio administrador Manuel Raimundo, que sente "mistério e milagre" na voz do pajé mestre Jesuíno (pp. 414 e 416). O romance apresenta também o retrato da pajé nhá Leonardina. Quando ela entra em cena pela primeira vez, é apresentada como uma figura que dispõe de uma "misteriosa força" e de notáveis poderes: de "fechar o corpo de Orminda contra a desgraça" (p. 190); de proteger o gado do coronel Coutinho, que manifesta "temor diante da fama de sua amiga [e] lhe trazia presentes da cidade"; e, por outro lado, de fazer "matar todo o gado do major Milico", em resposta a uma ameaça que este lhe fez (pp. 290, 292, 298). Ora, no episódio em que ela reaparece, o romancista acaba desmontando o encantamento: "A pajé perdia o poder da invocação", "Onde o poder das palavras? Quem cortou a língua da feiticeira que os donos do mundo temiam?" (p. 335). Nhá Leonardina murmura apenas mecanicamente a sua toada e fica a brincar com bonecas, como uma criança. Com isso, o romancista desmonta também os consolos dos que se apoiam na magia e na feitiçaria.

Restam os consolos da religião, que são mais complexos. "A folia consolava o mundo da fome, da peste e das lágrimas" (MAR: 228), comenta criticamente o narrador num capítulo-chave, em que descreve o fracasso da colônia Felicidade e em seguida, com precisão antropológica, as festas religiosas e o culto dos santos, da perspectiva de um folião. Na vila de Ponta de Pedras há várias facções religiosas, com uma forte rivalidade entre elas. O responsável pela igreja, tio Rafaël, é o líder do principal grupo religioso. Ao observar com Missunga um grupo desses rezadores, o narrador comenta: "Vinte séculos de fé amassados de superstição e humildade saindo com um travo na voz dos rezadores" (p. 82). Ouvindo a ladainha, o filho do coronel sente-se denunciado. Ele tenta, mentalmente, interceptar esses "sofrimentos, humildes demais para subirem ao céu", com uma espécie de prece às avessas: "Nossa Senhora, não ouvirás meus irmãos sem nome nem as prostituídas pelo meu pai e pelos meus tios, santa do Agnelo, o bêbado, do Marcelino, o ladrão e do Ciloca, o leproso" (p. 85). Através do personagem Missunga, a fé e o culto dos santos são mostrados como coisas construídas. Isso fica muito claro num dos últimos episódios, na noite de insônia em que Missunga se sente rodeado por "todos os fantasmas" (p. 418). Os santos no oratório lhe aparecem, então, "como se tivessem voltado à primitiva condição da madeira e da massa informe em que foram moldados", ou seja, eles "se desp[em] de toda a santidade" (p. 419).

Na descrição da festa de Nossa Senhora da Conceição, o narrador, que acompanha os foliões ao lado de Tenório, traz à tona uma série de aspectos profanos, desde a hierarquia dos grupos até os interesses materiais que estão em jogo. Enquanto os grupos mais prestigiados são os do Divino e de Nossa Senhora, e o de

São Sebastião ocupa uma posição intermediária, o de Santo Ivo é o mais humilde. É a este santo que Tenório "entregava a sua miséria" (MAR: 216). O ex-dirigente do grupo, Manuel Rodrigues, que depois se converte ao espiritismo, é visto com desconfiança pelo líder Rafaël. "Aquelas vozes" dos foliões de Santo Ivo "subiam [...] dos peitos como de poços fundos e de fundas feridas, num desespero e numa agonia que só os foliões, os desgraçados, os pobres podiam sentir" (pp. 228-229). A "tiração das esmolas pelo Arari, Marajó-Açu e Camará, quando se faziam os grandes embarques de gado e começava a safra de peixe nos lagos" (p. 127), tinha um sentido pragmático. Para os foliões como Tenório, "Santo Ivo [...] dava religião em troca de cachaça e mel puxa-puxa" (p. 230). Já para o chefe da comissão, Manuel Rodrigues, os donativos eram o meio com que "ganhava sua vida" (pp. 127-128). Durante algum tempo, ele ficou na prisão, por ter abusado sexualmente de várias moças, entre elas Orminda, que lhe serviam de "médiuns" nas sessões espíritas (pp. 137 e 145). No final, como relata Rafaël, Manuel Rodrigues "montou a banca de bicho na vila e rapa todo o miúdo dessa gente..." (p. 456). Eis um caso de como a procura de consolo religioso contra a exploração acaba sendo aproveitada por alguém que sabe tirar partido da fé do povo no milagre, revertendo-a num novo tipo de exploração.

Como vimos várias vezes, ao longo desta descrição da condição dos pobres, a forma de solidariedade de Dalcídio Jurandir com eles não consiste em idealizá-los, mas sim, em lhes dar voz e em mostrar suas aspirações e sonhos. Veja-se, por exemplo, a iniciativa de Alaíde de "principi[ar] a conhecer as letras" com uma professora para a qual ficou cozinhando durante algum tempo (MAR: 448). Ou o momento em que ela, no final, volta para Ponta de Pedras e ouve o canto dos fiéis na igreja. Alaíde pensa, então, em Guíta e Orminda, imaginando que elas poderiam estar ali cantando também, e que sua história poderia ter sido diferente:

> por que elas, tão moças, sofreram tanto, por que não puderam cantar as novenas, brincar de jogo de bola, remar pelos estirões, namorar muitos rapazes, dançar com rosas no cabelo, sem que nenhuma delas se perdesse? (MAR: 452)

Esse desejo faz eco a um pensamento da mãe de Orminda, que lamenta que sua filha, que "cantava no coro da igreja", esteja "agora no mundo". Ela sabe que "Orminda [...] se estudasse dava uma professora" (pp. 142-143). Quando lembramos que os filhos do pescador Manuel Camaleão, o qual, por causa de uma prejudicial crendice, "não mandava ensinar os filhos a assinar o nome porque pescador que aprende a ler fica panema, sem sorte nenhuma para a pesca" (p. 283), podemos completar o desejo da mãe, imaginando que para esses alunos Orminda seria uma excelente professora. Com fragmentos desse tipo, que falam da percepção do mundo pelos caboclos e de seus desejos, o autor de *Marajó* faz o leitor pensar que a história marajoara certamente seria muito diferente se a sua narração e sua escrita ficassem por conta dos caboclos.

Mediação entre a cultura letrada e a dos caboclos

Diferentemente de sua obra de estreia, no seu segundo romance, *Marajó*, Dalcídio Jurandir escolheu como protagonista e figura de mediação o filho rebelde de um fazendeiro. Quais são as vantagens e as desvantagens dessa opção? Podemos supor que o leitor tenha inicialmente três bons motivos para se identificar com esse personagem: 1) o fato de se tratar de alguém que pertence, assim como o leitor, ao universo da norma culta; 2) a característica da rebeldia, que oferece uma identificação para aqueles leitores que querem olhar além do horizonte de sua própria classe ou são ideologicamente dissidentes; 3) a disposição para o diálogo com os pobres, para o qual o nome Missunga é simbólico. Esse nome designa, como esclarece Vicente Salles (1978),[100] um "menino branco com linguagem de negro". Através de sua ama de leite negra e do contato com outras domésticas que trabalham em sua casa – sendo que com algumas delas o seu pai gerou filhos –, Missunga tem desde a infância uma forte ligação afetiva com as mulheres caboclas. Para a construção do personagem mediador é particularmente reveladora esta passagem:

> É verdade, aquela velha negra foi amante de seu pai, seus filhos meus irmãos. (MAR: 79)

Através da mudança do pronome possessivo na mesma frase cria-se uma relação muito estreita entre o narrador, que fala na terceira pessoa ("de seu pai") e o monólogo interior do protagonista Missunga, na primeira pessoa ("meus irmãos"). A familiaridade de Missunga com o mundo dos empregados e a concretude sensorial de suas memórias de infância o predispõem a ser uma figura que pode introduzir o leitor à cultura cotidiana do povo, sendo que o narrador acompanha a percepção e o pensamento dele, ora de perto, ora se distanciando.

Os *tableaux* etnográficos, nesse romance, nascem em boa parte do interesse de Missunga – que voltou da cidade, onde se cansou dos estudos e das farras – pelo

---

[100]   V. Salles, 1978, "Chão de Dalcídio", p. 349.

mundo dos caboclos. Enquanto "ficção etnográfica",[101] *Marajó* é estruturado em torno de dois eixos paralelos: a história de Missunga e um correlato roteiro de pesquisa antropológica, traçado em boa parte por ele. Assim o leitor vai conhecendo a topografia social da ilha, em recortes representativos tomados na vila de Ponta de Pedras e nas fazendas à beira do rio Arari. Como observador participante, Missunga escolhe determinados pontos de encontro, onde descreve as pessoas do povo e entra em contato com elas. Lugares como a loja do seu pai, junto ao trapiche, onde os homens "vinham com a garrafinha de querosene, pediam sal, uma quarta de café em grão, os dois dedos de tabaco" (MAR: 67), ou, do outro lado do rio, em Paricatuba, a venda do comerciante Calilo, onde "as cunhatãs [...] iam comprar cheiro e tabaco a troco de açaí e lenha" (p. 93); ou a porta da igreja, onde se juntam os rezadores, que são detalhadamente descritos enquanto rezam a ladainha com tio Rafaël (pp. 81-86). Em outros momentos, Missunga visita as pessoas em suas casas e conversa com elas: seu Felipe e d. Januária, no sítio deles em Paricatuba (pp. 64-66); tio Nelson e d. Marta (pp. 71-75); o lenhador mestre Amâncio, no Campinho, e sua filha Guíta (pp. 102-110); Alaíde, na barraca onde ela mora com a tia (pp. 121-125); e novamente a casa de seu Felipe, onde assiste à sessão espírita de Manuel Rodrigues (pp. 134-137).[102]

Na viagem com o pai à região do rio Arari, Missunga "corr[e] os campos, as fazendas, dias e dias nas vaqueiradas, [...] ferras, [...] rodeios, embarques de gado nas caiçaras" (p. 272); ele "vai com os vaqueiros para a caça do búfalo nos campos selvagens" (p. 273), assiste "a tarrafeação, a lanceação" e "a salga do peixe nas feitorias" (pp. 280 e 282); ouve as histórias de vaqueiros e pescadores (p. 279); e passa a noite dançando e bebendo no meio dos caboclos (p. 301). A reação deles atesta o sucesso de Missunga como mediador:

> Os vaqueiros gostavam dele: um branco muito dado. Não se metia a besta, sabia brincar, selar e montar um cavalo, beber com toda gente, e aprendia a atirar nos patos voando, dava gorjetas, pagava festas, comia em cima da porteira a carne frita na própria gordura que as mulheres lhe traziam. (MAR: 274)

Essa aceitação por parte dos vaqueiros contrasta com o "alheamento" dos caboclos que Missunga experimentou inicialmente em Ponta de Pedras, quando

---

[101] Essa denominação é de Zélia Amador de Deus, 2001, *Dalcídio Jurandir: regionalismo, relações raciais e de poder em* Marajó *e* Três casas e um rio.

[102] Sobre a "Representação da cidade de Ponta de Pedras nos aspectos físicos, sociais e culturais na obra *Marajó*", ver também o artigo assim intitulado de Angelina da Costa Rodrigues, *in:* Pressler; Menezes; Santos Neto (orgs.), 2014, item 3.1. dos "Estudos críticos".

"tentou pedir a um deles qualquer coisa, falar-lhes para que uma intimidade os unisse, [...] desejos de ir com eles armar camboas para peixe" (p. 67). A diferença entre essas duas atitudes pode ser o sinal de um entrosamento progressivo, mas também um indício de desconfiança e da distância que os caboclos fazem questão de manter em relação aos donos do poder.

A questão da rebeldia do filho contra o seu pai, o poderoso coronel Coutinho, é complexa. Ela se manifesta tanto no seu experimento de uma reforma social quanto em suas relações com as caboclas. Em ambas as atitudes há motivos para o leitor continuar a ver Missunga com simpatia: o seu engajamento social é, em princípio, uma causa nobre, e um romance de amor e sexo é um contraponto interessante para os estudos antropológicos não ficarem demasiadamente impessoais e abstratos. "Por que viera da cidade para aquele torpor?" (MAR: 36), pergunta-se Missunga, tentando compreender o que "o empurrav[a] para aqueles matos" da ilha de Marajó. Além do "desengano nos estudos" e do "mal da fartura" (p. 57), no duplo sentido de "abundância" e "fastio", é a atração que ele sente pelas jovens caboclas, bem diferentes daquela moça da cidade com quem namorou por último e que "o queria prender, entregar-se, engatar na sua herança!" (*ibid.*). Alaíde, ao contrário, era "mansa como a terra" e "se abandonava [...] com uma animalidade tão inocente [...] que havia naquilo a sensação quase do incesto" (p. 110). Missunga resolve também retomar o contato com uma outra cabocla, Guíta, com quem brincava na infância, que lhe dera (provavelmente) o apelido de "Missunga" e que agora é uma moça feita, suscitando nele o desejo de "ensiná[-la] a amar, a fazer de seu corpo uma perfeita máquina de prazer" (p. 110). E, como se não bastasse, Missunga, ao passar pela barraca da bela Orminda, imagina que esta também poderia tornar-se "sua amante, amanhã, quem sabe?" (p. 110).

Onde está, então, a diferença do comportamento de Missunga em comparação com aqueles outros jovens fazendeiros que ele chega a invejar, porque "tinham [...] as caboclas que queriam" (MAR: 268) e praticavam nas suas fazendas "as brutas farras com caboclas" (p. 43); e o que o diferencia do seu pai e do seu tio, esses "velhos garanhões felizes", que "multiplicavam aquele sujo e desgraçado rebanho em que se viu apanhado [...] entre Guíta, Alaíde e Orminda" (pp. 352-353)? Quando Missunga imagina que "bem podia ter ele o direito de ser o pai da futura meninada do Marajó-Açu. Seria mais tarde o patriarca da vila, [...] fazendo raça com as cunhatãs, os afilhados lhe tomando a bênção"; e quando se vê no futuro papel do "padrinho abençoando o povo" (p. 77), ele não reproduz exatamente a mentalidade do coronel Coutinho? Onde está a rebeldia? O ponto de conflito de Missunga com o seu pai não é o seu interesse erótico pelas caboclas, mas o fato de ele ligar-se a elas também afetivamente: "Cansei-me de procurar uma noiva em nosso meio", declara ele ao pai (embora "sem convicção", como observa o narrador), "quero agora uma mulher simples ao meu lado. [...] uma companheira" (p. 266). É isso que preocupa o coronel, pois uma relação baseada em sentimentos poderia colocar em perigo a situação existente de hierarquia social e de propriedade.

O núcleo da rebeldia do protagonista é o seu projeto da plantação Felicidade, que simboliza uma expectativa de ruptura com as velhas estruturas coloniais e de implantação dos ideais da modernização. Ora, essa rebeldia social de Missunga se mistura com as suas aventuras erótico-sentimentais. Isso influencia também o tipo e grau de uma possível identificação do leitor com o protagonista, da qual o episódio em questão representa o auge e a queda. Um prenúncio é a cena em que o filho do coronel atira na lama o peixe podre que o comerciante Calilo queria vender para as caboclas. O monólogo interior de Missunga – "gostaria que Alaíde tivesse assistido à cena, e Guíta, e os amigos de Belém que o aplaudiriam" (MAR: 98) – faz com que o leitor se pergunte: trata-se de uma autêntica defesa dos pobres ou apenas de um gesto teatral, para impressionar os outros? Esta pergunta coloca-se mais fortemente no caso da colônia agrária Felicidade, idealizada por Missunga. O projeto é vago desde o início, oscilando entre a dimensão social de providenciar "a felicidade [...] de toda gente" (p. 102) e o idílio particular de fazer "um pomar para Alaíde" (p. 150). Simultaneamente à chamada de trabalhadores para a plantação, Missunga cultiva o seu duplo relacionamento erótico com Alaíde e com Guíta. Quando, na "caça à Guíta", Missunga registra "[n]o olhar dela [...] uma infinita simpatia, [...] talvez pelo que ele fazia pelos pobres em Felicidade" (p. 169), fica claro que a ação social é para ele também um meio para a conquista erótica. Durante a execução do projeto – quando as dificuldades se avolumam de forma inquietante – seu idealizador refugia-se no mundo dos prazeres sexuais. A intervenção final do pai, que Missunga queria desafiar com o seu projeto social e que acaba expulsando os trabalhadores, é sentida pelo filho como um "alívio": "Era assim o caminho aberto para se entreter, unicamente, com Guíta" (pp. 219-220). Com isso, fica evidente que, para Missunga, a experiência social de Felicidade, que envolveu dezenas de trabalhadores e suas famílias, estava subordinada às suas aventuras eróticas.

Considerando as premissas da colônia Felicidade, é fácil entender por que fracassou. O sonho inicial de Missunga foi este:

> Estender minhas plantações. [...] Adiante o armazém, casas de colonos, o arrozal nas baixas. Algodoais branquejando na luz da manhã. A trepidação dos tratores. Caminhão buzinando na estrada e a felicidade entrando pelos olhos de toda gente. (MAR: 101-102)

À primeira vista, o projeto pareceu corresponder às necessidades do povo: "agora vai haver trabalho", "carne" e "muita farinha!" (MAR: 165-166 e 171); os caboclos chegam a "fala[r] na 'bondade do moço'" (p. 172). Na execução do projeto, no entanto, revela-se a falta de objetividade (p. 194) e de planejamento consistente: o afluxo dos trabalhadores e de suas famílias é descontrolado e configura uma "invasão" (p. 200); faltam ferramentas e sementes (p. 165 e 171), o abastecimento de comida é improvisado (p. 207) e não há um serviço de saúde para dar conta das doenças e dos acidentes. No meio de toda essa confusão, surge um desentendimento entre Missunga e Alaíde quanto ao posicionamento social dela. O fato de ela se engajar integralmente pela causa do seu povo, "ajuda[ndo] as mulheres na cozinha, i[ndo] com elas carregar lenha, leva[ndo] comida aos trabalhadores", provoca impaciência em Missunga, que explica a Alaíde que "o lugar dela não era no meio deles, mas na barraca, ajudando-o" (p. 200). Cria-se uma situação em que o filho do Coronel reconhece que "agira afobadamente" e que "faltava sentido" em seu projeto (p. 201). Ele é dominado, então, pelo "medo do povo" (p. 200) e teme uma revolta daqueles homens, pois "não saberia como subjugá-los" (p. 194). Não há nenhum diálogo efetivo entre Missunga e os trabalhadores.[103] A mediação social, que ficou por conta da cabocla Alaíde, é precária, pois ela não tem o apoio dele. No triste final, quando as mulheres dos trabalhadores se despedem – "– Alaíde, até a volta, um dia nós se vemos" (p. 222) –, todos sabem que em breve ela seria "mandada embora também tão coisa nenhuma como o povo que partia" (p. 222). Quanto às demais melhorias, sociais, técnicas e econômicas, que são ainda propostas ou sonhadas por Missunga – uma sociedade de vaqueiros (p. 272), a "drenagem dos campos, para evitar as enchentes" (p. 268), uma "fábrica de conserva de peixe", um "entreposto moderno, maquinismos importados dos Estados Unidos" (p. 282) –, ele já perdeu toda a credibilidade. Parece que, com o episódio de Felicidade, o romancista alude criticamente a todo um conjunto de projetos de modernização que já foram formulados para a ilha de Marajó e que fracassaram.

A partir do malogro do projeto Felicidade (capítulo 23) e definitivamente depois de ter entrado na posse da herança (capítulo 47), Missunga procede à liquidação dos seus sentimentos para com suas amantes caboclas. Primeiro com Alaíde, que está esperando um filho dele. Missunga "concluiu, com sórdida amargura, que nenhuma curiosidade tinha pelo nascimento daquela criança" (MAR: 225); depois do aborto, ele sente "nenhuma piedade por Alaíde!" (pp. 241-242). Guíta,

---

[103] Uma cena que evidencia essa falta de diálogo, como já foi bem observado por M. Furtado, 2007, p. 105, é a seguinte: "– E os instrumentos? / – Que instrumentos? Os de música? Então vocês antes de trabalhar já querem dança? / Os homens sorriram, com um ar de desânimo e cansaço, os rostos escuros. / – Os machado. As enxada. As foice. / – Ah! Vocês não trouxeram? Eu pensava..." (MAR: 165).

então, que ele também engravidou, lhe parece "talvez [...] mesmo a solução menos ruim" (p. 339). Para consolar-se da perda dela, Missunga procura novamente a companhia de Alaíde, que percebe que está sendo usada. Eles acabam se agredindo, e o seu "romance" revela-se finalmente como uma ilusão. No momento em que Missunga se torna herdeiro dos bens do pai, ele "romp[e] de uma vez para sempre com as emoções" (p. 389). Nessa hora, está cioso também de sua imagem social: "Não podia aparecer com [Alaíde] na vila [...], não queria ser visto ao lado da cabocla" (p. 390). Alaíde, que sabe que o sentimento se acabou, responde à altura: "Não pense que eu queria que você ficasse. Por isto vá logo. [...] Eu sigo a minha sorte" (pp. 392-393). Desfeito o romance entre o filho de fazendeiro e a cabocla pobre, cada um dos dois retorna para o seu meio social.

A tarefa da mediação entre os antagonismos sociais fica agora inteiramente por conta do narrador. Embora o romancista tenha utilizado ao longo da obra também a perspectiva de vários personagens caboclos, ele sabe que com a saída de Missunga perdeu-se a perspectiva de alguém vindo de fora e com uma educação letrada, o que é importante como apoio para um leitor não familiarizado com aquele universo. Mas nessa altura o romance já chegou quase ao fim, e é coerente com o projeto literário geral de Dalcídio Jurandir que nas últimas cenas os caboclos retomem a palavra.

Neste contexto, pode ser instrutivo esboçar uma comparação com o protagonista-narrador que Guimarães Rosa criou em seu romance *Grande sertão: veredas* (1956) na figura de Riobaldo. A partir da ótica dos experimentos literários de Dalcídio Jurandir, e de uma concepção da literatura brasileira como um projeto coletivo, o personagem de Guimarães Rosa parece ser o resultado de um processo de aprendizagem. Assim como Missunga, também Riobaldo é filho de um fazendeiro. No entanto, diferentemente daquele "branco", ele é "de escuro nascimento", pois a sua mãe é, como no caso de Alfredo, uma mulher pobre do povo. Nas suas relações amorosas, Riobaldo, diferentemente de Missunga, sabe distinguir muito bem entre suas aventuras eróticas com uma moça do povo (Nhorinhá) e seu noivado com a filha de um fazendeiro (Otacília); quanto à sua paixão por Diadorim, não existe nada equivalente na obra de Dalcídio Jurandir. O sentimento de superioridade e de culpa de Riobaldo em relação aos pobres sertanejos encontra sua expressão na opção do autor por um protagonista que fez um pacto com "o pai da mentira", de que resulta um narrador não confiável, que é, além disso, um jagunço letrado. Com tudo isso, Guimarães Rosa reuniu, por assim dizer, vários elementos que estão esparsos na obra de Dalcídio Jurandir e os sintetizou na construção de sua figura de mediador.[104]

---

[104] Estas considerações são apenas hipotéticas e têm aqui uma função meramente heurística. Parece que não houve, no caso de Guimarães Rosa, nenhuma influência direta de leitura; ao consultar a

Como avaliar, em termos de conclusão, a opção do autor de *Marajó* por Missunga como figura de mediação? Trata-se de um experimento fracassado ou bem-sucedido? No nível do enredo do romance, pode-se falar em malogro, uma vez que o comportamento sentimental do protagonista e as suas ideias românticas de reformas sociais revelaram-se como (auto)enganos. Por outro lado, a trajetória de um personagem que inicialmente é simpático, com o qual o leitor pode se identificar, e a sua transformação numa pessoa egoísta e antipática, não deixa de ser uma construção narrativa bem-sucedida, na medida em que alerta o leitor para desconfiar de projetos de modernização social nos quais os caboclos e as camadas populares em geral continuam sendo vistos como meros objetos, e não como sujeitos da História. Em seu terceiro romance, *Três casas e um rio* (1958), Dalcídio Jurandir volta a apresentar o personagem de um filho de fazendeiro que se entusiasma por reformas sociais, Edmundo Meneses, mas este é apresentado desde o início de modo crítico e distanciado. Como protagonista e figura de mediação social, o autor opta definitivamente pelo personagem de Alfredo, que apareceu na sua obra de estreia e que representa a luta de um adolescente pobre do interior pela sua formação escolar. Com isso – diferentemente da grande maioria dos outros escritores brasileiros – o autor do Ciclo do Extremo Norte coloca em primeiro plano uma questão social decisiva: a formação escolar dos pobres. Como ele mostra, trata-se de um problema que até hoje não foi resolvido de modo satisfatório, principalmente devido à indiferença, à criação de obstáculos e à falta de engajamento por parte dos donos do poder e também dos letrados.

---

sua biblioteca, no Instituto de Estudos Brasileiros da Universidade de São Paulo, verifiquei que não consta dela nenhuma obra de Dalcídio Jurandir.

Imagem 5. Cachoeira do Arari: o chalé da família de Dalcídio Jurandir

Imagem 6. Caroço de tucumã

4. DESMONTAGEM DA VISÃO DO PARAÍSO E LUTA PELA EDUCAÇÃO (*TRÊS CASAS E UM RIO*)

Também nessa obra, com a qual completa a sua trilogia marajoara, Dalcídio Jurandir mantém a tradição do romance regional de feição realista. Assim como *Chove nos campos de Cachoeira* (1941) e *Marajó* (1947), também *Três casas e um rio* (1958) é ancorado num tempo histórico definido – por volta de 1920 – e num espaço geográfico concreto: a vila de Cachoeira do Arari, na ilha de Marajó. Relembremos a já citada passagem, que nos introduz nesse ambiente:

> Situada num teso entre os campos e o rio, a vila de Cachoeira, na ilha de Marajó, vivia de primitiva criação de gado e da pesca, alguma caça, roçadinhos aqui e ali, porcos magros no manival miúdo e cobras no oco dos paus sabrecados. O rio, estreito e raso no verão, transbordando nas grandes chuvas, levava canoas cheias de peixe no gelo e barcos de gado que as lanchas rebocavam até a foz ou em plena baía marajoara. Na parte mais baixa da vila, uma rua beirando o rio, morava num chalé de quatro janelas o major da Guarda Nacional, Alberto Coimbra, secretário da Intendência Municipal de Cachoeira, adjunto do promotor público da Comarca e conselheiro do Ensino. (TCR: 5)[105]

Com a manutenção do mesmo ambiente espacial e temporal e a retomada dos personagens introduzidos em *Chove nos campos de Cachoeira*, o autor opta por um romance em série, que ele desenvolverá daqui em diante até o volume final.

Romance fluvial: o cronotopo do caminho da vida

Quanto ao protagonista desse romance em série, depois da dupla Eutanázio e Alfredo em *Chove nos campos de Cachoeira*, e a experimentação com Missunga em *Marajó*, o autor decide-se definitivamente pelo personagem de Alfredo. Considerando-se que um aspecto essencial do projeto literário-político de Dalcídio Jurandir consiste na mediação entre a cultura popular e a cultura dos letrados, a opção por Alfredo é muito adequada. Filho de pai branco, letrado, funcionário público e de mãe negra, semianalfabeta, trabalhadora doméstica, Alfredo é, no plano da ação, um *go-between* ideal entre as classes e as raças. Também no plano da me-

---

[105] A abreviatura TCR refere-se, daqui em diante, ao romance *Três casas e um rio*, 3ª ed., 1994.

diação entre o universo da cultura cabocla e o leitor forasteiro, o protagonista cumpre da melhor maneira a função de um observador participante. Assim, por exemplo, na noite de São Marçal, quando o menino "quer compreender aqueles divertimentos" (cf. TCR: 115) e recebe de sua mãe uma explicação sobre aquelas festas populares, o leitor é introduzido com ele ao assunto.

Com a opção por Alfredo como protagonista, o ciclo romanesco configura-se definitivamente como o romance de sua aprendizagem e formação. A palavra "rio", no título do romance, é especialmente significativa: "[C]ontemplou o rio como se contemplasse o outro rio, o de sua vida" (TCR: 260). Esta imagem ou o "cronotopo" do rio como "caminho da vida",[106] com a qual o narrador se refere num dado momento ao pai de Alfredo, resume a trajetória biográfica do jovem protagonista, que começa em *Chove nos campos de Cachoeira*, com o menino de 10 anos, e termina em *Ribanceira*, com o adulto de 20 anos. Ou seja, a partir de *Três casas e um rio*, o Ciclo do Extremo Norte torna-se especificamente um *roman-fleuve*. Esse conceito foi inventado pelo romancista francês Romain Rolland, que assim caracterizou o romance de formação *Jean-Christophe* (1904-1912), no qual descreve o caminho de vida do músico protagonista, simbolizando-o com a imagem do curso do rio Reno, o eixo geográfico entre as culturas alemã e francesa. Em seu Ciclo do Extremo Norte, composto igualmente de dez volumes, Dalcídio Jurandir usa um procedimento semelhante. A referência geográfica em *Três casas e um rio* é o rio Arari, em cuja margem se localiza a vila de Cachoeira; e é também o caminho pelo qual Alfredo seguirá, no fim do romance, para Belém. Já no ciclo romanesco como um todo, o eixo geográfico é o sistema fluvial do rio Amazonas.

As casas como observatórios da sociedade

Assim como os dois romances anteriores – e como os sete romances seguintes –*Três casas e um rio* é também um romance social, que oferece um retrato da sociedade numa perspectiva micro-histórica. Desta vez, não apenas a partir de uma, mas de três famílias, como o indicam as "três casas" mencionadas no título: a da família de Alfredo, a da vizinha Lucíola Saraiva e a fazenda em ruína Marinatambalo, de Edmundo Meneses. Reforça-se com isso um elemento de construção que o autor já usou em sua obra de estreia: a casa como observatório da sociedade. Também nos romances seguintes as casas terão essa função. Em *Belém do Grão-Pará*, elas caracterizam os territórios das diferentes classes sociais; em *Pas-*

---

[106] Cf. M. Bakhtin, 2014, *Questões de literatura e de estética: a teoria do romance*, p. 242.

sagem dos Inocentes, representam a iniciação de Alfredo à periferia; em *Primeira manhã, Ponte do Galo* e *Os habitantes,* a casa do coronel Braulino, destinada à sua filha Luciana, incentiva uma reflexão sobre as moradias dos habitantes em geral; e em *Chão dos Lobos,* o cortiço oferece uma visão de conjunto das condições de vida no subúrbio.

Uma grande falta de educação

Uma característica específica de *Três casas e um rio,* na trilogia marajoara, é a ênfase dada à questão da educação. Dentre os autores brasileiros dos romances de crítica social dos anos 1930, Dalcídio Jurandir, que foi inspetor de Educação em Salvaterra (Marajó) e fez parte de uma geração de intelectuais que tinha paixão pela educação pública,[107] é dos que mais se engajaram por essa causa. Além de ser um dos principais problemas da Amazônia, a "grande falta de educação", que o romancista descreve, continua sendo até hoje – como demonstra Alfredo Bosi (1998)[108] – o principal entrave para o pleno desenvolvimento do Brasil. Como o autor do romance expõe, a luta pela qualidade da educação pública é um fator estratégico na luta de classes. Ao mesmo tempo, ele mostra como vários personagens procuram mascarar o problema da educação e mazelas sociais correlatas através de um refugiar-se em fantasmagorias ou "paraísos artificiais".

Em *Três casas e um rio,* a educação é um elemento fundamental do enredo. Trata--se da luta de um menino pobre (Alfredo) pelo acesso a uma boa escola. Concomitantemente, o narrador fornece uma descrição do estado da escola pública na vila de Cachoeira e da situação dos professores, que é um diagnóstico da educação no interior da Amazônia e de outros lugares do Brasil: A "escola [estava] instalada na casa da professora"; "as carteiras [eram] gastas e aleijadas"; isso dava "um morno desgosto de estudar"; "os livros bocejavam como os alunos"; e Alfredo "se rendia à sonolência e ao tédio" (TCR: 88-89). Com tudo isso, "já não havia escolas em Cachoeira"; "a professora pedira licença para tratamento de saúde"; e o professor que restou colocou "resmungando algarismos no quadro-negro" (p. 343). Se comparamos esse triste retrato da escola em Cachoeira por volta de 1920 com os dados atuais, constatamos que poucas coisas mudaram.

---

[107] Cf. J. Lima, 2012, "Intelectuais e política: o exemplo de Dalcídio Jurandir", que situa o projeto do escritor no contexto dos "Pioneiros da Educação Nova", como Anísio Teixeira e Fernando de Azevedo.

[108] Cf. A. Bosi, 1998, "Uma grande falta de educação".

À péssima situação da escola pública acrescenta-se a visão cínica de representantes da classe dominante. "Aprendi para ser um proprietário" (TCR: 345) é o argumento com o qual o filho de latifundiário Edmundo Meneses se nega a dar lição ao menino Alfredo. A função das letras, segundo outro latifundiário, o dr. Lustosa, é "fazer lembrar ao povo que é preciso aprender a ler" as tabuletas de proibição: antes de mais nada, as da sua propriedade (cf. p. 378). Com esse tipo de visão, as letras tornam-se símbolos da dominação e do poder de opressão.

A luta de Alfredo pelo acesso a uma boa escola, que começou em *Chove nos campos de Cachoeira*, é retomada com maior ênfase em *Três casas e um rio*. Com o pensamento no "colégio tantas vezes desejado e pedido" (TCR: 18), o menino implora a sua mãe: "Me leve pra Belém. Quero estudar, senão eu morro" (p. 66). Do seu pai, embora se trate de um letrado inveterado, Alfredo não recebe apoio nenhum. "Quando escreveria o pai a carta para o colégio?" (p. 72), pergunta o menino. A mãe lhe responde: "Não sabe que seu pai vive sonhando?" (p. 288). Com esse retrato do major Alberto, o romancista caracteriza o comportamento de uma classe letrada que se basta a si mesma em sua erudição e não tem o mínimo interesse em compartilhar seus conhecimentos com os de baixo. Assim, embora o major represente uma política honesta, oposta às praxes de Edmundo Meneses e do dr. Lustosa, sua postura em relação à educação pública é igualmente nula em termos de efeito.

A única pessoa a sustentar a esperança de Alfredo é a sua mãe, que vem de uma família analfabeta. "Um pobre como você tem de estudar" (TCR: 139) é a ideia que norteia as ações de d. Amélia. Ela está criando um porco para vendê-lo e assim ajudar a financiar a viagem do seu filho para o colégio em Belém, mas isso ainda levará tempo. Num dado momento, o chefe do major Alberto, o intendente dr. Bezerra, vem com a promessa de que "conseguiria o colégio" para Alfredo (p. 168). D. Amélia questiona essa perspectiva como ilusória: "Meu filho, você já viu essa gente se interessar que pobre estude?" (pp. 168-169). Alfredo recebe de sua mãe um esclarecimento que define a sua situação no plano educacional:

> Pela primeira vez, em Alfredo, se fazia mais ou menos clara a presença de uma luta surda, muitas vezes disfarçada, mas irreparável, entre as pessoas ricas, tão poucas, e as pessoas pobres que eram sem conta. Até então se julgava do lado das pessoas ricas [...], porque seu pai, embora pobre, tinha instrução, era secretário, servia ao intendente. Sua mãe mostrava-lhe uma realidade inesperada, acima das suas soluções de menino, da magia do seu faz de conta e o lançava entre os moleques, quase seus semelhantes agora. Ficaria entre os pobres, ao lado dos tios negros ou ao lado dos ricos, recebendo do dr. Bezerra promessas e promessas até o fim? (TCR: 169)

Com essa explicação passa-se para Alfredo, que participa da crença geral em soluções mágicas, "a semente de uma consciência" de que existe uma luta entre as classes sociais e de que a educação é um componente fundamental dessa luta. Dalcídio Jurandir aponta aqui um problema grave e não resolvido até hoje: a situação da educação escolar dos mais pobres. Enquanto 14,7% da população brasileira em geral conclui uma faculdade, nas favelas é apenas 1,6%. Como explicou o romancista Milton Hatoum, numa conferência proferida em novembro de 2013 na Unama, em Belém, o aumento das escolas particulares de ensino fundamental e médio, dos anos 1960 em diante, em detrimento das escolas públicas, acabou com uma função educacional muito importante que estas escolas cumpriam: ser um espaço de encontro entre crianças e adolescentes de diferentes classes sociais. A ideia de diferenciar-se socialmente surge desde cedo também na cabeça do menino Alfredo. O romancista, embora se engaje inteiramente na causa do seu protagonista, faz questão de não o idealizar, de não o transformar em herói. Assim, por exemplo, Alfredo não cogita nenhuma vez em repartir com a sua amiga Andreza o privilégio de estudar em Belém. A partir do momento em que ele ouve a promessa do intendente dr. Bezerra de que conseguiria o colégio, ele se afasta daquela menina pobre.

O mundo do faz de conta de um menino: o caroço de tucumã

Além da educação formal providenciada pela escola, fazem parte da formação do indivíduo também o desenvolvimento geral de sua sensibilidade, seus sentimentos e sua inteligência, bem como a sua socialização. O romancista descreve detalhadamente esses diversos momentos do crescimento do protagonista, com destaque para o processo de amadurecimento de Alfredo, que consiste na superação de sua tendência de se refugiar no imaginário. A descrição do mundo do faz de conta do menino e de sua capacidade de sair dessas fantasias é um elemento-chave da construção de *Três casas e um rio*, que tem como um dos traços mais marcantes a apresentação dos "paraísos artificiais" em que se refugiam os principais personagens e a desmontagem dessas fantasmagorias por parte do narrador. No caso do protagonista Alfredo, de seu pai e de sua mãe, observa-se uma oscilação entre o entrar em suas ficções e o saber sair delas. Já no caso das obsessões da vizinha Lucíola Saraiva e de Edmundo Meneses, dono passageiro da fazenda Reino de Marinatambalo, que ele considera como o seu "paraíso" (TCR: 248), trata-se de quadros patológicos.

O paraíso artificial do menino Alfredo está ligado ao seu brinquedo preferido: um caroço de tucumã. Há momentos em que ele desanima de lutar pelo acesso à escola em Belém e refugia-se no imaginário:

> Fugindo daquelas situações [...], Alfredo recolhia-se ao jogo do faz de conta tão pegado à sua infância. Era então necessário aquele carocinho na palma da mão, subindo e descendo de onde, magicamente, desenrolava a vida que queria. [...] Com efeito, o carocinho de tucumã na palma da mão e no ar, era movido por um mecanismo imaginário, por um pajezinho fazendo artes dentro do coco. (TCR: 146)

O fundamento desse tipo de fantasia é a mitologia popular, sendo que na época em que Alfredo era ainda mais novo, Lucíola Saraiva, que então vivia bastante próxima dele, não apenas o introduziu às lendas e aos mitos do imaginário popular, mas – como bem observou Marlí Furtado (2010) – também "a superstições e a medos infundados" ligados a eles.[109]

Ora, a percepção do seu entorno familiar faz o menino "desencantar" e despertar para a realidade. Um primeiro fato é o impacto que lhe causa a morte de sua irmã Mariinha – vítima não se sabe se de uma doença ou da ingestão de veneno contra ratos espalhado pelo seu pai distraído. "Alfredo [...] não recorria ao carocinho para ressuscitar a irmã. Morte é morte e a perda de Mariinha era para sempre, por isso seria demais para o faz de conta" (TCR: 208). Outro forte abalo lhe causam as constantes brigas entre seu pai e sua mãe, a tal ponto que resolve sair de casa. No caminho de fuga, lhe vem num primeiro momento a ideia de recorrer aos consolos do faz de conta: "[S]eres mágicos do campo, a matinta, a mãe do fogo e os espectros do boi rosilho, do cavalo branco e da ilha, que aparecia e sumia, lhe brotavam do pensamento" (p. 220). Mas Alfredo, embora se assuste com a perspectiva de ter que encarar a dura realidade, se propõe a reagir: "Queria libertar-se daquela tirania de ilusões e mentiras, de medo e de faz de conta. [...] Como, no entanto, libertar-se do carocinho que deixara no chalé?" (p. 221). O que ajuda o menino a desencantar é a experiência do sofrimento, que é fundamental no processo de amadurecimento.

Os paraísos artificiais dos pais de Alfredo e sua atuação social

Enquanto o jovem protagonista consegue aos poucos libertar-se de suas fantasmagorias, o seu pai, um apaixonado leitor de catálogos e almanaques – que ele devora em busca de informações sobre produtos comerciais, pessoas, coisas e novidades –, se deixa enlevar nesses seus paraísos artificiais. O sonho dele é "dirigir

---

[109] M. Furtado, 2010, *Universo derruído e corrosão do herói em Dalcídio Jurandir*, p. 77. Ver também os numerosos exemplos de mitologia popular e superstições correlatas expostos no Museu do Marajó.

boa oficina tipográfica em Belém. De vez em quando uma viagem à Europa, para descobrir novidades [...], o mundo em pessoa seria um catálogo vivo que saberia folhear, sem pressa nem ostentações" (TCR: 16). Num primeiro momento, o retrato do major Alberto é o de um letrado alienado, que acumula o saber pelo saber, e mostra uma total insensibilidade em relação aos dois filhos que teve com d. Amélia: Alfredo e Mariinha. Quando a empregada avisa que Mariinha está expirando, o major propõe esta ridícula panaceia: "É uma espécie de ataque. Passa. Mande ferver um pouco d'água, para um escalda-pé" (p. 200). Por outro lado, com uma das filhas do seu casamento anterior, com uma mulher branca, o Major tem uma preocupação exagerada, que beira a burrice. A quantidade generosa de dinheiro que ele envia para a operação da filha cega não apenas é inútil, mas nem sequer é utilizada para esse fim, pois é desviada pela sua irmã fraudulenta. A "feliz insensibilidade" que a natureza deu ao major "não o fazia distinguir mais a morte de uma criança da morte de um inseto" (p. 203); tanto assim que, enquanto "o enterro [de sua filha Mariinha] tomou o caminho dos campos, major Alberto deitou-se na rede" (p. 202).

Contudo, fora do âmbito familiar, na sua atividade como homem público, como secretário da Intendência, manifesta-se a face positiva da personalidade do pai de Alfredo. Acompanhando o trabalho dele no campo político e social, o narrador revela detalhes das estruturas da administração pública nessa vila do interior. A probidade do major Alberto Coimbra contrasta com a corrupção generalizada, como mostra o relato que ele faz em casa para d. Amélia:

> – Seis contos e quatrocentos. Dinheiro para despesas eleitorais em Belém. Sem comprovante, sem nada. E [o intendente] quis que eu colocasse nas despesas aqui. Enfim, que eu forjasse recibos, justificasse a saída. [...]
>
> Eu repeti que a responsabilidade viria cair nas minhas costas. [...]
>
> – "Major", disse ele, [...] "é uma rotina... "
>
> Aí, [eu] respondia: rotina de não prestar contas do dinheiro público? [...] O dr. confunde as contas de suas fazendas com as da Intendência. (TCR: 151-152)

O fato de o major ter ousado enfrentar o seu chefe – sugerindo, inclusive, no final da conversa, que escolhesse outro secretário –, repercute fortemente em sua casa. Alfredo fica gelado com a perspectiva de seu pai não ser mais o secretário. O chalé começa a passar por sérias dificuldades: falta de comida, pois durante dois meses o major não recebe seu ordenado. No final, contudo, ele acaba sendo mantido no cargo – em que pesa também o oportunismo político do Intendente, que faz questão de "exibir", nos círculos políticos em Belém, "a honradez de seu secretário como uma conquista, uma propriedade sua" (TCR: 157).

Há também o paraíso artificial de d. Amélia, mãe de Alfredo. Diante do acúmulo de dificuldades no seu cotidiano, principalmente as desavenças com o major, ela refugia-se no alcoolismo. Aliás, é do título do ensaio de Baudelaire *Les Paradis artificiels*, cuja primeira versão (1851) se inicia com um texto sobre "O vinho",[110] que extraímos a nossa denominação para as fantasias e fantasmagorias dos personagens de *Três casas e um rio*. Eis as passagens que revelam que d. Amélia bebe:

> [Ela] foi à dispensa [e] retirou a garrafa. [...]

> Naquele poço em que mergulhava, não tinha um confidente, apenas cúmplices. Marcelina, Inocência, os moleques e [...] Andreza traziam-lhe as garrafas, embrulhadas [...], ocultas. [...] (TCR: 193)

> Bebia, sombriamente, atrás das portas, atrás do armário, atrás do banheiro. (TCR: 193).

Quando o marido descobre o fato, reage com violência, atirando as garrafas ao chão. Também Alfredo descobre que sua mãe bebe. Estupefato, ele constata que "sua mãe se igualava aos bêbados que vinham do aterro, tropeçando". "Aquela condição de sua mãe ofendia-o [...] perante os moleques de pé descalço, era como um escárnio às suas ambições do colégio" (cf. 214).

Contudo, também no caso de d. Amélia é mostrada uma outra face de sua personalidade, que se expressa no seu engajamento em relação às pessoas da vizinhança. As atividades sociais da mãe de Alfredo – a assistência que ela dá aos doentes e a ajuda aos pobres, além da já referida luta pelo acesso do seu filho a uma boa escola – são qualidades tão importantes, que a questão do alcoolismo passa para um plano secundário.

Um outro aspecto a ser destacado na atuação de d. Amélia é a sua relação com os rituais festivos, que são elementos fundamentais da cultura das comunidades amazônicas.[111] Como já vimos, é através de sua mãe que o protagonista e con-

---

[110] Cf. Ch. Baudelaire, 1851, "Le Vin" (*Les Paradis artificiels*), in: *Œuvres completes*, 1971, I, pp. 377-388.

[111] Ver, por exemplo, os estudos de Ch. Wagley, 1988, *Uma comunidade amazônica*, pp. 193-216; e de C. M. de Moura, 1997, *O teatro que o povo cria*.

sequentemente, o leitor são introduzidos ao universo das festas, dos desfiles e das narrativas locais. Por meio de sua detalhada análise de elementos como o boi-bumbá, o carnaval e várias histórias e lendas em *Três casas e um rio*, Marlí Furtado (2010) chega à conclusão de que "o narrador não se utiliza de histórias populares, das lendas e mitos locais, apenas para ilustrar a 'paisagem local', mas como material do real que ajuda na compleição do romanesco e tem função na economia da obra".[112]

Trata-se aqui de uma questão de interesse geral. A esse respeito, merece ser destacada uma característica que o trabalho do romancista Dalcídio Jurandir tem em comum com as histórias e as festas populares: a função emancipatória dos rituais lúdicos e das narrativas exemplares, que está relacionada com o poder autorreflexivo da ficção. Em todos esses casos (festas, desfiles, lendas, mitos), os participantes mergulham em paraísos artificiais – sentidos por eles como um contraponto necessário e uma espécie de cura contra a mesmice, a banalidade e a chatice da vida rotineira. Mas existe uma diferença fundamental entre essas fantasias coletivas *artísticas* e as fantasmagorias individuais *artificiais*: a consciência de que tudo aquilo é apenas ficção e de que existe o ritual de entrar nessa ficção e de sair dela. Ou seja, por mais que os brincantes, narradores e participantes em geral mergulhem no universo ficcional e se deixem encantar por essa atmosfera, eles estão conscientes de que se trata apenas de um estado passageiro, e sabem voltar para a realidade. Esse *know-how*, que adquirimos no convívio com rituais festivos e textos de ficção, é um poderoso antídoto, na formação dos indivíduos e da sociedade, contra o perigo de confundir a ficção com a realidade.

Através da atuação social de d. Amélia, o romancista nos faz perceber que as festas não são meros divertimentos "folclóricos" e alienados, separados dos problemas sociais.[113] As festas podem também ajudar a perceber a divisão classista da sociedade e preconceitos racistas. Um exemplo é o baile que d. Amélia resolve organizar em despedida do seu irmão Sebastião. "Aqui só se fala em baile", observa ela, "quando são moças da alta que dançam. Pois eu vou fazer aqui no chalé uma festa só de moças de segunda e será baile" (TCR: 378). Ela dirige, então, o baile, "com natural serenidade" e "com o olho no comportamento dos rapazes de primeira que ali estavam" (p. 380). Note-se, por parte da personagem, o uso dos conceitos de pessoas "de primeira" e "de segunda", uma discriminação recorrente nas vilas amazônicas

---

[112] M. Furtado, 2010, p. 87.

[113] Cf. p. ex., em *Ribanceira* (p. 259), o episódio em que a festa de São Benedito, o protetor dos negros e dos escravos, faz o protagonista Alfredo relembrar os antepassados de sua mãe e, com isso, a história do trabalho braçal e da escravidão.

e que foi registrada também pelo antropólogo Charles Wagley (1953) na sua pesquisa de campo. Outro exemplo do caráter classista dos bailes aparece nos eventos do clube Valência, na cidade de Guimarães (Santarém), nos quais era proibida a entrada das "moreninhas da Aldeia", relembrados em *Chão dos Lobos* (pp. 125-135) pela professora Nivalda com saudade, mas, sobretudo, de forma irônica e crítica.

De notar, ainda, que Alfredo "reagiu contra a festa" (TCR: 379) organizada pela sua mãe. Mais uma vez, Dalcídio Jurandir mostra como seu protagonista é também portador de preconceitos. Essa atitude de Alfredo é criticada por Andreza: "– E tu te envergonha de tua mãe?" (p. 379). Além do preconceito, esse comportamento do protagonista revela como ele está à procura de sua identidade social, o que ocorre ao longo de todo o romance. "O que faltava para que sua mãe fosse uma senhora?" (p. 92), pergunta-se o menino. "Ir aos bailes? Assinar o nome do major? A cor?" Alfredo chega à conclusão de que a cor da pele é "o argumento mais decisivo" (*ibid*.).

Luta de classes no seio da família

O fato mais dramático da procura do protagonista pela sua identidade é que ele vive os antagonismos sociais e a luta de classes no seio de sua própria família. O conflito entre o pai e a mãe de Alfredo é travado como uma guerra entre o branco, letrado, homem público e a negra, semianalfabeta, trabalhadora doméstica. A começar pelo modo como cada um dos dois vê o passado histórico. Sobre a revolta da Cabanagem, o casal trava este diálogo:

> – Mas, seu Alberto [...]. Crueldade sempre tem no mundo e melhor será que seja feita pela maior quantidade que é o povo [...]. Por isso não acho nada demais o que fizeram os cabanos aqui. Foi ainda pouco.
>
> – Mas mataram meu avô no engenho. Minha família passou escondida em Belém sem sair durante o tempo do Angelim. Não. Podiam ter razão, mas a razão nunca é bárbara...
>
> – E os meus parentes e os caboclos mortos pelos correligionários de seu avô português? Que me diz? Ora seu Alberto. [...] Tenho sangue caboclo, tu bem sabes. (TCR: 56)

Pela perspectiva micro-histórica dessa família, mostra-se que a revolução da Cabanagem foi uma luta sangrenta entre os antepassados do próprio Alfredo, e o drama que se coloca para ele é saber de que lado ele próprio está nessa história. O confronto entre o pai e a mãe ocorre também o tempo todo no seu convívio cotidiano. Alfredo presencia uma cena intensamente dramática, uma discussão relativa à morte de Mariinha:

> Sua mãe gritava e batia os pés no soalho. O pai respondia alto e furiosamente. [...] [Ele] estava a ponto de esbofeteá-la. [...]
>
> – Bata, bata, se se atreve!
>
> As injúrias dele e dela chicoteavam o menino. (TCR: 210)

Diferentemente do arquétipo da casa como "espaço protetor e feliz", como o descreve Bachelard (1957),[114] o chalé onde mora Alfredo se lhe apresenta como "uma ilha de atribulações e ódios" (TCR: 210). Ele se sente como filho de dois estranhos, "que se injuriavam e lançavam ameaças um contra o outro" (p. 211). No modo como "seu pai escarnecia e humilhava sua mãe", o menino percebe a postura classista e racista do "branco", que "imprimia [seu] domínio sobre aquela empregada negra" (ibid.). No fim, o major ainda resmunga: "– E eu que a tirei da lama. [...] Volte para onde estava e veremos" (p. 217). Profundamente abalado, Alfredo imagina que sua mãe e ele seriam expulsos da casa. Ele sente-se discriminado pelo pai, que não o considera como filho legítimo, diferentemente das filhas do casamento anterior, com uma mulher branca. A mãe tenta consolar o menino, mas, como ficou muito abalada com essa guerra conjugal, recorre também à bebida. Quando Alfredo, que sente repulsa pelo "fedor de álcool", tenta escapar do seu abraço, ela diz:

> – Que tu tens, meu filho? Tu também queres ficar com teu pai? [...] Vais renegar tua mãe? Sou uma preta. Está com nojo de mim? [...] Vai, meu filho, eu vou ficar a noite na cozinha. Teu pai me trouxe como cozinheira e cozinheira fico. (TCR: 215-216)
>
> – Se teu pai se atreve, eu avançava para ele com a faca. (TCR: 215)

No meio de toda essa confusão, contudo, d. Amélia não perde de vista o seu objetivo de mandar Alfredo para o colégio. Ela sabe muito bem que a luta de classes é também uma luta pela educação: "– Meu filho, tu vais, sim, pro colégio. [...] Eu

---

[114] Cf. G. Bachelard, 1957, *La Poétique de l'espace*.

vou fazer tudo para que você estude, para que saias daqui. [...] Tu não é da cozinha. Tu és do salão. Mas teu pai não quer saber do teu colégio. Eu mesma vou te levar" (TCR: 214-216). Com isso, a personagem d. Amélia resume o pensamento de Dalcídio Jurandir a respeito da educação: o meio mais eficiente de lutar contra a desigualdade social é proporcionar aos pobres o acesso a uma boa escola.

Os desejos compensatórios de uma solteirona

A segunda casa mencionada no título do romance é a de Lucíola Saraiva, uma solteirona. Enquanto a sua mãe era viva, a família tinha recursos financeiros que lhe proporcionavam um bom *status* social, mas depois caiu na pobreza. Além da irmã Dadá, que também é solteirona, Lucíola tem os irmãos Rodolfo, tipógrafo e ajudante do major Alberto, e Didico, que trabalha como porteiro na Intendência. A relação de Lucíola com o protagonista se dá pelo seu desejo de assumir o lugar da mãe de Alfredo, procurando compensar, com isso, as suas frustrações de solteirona virgem e de sexualidade reprimida.[115] Esse desejo é sintetizado pelo narrador com esta comparação: "Sentiu que aquele menino era para si como a cachaça para d. Amélia" (TCR: 309). Lucíola Saraiva é, portanto, mais uma personagem que constrói para si um paraíso artificial.

Enquanto na época em que Alfredo ainda era menino, ele vivia bastante próximo de Lucíola (como é narrado em *Chove nos campos de Cachoeira*), agora, quando já é um pré-adolescente, com 11 anos, ele manifesta a vontade de se distanciar dela. A própria Lucíola acha que "o afastamento dele seria definitivo" (TCR: 69). Mas, com a fuga de Alfredo da casa dos pais, ela vê uma nova possibilidade de se aproximar dele. Ela o segue no meio da noite no campo e o ampara em seu colo, sentindo-se "alegre, quase feliz, porque se achava naquela hora, na completa posse do menino que tanto quis" (p. 224). O narrador onisciente nos põe também a par dos desejos mais infames de Lucíola: "Desejou que major Alberto fosse homem capaz de reduzir ao silêncio aquela negra"; "morta Amélia, preso o major, o filho seria dela" (pp. 224-225).

Alfredo, no entanto, repele Lucíola, da qual sente "raiva" e "nojo" (TCR: 233). Ele também se irrita com o fato de ela o chamar constantemente de "meu filho": "– Não me chame de filho... Não sou seu filho! A senhora não é nada pra mim. Tenho mãe" (p. 242). Apesar de ser rejeitada, ela insiste em ficar ao lado de Alfredo e acaba o

---

[115] Cf. Furtado, 2010, p. 78.

conduzindo à fazenda Marinatambalo. Com isso, Lucíola cumpre na narrativa a função de introduzir o protagonista num novo campo social, que é a terceira casa mencionada no título do romance, e de estabelecer o contato com o dono, Edmundo Meneses.

Uma visão edênica da Amazônia e sua desmontagem

A descrição da visão edênica que Edmundo Meneses tem de sua fazenda Marinatambalo e do Marajó – e, por extensão, da Amazônia – é um caso paradigmático de como a geografia e a História, na cabeça de um personagem, se transformam em ficção, e de como o romance desmonta essa ficção. "Um antigo nome, dado à ilha de Marajó pelos [colonizadores] espanhóis ou holandeses",[116] foi aproveitado pelo pai de Edmundo, o dr. Meneses, membro do Instituto Histórico do Pará, para batizar a sua fazenda de "Reino de Marinatambalo" (TCR: 218). Essa denominação simboliza o desejo de voltar aos tempos coloniais, como se vê pela história da fazenda no "período áureo" da borracha. O dr. Meneses dava, então, "bailes a rigor com vestidos mandados vir de Paris". O Reino de Marinatambalo tinha "fama de luxo, de esbanjamento e crueldade" (p. 219). Este aspecto é ilustrado por um episódio relembrado por Lucíola, que foi convidada ali para uma festa em 1910, na qual é revelado também o perfil de Edgar Meneses, tio de Edmundo:

> Eram onze da noite, dançavam na casa-grande quando gritos no bosque [...] fizeram parar a música. [...] Edgar Meneses gritava [...] "– Quero que todos vejam. [...] Aí está. Tal como peguei agora, com o vaqueiro, o Julião, agora, no tabocal... [...]".

> Lucíola viu uma mulher, nua e amarrada ao tronco, retorcer-se dentre as cordas. [...] Era d. Adélia que, horas antes, dançava com o marido, o Edgar Meneses, muito bonita, sorrindo [...]. [Ela] revelava uma selvagem e triunfante repulsa pelo marido. [...] D. Adélia ficou no tronco até a madrugada. [...] O vaqueiro semanas depois apareceu morto num lago, meio comido pelos jacarés. (TCR: 230-231)

Depois da narração desses antecedentes da fazenda, chega uma caleche trazendo Edmundo Meneses, acompanhado de sua avó, a louca d. Elisa. Ele convida Lucíola e

---

[116] Quanto a esse nome, é preciso fazer um pequeno reparo. Conforme esclarece Nunes Pereira, 1956, *A ilha de Marajó*, "a denominação de MARINATAMBALO, peculiar a um trecho do continente – hoje Território Federal do Amapá –, se aplicou erradamente à Ilha Grande de Joanes, e veio erradamente até nós, quando seus aspectos físicos, a sua posição, entre o Amazonas e o Tocantins, diante do Atlântico, haviam levado as tribos da região a denominá-la MARAJÓ, que, em língua geral, é MBA-RÁ-YÔ – o tapamar, o anteparo do mar" (p. 13).

Alfredo a entrarem na casa-grande e lhes explica qual é a situação atual da fazenda, uma década depois: "Não conheci a fazenda do tempo do meu pai. Estive sempre ausente. Encontro agora esse fantasma de fazenda" (TCR: 238). É que, aos 14 anos, ele partira para estudar na Inglaterra, sem nunca ter passado as férias no Marajó. Esses dez anos de ausência "tinham-lhe engrandecido a fazenda" na imaginação (p. 246). A ilha e a fazenda eram para ele algo completamente exótico. Com "vaidade e tom de mistério" ele descrevia Marajó para os colegas: "– Quero voltar para ser um fazendeiro tipicamente marajoara [...], na minha ilha" (p. 247).

O que significa para Edmundo ser um fazendeiro tipicamente marajoara? A pesquisa dos "aterros" indígenas, com a descoberta de "ossadas" e "objetos de cerâmica"; manter "correspondência com sábios e museus"; colecionar "vasos indígenas, peles de onça e de sucuriju, bicos e penas de aves marajoaras", e andar pelos pastos de búfalos e pelos mondongos. Em suma, a sua fazenda no Marajó era para ele uma paisagem paradisíaca. Ao mesmo tempo em que o narrador acompanha essa visão edênica da Amazônia – cultivada pelo seu personagem Edmundo, compartilhada por muitas pessoas, e analisada por vários autores[117] –, ele distancia-se dela.

Concomitantemente, há as elucubrações de Edmundo quanto à exploração da mão de obra. Ele "imitaria os métodos do colonizador inglês na Ásia e na África" (TCR: 247). E ainda aperfeiçoaria esses métodos, de modo que, na sua fazenda, os vaqueiros pareceriam "mais felizes na sua vida primitiva, exigindo cada vez menos o pouco de que necessitavam" (pp. 247-248). Com a descrição dessas fantasias, Dalcídio Jurandir nos faz lembrar o projeto utópico e fracassado da plantação "Felicidade", encetado no seu romance anterior, *Marajó*, pelo protagonista pseudorrebelde Missunga. Muito pior do que este, Edmundo Meneses, assumidamente retrógrado, colonialista e escravocrata, "acreditava na inferioridade das raças de cor, sobretudo dos mestiços, admitindo certos métodos de intimidação e de castigo no trabalho das fazendas". Eis, em suma, a visão que ele tem daquele "seu selvagem território". Quando volta da Inglaterra para receber a direção da fazenda, ele se sente "como se voltasse para o paraíso" (p. 248).

Ora, no retorno ao Brasil, Edmundo é confrontado com a dura realidade. A família o informa que Marinatambalo foi arruinada pelo seu pai, que fez gastos desmesurados, contraiu muitas dívidas e se juntou com um sócio que acabou fugindo com o dinheiro tomado emprestado do banco. Com isso, a situação financeira tornou-

---

[117] Cf. o estudo já clássico de Sérgio Buarque de Holanda, 1958, *Visão do paraíso: os motivos edênicos no descobrimento e colonização do Brasil*. Um exemplo recente da permanência da visão edênica é o livro *Entangled Edens*, 2004, de Candace Slater, que examina criticamente esse *tópos*.

-se insustentável e a fazenda está às vésperas de ser entregue aos credores. Não obstante esses fatos e sabendo que recebeu um "fantasma de fazenda" (TCR: 238), Edmundo insiste em viver em suas fantasmagorias. Seu comportamento beira a caricatura, como bem o expressa a vigia da casa, a velha Marciana: "Era um louco aquele moço fantasma" (p. 253).

Um desdobramento das fantasias de Edmundo consiste em pedir Lucíola Saraiva em casamento. Como eles pertencem a classes sociais bem diferentes, levanta-se a questão do porquê desse pedido. Na perspectiva de Edmundo, que nos é comunicada pelo discurso indireto livre, "a sensação de ruína de Marinatambalo aliava-se [n]aquela casa velha de Lucíola, como se ambas as casas se fundissem nos mesmos desgostos [...]. Afinal Lucíola havia perdido o montepio e a juventude e ele a propriedade" (TCR: 305). Quanto a Lucíola, aquele pedido de casamento é sentido por ela como "um misto de farsa e de ultrajante piedade"; ela supõe que "Edmundo descobria nela a mulher que poderia salvá-lo da ruína" (p. 307). O narrador observa nela uma "luta entre uma informe ambição e o medo de ser vítima de uma farsa" (p. 308).

Através de cartões impressos (TCR: 304), a notícia espalha-se rapidamente pela vila, desencadeando um amplo falatório e todo tipo de comentários. De um modo geral, a diferença social entre Lucíola e Edmundo "a todos ofendia" (p. 318). Os dois irmãos de Lucíola têm visões diametralmente opostas. A postura de Rodolfo é de revolta: "– Por meu gosto, Lucíola não se casava com esse rapaz"; pelos crimes que eles praticaram, "os Meneses, a seu ver, mereciam cadeia" (p. 357). Esses crimes serão analisados mais adiante. Para o outro irmão, Didico, cuja atitude é declaradamente interesseira, "o casamento daria rumo à família"; "era a liga de argamassa que faltava para sustentar a desconjuntada parede dos Saraivas na sociedade" (pp. 357-358). Os pais de Alfredo, embora ofereçam ajuda aos noivos, desaprovam unanimemente esse casamento. O major sente-se constrangido de ser padrinho; ele considera esquisito o fato de o noivo se vestir no corpo da guarda, onde o seu tio Edgar está detido por causa de um roubo (cf. pp. 365 e 361). No dia do casamento, ao olhar o cortejo, d. Amélia tem a "impressão de que aquilo era enterro e que esperavam o caixão sair da casa dos Saraivas" (p. 365). Como mostra a sequência do enredo, trata-se de uma visão premonitória.

Lucíola, ao fazer um balanço de seus desejos, se dá conta de que está "desce[ndo] de uma obsessão materna" (por Alfredo) "para entregar-se [...], com a paixão de solteirona, a um estranho, de uma família de assassinos" (TCR: 366-367). Ela – que sabe dos assassinatos praticados por Edgar Meneses e do apoio incondicional que ele recebe por parte de Edmundo – compreende que "não caminhava agora para um lar, para uma família", mas se tornaria "cúmplice dos Meneses". A cerimônia na igreja é descrita a partir da perspectiva da noiva. Diante do juiz, o casamento lhe parece uma cena diante do tribunal, "um inquérito policial, um júri em que ela e Edmundo fossem os réus". Assim, quando ela escuta a pergunta do juiz, era "como se inquirisse sobre o crime", e o "sim" do noivo era "como se [este] confessasse". Quando chega a vez dela, a noiva responde, seca e breve "– Não" (p. 369). Depois desse casamento que não houve, ocorrem o suicídio de Lucíola e o desaparecimento misterioso de Edmundo.

As fantasmagorias de um fazendeiro "tipicamente marajoara" e sua conivência com o mundo do crime

A desmontagem mais radical e definitiva da visão edênica de Marinatambalo – e com isso, do Marajó e da Amazônia – se dá antes do fracasso do casamento e do desaparecimento de Lucíola e Edmundo: no momento em que os dois presenciam a revelação dos crimes dos Meneses. Os crimes mais graves foram os assassinatos do pai e do irmão de Andreza, cometidos por Edgar Meneses. A menina também entra em cena, como a memória viva daqueles assassinatos e como testemunha de acusação.

A história dos crimes é contada na véspera da cerimônia do casamento. Completando as informações lacunares dos personagens, o onisciente narrador encarrega-se de contar a história. Tudo começou com uma disputa de terras. O avô de Andreza, seu Manuel Bolacha, que fora dono de terras vizinhas dos Meneses, quis, depois da morte de sua mulher, desfazer-se de tudo e partir para Belém. Não fez nenhuma oferta de venda aos Meneses, mas recebeu uma intimação por parte deles, que alegaram que ele se apossara ilegalmente de um trecho da beirada do rio. Quando seu Manuel foi ao cartório da vila, o tabelião lhe explicou que, quando foi feita a partilha entre os herdeiros, ele deixou de legalizá-la. Assim, embora seu Manuel tivesse seus direitos, por ter residido lá durante trinta anos, e que "os Meneses não ti[vessem] nenhum direito", "a Justiça estava contra o seu Bolacha" (TCR: 336). O romancista descreve, portanto, um sistema em que a justiça serve para desmontar o direito. Naquela situação, não houve entendimento amigável entre as partes, mas uma disputa por meio de armas, em que acabou vencendo o mais forte. Auxiliado por seus capangas, o latifundiário Edgar Meneses conseguiu quebrar a resistência do sitiante Manuel Bolacha. Este foi derrotado e morreu, e os Meneses legalizaram a posse das terras dele. Houve ainda uma tentativa de resistência por parte do filho, João Bolacha, o pai de Andreza, que ergueu uma barraca à beira do local em disputa. Mas ele foi morto por Edgar, que também deu fim ao filho de João, o irmão de Andreza, e o enterrou, como se conta, em algum retiro de Marinatambalo.

Voltemos da narração desses crimes para a situação presente do enredo. Surge Edmundo, mostrando a Lucíola algo que ele – como pretenso arqueólogo em busca de "coisas de indígena" – encontrou num retiro desabitado da fazenda: os "ossos de uma criança ali enterrada não há muito tempo" (TCR: 347). Lucíola lhe explica que os ossos são de uma criança assassinada pelo tio de Edmundo, seu Edgar, que morava naquele retiro quando matou o pai e o irmão de Andreza. Ou seja: esses ossos são a prova do crime. Lucíola pergunta: "– Ainda quer inocentar o seu tio?" (p. 347). Edmundo passa, então, a defender o seu parente com estes argumentos:

> Não quero inocentá-lo e estou certo de que o defenderia no júri se alguém viesse denunciá-lo. Acho que passaram os anos da lei. O menino foi dado como desaparecido. O processo caducou. Fazer isto foi inútil, na verdade. Talvez por desespero, por delírio de um ódio... Meu tio pode ser mau, hoje doente, mas também perdeu tudo. Do proprietário, ficou apenas o assassino, o ladrão. E acha que eu não seria capaz de fazer o mesmo em iguais circunstâncias? Eu ou você? (TCR: 348)

A defesa que Edmundo faz do tio assassino é uma caricatura de uma argumentação judicial, misturada com esdrúxulas explicações psicológicas. Ao perdoar e justificar aquele crime hediondo, ele torna-se conivente. Quando Lucíola pede para Edmundo pensar também na irmã do menino assassinado, na menina Andreza, que anda por aí, perdida na rua, ele não se sensibiliza, mas continua tecendo sua confusa e insana argumentação:

> Não tenho peso algum na consciência. Não posso pagar por todos os crimes da família. Basta que pague pelo maior que foi o de perderem a fortuna. O embrulho [com os ossos da criança] foi um passado que desenterrei por equívoco. Já nem mesmo pertence ao proprietário, mas ao arruinado e louco Edgar Meneses. Castigá-lo já nem vale a pena. (TCR: 349)

O fato de Edmundo equiparar os crimes do seu tio às consequências da incompetência financeira de sua família, tentando assim transformar o assassino em vítima, mostra mais uma vez o caráter delirante do seu pensamento.

Surge, então, a menina Andreza, que vai até o xadrez, onde Edgar Meneses está preso por mais um crime, desta vez um caso de furto. Através das grades, ela o interroga: "– Onde deixou meu irmão? [...] Que foi que fez com meu pai?" (TCR: 352). Edmundo, que está presente, faz, então, esta hipócrita e falsíssima proposta de mediação: "– Você vai morar conosco. Procuraremos o seu mano" (pp. 352-353). A revolta de Andreza é imediata: ela o morde e sai correndo, sendo amparada, em seguida, por Alfredo e d. Amélia. Esse episódio resume bem a função de Andreza como memória viva dos crimes cometidos pelo tio de Edmundo Meneses.

Como *Três casas e um rio* é parte de um *roman-fleuve*, vem ao caso observar que a biografia de Edgar Meneses é retomada em *Ponte do Galo*, com uma novidade. Quando Alfredo vai de Belém a Cachoeira, para passar as férias, o seu pai lhe dá a notícia de que Edgar Meneses fora nomeado prefeito de polícia (cf. GAL: 37). Com essa transformação de um rematado assassino em chefe de polícia, Dalcídio Jurandir retoma uma constelação de enredo que já aparece na *Comédia humana*, de Balzac, onde o bandido Vautrin, que é metido no xadrez no romance *O pai Goriot*, acaba ocupando o posto de prefeito de polícia num romance posterior da série, em *Esplendores e misérias das cortesãs*. Uma vez que Balzac, para a criação do personagem de Vautrin, ter-se-ia inspirado num criminoso real, Eugène François-Vidocq (1775-1857), coloca-se a pergunta se a fonte de inspiração para a criação do personagem de Edgar Meneses não poderia ter sido uma figura real da sociedade marajoara.

Uma menina sem casa

No final desta análise, é preciso completar o retrato de Andreza e a descrição de suas funções neste romance, uma vez que ela é para o protagonista, além de sua mãe, a figura feminina mais importante. Introduzida em *Três casas e um rio* e fisicamente presente apenas nesta obra, Andreza surgirá com frequência na memória do protagonista em todos os romances seguintes, até o fim do Ciclo.

O caráter corajoso e lutador de Andreza condiz com o seu nome (do grego *anér*, *andrós* = "homem"), que denota virilidade e remete também às figuras míticas das amazonas. Com 11 anos, a mesma idade de Alfredo, ela é introduzida no enredo no momento em que ele se refugia no mundo do faz de conta, simbolizado pelo caroço de tucumã (TCR: 147-148). A menina "de pé no chão", que mora num pardieiro com um tio, carrega no corpo e na alma as marcas de uma traumática realidade: "Não tenho pai nem mãe. Morreram. Mataram meu pai. Vi um irmão morrer. O outro [...] levaram" (p. 148). Com o seu agudo senso de observação – ela está "sempre de olho vivo em tudo" (p. 152) – Andreza representa o senso da realidade e, com isso, um antídoto contra as fantasias de Alfredo.

Os dois tornam-se amigos, chegando inclusive a brincar de marido e mulher. À sombra de uma árvore, eles arrumam caixotes, garrafas, potes quebrados, cacos e cuias, uma lamparina e uma cadeirinha de miriti. "Era a casa deles, estavam casados", explica Andreza (TCR: 328). É também uma expressão da carência afetiva da menina, que aspira a ter um dia uma casa sua e viver nela como num espaço feliz. Ora, como as brigas são frequentes na relação entre os dois, Alfredo e Andreza logo em seguida se desentendem – e ela desmancha a casa.

Na passagem de ambos da infância para a adolescência, há também um momento de despertar da sensualidade:

> Andreza ousou passar-lhe o braço pelas costas, achegou-se a ele que já lhe sentia a respiração na face. Ela ia beijá-lo e recuou subitamente. [...] Alfredo fingi[u]-se indiferente aos movimentos da amiga. Seu coração bateu como nunca. A voz de Andreza [...] chamava-o. [...] Essa voz lançava-o numa pungente e secreta exaltação. [...] Fitaram-se, perturbados. Andreza não sustentou por muito tempo o olhar. [...] "– Tu viste, disse depressa, que pecado eu ia fazendo?" E correu. (TCR: 295)

É uma experiência importante na formação de Alfredo; contudo, no seu relacionamento com Andreza, predomina o companheirismo. Durante seus passeios pelos campos, ela lhe ensina uma série de coisas das quais ele não sabia: "de gente, de bichos, de plantas, do seu pai morto, do irmão sumido, do rio" (TCR: 329). Ela lhe explica, inclusive, o mistério da pororoca, conforme a lenda local: "Três pretinhos que vêm pulando na espuma da maresia..." (cf. p. 340).

Andreza também contribui para a socialização de Alfredo, como bem observou Marlí Furtado (2010): "Em companhia dela, ele [...] se iguala aos moleques da vila, quando os lidera na cruzada para não deixar a lagoa secar".[118] Embora a iniciativa de encher a lagoa com baldes de água não tenha o efeito desejado, Alfredo faz, assim, uma experiência importante de solidariedade coletiva. Ele sente em todo aquele trabalho "uma aproximação com os moleques como até então nunca sentira. Estava igual a eles, que compreendiam a inutilidade da luta, mas continuavam fiéis, confidentes e companheiros" (TCR: 331-332).

Uma outra função de Andreza na narrativa é de servir de antídoto contra as pretensões de Lucíola sobre Alfredo. Ela desperta ciúmes na solteirona, que compreende que "aquela menina lhe roubava os últimos frágeis laços que ainda o

---

[118]   Cf. Furtado, 2010, p. 88.

prendiam à casa velha" (TCR: 322). Lucíola, então, contra-ataca, perguntando a Alfredo: "– Você acha que aquela pequena serve para andar na sua companhia?" (p. 321). Também na conversa com a mãe de Alfredo, ela procura discriminar Andreza: "– Alfredo anda em companhia dessa menina. [...] Uma menina que veio daí dos campos [...], sem classificação alguma... Alfredo pode estar pegando os vícios dela [...]. É uma menina quase perdida" (p. 325). Quando Lucíola surpreende Andreza na padaria furtando pão, ela a chantageia: "– Agora está na minha mão [...]. Qualquer coisa... e conto pro Alfredo" (p. 328). Lucíola não quer perceber que a menina furta comida para não deixar seu tio morrer de fome.

Aliás, esse tio, seu Firmino, que está doente, longe de retribuir os cuidados que recebe de Andreza, tem para ela planos que são nocivos:

> – D. Lucíola, ando imaginando onde botar essa menina [...]. [Ela] precisa de uma sujigação. Está muito asselvajada. [...] Quando quis entregar ela pra d. Violeta [...], se agarrou comigo, falou bobagem, disse que eu queria ver ela na casa dos outros para viver apanhando. (TCR: 333)

Quer dizer: Andreza corre o risco de ser entregue para trabalhar como escrava, pois, como ela mesma teme, seria "entregue às Gouveias, mestras em maltratar órfãs e mandá-las depois como encomendas para outras malvadas em Belém" (TCR: 173). O autor denuncia aqui a prática do trabalho infantil, como o faz em dois outros romances do Ciclo: em *Marajó*, onde narra o caso da menina Rita (cf. MAR: 215); e em *Belém do Grão-Pará*, onde Alfredo, ao chegar no Ver-o-Peso, observa uma menina de 9 anos que está sendo entregue como "encomenda" para uma senhora (cf. BGP: 83-84); ele se pergunta, então, se "Andreza teria igual sorte?".

Amiga fiel do protagonista, Andreza tem a expectativa de que ele também a ajude. Ela deseja partir junto com ele: "– Me leva, Alfredinho, nem que seja como sua criadinha" (TCR: 169). Mas ela não recebe a mesma atenção por parte dele. Quando Alfredo vai embora do Marajó, para cursar uma boa escola em Belém, Andreza fica. (Na verdade, ele não teria condições para levá-la.) Ela some e nunca mais Alfredo a reencontra. O fato de Andreza ficar para trás, e as muitas vezes em que Alfredo se lembra dela, em todos os romances seguintes (por solidão, por saudade ou por culpa), são como um memento dos problemas não resolvidos dos que vivem excluídos e na miséria.

Concluindo: a palavra-chave do título do romance – a "casa" – merece ser retomada através da lembrança de uma breve cena entre o pai de Alfredo e Andreza: "– Vá pra sua casa", diz o major Alberto num dado momento para ela. "– Que casa", gagueja a menina. "Não tenho nem uma casa. Não tenho nada" (TCR: 299). A representação da Amazônia nessa obra de ficção é tão implacavelmente real, que às "três casas" mencionadas no título se sobrepõe uma imagem mais forte: a da menina que *não tem casa*. Com isso, evoca-se também a situação de muitos outros que vivem em condições semelhantes no universo daquele "rio", tanto do Arari quanto do Amazonas, que marca a fisionomia e "comanda a vida"[119] de toda essa região.

Imagem 7. Belém, vista de avião (2009)

Imagem 8. O principal ícone de Belém: o Ver-o-Peso

---

[119] Cf. L. Tocantins [1952], 9ª ed., 2000, *O rio comanda a vida: uma interpretação da Amazônia*.

III.

BELÉM, METRÓPOLE DA AMAZÔNIA

1. UM PANORAMA DE ÉPOCAS

Ler uma cidade é uma arte – em que ela consiste? "Aprendo a ver. Sim, estou a começar", escreve Rainer Maria Rilke nas páginas iniciais dos *Cadernos de Malte Laurids Brigge* (1910), livro modelar de iniciação ao conhecimento de uma cidade, no caso, Paris. Também a leitura da cidade de Belém – cuja classe dominante, durante a *Belle Époque* (1870-1912), pretendeu transformá-la numa "Paris nos trópicos" ou "Paris n'América"[1] – é algo que pode ser aprendido: a partir do contato com sua fisionomia urbana e arquitetônica, do convívio com seus habitantes e do estudo de retratos exemplares de cidades deixados pelos escritores mestres.

Nesta nossa leitura de Belém como metrópole da Amazônia procuramos combinar o olhar de um habitante da cidade com o de um observador forasteiro. O nosso guia local será Dalcídio Jurandir, autor do romance *Belém do Grão-Pará* (1960), no qual, segundo o crítico Benedito Nunes (2006), se pode encontrar "uma das melhores e mais completas leituras da cidade".[2] O outro guia será um fisiognomonista urbano de repercussão internacional, Walter Benjamin, cuja obra principal, *Passagens* (1927-1940), um retrato de Paris no século XIX, representa o que existe de mais instigante na nova historiografia das cidades. O que também incentiva o uso de uma perspectiva benjaminiana é o valor paradigmático das categorias com as quais ele retrata a cidade nos 36 arquivos temáticos das *Passagens*.

Assim, por exemplo, a designação "O Sena, a Paris mais antiga" (arquivo temático "l"), quando reformulada num sentido mais geral – "a cidade marcada pelo rio e pelo entorno fluvial" –, pode se tornar operacional também para um estudo de Belém. Como bem sintetiza o geógrafo Eidorfe Moreira, "Belém nasceu e cresceu em função do rio", "no vértice de um estuário, no ponto de junção das influências marítimas e fluviais".[3]

O contorno do sítio urbano de Belém tem "a figura de um cotovelo", que avança sobre a confluência do rio Guamá (embaixo, ao sul) com a baía ou o estuário do Guajará (acima, a oeste e norte).[4] O primeiro contato com a cidade pode ser feito também a partir de uma viagem de barco, como ocorre com o menino Alfredo, no desfecho do romance *Três casas e um rio* (p. 395), quando ele se aproxima, final-

---

[1] Cf. M. N. Sarges, 2010, *Belém: riquezas produzindo a* Belle Époque *(1870-1912)*.

[2] B. Nunes, 2006a, "Pará, capital Belém", p. 29.

[3] E. Moreira, 1966, *Belém e sua expressão geográfica*, p. 48.

[4] Cf. A. Baena [1839], 2004, *Ensaio corográfico sobre a província do Pará*, p. 184. A metáfora do *cotovelo* foi retomada por Penteado, 1968, em *Belém: estudo de geografia urbana*, v. 1, p. 117.

mente, da cidade com a qual tanto sonhara: "Até que a uma volta do rio, se pudesse ver, lá no fundo, qualquer coisa espessa e parda, logo o desenho da caixa d'água, torres, chaminés de gaiolas, a primeira boia do canal, as alvarengas". A *skyline* de Belém variou muito ao longo dos séculos: desde a época da colonização, quando se destacavam os contornos do forte do Castelo e das igrejas, até o nosso século XXI, quando a cidade se encontra num acentuado processo de verticalização. Desfrutar de uma vista panorâmica a partir do andar superior de um prédio na área central e próximo ao rio é hoje em dia um dos mais acalentados desejos de muitos belenenses. De fato, abranger com um só olhar a cidade e seu entorno fluvial, com as ilhas e o estuário, que liga o mar com a imensa planície florestal do interior, é visualizar Belém como metrópole e porta de entrada para a Amazônia.

Retomando a tradição do "princípio panorâmico" descrito por Benjamin,[5] esboçaremos aqui uma história topográfica de Belém, por meio de três panoramas de épocas, baseados nos principais vestígios urbanísticos e arquitetônicos, que representam "ícones de época" ou "carimbos fisiognômicos da cidade".[6] Para coletar essas observações, desempenharemos o papel de um *flâneur* benjaminiano, cujo trabalho se desdobra no de um colecionador, e que também capta fotografias desses lugares.[7] Os panoramas serão montados, num primeiro momento, numa ordem cronológica linear, pela razão didática de introduzir ao cenário de Belém também um leitor não familiarizado com essa cidade. No final, essa ordem será desmontada, de acordo com o método de Benjamin de desconstruir a historiografia convencional. Uma das características do *flâneur* é a concretude do seu conhecimento, o seu "saber sentido".[8] Ele dialoga com o espaço, que "pisca para [ele]", perguntando: "Então, o que terá acontecido em mim?".[9] O *flâneur* assume, então, também a tarefa de um historiador, procurando identificar no espaço urbano as diferentes camadas da história e consultando a bibliografia a esse respeito. De fato, existem lugares na cidade "onde desembocam não só muitas ruas, mas também as correntes de sua história".[10]

Um lugar assim em Belém é o famoso mercado do Ver-o-Peso, que existe desde 1627 e é o principal ícone da cidade.[11] De uma janela dali próxima, no bairro do

---

[5]   Cf. W. Benjamin, 2006, *Passagens*, p. 576 ["Q", 4,1].

[6]   B. Nunes, 2006a, p. 29.

[7]   Cf. Benjamin, 2006, arquivos temáticos "M" ("O *flâneur*"), "H" ("O colecionador") e "Y" ("A fotografia").

[8]   Benjamin, 2006, p. 462 ["M", 1,5].

[9]   Benjamin, 2006, pp. 463-464 ["M", 1a,3].

[10]   Benjamin, 2006, p. 479 ["M", 9,4].

[11]   Cf. W. M. Leitão (org.), 2010, *Ver-o-Peso: estudos antropológicos no Mercado de Belém*.

Comércio, enquadramos – além do Mercado do Peixe, que fica em primeiro plano, à direita – o nosso primeiro panorama de época: o local da fundação de Belém.

Imagem 9. Panorama I: o local da fundação de Belém

Em direção ao meio, atrás dos barcos ancorados na doca do Ver-o-Peso, situa-se o Forte do Castelo ou Forte do Presépio, cuja primeira construção, em pau a pique, foi iniciada logo depois da fundação da cidade, por Francisco Caldeira de Castelo Branco, em 12 de janeiro de 1616.[12] No mesmo plano, do lado esquerdo, avistam-se as torres da Catedral da Sé. Nesse local foi erigida a primeira igreja entre 1616 e 1618; a atual foi inaugurada parcialmente em 1755 e completada em 1782.[13]

De frente para a igreja matriz, junto às árvores que beiram o largo da Sé (a atual praça Frei Caetano Brandão), avista-se uma parte da igreja de Santo Alexandre, que era dos jesuítas e continha também o seu colégio. A primeira construção foi levantada em 1653, e a atual, inaugurada em 1719.[14] Depois da expulsão dos jesuítas, em 1755, o colégio passou a ser usado como palácio dos bispos. Desde 1998, esse edi-

---

[12] Cf. R. Amaral, 2004, *Fundação de Belém do Pará*; Meira Filho, 2015, *Evolução histórica de Belém do Grão-Pará*, pp. 31-76; *Feliz Lusitânia: Forte do Presépio* [...] (2006); e L. Tocantins, 1963, *Santa-Maria de Belém do Grão-Pará*, pp. 52-59.

[13] J. e J. Derenji, 2009, *Igrejas, palácios e palacetes de Belém*, p. 111; e Tocantins, 1963, pp. 60-65. Ambos os estudos realçam a importância do arquiteto italiano-paraense Antônio José Landi para o embelezamento de igrejas e palácios na segunda metade do século XVIII; cf. Derenji, pp. 64-75; e Tocantins, pp. 75-80.

[14] J. e J. Derenji, 2009, p. 115; e Tocantins, 1963, pp. 158-169.

fício e o da igreja abrigam o Museu de Arte Sacra do Pará.[15] A partir desses marcos iniciais, localizados na Cidade Velha, este bairro, que é o mais antigo de Belém, desenvolveu-se ao longo da então chamada rua do Norte, atual Siqueira Mendes, e das ruas paralelas, até a praça da Igreja e do Convento do Carmo, a segunda construção religiosa mais antiga, inaugurada em 1626 e reconstruída em 1696.[16]

Uma detalhada descrição da evolução da cidade, das origens até o desenvolvimento moderno, encontra-se no livro de A. R. Penteado (1968), *Belém – estudo de geografia urbana*. Um mapa, traçado pelo autor com base em documentos históricos, e que aqui reproduzimos (Mapa 5), mostra a configuração da cidade em fins do século XVII.[17] Como se vê, ela expandiu-se da Cidade Velha[18] em direção ao bairro da Campina, atual Comércio, onde se concentraram as atividades comerciais e onde foram construídas mais duas igrejas, a das Mercês, cujo convento foi transformado mais tarde no prédio da Alfândega, e a de Santo Antônio, com o convento dos capuchinhos. Essa concentração de prédios religiosos – de carmelitas, jesuítas, mercedários e capuchinhos – demonstra a importância de Belém como local de partida para a catequização dos indígenas da Amazônia portuguesa,[19] que ocorreu concomitantemente com as ações dos colonizadores leigos.

---

[15] Cf. *Feliz Lusitânia: Museu de Arte Sacra* (2005).

[16] J. e J. Derenji, 2009, p. 127; Tocantins, 1963, pp. 175-183.

[17] Penteado, 1968, figura 8, entre as pp. 100 e 101.

[18] Sobre a Cidade Velha, cf. P. Oliveira, 1998, *Utopia possível na Cidade Velha, Belém*, especialmente pp. 53-74.

[19] Cf. J. e J. Derenji, 2009, p. 25.

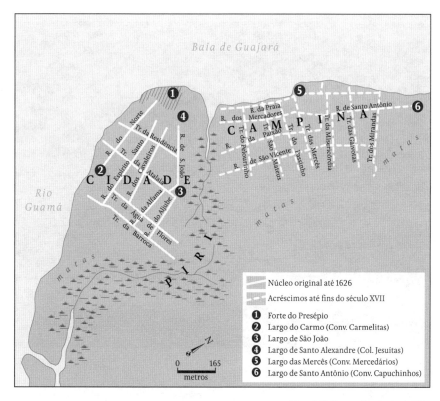

Mapa 5. Belém em fins do século XVII

Do século XVIII em diante, o desenvolvimento da cidade se deu sobretudo a partir do bairro da Campina. Como resultado, nas décadas iniciais do século XIX, quando a cidade contava com 12.467 habitantes,[20] ela já era bem mais que um entreposto comercial: "Toda a região convergia para Belém", pois ali "encontravam-se desenvolvidas as funções administrativas, religiosa, comercial, cultural e de artesanato".[21]

A área de passagem da Cidade Velha para o bairro da Campina, onde desembocava o igarapé do Piri (no local da doca do Ver-o-Peso) e que era ocupada pela sua baixada alagadiça, foi aterrada no início do século XIX, dando lugar à pequena praça do Relógio (junto à doca) e à extensa praça Dom Pedro II (Imagem 10).[22]

---

[20] Baena, 2004, pp. 19 e 218.
[21] Penteado, 1968, p. 119.
[22] Esta fotografia aérea da Praça D. Pedro II encontra-se na capa do último dos 18 fascículos da coleção *Belém 400 anos: de 1616 a 2016*, publicada pelo jornal *O Liberal*, oferecendo uma visão panorâmica da história da cidade.

Imagem 10. Praça D. Pedro II

Nesta praça localizam-se três prédios que representam as funções de Belém como metrópole e capital de Estado. 1) No meio, o Palácio dos Governadores ou Palácio Lauro Sodré, construído em 1772, que funcionou como sede do governo do Pará até 1971 e atualmente abriga o Museu Histórico do Estado. 2) À esquerda, o Paço Municipal ou Palácio Antônio Lemos, que começou a ser construído em 1860 e é sede da Prefeitura de Belém; ali encontra-se também o Museu de Arte de Belém. 3) À direita, a Assembleia Legislativa do Estado, instalada desde 1970 no Palácio da Cabanagem, assim chamado em homenagem à revolução popular ocorrida entre 1835 e 1840.[23] Com isso, concluímos o nosso primeiro panorama topográfico-histórico, que se estende desde a fundação de Belém até meados do século XIX.

---

[23] Como um dos movimentos sociais característicos do século XIX, a revolução da Cabanagem pode ser relacionada com as categorias "Movimento social" e "A Comuna" (arquivos "a" e "k" das *Passagens*, de W. Benjamin), uma vez que a Cabanagem teve na Região Amazônica uma importância equivalente à da Comuna em Paris.

Para iniciar o segundo panorama de época, deslocamo-nos do Ver-o-Peso cerca de 1 quilômetro cidade adentro. Lá, no início da parte mais elevada, situa-se o antigo largo da Pólvora, atual praça da República, com o Teatro da Paz (Imagem 11), inaugurado em 1878, um dos ícones da *Belle Époque*, quando Belém era a "capital da borracha".[24]

Imagem 11. Panorama II: época da borracha. Praça da República, com o Teatro da Paz

O expressivo crescimento da cidade, a partir de meados do século XIX, foi impulsionado pela dinâmica da exportação da borracha, atestada por estes números:

Ano	Quilos de borracha exportada
1865	3.545.850
1885	6.237.216
1901	13.467.431
1906	16.554.620[25]

---

[24] Cf. Penteado, 1968, p. 127-161.
[25] Penteado, 1968, p. 129.

Naquele período, toda a atividade econômica na Amazônia passou a girar em torno da extração e exportação da borracha, que representou "o maior surto econômico já verificado na região".[26] A acelerada demanda de trabalhadores trouxe grandes contingentes de migrantes para o estado do Pará e a capital Belém. Em meio século, a população de ambos praticamente quadruplicou, como mostram estes recenseamentos:

Ano	População do Pará	População de Belém
1872	275.237	61.997
1890	328.455	50.064
1900	445.356	96.560
1920	982.507	236.402[27]

Belém tornou-se, então, a quinta cidade mais populosa do Brasil. O aumento dos habitantes e das atividades econômicas, com a multiplicação de moradias, lojas, oficinas e a instalação de bancos, casas aviadoras e companhias de seguros, exigiu uma completa reorganização do espaço urbano e da infraestrutura.

As melhorias urbanas, que tinham sido iniciadas desde meados do século XIX e incluíam a ampliação das instalações portuárias e a colocação de uma rede telefônica e de uma companhia telegráfica, atingiram seu auge na "fase áurea" da borracha, quando o intendente de Belém foi Antônio Lemos (1897-1911). As principais obras continuadas ou criadas durante a sua administração foram as seguintes: 1) calçamento das ruas dos bairros centrais e das principais avenidas; 2) instalação de uma rede de esgotos e de abastecimento de água nos mesmos locais; 3) um sistema de iluminação elétrica que substituiu a iluminação a gás; 4) um serviço de bondes elétricos, a partir de 1907, substituindo os de tração animal, que tinham sido introduzidos em 1869; 5) arborização da cidade, através do plantio de mangueiras; 6) melhoria das praças públicas, principalmente as da República, Batista Campos e D. Pedro II, e reforma do Bosque Municipal Rodrigues Alves; 7) criação de um serviço de limpeza pública e instalação de um forno crematório do lixo; 8) construção do Mercado de Ferro e do Mercado Municipal, no Ver-o-Peso, além do Mercado de São Brás; 9) organização de um serviço sanitário; 10) instalação de um Asilo de Mendicidade; e 11) de um Necrotério Público, para verificação das causas dos óbitos, prevenção e combate às epidemias; 12) criação de escolas primárias.[28]

---

[26]   Cf. Sarges, 2010, pp. 82 e 94.

[27]   E. Rodrigues, 1996, *Aventura urbana: urbanização, trabalho e meio ambiente em Belém*, p. 122.

[28]   Cf. a síntese dessas obras em C. Roque, 2001, *História geral de Belém e do Grão-Pará*, pp. 118-119; e sua apresentação detalhada em C. Roque, 1996, *Antônio Lemos e sua época*, pp. 413-467.

Das obras de Lemos fazia parte também o projeto do bairro residencial do Marco, assim denominado porque ali se localiza o marco da Primeira Légua Patrimonial, em cuja direção a cidade se expandia.[29] O crescimento da economia e da população na época da borracha provocou uma extensão urbana muito significativa, com um aumento do número de bairros. O ponto de partida foi o mais dinâmico dos bairros antigos, o Comércio, que tinha incorporado o do Reduto e estendeu suas atividades até a praça da República. Esta tornou-se o novo centro de expansão, tendo como eixo principal a antiga estrada e atual avenida Nazaré, que atravessa o bairro homônimo, o qual, assim como os bairros vizinhos de Batista Campos e Umarizal, distinguia-se por avenidas arborizadas e residências finas, inclusive palacetes.[30] Por essa avenida chega-se ao largo e à Basílica de N. Sra. de Nazaré, cuja construção começou em 1909.[31] Na ermida que existia anteriormente nesse local e onde se guardava uma imagem de Nossa Senhora, originou-se, em 1793, a grande festa religiosa do Círio.[32] Do largo de Nazaré partiram vários caminhos para as áreas suburbanas, algumas delas ocupadas por "palhoças de gente pobre"[33] e outras, por "rocinhas", casas com jardins, para o recreio das famílias abastadas, descritas nos relatos de viajantes como Spix e Martius, Bates e Wallace.[34] A praça da República, onde se localizavam, além do Teatro da Paz, o Cinema Olímpia, o Clube da Assembleia Paraense e o Grande Hotel com seu terraço, era a área preferida de lazer das pessoas da classe abastada, que moravam ali perto. Os bairros que se estendiam além dessa área central – no norte: Telégrafo, Pedreira e Sacramenta; no leste: São Brás, Canudos e Terra Firme; e no sul: Jurunas, Cremação, Condor e Guamá – eram de habitações modestas e pobres.

---

[29] Cf. a Planta da Cidade de Belém, traçada em 1905, *in: Belém da saudade* (1996), pp. 28 e 29.

[30] Cf. os cartões-postais da estrada ou avenida de Nazaré, *in: Belém da saudade* (1996), pp. 87-91. Essa estrada é caracterizada por Moreira, 1966, como "a via por excelência da capital paraense", porque ao longo dela ocorreu a expansão da cidade: "A grande via-eixo de Belém continua sendo a antiga estrada de Utinga, hoje segmentada pelas avenidas Nazaré, Independência [atualmente av. Magalhães Barata] e Tito Franco [av. Almirante Barroso]" (pp. 140-141).

[31] Cf. J. e J. Derenji, 2009, pp. 159-163; e Tocantins, 1963, pp. 224-231.

[32] Cf. Baena, 2004, pp. 211-212; Meira Filho, 2015, p. 465; e Tocantins, 1963, pp. 232-242.

[33] Baena, 2004, p. 213.

[34] Cf. E. Cruz, 1973, *História de Belém*, vol. II, pp. 11, 13 e 41.

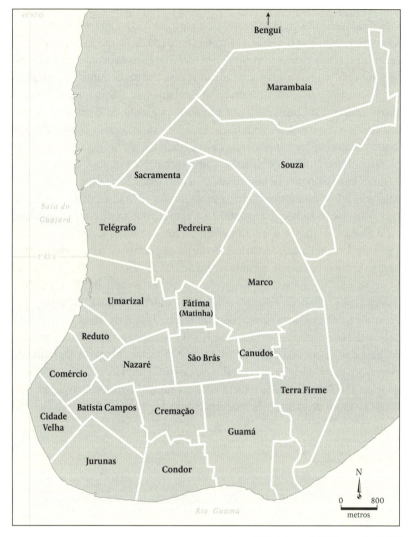

Mapa 6. Os bairros de Belém no século XX

Diante de territórios sociais tão diferentes, coloca-se a pergunta: quem foram os principais beneficiários daquela primeira grande modernização de Belém, cujo modelo (como também em outras cidades do mundo) foi a reestruturação urbanística de Paris sob o prefeito Haussmann (1853-1870)?[35]

Essa questão, que é de relevância geral, é discutida por vários historiadores paraenses. Por um lado, nota-se uma atitude de nostalgia daqueles "tempos áureos", representada pelo belo álbum de cartões-postais da *Belle Époque*, editado com o emblemático título *Belém da saudade* (1996). O desejo de reviver o luxo da grã-finagem de então é ali expresso em sonhos como estes: assistir a um filme "na *matinée* do Cinema Olympia"; assistir à ópera *La Bohème*, "no esplendor do Theatro da Paz", "em traje de *soirée*", adquirido na loja "Paris n'América"; "bailar nos saraus do Palacete Pinho"; e depois, "saborear o *charlotine*, na *terrasse* do Grande Hotel".[36] Esse tipo de rememoração da história é criticado por E. Chaves e R. Marin (1997) como "museológico", como uma nostalgia ligada a um "desejo de congelar o tempo". Como antídoto contra uma tal "fantasmagoria" de uma época "áurea", supostamente "feliz", eles propõem um "despertar", no sentido de Benjamin.[37]

As contradições sociais que resultaram do processo da modernização são realçadas também por M. N. Sarges em seu estudo sobre as *riquezas produzindo a Belle Époque*. O lado oposto do luxo e da ostentação da classe dominante foram a miséria e os sofrimentos das camadas de baixo, empurradas para fora da área central de Belém, em direção à periferia.[38] O Teatro da Paz, como um dos ícones da burguesia, expressava o desejo de se vincular a "padrões reconhecidos como parte da civilização europeia", representados sobretudo pela Ópera Garnier de Paris e pelo Teatro Scala de Milão.[39] Outro ícone era a loja de tecidos Paris n'América, inaugurada em 1909 na rua Santo Antônio, continuação da rua João Alfredo, a principal artéria do bairro do Comércio. O nome dessa loja, especializada em artigos importados da Europa, resume emblematicamente o desejo da "elite" local de recriar, na Amazônia, "Paris [...] a capital do luxo e das modas".[40]

---

[35] Cf. Benjamin, 2006, arquivo temático "E" ("Haussmannização, lutas de barricadas").

[36] Cf. *Belém da saudade* (2006), pp. 7-8. Cf. a "cidade de sonho", que se sobrepõe à cidade real, *in:* Benjamin, 2006, p. 454 ["L" 2a,6].

[37] Cf. E. Chaves e R. Marin, 1997, "Imagens de Belém: paradoxos da modernidade e cultura na Amazônia", pp. 410 e 419.

[38] Cf. Sarges, 2010, pp. 157 e 201.

[39] Cf. J. Derenji, 1996, *Teatros da Amazônia*, pp. 12 e 14.

[40] Benjamin, 2006, p. 45.

A questão da territorialidade em Belém é central na tese de doutorado de A. Lima (2011), que estuda a cidade a partir desse símbolo da modernidade que foram os bondes.[41]

Duas de suas referências básicas são os romances *Belém do Grão-Pará* (1960), de Dalcídio Jurandir, e *Anjos da escuridão*, de Amaury Braga Dantas (1998), nos quais é estudada, inclusive com mapas e ilustrações, a percepção da cidade pelos protagonistas, que circulam nos bondes pelos diferentes territórios sociais.[42] À visão da Belém da *Belle Époque* pela ótica do saudosismo, Lima contrapõe uma historiografia do cotidiano, da perspectiva dos vencidos, lembrando que houve uma "guerra de lugares" na qual os casebres populares eram "sistematicamente removidos" da região central, que a "elite" burguesa reservava para seu uso exclusivo.[43]

Num lugar bem próximo da loja Paris n'América, fica a travessa Leão III, marcada por casas arruinadas e cobertas de mato. Essa rua no bairro do Comércio faz relembrar o período de declínio e decadência que começou em Belém e no restante da Amazônia a partir de 1912, com a queda da comercialização da borracha obtida através da economia extrativista. Em 1913, a exportação, que tinha alcançado seu apogeu em 1910, atingiu apenas pouco mais da metade.[44] Os números seguintes, citados pelo cientista social e historiador Fábio Castro, mostram de forma eloquente como os países da Ásia tropical conseguiram conquistar o mercado mundial por meio de técnicas de cultivo cientificamente organizado:

> [A] produção da borracha no Oriente subiu de 3 mil quilos em 1900 para 28 milhões de quilos em 1912. Em 1913 alcançou a produção de 48 milhões de quilos e, em 1914, a Malásia produziu mais da metade da borracha mundial, 71 milhões de quilos. Em 1919, a borracha oriental alcançou 90% do mercado mundial, desbancando, definitivamente, a concorrência da produção amazônica.[45]

Com a pesada redução do seu principal meio de lucro e a subsequente queda dos negócios correlatos – "A borracha já não ocupava mais o primeiro lugar entre os produtos exportados [...]; caíra para o 4º posto, suplantada pelo valor das exportações de castanhas, arroz e madeiras" –, Belém passou, até o início dos anos

---

[41] A. Lima, 2011, *Pelos trilhos dos bondes: cidade, modernidade e tensões sociais em Belém de 1869 a 1947*.

[42] Cf. as "cartografias sentimentais" *in:* Lima, 2011, pp. 152, 158 e 167.

[43] Cf. Lima, 2011, pp. 162, 414 e 164.

[44] Cf. Penteado, 1968, p. 156, que cita para o ano de 1910 o valor de 134.958 contos de réis, e para 1913, menos de 70 mil contos.

[45] F. Castro, 2010, *A cidade sebastiana: era da borracha, memória e melancolia numa capital da periferia da modernidade*, pp. 16-17.

1940, por "uma sensível fase de estagnação", acompanhada de uma diminuição do número de seus habitantes: de 236.402, em 1920, para 206.331, em 1940.[46] A cidade apresentava, então, "aspectos contraditórios, que reflet[iam], ao mesmo tempo, as crises dos negócios e uma atividade persistente".[47] A partir das décadas de 1940 e 1950 houve uma série de esforços de reestruturação.[48]

No bairro do Comércio, pode-se observar até hoje essa dupla fisionomia da história da modernização. Por um lado, ele simboliza a vocação de Belém como praça comercial, entreposto de mercadorias, do exterior para toda a Amazônia e desta para o mercado mundial. Até hoje, é um bairro cheio de vida, em cujas ruas estreitas e atravancadas por centenas de camelôs concentram-se inúmeras lojas – de tecidos, roupas, sapatos, utilidades domésticas, bijuterias, artigos eletrônicos etc., além de oficinas, escritórios, bancos e restaurantes –, um lugar onde se acotovelam milhares de consumidores, sobretudo das camadas populares. É um cenário tão multifacetado e interessante, que valeria a pena estudá-lo "rua por rua, casa por casa", como aconteceu com a cidade de Paris, minuciosamente registrada em milhares de livros, como nos lembra Walter Benjamin. Por outro lado, observam-se em toda parte as marcas de deterioração e abandono do outrora vigoroso e brilhante centro comercial, notadamente nos prédios em ruínas, onde prolifera uma vegetação selvagem. Em parte, isto é ainda uma consequência do declínio que começou em 1912. Mas esse descuido é devido, também, à natureza contraditória da modernização, que arma seus espetáculos em lugares sempre novos e esquece os que foram modernos outrora, entregando-os nos dias de semana para o agito das camadas populares e deixando-os nos domingos num estado de abandono.

Para captar o nosso terceiro panorama de época – focalizando ícones da modernização que se iniciou nos anos 1960 e se estende até os dias atuais – voltamos à janela próxima ao Ver-o-Peso, mas olhando agora para o lado oposto, em direção ao norte, vendo o trânsito chegar pelo boulevard Castilhos França, e observando as instalações portuárias (Imagem 12).

---

[46] Cf. Penteado, 1968, pp. 166 e 167; e Rodrigues, 1996, p. 122.

[47] Penteado, 1968, p, 180.

[48] Dentre eles destaca-se a reestruturação do sistema de transporte público: a substituição da rede dos bondes, em 1947, por linhas de ônibus, com prós e contras; cf. A. Lima, 2011.

Imagem 12. Panorama III: a moderna Belém vertical

À esquerda, onde termina a feira do Ver-o-Peso e se inicia o cais, aparece no meio das árvores a Estação das Docas, inaugurada no ano 2000. É um aprazível lugar de encontros, com bem cuidados bares, restaurantes e espaços para eventos culturais. O desejo de "ver o rio" é um padrão de comportamento relativamente novo das classes média e alta belenenses que, de umas décadas para cá, modificaram o seu antigo padrão de viver "de costas para o rio" (que era considerado uma área de trabalho braçal, de barracões, detritos e sujeira). Um índice eloquente do atual desejo de viver perto do rio é a concentração dos prédios recém-construídos, que se avistam no fundo e se situam no bairro do Umarizal, hoje em dia o mais valorizado da cidade.

O *boom* imobiliário que tem marcado o Umarizal nestas últimas décadas e, de um modo geral, a atual fisionomia vertical de Belém se impõem de tal maneira à vista que é preciso explicar essa transformação urbana. A partir do final dos anos 1950 e começo dos anos 1960, após mais de quatro décadas de declínio e estagnação, a cidade se reergueu e iniciou um novo e persistente processo de modernização. Apesar de dispor apenas de um pequeno parque industrial, Belém reafirmou-se como a capital econômica, administrativa e cultural da Amazônia, sobretudo graças à dinâmica do seu setor terciário, favorecido pela excepcional posição geográfica da cidade com relação a toda a região, e pela nova ligação com o restante do Brasil por meio da rodovia Belém-Brasília, inaugurada em 1960.[49]

---

[49] Cf. Rodrigues, 1996, pp. 108 e 126; e Penteado, 1968, pp. 425-426.

O crescimento demográfico de Belém é atestado por estes números:

Ano	População de Belém	Ano	População de Belém
1950	254.949	1991	1.244.688
1960	402.170	2000	1.280.614
1970	642.514	2010	1.393.399
1980	934.322	2015	1.439.561[50]

Na Grande Belém ou Região Metropolitana de Belém (RMB), criada em 1973, que abrange também seis municípios vizinhos, a população chegou, em 2015, a um total de 2.581.661 habitantes.[51] Num mapa que integra o estudo de E. Rodrigues (1996), podem ser visualizadas as fases históricas da apropriação do sítio de Belém, desde a fundação da cidade até o ano de 1995.[52]

O processo da urbanização, com suas implicações sociais, é também o tema da dissertação de mestrado de S-C. Trindade Jr. (1997), *Produção do espaço e uso do solo urbano em Belém*, que focaliza, assim como Rodrigues, a questão crucial da verticalização da cidade. As causas básicas para a verticalização da área central de Belém foram os limites impostos à sua expansão pelas áreas alagáveis (as *baixadas*) e pelo cinturão de áreas institucionais (como aeroporto, instalações militares, centros de pesquisa, reservatórios de água), criado nos anos 1940 no entorno da Primeira Légua Patrimonial, para evitar uma ocupação desordenada pelas camadas pobres.[53] Outro fator importante para a verticalização foi a valorização da área central como lugar que oferece os principais e melhores serviços.[54] A ocupação cada vez maior dessa área pelas pessoas de maior poder aquisitivo levou à expulsão dos moradores pobres para as áreas periféricas da RMB, que ficaram cada vez mais afastadas do centro, por estarem situadas além da Primeira Légua Patrimonial e além do cinturão institucional.[55] Como exemplo concreto do caráter excludente desse tipo de urbanização, Rodrigues refere-se à transformação do igarapé das Almas na Doca de Souza Franco.[56]

---

[50] Rodrigues, 1996, p. 122; e <www.cidades.ibge.gov.br>.

[51] Cf. <www.cidades.ibge.gov.br>.

[52] Mapa *in:* Rodrigues, 1996, p. 180.

[53] Rodrigues, 1996, p. 186; cf. o mapa do "cinturão institucional", à p. 146.

[54] Cf. Rodrigues, 1996, pp. 186-191.

[55] Cf. Rodrigues, 1996, p. 190. Esses "novos espaços de assentamentos", fora da Primeira Légua Patrimonial de Belém, são o tema de pesquisa de S.-C. Trindade Jr. em sua tese de doutorado (1998), *A cidade dispersa*.

[56] Cf. Rodrigues, 1996, pp. 78-79.

Esse espaço, situado no encontro dos bairros do Reduto e do Umarizal, que nas últimas décadas, juntamente com os de Batista Campos e Nazaré, têm sido "as áreas de maior interesse do capital imobiliário", é estudado detalhadamente por Trindade Jr.[57] Na baixada do igarapé das Almas, que era ocupada por uma favela, foram realizadas, a partir de 1957, obras de drenagem e saneamento, que resultaram na construção do canal da Doca e, acompanhando-o de ambos os lados, da ampla avenida Visconde de Souza Franco, atualmente "o lugar mais *chic* de Belém". Os antigos moradores foram removidos da favela para um conjunto habitacional em Nova Marambaia, na periferia distante.[58] Com a consequente valorização do espaço reurbanizado começou, a partir do início da década de 1970, a construção de condomínios residenciais. Trindade Jr. estuda sistematicamente a verticalização dos dois bairros, de 1973 a 1992, com 34 prédios construídos no Reduto e 64 prédios construídos no Umarizal, cujas construções mais altas chegam, respectivamente, a 26 e 22 andares.[59] O conforto dessas moradias, reservadas para pessoas de alto poder aquisitivo, é complementado por uma grande quantidade de lojas e serviços, entre os quais lojas de decoração, de móveis e carros, supermercados, agências de viagens, *boutiques*, bares e restaurantes.[60] A verticalidade é "um estilo de morar e de viver", observa Trindade Jr. no final de sua pesquisa seguinte, na qual ele focaliza *a cidade dispersa*, ou seja, os assentamentos dos excluídos na periferia distante, que são o outro lado da urbanização produzida pela Belém da ostentação vertical (1998).[61]

Tivemos, portanto, várias amostras da modernização em curso. O que observamos em Belém são estruturas que encontramos de maneira semelhante em praticamente todas as outras grandes cidades brasileiras. Procurei mostrar aqui a fisionomia de Belém tal como se apresenta para um forasteiro, acrescentando uma série de comentários de estudiosos locais. Diante das contradições que observamos, coloca-se a pergunta: Como escrever a história da modernização no caso de Belém? Como uma sequência de melhorias – iniciadas na época da borracha, na *Belle Époque*, e retomadas a partir dos anos 1960 até hoje –, apenas interrompidas por uma fase de declínio, estagnação e reestruturação? Ou como um processo

---

[57] Cf. Trindade Jr., 1997, p. 139; cf. também o mapa da área estudada, à p. 66.

[58] Cf. Trindade Jr., 1997, pp. 120-132.

[59] Cf. as tabelas em Trindade Jr., 1997, pp. 143 e 144. Os primeiros prédios de muitos andares surgiram em Belém a partir dos anos 1950. Na obra de Penteado, 1968, encontram-se vários registros fotográficos desses prédios, inclusive do Edifício Manoel Pinto da Silva, com 26 andares e 108 metros de altura, que foi durante muito tempo o mais alto da cidade (cf. pp. 168-169, 176-179, 214, 254-255, 266-267, 316-317 e junto à 318).

[60] Cf. Trindade Jr., 1997, pp. 152-158.

[61] Cf. Trindade Jr., 1998, *A cidade dispersa*, p. 363.

estruturalmente precário, mesmo no seu "auge", pois produziu e continua produzindo, paralelamente ao "progresso", o abandono, a decadência e a segregação, em suma: problemas sociais que, em vez de serem solucionados, tornam-se cada vez mais graves?

Para poder responder com melhor conhecimento de causa a esta pergunta, "Como escrever a história da modernização no caso de Belém?", vamos estudar a cidade através do romance escrito pelo autor que escolhemos como o nosso guia local: *Belém do Grão-Pará*, de Dalcídio Jurandir.

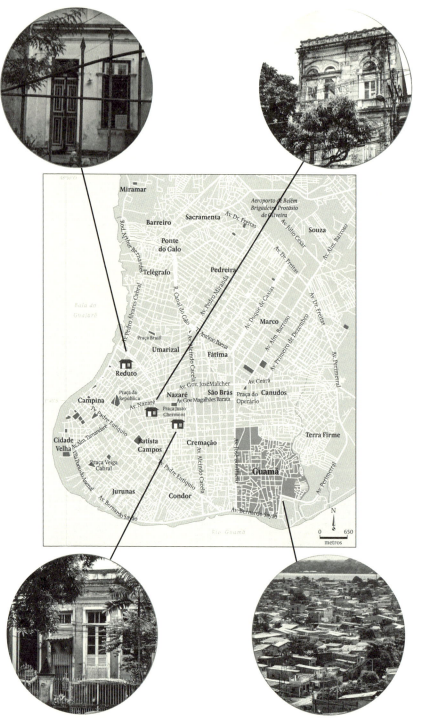

Mapa 7. *Belém do Grão-Pará:* Os diferentes territórios sociais

2. UMA TOPOGRAFIA SOCIAL (*BELÉM DO GRÃO-PARÁ*)

Uma opção estratégica de título

Em *Belém do Grão-Pará* (1960), a verdadeira protagonista é a cidade mencionada no título, na medida em que a descrição de sua topografia social resume todos os personagens, individuais e coletivos. A metrópole da Amazônia é apresentada como um espaço de lutas sociais e, ao mesmo tempo, de mitologias e utopias. O título do romance representa uma opção estratégica.[62] Sobre o lugar do enredo, que se passa no início dos anos 1920, é projetado um nome aparentemente anacrônico: Belém do *Grão-Pará*, que é uma referência ao tempo colonial. Dessa forma, o romancista criou uma superposição de épocas. Sua representação da história não se limita à descrição do período da decadência que se iniciou em 1912, quando a Amazônia sofreu a queda abrupta dos preços da borracha; nem à rememoração do tempo anterior da *Belle Époque*; mas, sobrepondo a esses dois períodos a dimensão histórica da época colonial, o autor retrata a cidade sob a perspectiva de um tempo de *longa duração*.[63]

Com isso, os vários indícios que mostram a cidade de Belém sob o signo da decadência têm apenas um valor relativo, mesmo que o tema declarado do romance, à primeira vista, seja "o desastre [...] como aconteceu à família [Alcântara] e ao Pará" (BGP: 61).[64] A época da decadência econômica é apresentada a partir da perspectiva micro-histórica de uma família.[65] "A cidade", retratada dez anos depois do ano fatídico de 1912, "exibia os sinais daquele desabamento de preços e fortunas" (BGP: 63). Lembremos também a frase inicial: "Com a queda do velho Lemos, no Pará, os Alcântaras se mudaram [...] para uma das [...] casas [...] na Gentil Bittencourt" (BGP: 45). No meio da história narrada, seu Virgílio Alcântara caracteriza Belém como "uma cidade acabada" (BGP: 153). E o capítulo final confirma esse quadro, ao descrever a decadência moral dos Alcântaras e o desabamento de sua

---

[62] A importância desse título já foi realçada por P. Nunes, 2007, *Útero de areia: um estudo do romance Belém do Grão-Pará, de Dalcídio Jurandir*, pp. 108-109.

[63] Cf. F. Braudel, 2011, "História e ciências sociais: a longa duração"; e M. Vovelle, 2011, "A história e a longa duração".

[64] A sigla BGP refere-se, daqui em diante, ao romance *Belém do Grão-Pará*, Belém: EdUFPA; Rio de Janeiro: Casa Rui Barbosa, 2004.

[65] Cf. G. Levi, 1992, "Sobre a micro-história".

residência na estrada de Nazaré. Com esses elementos, a obra de Dalcídio filia-se à tradição do romance social realista, notadamente ao tema da "decadência de uma família", descrita em *Os Buddenbrook* (1900), de Thomas Mann.

Mas isso não é suficiente para afirmar que o retrato de Belém, no romance de Dalcídio, seja traçado prioritariamente sob a perspectiva da decadência. "A decadência político-econômica provavelmente afetou a maneira de contar do narrador", afirma Paulo Nunes (2007, p. 78). Sem dúvida, mas ainda é preciso mostrar *como* a narrativa é construída e qual é o grau de importância do tema da decadência. Para começar, temos que distinguir entre a visão dos personagens, sobretudo de seu Virgílio Alcântara e de seus familiares e, por outro lado, o enfoque do narrador, que se mantém distanciado em relação a eles. Deve-se considerar também o papel central do adolescente Alfredo (*alter ego* do romancista), que não compartilha da visão de mundo e da escala de valores dos Alcântaras, mas é um observador de sua decadência. E há as vozes de outros personagens: a costureira Isaura, com sua família e seus amigos, todos pertencentes à classe trabalhadora. Nenhum deles fala em "decadência", nem em período "áureo".

Do ponto de vista metodológico, também é preciso levar em conta a advertência de Walter Benjamin de que "não existem épocas de decadência".[66] Quer dizer: elas não existem separadamente, em oposição às chamadas épocas de "apogeu"; segundo ele, os conceitos de "progresso" e de "época de decadência" precisam ser superados, por serem "apenas dois lados de uma mesma coisa".[67] Nesse sentido, Dalcídio Jurandir abre uma perspectiva histórica bem ampla: ao projetar sobre a história narrada o nome de Belém *do Grão-Pará*, ele deixa implícito que o conceito de "época da decadência" é demasiadamente limitado para compreender aquele período dos anos 1920.

Com a opção por uma superposição de épocas, o autor de *Belém do Grão-Pará* usou uma estratégia narrativa que vai ao encontro de um elemento-chave da teoria da história de Benjamin. A superposição é definida nas *Passagens* com "a percepção do espaço" que corresponde à "percepção do tempo" "do coletivo que sonha", isto é, ao "eterno retorno do sempre igual".[68] Ao analisar, mais adiante, os desejos e os sonhos dos personagens no romance de Dalcídio Jurandir, mostraremos como o estudo dessas "formas oníricas" pode ser aprofundado à luz de categorias das *Passagens*, no sentido de desconstruir a visão cronológica linear da história da Ama-

---

[66] Cf. Benjamin, 2006, p. 500 ["N" 1,6].
[67] Cf. Benjamin, 2006, p. 503 ["N" 2,5].
[68] Cf. Benjamin, 2006, p. 936 ["Mo", 14].

zônia e de sua metrópole, com a qual começamos por razões didáticas. Ao denominar a cidade de *Belém do Grão-Pará*, tanto no período da estagnação econômica quanto no período anterior, do auge da borracha, o romancista chama a atenção para um substrato comum daquelas duas épocas aparentemente tão diferentes: um tempo de longa duração, que se estende desde a época colonial, incluindo as estruturas de uma sociedade escravocrata, até a época da modernização.

A cidade, dividida em diferentes territórios sociais

Através dos personagens do romance *Belém do Grão-Pará* o leitor é iniciado no espaço da cidade. Um momento decisivo em nossos encontros com uma cidade é o primeiro contato. No caso do adolescente Alfredo, protagonista do romance, o lugar de chegada é o Mercado Ver-o-Peso – o que confirma, mais uma vez, a importância desse ícone-resumo da cidade. A imagem do mercado, com destaque para o elemento fluvial, aparece também na capa da terceira edição de *Belém do Grão-Pará*, de 2004 – em contraste com o desenho de capa da primeira edição de 1960, que mostra um túnel de mangueiras levando a um sobrado com azulejos, fazendo lembrar que, na época retratada no romance, a classe abastada vivia de costas para o rio (cf. Imagens 13 e 14).

Imagens 13 e 14. Capas da 1ª edição (1960) e da 3ª edição (2004).

Dentre as múltiplas primeiras impressões de Alfredo – a doca do Ver-o-Peso, o necrotério, o Mercado de Ferro, o Forte do Castelo, os sobrados, as canoas, as mercadorias e as pessoas –, destaca-se uma cena que mostra a cidade como lugar onde se negocia o ser humano. Uma senhora elegantemente vestida chega perto das canoas a fim de "ver uma encomenda" (BGP: 82). O tripulante de uma traqueteira traz então "uma menina de 9 anos, amarela, descalça [...], metida num camisão de alfacinha". A senhora recua um pouco, o leque aos lábios, e a examina: "– Mas isto? [...] Mas eu lhe disse que arranjasse uma maiorzinha para serviços pesados. Isto aí...". O canoeiro "respondia baixo e se enchendo de respeitosas explicações, fazendo valer a mercadoria" (BGP: 83). Como a senhora está necessitando urgentemente de braços servis, ela acaba aceitando a "mercadoria", fazendo ainda alguns comentários humilhantes, que expressam a postura de uma pessoa da classe dominante em relação aos subalternos:

> – Bem. Vamos ver. O compadre me leve ela. Não posso levar comigo como está. E como é o teu nome? O teu nome, sim? É muda? Surda-muda? Não te batizaram? És pagoa? Eh, parece malcriada, parece que precisa de uma correção. Fala tapuru, bicho do mato... (BGP: 84)

Apesar de esta cena se passar nos longínquos anos 1920, tudo leva a crer que ela possa se repetir ainda hoje, pois no café de um *shopping center* nos cai de repente nas mãos um folheto que pede para que se denuncie a escravização de crianças, na cidade de Belém, no início do nosso século XXI.

Desde o primeiro momento, Dalcídio Jurandir nos faz perceber a cidade como um lugar habitado por pessoas de classes sociais diferentes. Como o protagonista se orienta e se locomove nesse espaço? Com a ajuda de alguns personagens que se oferecem como guias, ele vai descobrindo a cidade e, aos poucos, vai entrando em contato com todo tipo de habitantes. Completando o episódio da chegada, Alfredo e sua mãe pegam o bonde circular no Ver-o-Peso e vão até a esquina da avenida Generalíssimo Deodoro com a avenida Gentil Bittencourt, onde mora a família Alcântara, em cuja casa o jovem vai se hospedar. Com o enfoque detalhado dessa moradia de classe média, o romancista retrata ao mesmo tempo o *habitat* e os hábitos, os comportamentos e a mentalidade dos moradores.[69] A isso se acrescentam, depois, as descrições de um sobrado da classe alta num bairro nobre e de uma casa num bairro de operários; e há ainda uma visão sumária da periferia, onde vivem os mais pobres. O resultado é um detalhado retrato topo-

---

[69] Cf. Benjamin, 2006, arquivo temático "I" ("O *intérieur*, o rastro").

gráfico-social, que mostra a cidade como dividida em territórios de diferentes classes sociais, estimulando o protagonista e também o leitor a refletirem sobre o seu lugar social.

Uma moradia entre as classes

A representação daquela época de declínio depois do *boom* da borracha se faz principalmente a partir da perspectiva micro-histórica de uma família: a do senhor Virgílio Alcântara com sua esposa, d. Inácia, e a filha moça, Emília. O chefe da família ocupara uma posição importante na época do intendente Lemos: fora administrador do Mercado Municipal; mas, com a queda do senador, ele perdeu esse posto e mal conseguiu arranjar um emprego na Alfândega. Essa perda de *status* acarretou a mudança para uma moradia modesta, no nº 160 da avenida Gentil Bittencourt, uma casa de porta e duas janelas, "sem platibanda, meia vidraça, persianas, passeio ralo na frente e algum carapanã" (BGP: 45).[70]

Imagem 15. Uma casa de classe média na av. Gentil Bittencourt

---

[70] A fotografia (Imagem 15), que foi tirada em 2009, no quarteirão indicado no romance, pode nos dar uma ideia do tipo daquela moradia.

A atmosfera na casa dos Alcântaras é um tanto carregada. Cada um dos membros da família se ressente, à sua maneira, do rebaixamento do nível de vida e de *status* social. Entre seu Virgílio e sua esposa existe uma atitude mútua de desconfiança e acusação; o que torna o ambiente mais pesado é que os problemas nunca são verbalizados, mas permanecem no nível da subconversa. D. Inácia parece querer dizer ao marido que ela cumpriu com o seu dever "de lhe arrumar o Mercado" e de que "cabia a [ele] mantê-lo" (BGP: 305). Ela o acusa tacitamente e o despreza por ter se acomodado numa honestidade pusilânime em vez de ter ousado um golpe de fortuna ou ter se arranjado com os novos donos do poder. Seu Virgílio, por sua vez, suspeita da virtude de sua esposa. Qual teria sido o grau de intimidade dela com os poderosos, no tempo em que liderava a Liga Feminina em torno do senador; e qual foi o preço que ela pagou por ter conseguido para o marido a administração do Mercado? A filha única do casal, Emília, é uma moça gorda, mimada, preguiçosa e arrogante. Ela se ressente de um namoro malsucedido e da falta de perspectiva de conseguir arranjar um marido, procurando compensar essas frustrações com atitudes de desmando diante dos subalternos e com um agarrar-se ao único símbolo de *status* que lhe restou: um piano.

O adolescente Alfredo, que vive na casa dos Alcântaras temporariamente, como hóspede, e contribuindo com uma mesada, não sente na carne o peso do rebaixamento deles, mas é um observador participante. Enquanto Emília "se aborrecia daquele 'ermo'", Alfredo "vinha até gostando da casa da Gentil" (BGP: 246, 248). Para ele, que veio da ilha de Marajó a fim de estudar em Belém, essa casa é um observatório para descobrir a cidade. Sua condição social intermediária – filho de uma mãe pobre e negra e de um pai branco, com título de major – o predispõe a descobrir os diferentes territórios sociais da cidade. Nesse sentido, a avenida Gentil Bittencourt, nos anos 1920 como hoje, oferece como talvez nenhuma outra uma amostra completa. Estendendo-se de oeste a leste, paralelamente ao espigão da avenida Nazaré e, por outro lado, à baixada do Guamá, ela vai do bem estruturado bairro Batista Campos, beirando os bairros de classe média Cremação e São Brás, até as baixadas de Canudos e Terra Firme, um bairro que surgiu nos anos 1950 e cujos habitantes, em sua maioria, moram em barracas.[71]

Pelas referências do texto, a casa na Gentil Bittencourt situa-se entre a avenida Generalíssimo Deodoro, onde havia uma parada de bonde, e a travessa 14 de Março. Subindo apenas um quarteirão na Generalíssimo, chega-se ao Grupo Escolar Barão de Rio Branco (Imagem 16), onde Alfredo estava matriculado. Pelo outro

---

[71] Cf. as fotografias do bairro de Batista Campos, da avenida Gentil Bittencourt e do bairro de Terra Firme em Penteado, 1968, pp. 300-301, 320-321 e 334-335.

lado da Gentil, em direção a São Brás, já começaram os quarteirões sem calçada. Em frente da casa, na parte de cima da rua, está o quartel do 26º Batalhão de Caçadores, frequentemente evocado por d. Inácia como lugar de "conspirações", e mais acima, o largo de Nazaré com a Basílica. Do lado dos fundos da casa, "o hálito das baixas cobria o quintal" (BGP: 109).

Imagem 16. Grupo Escolar Barão de Rio Branco

O entorno humano da casa na Gentil Bittencourt tem muitas facetas. Pelos trilhos em frente da casa passa várias vezes por dia o trem do Utinga, cujo maquinista, um parente dos Alcântaras, costuma atirar-lhes na passagem lenha, milho e rapadura (BGP: 109, 303). Além do barulho do trem, ouvem-se muitos outros ruídos da cidade: os apitos da Usina da Pará Elétrica, os sinos da Basílica e a corneta do quartel; os gritos do sorveteiro e do vendedor de pupunha, os berros das crianças e os urros das vacas da vacaria em frente, de onde parte todo dia a carroça de leite (BGP: 75, 77, 78). Os vizinhos dos Alcântaras são seus adversários, do ponto de vista político. Para d. Inácia ficou atravessada na garganta a festa que o vizinho deu quando Lauro Sodré, em 1917, voltou a ser governador do Pará: "Pouco antes da queda do lemismo, o marido [da vizinha] publicava um telegrama de felicitações ao senador, beijando-lhe os pés. Lauro ganhou, a casaca virou. D. Inácia, então de propósito, na noite da festa, fingia vomitar ao parapeito" (BGP: 264-265).

Através de d. Inácia, o romancista apresenta a cidade como um lugar de máscaras. Apesar de ser declarada adversária política de sua vizinha, d. Inácia cultiva com ela um relacionamento diário: "Deleitava-se em sustentar a conversação como se fosse uma política experimentando com a vizinha as artes da hipocrisia" (BGP: 277).

D. Ludovica comporta-se da mesma maneira com relação a d. Inácia. O fingimento é também a base do relacionamento entre Emília e uma outra vizinha, Valmira, de quem ela costuma pedir emprestado o jornal. Alfredo observa: "O 'nos dá prazer' de parte a parte, as luvas de pelica entre as duas, [...] porfiavam em fingimento as duas" (BGP: 122). O código do fingimento parece, assim, ser essencial para quem deseja relacionar-se na cidade. Nesse sentido, Alfredo recebe de d. Inácia reforços diários, como este: "– Fingindo, não? Aprendendo a ser homem, hein? Será um grande hipócrita" (BGP: 108).

Da casa dos Alcântaras faz parte também a personagem Libânia, "uma serva de 15 anos, trazida, muito menina ainda, do sítio pelo pai para a mão das Alcântaras" (BGP: 51-52). Desde cedo, foi acostumada aos trabalhos da roça, e é para os serviços pesados que é empregada pelos seus patrões: "aos domingos ia ao Ver-o-Peso, ainda madrugada, para trazer às costas o saco de açaí", vindo de lá "a pé, descalça, [...] curva e silenciosa [...], como se voltasse do roçado" (BGP: 138). Fazem parte de suas tarefas cotidianas carregar e partir lenha, além de ir buscar ervas de cheiro para o banho de sua patroa e de correr as bancas da cidade para trazer o último resultado do jogo do bicho (cf. BGP: 46, 118, 137). A jovem e vigorosa "serva esbraseada" é o emblema da mão de obra trazida do interior para a cidade, uma síntese das figuras da cabocla, da índia e da escrava. Na qualidade de "rueira", Libânia é também guia e iniciadora do menino Alfredo à topografia de Belém, como nas idas ao Ver-o-Peso ou até a casa de uma bordadeira no São Brás.

Com todos esses elementos, a casa na Gentil Bittencourt e seu entorno fazem o protagonista descobrir a cidade como dividida em territórios sociais bem demarcados. Num dos extremos da rua, no bairro Batista Campos, situa-se a residência do ex-governador, "a melhor da Gentil naquela quadra", com "sacadas, platibanda, cortinas, portão de ferro, palanque junto ao muro entre plantas de fino tratamento" (BGP: 151, 145). No bairro vizinho de Nazaré, Alfredo chega a conhecer a residência de um colega de escola, que mora num palacete (BGP: 153). No outro extremo da Gentil, perto da baixada de São Brás, amontoam-se as palhoças dos pobres. Para chegar à casa da bordadeira, Alfredo

> tinha atravessado aquele palhoçal pobre da Castelo Branco, saltando lamas e valas, ladeando capinzais e lixo, roupas quarando no meio da rua, linhas de papagaio que os meninos empinavam, pupunhas cozidas à venda nas janelinhas. Tacacazeiras montavam suas panelas e bancos na esquina. [...] Nas barracas de chão viam-se meninos de olho remelento, mulheres costurando, amarelidões de paludismo e partos recentes, velhinhas vergadas sobre a almofada de renda, a peneira de tapioca, o cabelo piolhento da neta que berrava. (BGP: 207-208)

Desta forma, o jovem entra em contato ao mesmo tempo com a cidade dos ricos e a dos pobres. Coloca-se para ele, assim como para os leitores, o desafio de refletir sobre o trânsito e os modos de convívio entre essas classes tão diferentes.

Introdução ao espaço público

Através dos integrantes da família Alcântara, Alfredo chega a conhecer vários lugares-chave do espaço público. Numa ida ao Ver-o-Peso, o sr. Alcântara o faz enxergar a prosaica realidade econômica. O jovem começa então a ver "uma nova cidade", "meio bruta, que lhe pedia dinheiro em troca de peixes, carnes, frutas e verduras, panelas [...], prateleiras" (BGP: 160). Como meticuloso conhecedor dos mercados, seu Virgílio torna-se um cronista da história econômica a partir dos dados concretos do cotidiano: "Conversava com este e aquele peixeiro, examina aqui a barriga da tainha, ali a gurijuba, peixe grande de comer homem. [...] Caminhava entre as bancas de peixe, legume e frutas, como um rei das estórias passando em revista os presentes de seus vassalos" (BGP: 160-161). Por outro lado, ao reparar na "má qualidade nas frutas, [na] imundice no Mercado [e na] escassez de peixe" (BGP: 161), seu Virgílio chama a atenção para as mudanças ocorridas. Alfredo enxerga, então, simultaneamente duas cidades: a problemática Belém dos anos 1920 e, "meio assombrado", "a outra cidade lembrada por seu Alcântara" e "já exagerada na [sua] imaginação": a Belém da *Belle Époque*, "assoalhada de ananases, toucinhos e rapaduras" (BGP: 161).

A passagem da cidade da opulência para a da escassez é mostrada cruamente através da história do padrinho de Alfredo, seu Barbosa, dono de uma casa de aviamentos que quebrou com a queda da borracha. Inicialmente, ele "possuía [...] comércio na Quinze de Novembro, casa de primeira" (BGP: 98). Os negócios prosperavam tanto que seu Barbosa "também aviava o comércio de Cachoeira", na ilha de Marajó. Assim conheceu os pais de Alfredo, que o convidaram para ser padrinho, com a expectativa de que o filho, durante os estudos, fosse morar em Belém com o apoio dele. "Alfredo crescia nessa esperança e vai o padrinho quebrou"; "era agora vago funcionário de banco e guarda-livros à procura, na praça, de escritas que não apareciam" (BGP: 98). Quando Alfredo e a mãe vão visitá-lo, no largo da Trindade, encontram uma casa que "parecia consciente da ruína de seu dono" (BGP: 99). Com dois detalhes dessa casa "desolada e deserta" – um gramofone, "escuro, mudo, insondável", e o "grasnar d[e um] ganso velho" (BGP: 101) – configura-se um réquiem do tempo da borracha.

Um tom de lamento subjaz também às observações de seu Alcântara sobre a situação econômica. Para ele, Belém é "uma cidade acabada" (BGP: 153). Ele chama a atenção para "a flotilha da Amazon River criando bicho no Guajará, a caixa-d'água com suas três panelas grandes sempre vazias se cobrindo de ferrugem sobre um bairro infeliz, [...] a estrada de ferro, o Mercado de São Brás, a fachada já tão encardida, os avisos de guerra apodrecendo no Curro Velho..." (BGP: 153). Sua explicação para essa derrocada: "O inglês fez o que bem quis. Nos explorou com a navegação, com o porto [...]. E por cima nos rouba as sementes de seringueira" (BGP: 153). Quanto ao presente e ao futuro, seu Alcântara está desiludido. Para ele, "o Norte era sempre a parte enjeitada do país. E a época das vacas gordas na Amazônia não voltaria nunca mais. Adeus, borracha. Adeus, Mercado" (BGP: 221).

Ícones por excelência da Belém da *Belle Époque* eram os sobrados e as mangueiras (cf. Imagem 17). Envolvendo o jovem Alfredo "com as suas saias que eram aquelas mangueiras-mães, carregadas", Belém "tomava conta dele" (BGP: 152). Ao descer o bulevar, "pelos sobrados escuros que ainda cheiravam a borracha" (BGP: 152), ele pensa no padrinho cujo comércio quebrou. Apesar de existir um intervalo de apenas dez anos entre o adolescente Alfredo e a cidade da *Belle Époque*, ela está irremediavelmente perdida para ele. É o que mostra esta evocação, pelo narrador, de um quarteirão de sobrados:

> Que acolhedora antiguidade neles, escorrendo de suas paredes e platibandas, suas janelas sempre fechadas e ao mesmo tempo tão cordiais e de seus porões gradeados em que se via criada gomando e de onde se espalhava um aroma de alta cozinha. Pareciam velhos pelo sossego em que viviam e novos pela frescura e cor e maciez dos azulejos. Aquela cor violeta tinha vários tons durante o dia. Sob a chuva, à tarde, os azulejos se cobriam de um lilás escuro, como se ficassem empapados d'água. Alfredo, sempre que podia, ia vê-los. [...] Não sendo nunca convidado a entrar [...], voltava-se para as fachadas. Os azulejos, como violetas, floresciam. Que salas, móveis, louças, meninos e gramofones, gansos e queijos, banhados naquele lilás, se ocultavam naqueles sobrados proibidos? Ao pôr do sol, adquiriam um róseo quente, impregnando-se do azul de fulgurante agonia. E pareciam flutuar numa transparência entre as mangueiras até que, no anoitecer, com as lâmpadas acesas na rua, se fundiam em lilás e silêncio no adormecido quarteirão. [...] E já longe os quatro sobrados eram um órgão só, que o vento das mangueiras fosse tocando. (BGP: 148-149).

Imagem 17. Estrada de Nazaré, em 1900

Como era, no entorno das mangueiras e desses sobrados, o espaço público na *Belle Époque*? Os passeios preferidos de uma moça de classe média como Emília Alcântara eram a rua João Alfredo, como artéria principal do Comércio, e o largo da Pólvora ou praça da República, onde se encontram o Teatro da Paz, o Cinema Olímpia, o clube da Assembleia Paraense e, naquela época, também o Grande Hotel (Imagem 18). O terraço do hotel é observado por Alfredo de passagem como "cheio de sociedade, que tomava sorvete, apreciando a viração da noite" (BGP: 227).

Imagem 18. Grande Hotel, em 1900

Para o Cinema Olímpia, as Alcântaras ganham entradas, uma vez por semana, por intermédio de sua costureira Isaura, que é ornamentadora do Palace Theatre. O Olímpia era o melhor cinema da cidade e "pedia traje correspondente": "Olímpia era dos patrões [...], das pessoas que tinham nome no jornal, nome nas portas e janelas de escritório, nas tabuletas do comércio, da indústria e nas residências de doutores de Nazaré e São Jerônimo" (BGP: 201). Quando Alfredo é convidado uma noite para ir lá com d. Inácia e Emília, ele repara que "a fachada era baixa e feia", mas a sala de espera é brilhantemente iluminada, "para que melhor fossem vistos os figurões da cidade" (BGP: 230).

"Ali", no Olímpia, "estava a sociedade, a alta". "As altas senhoras" que entravam são mostradas através do olhar da costureira Isaura numa perspectiva de zombaria:

> A tia-bimba da senhora do presidente da Associação Comercial. A enjambrada da mulher do banqueiro Assaid, a macaca do Museu, pintada de branco, que era a sra. comandante da Região Militar. Aquela coruja de gaze e aquela tartaruga entremeada de laçarotes e colares. (BGP: 234-235)

O surgimento da bela amante de um homem que acumulou uma das maiores fortunas da cidade é um motivo para o narrador traçar o seu perfil:

> O dr. Pennafort ganhara fama no Pará com o seu monopólio de exploração de quiosques e latas de lixo [...]. Dono da fábrica de gelo, servindo na Port Of, tinha uma "vila" de casas [...] na São Jerônimo, à frente da qual mandou erguer a sua residência [...] como uma torre [...]. Sob sua direção, se ergueu [...] a famosa caixa d'água, que nunca funcionou, cobrindo-se de ferrugem [...] sobre o panorama da cidade [...]. Muito maior, porém, era a sua fama de sultão local [...]. (BGP: 235-236)

Morar "onde gente fina morava e ostentava"

Emília Alcântara é descrita como uma "dessas moças que gostaria de ficar o dia inteiro num sofá ou no chão da sala de jantar, tendo a seu serviço vinte xerimbabos" (BGP: 117). Essas características, "preguiça e gosto de mandar", não são especialmente apropriadas para lhe abrir uma carreira profissional e lhe garantir um sustento econômico, muito menos numa época de declínio. Numa sociedade em que as moças de família costumavam ficar à espera de um bom partido, as chances de Emília eram escassas, dado o modesto *status* social dos pais, denotado pela moradia simples na Gentil Bittencourt, aquele "ermo", do qual ela se aborrecia (cf. BGP: 246).

Um belo dia, Emília descobre um sobrado vazio na Estrada de Nazaré, localizado perto de tudo o que há de melhor na cidade:

> na Estrada de Nazaré, entre a Benjamin Constant e quase-quase à esquina da Doutor Moraes, já para desembocar no largo da Pólvora; meu Deus, pertinho do Olímpia, do terraço do Grande Hotel, da melhor farmácia, dos passeios em torno da estátua da República, da Assembleia e do Teatro da Paz. (BGP: 245)

Não se poderia imaginar local mais seleto para morar:

> Cruzando a Doutor Moraes, estava-se num quarteirão de 'olhe lá': o palacete Faciola, com seus claros azulejos, apreciando-se o Comendador [...] embarcar no seu alto carro; a casa do dr. Bezerra, onde as moças, educadazinhas na Inglaterra, eram vistas de finas almofadas nas janelas. [...] E os autos parando na porta? E uma porção-porção de empregadas [...]. (BGP: 245)

Era um quarteirão "onde gente fina morava e ostentava" (BGP: 245). Surge em Emília a ideia de mudar-se com os seus pais para lá. O sobrado na estrada de Nazaré lhe aparece como um meio mágico de realizar todos os seus sonhos. Com os desejos e devaneios da moça empobrecida, que "queria se fantasiar de rica nas três janelas da estrada de Nazaré" (BGP: 294), a descrição topográfica da moradia é ampliada por uma dimensão que revela a mentalidade dos habitantes: a *imagem onírica*.

Nas *Passagens*, Walter Benjamin mostra como se pode chegar da análise topográfica da moradia burguesa (o *intérieur*) às elaborações mentais dos habitantes, como a imaginação de uma "morada de sonho" e de uma "cidade de sonho". Com esses termos ele se refere à cidade de Paris, na época das grandes reformas de modernização, sob o prefeito Haussmann (1853-1870): "Sobrepor à cidade real de Paris a Paris como cidade de sonho, constituída de todos os projetos de construção", inclusive os "que nunca foram realizados".[72] Segundo Benjamin, a "experiência do sonho" de uma geração, expressa por uma "configuração onírica", ou por uma "mitologia", representa uma "configuração histórica".[73] O modelo freudiano de análise e interpretação dos sonhos individuais é adaptado para uma compreensão da História, no sentido de que "o historiador assume a tarefa da interpre-

---

[72] Cf. Benjamin, 2006, arquivos temáticos "O *intérieur*" ("I"), "Haussmannnização" ("E"), "Morada de sonho" ("L") e "Cidade de sonho e morada de sonho" ("K"). Citação: p. 454 ["L" 2a,6].

[73] Cf. Benjamin, 2006, p. 433 ["K" 1,1].

tação dos sonhos" coletivos.[74] A obra do escritor surrealista Louis Aragon sobre as passagens parisienses é citada como exemplo de uma configuração onírica que expressa a mitologia de uma classe, sendo que para o historiador trata-se de desenvolver uma "técnica do despertar", que resulta na "dissolução [dessa] mitologia no espaço da História".[75]

Procurando adaptar esse método à leitura do romance *Belém do Grão-Pará*, vamos analisar o sonho individual de Emília Alcântara – e, depois, também os sonhos dos demais membros de sua família – para chegar à percepção de uma "configuração onírica" que é coletiva e representa a mitologia de uma classe. O narrador, que acompanha o sonho de Emília, mostra seu crescimento e repercussão entre os outros personagens; ao mesmo tempo, ele insere várias observações críticas. Assim, o sobrado na estrada de Nazaré é caracterizado desde o início como "uma casa em ruína", apresentando uma "fachada velhusca e baixa" com "platibanda" e "três janelas embora sem persianas"; "a raiz do mato entranhando-se na parede descascada" (BGP: 245).[76] Era de um negociante que havia voltado a Portugal. Quando Emília se informa sobre a possibilidade de alugá-la, é advertida de que "é uma casa em ruínas" (BGP: 254). Também os operários contratados para fazer a limpeza observam: "Isto aqui não se mora", "tudo tão carcomido", "uma grande casa, mas de cupim ela inteira" (BGP: 298, 301). E Alfredo, ao varrer aqueles quartos, repara que "fediam a bolor, poeira e morcego" (BGP: 302).

Para Emília, no entanto, a fantasia e o desejo sobrepujam a realidade, sendo o romance *medium* de ficção especialmente apropriado para representar essa quimera. As deficiências da casa onde ela gostaria de morar são minimizadas pela excelente localização, perto de tudo o que há de melhor na cidade. Continuando o seu devaneio, Emília imagina poder abarcar com a vista, a partir da nova moradia, a cidade inteira:

> Três janelas para a estrada de Nazaré. Uma para cada Alcântara. Três janelas para os muitos bondes, pois por ali passava de ida e volta o trânsito grande da cidade, Cremação, Santa Isabel, Guamá, São Brás, Marco, o Sousa, as travessas, o Covões. Três janelas para os automóveis, o Círio de Nazaré, a parada militar, o carnaval, os cortejos de casamento e funerais. (BGP: 245-246)

---

[74] Cf. Benjamin, 2006, p. 506 ["N" 4,1].

[75] Cf. Benjamin, 2006, p. 500 ["N" 1,9].

[76] A fotografia (Imagem 19), tirada em 2016, na avenida Nazaré, num quarteirão próximo à praça da República, ilustra o tipo de sobrado descoberto por Emília.

Imagem 19. Sobrado na avenida Nazaré, 2016

Ela imagina "toda a cidade passando por baixo das três janelas" de sua casa. O que também significa que ela seria vista pela cidade inteira! (BGP: 247) A questão do *status* é primordial para Emília. A mudança seria "uma volta do ostracismo". Morar na estrada de Nazaré e "respirar aquele ar das ruas finas, Nazaré e São Jerônimo, fincar os cotovelos na almofada de forro bordadinho", seria "[re]tomar contato com a sociedade" (BGP: 251).

Esses sonhos são compartilhados pela mãe de Emília: "que diriam os antigos lemistas quando a vissem sair daquele desterro e debruçar-se de rosto empoado na janela do 34 [da estrada de Nazaré]?" A filha, que queria "acertar um casamento", "em Nazaré, aparecendo na janela, olhada do bonde [...], faria um vistão" (BGP:

260-261). D. Inácia nutre ficções de ascensão social também para Alfredo: uma carreira militar e política, sob o comando dela:

> Ali podia encontrar muita amizade, sal para os miolos, entrada em muito salão. Morando ali, já bem mocinho acharia carreira, mesmo a política [...]. E ela [...] capaz seria de acompanhá-lo, fazê-lo galopar [...]. Ali e acolá, moravam oficiais [...]. Alfredo ia conhecendo militares, pessoas graduadas, ganhando na aprendizagem da conspiração [...]. (BGP: 260-262)

O prazer de subir de *status* social e de exibi-lo é contagiante. Também Alfredo chega a pensar em suas vantagens: "Não seria bom anunciar aos coleguinhas do Grupo que estava se mudando... [...]. Também ele, numa das janelas, não faria o seu papel de morar, acima das suas posses, na estrada de Nazaré?" (BGP: 249). Até a empregada Libânia chega a sonhar: "Na estrada de Nazaré, era não mais caminhar nas ruas de chão, e sim nos calçamentos"; "para guardar as aparências [...], teriam de lhe dar vestimenta mais de acordo e um sapato, pelo menos, chinelas"; "e uma alegria tinha: na casa teria um quarto só para ela" (BGP: 263, 303, 304).

A mudança é realizada "muito cedo, com extrema precaução, para que a estrada de Nazaré não ficasse a par do verdadeiro estado social da família Alcântara" (BGP: 310). "Só uma coisa foi à tarde, pelas cinco: o piano." Chegando ao ombro de seis carregadores, "a entrada na casa foi triunfal. [...] Emília aparecia na janela, com ar displicente, até meio distraída [...], como quem diz: 'ora o piano'... Mas espiou o movimento das janelas" (BGP: 310). Alfredo se pergunta se aquela mudança da Gentil para a estrada de Nazaré era "verdadeira". Teria ele de "compreender também como uma educação aqueles disfarces todos?" (BGP: 312). Paralelamente, o narrador introduz a voz crítica do casarão, que parecia dizer aos Alcântaras: "Vocês não passam de uma família fantasma" (BGP: 316). A própria d. Inácia chega à conclusão de que a família, com esta mudança, passa a "viver das aparências" (BGP: 316).

O tão almejado "contato com a sociedade" acaba não acontecendo, nem na festa de aniversário de Emília. Os únicos convidados que comparecem são da "classe da família de Isaura", a costureira (BGP: 372). Quem usa o conceito de classe não é o narrador, mas a personagem Emília, que manifesta assim sua ideologia ou falsa consciência de pertencer a uma classe supostamente superior. Como as expectativas de contatos sociais da aniversariante não se realizam, só lhe resta "exibir a casa aos que vinham do subúrbio" (BGP: 372). Finda a festa, no meio da noite, Emília dá ainda uma prova do seu gosto de mandar: "queria-porque-queria acordar [Libânia]. Para varrer a casa" – do que é demovida pela mãe (cf. BGP: 383).

O único "contato social" que Emília consegue fazer ao se exibir com o sobrado na estrada de Nazaré é atrair um noivo. A introdução desse personagem equivale a uma montagem contrastiva em relação aos sonhos de Emília, pois o noivo é uma caricatura, a começar pelo apelido: Porca Prenha. Ele, que começou como caixeiro e acabou sendo bacharel, e agora é um viúvo de 50 anos, com sete filhos (cf. BGP: 452 e 437), enxerga em Emília a oportunidade de fazer um bom partido. Esta é também a expectativa da noiva e de sua mãe, que sabe que o escolhido é um advogado "boêmio", "suspeito" e "imundo na profissão", de onde o apelido. Mas isso não incomoda d. Inácia, pelo contrário: "– Porca Prenha, isto eu sei. Mas nunca irá para a cadeia, podendo chegar a um desembargador" (BGP: 438).

Passado algum tempo, o sobrado dá sinais de desabar. Libânia chama a atenção de d. Inácia para o telheiro da cozinha que "arrisca arriar"; de fato, "a parede rachava" e "parte do telhado arriou" (BGP: 510). Pouco depois, ela vem avisando que "para as bandas da cozinha a parede estremecia", e que ouviu "novo estremecimento, desta vez no corredor" (BGP: 521, 524). Paralelamente ao desmoronamento da casa, ocorre o desabamento moral do seu dono. A participação de seu Virgílio num contrabando foi descoberta, e ele vem comunicar o resultado: "O empreguinho? Foi-se"; "estou é [...] desempregado, mulher" (BGP: 519). A história dos Alcântaras e o romance terminam com a cena em que os três membros da família e seus três agregados (Alfredo, Libânia e o moleque Antônio) abandonam a casa. Em tom de zombaria autoirônica, d. Inácia anuncia: "– Daqui da mansão vamos para o veraneio, subimos pros Covões" (BGP: 520). O ícone-resumo desse desenlace é o piano de Emília, carregado para fora e abandonado na calçada (BGP: 524).

Uma casa de operários

O terceiro tipo de moradia descrito no romance é a casa de Isaura, prima de Alfredo e "costureira de graça" das Alcântaras (BGP: 182). Situada no Reduto, bairro de operários, no nº 72 da travessa Rui Barbosa, "em frente à junção das duas linhas de bonde" (BGP: 183), na esquina com a rua 28 de Setembro,[77] a casa era "de porta e janela, espremid[a] entre o jardim gradeado de um palacete e uma casa de quatro janelas construída no ligeiro declive da rua".[78] É uma moradia bem modesta, com uma "única torneira", "instalada na sala" (BGP: 183).

---

[77] Uma visão panorâmica do bairro do Reduto, tendo ao fundo o porto de Belém, encontra-se em Penteado, 1968, pp. 284-285. Da Planta da Cidade de Belém, de 1905, em: *Belém da saudade* (1996), p. 29, consta também o traçado das linhas dos bondes.

[78] A Imagem 20, uma fotografia tirada em 2008 no bairro do Reduto, ilustra o tipo de casa descrita no romance.

Pelo seu traçado – de um bairro de classe média através do bairro nobre de Nazaré até o Reduto – a travessa Rui Barbosa estabelece uma ligação entre as classes. Essa é também a função da instituição do apadrinhamento e do "amadrinhamento". Assim como o outrora rico comerciante seu Barbosa foi convidado para ser o padrinho de Alfredo, d. Inácia é, desde os tempos do senador Lemos, a "madrinha-mãe" de Isaura (BGP: 180). Para o protagonista do romance e observador participante, a relação entre Emília e Isaura oferece múltiplas maneiras de transitar entre as classes, de observar as relações entre elas e refletir sobre a sua própria posição social. D. Inácia avisa Alfredo que Isaura é também uma costureira de briga: "– Essa tua prima tem o demônio nas entranhas" (BGP: 182). De fato, a relação entre a proletária Isaura e a filha de classe média Emília caracteriza-se, o tempo todo, por uma alternância entre brigas e reconciliações. É um confronto de classes em miniatura, com ingredientes de luta e ódio, mas mostrando também a dependência mútua e o diálogo.

Imagem 20. Uma casa de operários no bairro do Reduto, em 2008

A descrição da festa de aniversário de Isaura, na Rui Barbosa (BGP: cap. 18), contrasta com a de Emília, na estrada de Nazaré (BGP: cap. 32), abrindo uma dimensão comparativa. Para Alfredo, é uma ocasião de aprofundar o seu conhecimento da máquina social através da observação das diferentes gradações de *status* e das posturas das pessoas. Em Emília, ele nota uma certa atitude de "condescendência", como a dizer: "Olhem que só estou aqui em consideração à minha costureira" (BGP: 223). Os primos acolhem bem Alfredo, declarando inclusive que "aquele primo teria de estudar por toda a ignorância da família". Alfredo, por seu lado, olhando para as mãos de "uns quantos convidados, e profissões [...] a seu redor: marceneiro, sapateiro, foguista...", considera que a sabedoria não está só nos livros, e valoriza os que aprenderam "artes e ofícios" (BGP: 223-224). Nas mocinhas convidadas, "curibocas, pardas, bem escuras, se espremendo todas a um tempo na única janela para ver passar o bonde", Alfredo e Isaura notam "um contentamento fácil", embora também, "nesta e naquela uma falsa compostura, a afetação de quem se sente moça fina numa festa na Rui Barbosa com o bonde na janela" (BGP: 224-225). Com a chegada de Libânia, "sem sapatos", Alfredo se dá conta de que existe "um degrau mais baixo ainda que aquele em que se bebia, cantava e dançava no 72 ao som do violão e cavaquinho", sendo que a empregada "fingia não se dar conta" dessa diferença (BGP: 226).

A caracterização dos moradores da casa – Isaura e sua irmã Violeta, os dois irmãos, a mãe Magá e a avó Mãe Ciana – oferece um recorte em miniatura de algumas atividades econômicas manuais. O retrato dos irmãos é traçado com simpatia, mas sem idealizações. Um é marceneiro, fazendo mobílias com gosto, e o outro, que já foi mecânico, trabalha como sapateiro numa fábrica de calçados. Nenhum dos dois, no entanto, colocou sua perícia em benefício da casa: ali não há "um guarda-roupa digno das artes do marceneiro", e o ex-mecânico "nunca estendeu o cano d'água da sala até o banheiro" (BGP: 224). Magá, mãe de Isaura e filha de Mãe Ciana, é vendedora de tacacá "na rua, às tardes, na esquina da São Jerônimo com a Quintino" (BGP: 183); seu serviço é tão apreciado que "muitas vezes batia na Rui Barbosa um chamado: Magá ir preparar uma tartaruga numa dessas casas de branco, pra um banquete político ou chegada dum general" (BGP: 193).

Dentre os retratos desses trabalhadores manuais, o de Mãe Ciana é o mais completo. "Menos preta que cafuza", ela é vendedora de cheiros, em papelinhos, para "certas casas da Independência, Rui Barbosa e Reduto". Antes, "teve de amassar açaí na Domingos Marreiros, com a bandeirinha no portão" (BGP: 184). Vivia então numa barraca voltada para as baixadas do igarapé do Una (cf. BGP: 185), tendo como companheiro o seu Lício, que era encadernador de jornal. Um dia, ele foi embora, mas Mãe Ciana anda "sempre em busca de notícias [dele] pela cidade" (BGP: 186). Alfredo tem curiosidade para "saber dos cheiros, onde e como Mãe Ciana trabalhava" (BGP: 187). Ela, porém, guarda o seu segredo profissional, limitando-se a mencionar o nome de alguns cheiros; "também sabia dosar suas cascas e raízes para remédios": "um olho de boto, a casca da acapurana para cicatrizar ferida, a resina de sapo cunauaru" (BGP: 187). Alfredo sente-se fascinado: "Era de uma família ligada a feitiçarias, a encantados, a ervas maravilhosas" (BGP: 188).

Repassando na memória os retratos desses seus parentes, que vivem do trabalho manual, Alfredo se pergunta qual seria a sua vocação:

> Ali na Rui Barbosa, da Mãe Ciana à Violeta, todas sabiam coisas, suas artes, suas curiosidades. Família muito bem apreciada, seu sangue, dela ele era; tio na cana do leme dum barco, tio soldado no Rio de Janeiro e vários ofícios e viagens, a prima na costura, a Ciana no cheiro, a Magá na tartaruga e no tacacá, os primos na mobília e no motor, e ele, filho de branco e de preta, que ofício era pra ele, agora naquele [Grupo Escolar] Barão de Rio Branco? (BGP: 193-194)

Em alguns momentos, o romancista abre a perspectiva da micro-história para o cenário da história econômica geral. Há uma referência à greve de 1918, então noticiada pelo jornal, e lembrada e comentada por seu Virgílio Alcântara:

> Os trabalhadores da Pará Electric haviam reclamado, do inglês que explorava a luz e os bondes de Belém, um justo aumento de salários. No fundo, uma greve do Pará contra a Inglaterra. O inglês não tinha feito desandar a borracha, levado as sementes pro Ceilão? Ah, enquanto a borracha subia, subia a Inácia e o inglês na exploração do porto, da luz, do bonde. E ele, Virgílio Alcântara, na Administração, subia. De repente, tudo cai. (BGP: 410)

Na medida em que os personagens se voltam para os seus próprios problemas existenciais, o romance assume de novo a perspectiva da micro-história. Mas o pano de fundo da história econômica geral foi vislumbrado pelo leitor: exploração da mão de obra, indústria caseira e comércio informal, capital estrangeiro, fábricas, greves etc.

O território dos excluídos

O cenário de fundo dessa topografia social de Belém, centrada em três bairros e moradias (de classe média, classe alta e de operários), é o território situado na periferia: as "baixas" ou *baixadas* e os "Covões" – especialmente o Guamá –, evocados ao longo da narrativa e caracterizados como sendo de alta relevância política.[79] As baixadas são aquelas partes da área urbana, principalmente em torno dos igarapés Tucunduba no sul e Una no norte, que sofrem as enchentes causadas pelos rios, pela maré e pelas chuvas. Algumas partes, no início dos anos 1920, quando Belém contava com menos de um quinto de sua população atual, não eram habitadas, mas cobertas de vegetação ou usadas como pastos (*vacarias*); era uma zona de transição entre a cidade e a selva. As partes habitadas das baixadas eram chamadas de *Covões*.

Imagem 21. Bairro do Guamá, em 2016

A população vivia ali em barracos, à margem das atividades econômicas, políticas e culturais da cidade. Na medida em que os problemas desses excluídos se aguçaram, sobretudo doenças e fome, uma parte deles recorreu à violência, a roubos e saques, especialmente no Guamá – o que repercutiu então nos jornais e nos comentários dos habitantes dos bairros centrais, que se sentiam ameaçados e se lembraram da revolução da Cabanagem. Embora o foco narrativo, em *Belém do Grão-Pará*, esteja situado quase sempre do lado de fora da periferia, existe por parte do protagonista a curiosidade de conhecer também o território dos excluídos.

---

[79] Às fotografias do bairro do Guamá por volta de 1960, publicadas por Penteado, 1968, pp. 314-315, acrescento esta mais recente, tirada em 2016 (Imagem 21).

"Do outro lado da baixa – que população vivia?", pergunta-se Alfredo, ao olhar a partir da casa na avenida Gentil para os cercados, janelas e telheiros: "que lavadeiras, capinadores com as suas foices, que meninos?" (BGP: 248).

Fantasmagorias políticas de uma senhora de classe média derrotada

Os problemas políticos são apresentados no romance através da perspectiva de vários personagens e de vários discursos, mas o foco principal está próximo da personagem de d. Inácia, uma senhora de classe média que, na época de Lemos, transitou nos círculos governamentais, mas após a queda do senador foi para o ostracismo. Sua frustração e seu descontentamento com a situação vigente no início dos anos 1920 se traduzem numa série de observações mordazes e irônicas, das quais o narrador, na maioria das vezes, se distancia num segundo nível de ironia, oferecendo assim ângulos diversos para a reflexão do leitor. "O bando de roceiros no Guamá e a conspiração dos quartéis agitavam a senhora Alcântara" (BGP: 214). Nesta frase estão condensados, como logo veremos, os dois temas políticos mais pungentes. A principal fonte de informação política, em *Belém do Grão-Pará*, são as notícias de jornal. Entre d. Inácia e Alfredo institui-se um ritual de leitura e comentário dos jornais – um estratagema do escritor, que também foi jornalista, de apresentar e examinar diferentes discursos sobre a cidade.

O principal lugar do poder, para d. Inácia, não é o Palácio do Governo, nem a Intendência Municipal, mas o quartel do 26º Batalhão de Caçadores, situado no quarteirão abaixo da Basílica de Nazaré e em frente ao qual se localiza a casa dos Alcântaras. Ao olhar o muro do quartel, d. Inácia fareja a conspiração (cf. BGP: 216). "Aí no 26 a coisa ferve", comenta ela com Alfredo (BGP: 140). "Conspiração" é o vocábulo preferido dessa senhora, para quem a política e o viver são uma "eterna conspiração" (BGP: 262) e que está sempre atenta a "boatos de conspiração no quartel" (BGP: 199). Como d. Inácia não nasceu homem e não pode exercer essa atividade ("Ah, eu homem!" BGP: 199), ela projeta seus sonhos políticos sobre o jovem Alfredo, que ela gostaria de orientar na "aprendizagem da conspiração" (BGP: 262). A conspiração, contudo, não é só uma ideia fixa da personagem, mas foi um acontecimento central na política dos anos 1920, quando o Brasil e o Estado do Pará experimentaram a intervenção dos militares na política. No dia 26 de julho de 1924, ocorreu em Belém o levante do 26º Batalhão de Caçadores, liderado pelo capitão Assis de Vasconcelos. Esse levante do Exército foi sufocado pela Brigada Militar, durante dois dias de lutas sangrentas nas ruas.[80]

---

[80] Cf. C. Roque, 2001, *História geral de Belém e do Grão-Pará*, pp. 147 e 149.

"O que se passava no Brasil inteiro?" (BGP: 332), perguntamos, juntamente com d. Inácia. Qual era o contexto político no início dos anos 1920? Durante um jantar nos Alcântaras, a conversa gira em torno da "campanha pela sucessão presidencial" (BGP: 140). O candidato da situação era Artur Bernardes, que defendeu os interesses das tradicionais oligarquias do eixo São Paulo-Minas Gerais, especialmente a valorização do café, então o principal produto de exportação do país. A chapa da oposição, apoiada pelos militares descontentes, sobretudo do Rio Grande do Sul, era formada pelo político fluminense Nilo Peçanha e pelo governador baiano José Joaquim Seabra.[81] A disputa eleitoral, como mostra Dalcídio Jurandir, contagia e divide também os ambientes familiares: enquanto os Alcântaras, que apoiam a oposição, declaram-se "febrilmente a favor de Nilo e Seabra", o pai de Alfredo, "como secretário municipal, era pelo Bernardes" (BGP: 140). Quando sai o resultado das eleições presidenciais – "em junho de 1922 [...], Bernardes já era vitorioso, mas ainda não tomara posse na Presidência"[82] – "cresciam as agitações no país" (BGP: 199).

D. Inácia tem a sensação de que "no vizinho quartel do BC, oficiais conspiravam": circula a notícia de que o marechal Hermes da Fonseca pretende marchar sobre o Palácio do Catete, e há boatos de que "ia explodir no Rio um movimento militar" (BGP: 199, 200, 268). Estes são sinais do tenentismo, a intervenção dos militares que marcou profundamente a política brasileira nos anos 1920 e iria resultar na Revolução de 1930, que pôs fim à Primeira República. O ato inicial de rebeldia foi a revolta do Forte de Copacabana, em 5 de julho de 1922, que acabou sendo derrotada pelas forças do governo.[83] Esse acontecimento é acompanhado atentamente também por d. Inácia, que admira os revoltosos como "leões" (BGP: 334, 344). O movimento tenentista – assim chamado porque suas principais figuras foram oficiais de nível intermediário – lutava contra a política de "feudos" das antigas oligarquias em favor de um poder centralizado. Expressava, assim, os interesses das novas elites urbanas e, de certa forma, da classe média, defendendo o nacionalismo e um reforço do poder do Estado.[84]

Quanto ao contexto específico do Pará, quais são as expectativas políticas de d. Inácia? De uma vitória de Nilo e Seabra – que não aconteceu – ela espera "uma desforra contra o laurismo dominante e a volta, em certo sentido, de alguns lemistas ao poder" (BGP: 199). Sem poder entrar aqui em detalhes, lembremos so-

---

[81] Cf. B. Fausto, 2015, *História concisa do Brasil*, p. 171.

[82] Fausto, 2015, p. 172.

[83] Cf. Fausto, 2015, *ibidem*.

[84] Cf. Fausto, 2015, pp. 174-176.

mente o essencial: Nas duas primeiras décadas do século XX, a principal luta política no Pará – na qual d. Inácia estava existencialmente envolvida – se deu entre o senador Antônio Lemos, intendente de Belém de 1897 a 1911, e Lauro Sodré, governador do Pará de 1891 a 1897, e novamente de 1917 a 1921. Dois episódios traumáticos para os lemistas, derrotados, e que são lembrados também no romance, foram o incêndio do prédio do jornal *A Província do Pará*, pelos partidários de Lauro, em 29 de agosto de 1912 e, no dia seguinte, a humilhação do senador, que foi arrastado para a rua, cuspido e pisoteado (cf. BGP: 130 e 217).[85] No ano em que se passa o enredo do romance, em 1922, o governo do Estado já não estava mais nas mãos de Lauro Sodré, mas de um sucessor que representou a mesma tendência: Antônio Emiliano de Souza Castro, que ocupou o cargo de 1º de fevereiro de 1921 até 1º de fevereiro de 1925.

Essas informações sobre o contexto político nos ajudam a entender melhor as questões sociais expostas no romance de Dalcídio Jurandir. Um dos problemas mais graves foi o descaso do governo com os funcionários públicos: "Que Governo! O professorado num atraso de meses, os funcionários mendigando vales no Tesouro, os próprios soldados da Força Pública andavam de farda rota" (BGP: 203) – "d. Inácia ria daquele governo estadual, do calote e bolso furado, que reduzia despesas" (BGP: 140). O governo de Souza Castro é descrito pelo historiador Carlos Roque (2001, p. 147) como um

> dos mais impopulares de toda a história do Pará [...]: herdeiro de dívidas imensas e com a arrecadação atingindo os mais baixos índices, atravessou os quatro anos de mandato sem, praticamente, nada poder executar. O atraso do funcionalismo atingiu proporções alarmantes; e, em decorrência, a agiotagem [...] campeou solta, aumentando a miséria dos que serviam ao Estado.

Um problema ainda maior foi a fome nos bairros mais pobres da cidade, que desencadeou uma onda de assaltos e saques. No romance, podemos distinguir três níveis de apresentação desse tema.

1) Através do modo como esses fatos são percebidos pelos personagens. D. Inácia, mergulhada nos planos de mudança para a estrada de Nazaré, é despertada por Isaura com esta pergunta: "A senhora acompanha o que está acontecendo no Guamá?" (BGP: 262). Com a resposta: "Pois não ando lendo? O pau comendo no comércio. Estão limpando os comerciantes", d. Inácia toca apenas no aspecto superficial dessa luta, embora conheça o motivo principal dessas ações violentas:

---

[85] Cf. Roque, 2001, p. 114.

"Os caboclos do Guamá agiam por fome" (BGP: 214). A costureira tem mais informações, pois seu pai, funileiro militante, lhe deixou um arquivo, que "tinha um parentesco" com "aquela luta lá no Guamá" (BGP: 242). Além disso, a sua família ajuda clandestinamente um dos líderes do movimento (cf. BGP: 320).

2) Através das notícias dadas pelos jornais, que falam dos "bandoleiros do Guamá" que "andavam assaltando os barracões do comércio" (BGP: 207). À medida que se desenvolvem "os acontecimentos do Guamá", eles "irromp[em] de novo, nos jornais": "novos bandos engrossavam, atacando o comércio, atrás do que comer e vestir" (BGP: 275). As notícias tornam-se mais frequentes, mais concretas e mais dramáticas. Ouçamos Alfredo, que é incentivado por d. Inácia a ler em voz alta: "O sírio Felipe José, de São Domingos da Boa Vista, surrado e roubado em 13 contos de réis. Remédios, redes, ferragens, fazendas, tudo sumiu das prateleiras" (BGP: 280). Veicula-se também um telegrama dirigido ao governador: "Comércio e população [...] alarmados, grupos de bandidos se aproximando desta vila [...]. Pedimos urgente força e munições" (BGP: 280). Depois de uma informação destinada a tranquilizar a população – "As forças da Brigada desembarcavam em São Miguel do Guamá" (BGP: 284) –, seguem-se duas notícias alarmantes: "A luta ali [no Guamá] parecia crescer" e "As cidades de São Miguel do Guamá e Capanema", próximas da capital Belém, "estavam no risco de serem ocupadas pelos famintos" (BGP: 320).

3) Através de citações de diversos discursos e posturas diante desses fatos. A posição dos que estão do lado dos donos do poder é expressa por d. Ludovica, vizinha e adversária política de d. Inácia, que vê nos acontecimentos do Guamá uma manifestação de "puro banditismo"; "mas a Brigada vai, acaba" (BGP: 278). Com isso, ela reproduz a visão do Chefe de Polícia: é verdade que ocorrem "roubo, saque, jagunçagem", mas "podemos estar sossegados": "bast[a] aquela força da Brigada [...] para repor tudo em ordem" (BGP: 232-233). Reforçando a posição oficial, um certo professor Menendez escreve suntuosamente no jornal:

> Bandos de homens desertando das fainas do campo puseram à boca do bacamarte a solução violenta da crise [...], crise [...] endêmica que há nove anos pôs em prova todas as nossas energias [...] Não, não é fome, é a imprevidência. É o olvido da própria terra [...] opulenta e sob este céu magnífico. [...] Substitui o bacamarte pela enxada. Amai a choupana, de aspecto pobre, mas feliz [...]. (BGP: 281)

A facção dos personagens opostos à situação manifesta sua simpatia pelos famintos, vendo na sua revolta um ressurgimento da Cabanagem. Embora esta seja a referência comum dos discursos de Isaura e Mãe Ciana, de seu Lício e de d. Inácia, o sentido de cada uma dessas evocações da Cabanagem é bem diferente.

Mãe Ciana, numa conversa com Alfredo, quando ele quer saber da situação no Guamá, refere-se implicitamente aos cabanos: "Deus queira que eles ganhem, tomem as enxadas. Entrem aqui..." (BGP: 327). E sua neta Isaura completa: "Viste no jornal? A Força trouxe de lá cem presos. [...] Mas os caboclos não são esses cem só. [...] Cabano, meu filho, não acaba a raça" (BGP: 516). Com palavras breves e simples, as duas mulheres, que em seu trabalho diário sentem existencialmente a continuação da condição escrava, através dos desmandos e da arrogância dos que se acham "superiores", reatam com o núcleo do "projeto político cabano", que visou a conquista da "cidadania plena" também para aqueles que eram "súditos permanentes de colonizadores eternos".[86]

"A volta dos cabanos" é esperada também por seu Lício, o encadernador militante: "Os caboclos do Guamá não preveniam, não anunciavam?" (BGP: 501). Mas diferentemente da fala simples de Mãe Ciana e Isaura, o seu discurso é sobrecarregado de retórica: "– Aquele sangue não secou. É plebe, pura. Dele me orgulho, é minha fidalguia" (BGP: 501). Esse militante, que "quer[ia] um bem à humanidade" e não podia amar "uma só criatura", mas somente "milhões" (BGP: 395-396) – será que foi por isso que abandonou a mulher que o ama? –, é apresentado sob uma luz irônica. Enquanto seu Lício gosta de "leva[r] a imaginação do ouvinte para as greves de 1918", o narrador lembra que as reuniões de operários convocadas por seu Lício resultaram em "piqueniques" no mato, "contra a sociedade e o Estado" (BGP: 397). O retrato de seu Lício que, durante o almoço do Círio, "levanta o garfo pelas ideias, pela humanidade" (BGP: 501), beira a caricatura. E a citação de seus discursos – as "pipocantes palavras contra a plutocracia" no jornal *O Semeador*, e sua investida, "com o garfo", contra "os professores e padres que nos jornais e púlpitos falavam em 'tubas da discórdia'" (BGP: 501) – é uma sátira do jargão dos militantes ortodoxos. Apesar de seu Lício defender uma ideologia diametralmente oposta à do professor Menendez, o gosto de ambos pela verborreia faz com que se tornem parentes espirituais.

A personagem que mais intensamente associa a revolta dos faminos do Guamá com a Cabanagem é d. Inácia. Ao chefe de Polícia ela recomenda, em tom de pilhéria, que tomasse cuidado: "Não esquecesse a Cabanagem" (BGP: 233). E na vizinha situacionista ela quer provocar receios: "A senhora não acha que pode virar numa cabanagem?" (BGP: 278). Ela lhe explica o que foi o movimento:

> Os cabanos fizeram desta Belém [...] um valha-nos Deus. [...] Mataram o governador, os comandantes, mataram muito branco, muito português. [...] [Vinham] do

---

[86] Cf. Di Paolo, 1990, *Cabanagem: a revolução popular da Amazônia*, p. 369.

interior, se ajuntaram nos sítios, nas roças, nas vilas, aos bandos. [...] Cercaram Belém. Entraram. Mais que indígenas. Principiou igual ao que agora acontece no Guamá. [...] Ah, eu queria ver esses do Guamá entrar agora no Palácio, abrir o bucho do governador [...]. (BGP: 278)

Dos acontecimentos históricos, d. Inácia mantém apenas o elemento de violência, usando-o para assustar a vizinha e compensar a sua própria frustração política. Através das narrações dela e da empregada Libânia – que acompanham a novela amorosa de uma bela moça que foi raptada da casa da vizinha por um dos líderes dos famintos –, a Cabanagem configura-se na imaginação de Alfredo como uma história romantizada da violência.

Na verdade, a posição de d. Inácia em relação aos acontecimentos políticos é fantasmagórica, como mostra o narrador, contrastando ironicamente os altos discursos políticos da personagem com seus afazeres de dona de casa e cozinheira: "D. Inácia mexia os bagos na tigela, como se agitasse as multidões" (BGP: 200). Ela age "como se o saque do Guamá e a conspiração dos quartéis partissem do seu fogão" (BGP: 218). Achando que o seu candidato a presidente foi roubado nas urnas, ela quer "disputar o Catete com os bacamartes" e conclama os militantes imaginários: "– Ao Palácio das Águias! Ao Palácio das Águias!" O apelo heroico é transformado em ato cômico pela frase seguinte: d. Inácia "seguia para o fogão" (BGP: 216). O caráter ilusório das palavras de d. Inácia é realçado também pelas cogitações do jovem protagonista. Enquanto ela quer ver os do Guamá entrar no Palácio e "abrir o bucho do governador", Alfredo "queria ver a d. Inácia à frente dos roceiros do Guamá, entrando de pau em cima do comércio ou nos quartéis [...]. Desejou submeter a madrinha-mãe a um interrogatório [...] a respeito de tudo isso [...], duvidou da sinceridade dela" (BGP: 215-216). Aos propósitos políticos de d. Inácia, como se percebe, não corresponde ação política nenhuma; no fundo, ela mesma o sabe, pois não lhe falta uma boa dose de autoironia. Em síntese, ela representa a posição política fantasmagórica de uma classe média frustrada, que nada faz em termos de ação política, mas sonha, em compensação, com um movimento revolucionário dos de baixo que beneficiaria, milagrosamente, a classe média.

Ao apresentar ironicamente discursos políticos como o jargão militante de um seu Lício ou a fantasmagoria de uma d. Inácia, o escritor estimula a reflexão sobre os discursos e as posturas dos cidadãos diante dos fatos políticos. É uma técnica de dissecação, ou "desagregação", para usar o termo do próprio Dalcídio Jurandir, que analisaremos mais adiante.

Um funcionário público sonhando com um "feliz contrabando"

Como administrador do Mercado Municipal de Belém, durante o governo do Senador Lemos, e funcionário da Alfândega, no período subsequente, seu Virgílio Alcântara é parte integrante da história econômica da Amazônia. Em que medida o enfoque micro-histórico deste personagem pode ser relevante para a compreensão das estruturas econômicas? Além do seu testemunho sobre a queda da borracha, que já vimos, existe o seu envolvimento numa atividade econômica que não costuma constar dos manuais escolares: o contrabando. Com a opção de focalizar a sociedade sob o aspecto do crime, o autor de *Belém do Grão-Pará* não está sozinho na literatura brasileira do século XX. Lembramos que Guimarães Rosa, em *Grande sertão: veredas*, retrata um Brasil jagunço: bandos de criminosos disputando o poder no planalto central do país. No seu romance, Dalcídio Jurandir focaliza o contrabando em várias camadas sociais. De passagem, ele nos fornece este retrato de uma família da alta sociedade, que convida Emília para um baile no principal clube da cidade: "As Rodrigues", que moram na estrada de Nazaré, "eram agora constantes, na Assembleia [Paraense], porque o pai ganhara uma fortuna numa série de felizes contrabandos" (BGP: 196). A figura do contrabandista bem-sucedido pode ter servido de inspiração para o pai de Emília: a criminalidade do ato é ali sobrepujada pela imagem de uma espécie de "jogo da fortuna", de uma aspiração à "felicidade", que passa por cima da consciência moral.

Seu Virgílio é apresentado inicialmente como um funcionário público exemplar. Quando administrador do Mercado, ele vivia "encafuado" ali, "longe do Palácio e do centro comercial", dedicado inteiramente ao seu trabalho (cf. BGP: 61-62). Na Alfândega, ele mantém essa mesma atitude de "ascetismo burocrático", trabalhando como "um frade" (BGP: 294). O que provocou, então, a mudança de profissional exemplar para contrabandista? O motivo desencadeador foi a mudança de moradia para o sobrado na estrada de Nazaré. Com as aspirações de *status* por parte da filha e da esposa, "as despesas aumentavam" e ele se pergunta: "Como, com aquela ração de ordenado, residir na estrada de Nazaré?"; "Querem que eu roube?" (BGP: 289, 304). Um motivo de efeito permanente são as queixas e zombarias da esposa, que critica os desonestos bem-sucedidos, mas no fundo os admira e inveja, desprezando ao mesmo tempo o marido por não ter tido "o descaramento de prestar solidariedade aos novos mandões" (BGP: 304), nem o arrojo de "arriscar" o grande golpe (como fez o pai das Rodrigues). Seu Virgílio acaba interiorizando essas críticas e trama, então, "um plano de desforra contra Inácia, contra si mesmo, por ter sido muito honrado e cauteloso com a função pública, com o dinheiro e com as mulheres": ele deixa "corromper-se para vingar o que perdeu" (BGP: 243, 293). Quando surge, como motivo último e decisivo, a oportunidade "de participar de uma muamba na Alfândega, em torno de uns contrabandos", seu Virgílio resolve correr o risco, aparentemente muito pequeno, por causa da "imunidade" que lhe oferecem seus cúmplices (BGP: 243).

A ideia de um "feliz contrabando" que toma conta de seu Virgílio assemelha-se a um estado de embriaguez, em que vive aquele que tenta sua sorte no jogo de azar, um estado de espírito que foi descrito magistralmente por Anatole France:

> Tentar a sorte não é uma volúpia medíocre. Experimentar – num segundo – meses, anos, toda uma vida de temor e de esperança não é um prazer sem embriaguez. [...] O jogo é um corpo a corpo com o destino [...]. E você quer que não se jogue? Se pelo menos o jogo desse apenas esperanças infinitas, se mostrasse apenas o sorriso de seus olhos verdes, talvez não o amássemos tão ardorosamente. Mas ele tem unhas de diamante, é terrível; proporciona, quando lhe apraz, a miséria e a vergonha; é por isso que o adoramos. A atração do perigo subjaz a todas as grandes paixões. Não há volúpia sem vertigem. O prazer misturado com o medo embriaga. E o que há de mais terrível que o jogo? Ele dá e tira; suas razões não são absolutamente as nossas razões. Ele é mudo, cego e surdo. Pode tudo. É um deus... Tem seus devotos e seus santos que o amam pelo que ele é, não pelo que promete, e que o adoram quando os atinge. Se os despoja cruelmente, atribuem a falta a si mesmos, não a ele: 'Joguei mal', dizem. Eles se acusam e não blasfemam.[87]

É essa embriaguez, mas também uma mistura de medo, volúpia e vergonha que experimenta seu Virgílio, partido em dois "entre os cacos de sua honradez e os regalos da desonra" (BGP: 487). Essa atmosfera se adensa com a chegada do Círio de Nazaré. Nada poderia ilustrar melhor aquilo que Baudelaire chama a "embriaguez religiosa das grandes cidades",[88] do que essa mais importante festa religiosa e profana de Belém, que marca a parte final do romance.

Vejamos o fim e a moral da história. As maquinações do contrabando pareciam correr bem, e na casa da estrada de Nazaré "d. Inácia [...] via, mão no quadril, queixo no chão: as compras entrando em casa" (BGP: 485). Seu Virgílio, no entanto, está com a consciência dividida. Por um lado, está "aproveitando a confusão do Círio" (BGP: 404) para encobrir a ação criminosa; por outro, sente a necessidade de integrar-se na procissão religiosa: quer "mergulhar naquela quantidade humana para limpar-se" (BGP: 490). "Mas impossível": "ele e a casa", a velha casa de Nazaré, "juntos, desmoronavam" (BGP: 490). No fim, prevalece a moral de um

---

[87] A. France, *Le Jardin d'Épicure, apud* Benjamin, 2006, p. 539 ["O", 4a].

[88] Ch. Baudelaire, *Fusées, apud* Benjamin, 2006, p. 335 ["J", 34a, 3].

sermão ouvido por um colega na Sé: "Não há coisa escondida que não haja de saber-se vir à luz" (BGP: 404). Com efeito, no dia seguinte ao Círio, a participação de seu Virgílio na operação de contrabando é descoberta e ele perde o emprego.

Mitologia de uma classe

A análise dos diferentes tipos de moradia em *Belém do Grão-Pará* nos levou a detectar determinados sonhos e desejos dos personagens, especialmente nos membros da família Alcântara. Retomando a proposta metodológica de Walter Benjamin, trata-se agora de comentar esses sonhos individuais diante do pano de fundo de uma "configuração onírica" formada pelos sonhos coletivos que representam a mitologia ou ideologia de uma classe e que podem ser revelados no sentido de mostrar a sua visão da História. Cada um dos sonhos individuais dos três Alcântaras desdobra-se numa dimensão maior. O desejo de Emília de morar "onde gente fina morava e ostentava", de exibir esse *status* social, de circular entre as pessoas da alta sociedade e de usufruir desses contatos não é apenas uma aspiração dela, mas de muitas pessoas. O desejo de d. Inácia de sair da situação de derrota política e do rebaixamento do nível de vida e de *status*, através de uma aposta numa fantasmagoria política que reúne ressentimento e revanchismo, oportunismo, irresponsabilidade, conspiração e violência também não é um caso individual, mas na História já ocorreram várias manifestações desse tipo. E o desejo do chefe da família de superar suas frustrações através da aposta num "feliz contrabando" foi inspirado pelo exemplo de um senhor da alta sociedade que compactuou com o mundo do crime.

Os casos já citados do pai das amigas de Emília, o sr. Rodrigues, e do advogado Porca Prenha, "imundo na profissão", são completados pelo retrato do desembargador e chefe da Polícia, que sempre soube ficar ao lado dos poderosos. Ele é caracterizado por d. Inácia como um "salteador de toga", "um canalha que usa sempre as leis contra o direito" (BGP: 233). Quando o jovem Alfredo ouve essas palavras a respeito de uma autoridade, representando as leis, isso "lhe tirava um pouco o respeito pelo governo", e ele fica com esta dúvida: "os estudos serviam para se deixar de ter pena do próximo para se ser patife, com luva de pelica", "sabidíssimo para melhor mentir, para melhor lograr [...]?" (BGP: 242). Também os Alcântaras não são modelos de honestidade. Integrantes de uma classe média frustrada, eles criticam as pessoas da alta sociedade, mas ao mesmo tempo procuram imitar seu tipo de comportamento, sonhando igualmente com golpes criminosos bem-sucedidos. E já que a "elite" de Belém, na *Belle Époque*, sonhava com uma "Paris n'América", o quadro merece ser ampliado com este exemplo de ação política de um agiota parisiense, retratado por Balzac: "Ele pediu *tantos por cento* sobre a compra de quinze vozes legislativas que, no espaço de uma noite, passaram da bancada da esquerda para a bancada da direita. Esse tipo de ação não é mais nem crime, nem roubo, é um modo de governar".[89]

Ao descrever esses diversos desejos, devaneios e imagens oníricas dos três membros da família Alcântara, o autor de *Belém do Grão-Pará* vai além do retrato de casos individuais; ele visa apresentar a ideologia ou mitologia de uma classe social. Com suas montagens contrastivas, ele prepara o terreno para o intérprete proceder à "dissolução da 'mitologia' no espaço da história".[90]

Utopias sociais e tempo de salvação

Da *mitologia* da classe dominante, representada pelas diversas *fantasmagorias* que acabamos de examinar, é preciso distinguir as *utopias sociais* das pessoas que pertencem às classes de baixo. "O pensamento dialético, tal como o concebia Benjamin", explica Rolf Tiedemann, "devia separar nos momentos da história respectivamente o elemento portador de futuro, 'positivo', do elemento retrógrado, 'negativo'".[91] No romance de Dalcídio Jurandir, os elementos retrógrados manifestam-se nos desejos e nas práticas dos que querem manter a qualquer custo as estruturas do sistema colonial. Os donos do poder não desejam mudança nenhuma, e a classe média, representada pelos Alcântaras, segue esse modelo. Cada domingo à tarde ocorre nessa família uma cena emblemática: "d. Inácia, ao pé do marido, se deixava catar pela [serva] Libânia". Esta cena resume para seu Virgílio, "obscuramente fascinado", "o velho tempo, a província" (BGP: 65-66), ou seja, a Amazônia do tempo colonial. O título do romance reflete ironicamente esse sonho coletivo de manter na Belém do século XX as estruturas do *Grão-Pará*. Note-se que o sonho aparentemente progressista, acalentado pela mesma classe, de transformar Belém numa "Paris n'América" não difere substancialmente daquela nostalgia colonial. Houve apenas a substituição do antigo padrão colonial português e do neocolonialismo imperial por uma versão francesa, esteticamente mais moderna. A mentalidade de continuar a exercer o papel de um colonizador interno permaneceu inalterada.

Os "elementos portadores do futuro", por outro lado, são introduzidos por mulheres operárias: a costureira Isaura, a vendedora de cheiros Mãe Ciana, e a *agregada* Libânia, que sofre diariamente o mandonismo e as humilhações por parte de seus

---

[89]   Balzac, *Les Marana*, *apud* Benjamin, 2006, p. 821 ["g", 3a,2].

[90]   Benjamin, 2006, p. 500 ["N", 1,9].

[91]   R. Tiedemann [1982], "Introdução à edição alemã", *in:* Benjamin, 2006, p. 21.

patrões. Com Alfredo, ela desabafa: "– Sou menos que bicho de estimação. [...] Não é o teu lombo que vai arder, é o meu. [...] E os nomes de madrinha-mãe em cima de mim então! [...] Um dia me sumo, aquele-menino. Nem rastro deixo. Mee... sumo" (BGP: 392-393). O desejo de Libânia é diametralmente oposto às fantasmagorias de seus patrões; é o sonho coletivo de todos os escravos: o da libertação.

Quando chega a festa do Círio, os três agregados do sobrado da avenida Nazaré, Libânia, Alfredo e o menino Antônio, que se sentem ali "como num orfanato" (BGP: 421), deslocam-se para o meio de sua gente. A imagem de Libânia, que simboliza a mão de obra vinda do interior e explorada na capital, é projetada sobre o fundo do povo, com uma conotação de revolta:

> Ela sentia-se de bubuia naquela murmuração crescente da doca. Eram seus parceiros, os muitos, ali acampados, criaturada meio miúda, sabrecada de sol, rosto de cobre, cor de vela, peixe e lama, paludismo e raízes sob a arquitetura dos mastros e cordagens, como se tudo aquilo fosse uma ardilosa preparação dos bandoleiros guamenses para atacar a cidade. (BGP: 458).

A grande festa religiosa e profana traz para a jovem empregada a esperança de um movimento revolucionário, com uma referência implícita ao tempo da Cabanagem.

Ao trabalhar com estruturas históricas de longa duração, Dalcídio Jurandir, assim como Benjamin, ativa a memória da história dos sofrimentos, concretamente: a história de uma sociedade escravocrata. Quando Alfredo um dia encontra Mãe Ciana no centro da cidade, ela lhe diz: "Pensa que os escravos já acabaram? Eu venho da escravidão. Eu, tua avó, tua mãe, tu também. Tu tens no sangue. Nossos parentes penaram nos engenhos [...]" (BGP, p. 327). Através dessa personagem, o romancista monta uma superposição de épocas históricas diferentes, que nos permite desconstruir agora o esquema sequencial de épocas com o qual iniciamos, por razões didáticas, este estudo sobre Belém. A festa religiosa do Círio, no final do romance, funciona como um catalisador para processar as imagens utópicas coletivas e ajuda a revelá-las.[92]

---

[92] Sobre o Círio, cf. Tocantins, 1963, pp. 232-242; Moreira, 1989, "Visão geo-social do Círio"; e S. L. Figueiredo (org.), 2005, *Círio de Nazaré: festa e paixão*. Acrescento duas fotografias tiradas em 2009, mostrando a procissão do Círio e a Basílica de Nazaré (Imagens 22 e 23).

Imagem 22. Procissão do Círio

Imagem 23. Basílica de Nazaré

Assim Mãe Ciana, que segue a trasladação e chega à Catedral da Sé, tem uma visão do tempo de fundação da cidade:

> Mãe Ciana via o tempo velho chegando. Nasciam de novo, prateando sob o arvoredo antigo, aqueles igarapés em que indígena andou, cabano viu. Ao pé do Castelo, as idosas gurijubas rabeavam. Desembarcavam pajés do Salgado, seus cachimbos acesos, os maracás, suas rezas. Das velhas barcas de Portugal pulavam as marujadas. E negros do Mazagão com seus tambores, suas vacas de promessa urravam no porto. Os tambores, dentro da Sé, a modo que estrondavam. Mãe Ciana trazia também seus pretos do Araquiçaua, os afogados e desaparecidos trazia do fundo e do invisível, todos eles na Sé, guardando a imagem, falando suas tantas reclamações, seus ais. E os do Guamá, também não? O sono da Cobra Norato debaixo da Sé, a Mãe Ciana escutava. (BGP: 484)

Esse "tempo velho" limita-se com um *tempo mítico* no qual, segundo a lenda indígena, os fundadores da cidade tinham que pedir à cobra-grande, que mora no lugar debaixo da Cidade Velha, permissão para erguer ali a sua igreja.[93]

Imagem 24. A cobra-grande

---

[93] A lenda da cobra-grande é resumida por L. Tocantins, 1963, p. 73: ela mora em vasto palácio no fundo da baía do Guajará. Quando Castelo Branco desembarcou, em 1616, ele teve de pedir licença para fundar a cidade de Belém. Depois de construída a Igreja da Sé, a cobra-grande resolveu fazer modificações no seu palácio, instalando a cabeceira do seu leito exatamente embaixo do altar-mor da catedral. – A fotomontagem (Imagem 24) mostra a cobra-grande nadando na baía de Guajará, diante do fundo da *skyline* de Belém.

Esses dois tipos de tempo, porém, não se confundem. Enquanto o tempo mítico é basicamente um *outro tempo*, um tempo de liberdade, anterior à chegada dos colonizadores, o tempo velho, que é o da colonização e da escravidão, deu origem à *história dos sofrimentos*, que perdura até o presente. Para superar este tempo, Mãe Ciana, em suas preces por "aqueles degredados lá das roças", "aquelas criaturas do Guamá [...], aqueles [...] tão sofridos" (BGP, p. 481), professa sua fé num *tempo de salvação*. Dalcídio Jurandir, embora se refira com simpatia ao tempo mítico, não se retrai nesse tempo, mas abre uma perspectiva de conhecimento novo, que faz lembrar a "dissolução" das formas oníricas e míticas, por Benjamin, através de "categorias político-teológicas".[94]

Desagregação da história oficial

Depois da triagem entre os elementos históricos "retrógrados" e os elementos "portadores de futuro", como pode ser resumida a visão da história e da sociedade apresentada no romance *Belém do Grão-Pará*? O que chama especialmente a atenção na descrição das moradias e dos territórios urbanos, juntamente com os desejos, sonhos e utopias dos habitantes, é a combinação dessa topografia, material e imaginária, com uma superposição de épocas. Ao longo da obra inteira, determinados tipos de discursos sobre a cidade são desmontados por outros discursos, por meio de *montagens contrastivas*. Com uma palavra-chave usada pelo romancista podemos chamar essa técnica de composição de "desagregação". As concepções de história de Walter Benjamin e de Dalcídio Jurandir podem ser aproximadas, na medida em que existe uma certa afinidade entre a "dissolução da mitologia no espaço da história" e a "desagregação" da história oficial. Bem mais preciso que o termo de "decadência", a "desagregação" possibilita uma reflexão dialética sobre a relação entre as diferentes classes sociais – entre as quais circula Alfredo, o protagonista-aprendiz –, na medida em que incorpora a realidade conflitante e contraditória.

A primeira ocorrência dessa palavra-chave se dá através de um comentário de seu Virgílio: "Desde que aquele moleque [Alfredo] entrara na família, parecia ter começado a desagregação" (BGP: 322). Sim, na medida em que o jovem protagonista introduz um olhar analítico, sustentado pela perspectiva crítica do narrador. A palavra aparece pela segunda vez num edital da imprensa: "'A desagregação das coisas', dizia o jornal contra a greve de 1918" (BGP: 410). "A expressão me cabe", comenta seu Virgílio: "desagregação das coisas". "Não pela greve" lá fora, mas pela

---

[94] Cf. Benjamin, 2006, p. 936 ["M°",14].

desunião e a dissolução em seu próprio lar: ele suspeita que sua esposa o tenha traído no tempo do senador Lemos, como uma das "hetairas da situação", e sente culpa por ter se envolvido no contrabando, como se isto fosse a solução para todas as suas frustrações: "aí começa a desagregação das coisas" (BGP: 410). No almoço do Círio, a palavra ressurge, através de outra citação de jornal, desta vez contra a greve dos motorneiros: "A imprensa digna deste nome não pode emitir palavras de aplauso a semelhante desagregação das coisas" (BGP: 501). O fervoroso militante seu Lício, de copo na mão, resolve contra-atacar, visando ao mesmo tempo o jornal e o oponente político sentado à sua mesa, o advogado Porca Prenha: "Eu sou, sim, pela desagregação de coisas" (BGP: 501). Diante desse uso da mesma palavra por pessoas de opiniões e ideologias tão divergentes, a costureira Isaura lembra o seu pai funileiro, velho militante, que "era também pela desagregação de coisas". E ela arremata com este comentário: "Pobre pai! Eu não sabia ouvir o que ele pensava nem sei o que faça agora. Que é que liga as pessoas, o entendimento ou o desentendimento?" (BGP: 501-502).

Com esta questão – depois de ter mostrado ao vivo o funcionamento contraditório e dialético das palavras –, o autor de *Belém do Grão-Pará* retoma uma das questões fundamentais da filosofia da linguagem e da função da literatura. Como já observou Friedrich Schlegel, em seu ensaio "Sobre a incompreensibilidade" (1800), a literatura crítica é um experimento com a possibilidade de comunicação e de entendimento entre as pessoas.[95] O projeto literário e a visão histórica e social de Dalcídio Jurandir podem ser filiados a essa tradição.

Vimos, ao longo deste capítulo, que o narrador de *Belém do Grão-Pará*, sob o signo da "desagregação", pratica uma desmontagem de discursos sobre a cidade, seja com as palavras dos personagens, como a irônica d. Inácia ou a combativa Isaura, seja através de sua própria ironia em segunda instância. Nesta demonstração de que a narrativa é fundamentada na "desagregação", está a meu ver a resposta para a pergunta inicial: "Como a decadência afeta o modo de narrar?". O procedimento da desagregação oferece uma visão bem mais precisa da cidade de Belém do que a temática da decadência. Enquanto os fenômenos de decadência são apenas alguns dos pedaços do processo histórico externo, a desagregação transforma esses materiais e vários outros, inclusive opostos, em componentes da organização estética interna dessa obra, que se torna assim uma caixa de ferramentas para uma reflexão sobre a cidade como lugar de discursos. A partir das montagens contrastivas, o leitor é convidado a montar o seu próprio retrato da cidade. Dentre as várias possi-

---

[95] Cf. F. Schlegel [1800], 1967, "Über die Unverständlichkeit", p. 363.

bilidades de leitura consta também a utopia de que um dia haverá a *desagregação* da sociedade dos *agregados* (serviçais, lacaios, escravos). Com isso, a herança das estruturas do velho tempo colonial, relembrada criticamente pelo autor de *Belém do Grão-Pará*, seria dissolvida no espaço da História.

Mapa 8. Belém e sua periferia: as baixadas

IV.

A PERIFERIA DE BELÉM – UMA AMOSTRA DO NOSSO "PLANETA FAVELA"

1. AS BAIXADAS COMO CENÁRIO

As obras menos conhecidas do Ciclo do Extremo Norte são os cinco romances que têm como cenário os bairros periféricos de Belém: *Passagem dos Inocentes* (1963, 2ª ed., 1984), *Primeira manhã* (1967, 3ª ed., 2016), *Ponte do Galo* (1971, 2ª ed. 2017), *Os habitantes* (1976, 2ª ed, 2018) e *Chão dos Lobos* (1976, 2ª ed, 2019). Essa é a parte da obra que tem sido menos comentada pela crítica. Ao dar atenção especial aos subúrbios – que em Belém se tornaram, ao longo do século XX, o lugar de moradia das massas de migrantes pobres do interior –, o romancista acompanhou uma das mudanças mais significativas da história contemporânea. Como testemunha da explosão demográfica que começou nos anos 1960 em escala global e resultou na formação das megacidades no Terceiro Mundo, Dalcídio Jurandir foi um autor pioneiro ao retratar detalhadamente as condições de vida dos habitantes da periferia urbana. Com isso, ele ultrapassou decididamente o âmbito da literatura regional. Ao localizar o enredo dos referidos cinco romances nos bairros favelizados da metrópole da Amazônia, ele se tornou um dos precursores da descrição de um tipo de espaço que caracteriza, hoje em dia, a maioria das grandes cidades, principalmente nos países em vias de desenvolvimento, fornecendo uma amostra paradigmática daquilo que o urbanista e historiador Mike Davis (2006) denominou de *Planet of Slums – Planeta Favela*.

No referido estudo, Mike Davis apresenta uma visão das favelas em âmbito global. Ele cita uma advertência do Banco Mundial, feita na década de 1990, de que a pobreza urbana se tornaria "o problema mais importante e politicamente explosivo" do século XXI.[1] Esse diagnóstico é confirmado por uma publicação da UN-HABITAT, *The Challenge of Slums* (2003), que estima que há mais de 1 bilhão de favelados no mundo, e alerta que a população das favelas no nosso planeta cresce no espantoso ritmo de 25 milhões de pessoas por ano.[2] Entre as causas históricas mais antigas da favelização atual estão as migrações de trabalhadores do campo para a cidade, no bojo da Revolução Industrial,[3] e, junto a isso, os processos de segregação e exclusão social que caracterizaram a urbanização das metrópoles sob o signo do capitalismo. Um caso paradigmático foram as reformas urbanísticas realizadas em Paris, entre 1853 e 1870, durante a administração do prefeito Haussmann. A "haussmannização" consistiu numa reestruturação radi-

---

[1] Davis, 2006, *Planeta Favela*, p. 31.

[2] *Apud* Davis, 2006, pp. 34 e 200.

[3] Cf. R. Williams [1973], 1990, *O campo e a cidade na história e na literatura*.

cal do centro da cidade, com vistosas obras de embelezamento, favorecendo a burguesia, e, ao mesmo tempo, a demolição de inúmeras moradias de operários, que foram despejados para a *banlieue*.[4] Para a área localizada além dos *boulevards* de Paris, que são o espaço dos cafés, bares e teatros frequentados pela burguesia elegante, o poeta Alfred de Musset cunhou a expressão "as grandes Índias".[5] A partir dessa visão dos pobres na periferia da metrópole de um país rico, amplia-se a perspectiva e coloca-se a pergunta: como estão as condições de vida nas cidades superpovoadas dos países (ex)colonizados, dependentes, subdesenvolvidos?[6]

No caso do Brasil, a pobreza urbana e sua história podem ser sintetizadas na palavra *favela*. A realidade descrita com essa palavra – que designa um conjunto de habitações pobres, com materiais precários de construção, infraestrutura deficiente em termos de água potável, esgotos e coleta de lixo, carência de instalações de saúde e educação, além de um ambiente favorável ao crime – espalhou-se, há mais de cem anos, pelo país inteiro. Em 1897, os soldados que voltaram da Guerra de Canudos para a cidade do Rio de Janeiro receberam permissão para se instalar no morro da Providência, ao qual, em lembrança ao local da guerra e referindo-se a um arbusto abundante no sertão da Bahia, denominaram de "morro da Favela".[7] Sobre as dimensões históricas e sociais das favelas, a coletânea *Um século de favela* (2003), a bibliografia comentada *Pensando as favelas do Rio de Janeiro* (2003) e o estudo *A favela como palco e personagem* (2012) são ricas fontes de informações.[8]

Como relatam A. Zaluar e M. Alvito (2003), apenas três anos depois da ocupação do "morro da Favela", o local era percebido pelas autoridades como "infestado de vagabundos e criminosos", o que, junto com os sérios problemas sanitários, era visto como uma ameaça à ordem da cidade. Com base nisso, a partir das décadas de 1920 e 1940, houve vários planos e tentativas de remoção das "favelas", que cresciam e se multiplicavam – planos apenas parcialmente cumpridos, devido a divergências no âmbito das autoridades e à resistência dos favelados.[9] Entre 1962 e 1973, quase 140 mil pessoas foram removidas para conjuntos habitacionais, longe do centro, sendo que um desses conjuntos, *Cidade de Deus*, se tornou tema do

---

[4] Cf. Benjamin, 2006, *Passagens*, arquivo temático "E" ("Haussmannização"); e Harvey, 2015, *Paris, capital da modernidade*, sobretudo o capítulo "Comunidade e classe", pp. 301-325.

[5] *Apud* Benjamin, 2006, *Passagens*, p. 471 ["M", 5,5].

[6] Essa questão é estudada detalhadamente por M. Santos, 1971, *Les Villes du Tiers Monde*.

[7] Cf. M. Coutinho, 2012, *A favela como palco e personagem*, p. 59.

[8] Cf. Zaluar e Alvito, 2003, *Um século de favela*; Valladares e Medeiros, 2003, *Pensando as favelas do Rio de Janeiro – 1906-2000*; e Coutinho, 2012, *A favela como palco e personagem*.

[9] Cf. Zaluar e Alvito, 2003, pp. 8-10 e 11-14.

romance documental homônimo, escrito por Paulo Lins (1997), e de um filme, baseado nesse romance e dirigido por Fernando Meirelles (2002).[10] Com a chegada do tráfico da cocaína nos anos 1980, as favelas foram estigmatizadas de vez como *habitat* das "classes perigosas".[11] Apesar da presença do crime nas favelas, pondera M. Coutinho (2012), deve-se considerar que, "ao contrário do que imagina o senso comum, são muito poucos os moradores que se envolvem com a vida no crime".[12]

Os diferentes modos de percepção da favela no espaço público foram examinados por B. Oelze (2008), que resume os estereótipos nos discursos sobre as favelas em três antinomias: 1) as favelas como o direito justo dos pobres contra as injustiças sofridas *versus* as favelas como lugares de infração do direito e desafio da ordem urbana; 2) as favelas como lugares de uma rica cultura alternativa dos "de baixo" *versus* as favelas como lugares de precariedade e carência; e 3) as favelas como partes funcionais integradas ao conjunto da cidade *versus* as favelas como incrustações parasitárias e nocivas no organismo da cidade moderna. O autor conclui com a proposta de que essas dicotomias e esses estereótipos sejam superados, para que possa haver um avanço nas pesquisas sobre as favelas.[13] Numa direção semelhante vão as opiniões de Zaluar e Alvito (2003), que veem com bastante otimismo uma tendência atual de melhorias na infraestrutura das favelas para que elas se transformem, futuramente, em bairros da cidade.[14] Mas, sobretudo, eles enfatizam – assim como os demais autores de sua coletânea e como M. Coutinho (2012) – a riqueza da produção cultural e artística dos habitantes da favela (samba, blocos de carnaval, música), o seu senso de comunidade e sua crescente participação no espaço público como sujeitos da História.

Deslocando-nos da ex-capital Rio de Janeiro para a metrópole regional Belém, que tem um relevo geográfico muito diferente, verificamos que, no lugar da palavra "favela" (associada aos morros), costuma-se usar o termo "baixada" para os bairros pobres, uma vez que estes se localizam nas áreas com curvas de nível abaixo de quatro metros e, portanto, alagáveis. Também nos romances de Dalcídio Jurandir não há nenhuma ocorrência da palavra "favela", nem "periferia" (que é de uso mais recente entre os habitantes de Belém), mas ele refere-se às "baixas", que são uma variante de "baixadas". Antes de consultar trabalhos mais recentes

---

[10] Cf. Coutinho, 2012, p. 66; P. Lins, 1997, *Cidade de Deus*; e F. Meirelles, 2002, *Cidade de Deus*.

[11] Zaluar e Alvito, 2003, p. 15.

[12] Coutinho, 2012, p. 71.

[13] Cf. B. Oelze, 2008, "Favela-Diskurse: Anmerkungen zur Konstruktion des Begriffs 'Favela' in der politischen Öffentlichkeit".

[14] Cf. Zaluar e Alvito, 2003, p. 21.

sobre essas áreas, lancemos um olhar sobre o livro *Belém – estudo de geografia urbana* (1968), de A. R. Penteado, que é contemporâneo da época em que Dalcídio Jurandir escreveu e publicou seus romances sobre a periferia de Belém. Naqueles tempos, a população da cidade – que era de 236.402 pessoas em 1920 e de 254.949 pessoas em 1950 – quase duplicou para 402.170 pessoas em 1960 e quase triplicou para 642.514 em 1970.[15] No referido estudo sobre Belém, os bairros caracterizados como pobres são estes: 1) Jurunas, Condor e Guamá, na zona sul; 2) Canudos e Terra Firme, na zona leste; e 3) Matinha, Telégrafo e Sacramenta, na zona norte. Lembramos que, no romance *Belém do Grão-Pará*, a baixada do Guamá tinha sido avistada pelo protagonista de longe, como o território dos excluídos. Nos cinco romances seguintes, as moradias de Alfredo passam a situar-se no "subúrbio", isto é, no bairro do Telégrafo, avançando em direção à baixada do igarapé do Una,[16] onde se localizam a *Passagem dos Inocentes* (nome fictício), a *Ponte do Galo* (que é real e foi escolhida como título de um dos romances) e o *Chão dos Lobos*.[17]

Em todos esses bairros pobres, que tiveram um crescimento demográfico acelerado, o geógrafo A. R. Penteado observa que as moradias típicas são as precárias "barracas" – que é também o nome usado por Dalcídio Jurandir. No Jurunas, Condor e Guamá, Penteado realça as atividades sociais, reuniões dançantes, batuques, bailes carnavalescos e a manutenção do folclore regional, especialmente dos "bois".[18] Apesar do baixo padrão de vida, avistavam-se com certa frequência geladeiras e televisores mesmo nas humildes barracas. No cômputo geral, porém, a avaliação que o autor faz da qualidade de vida naqueles bairros é bem crítica: não há água encanada nem esgotos, as condições de higiene e conforto são ruins, e faltam escolas. Ele chega à conclusão de que essa população precisaria de mais atenção por parte das autoridades, com a criação de condições de vida mais humanas.[19]

Durante as três décadas de 1960 a 1991, a população da Região Metropolitana de Belém (RMB) triplicou de 402.170 para 1.244.688 habitantes.[20] Com a migra-

---

[15] Penteado, 1968, p. 207; e Trindade Jr., 1998, *A cidade dispersa*, p. 71.

[16] Os bairros do Telégrafo, Sacramenta e Pedreira, como esclarece Penteado (1968), ocupam as encostas dos vales dos igarapés do Una e de seu maior afluente, o igarapé do Galo (pp. 342-343).

[17] O nome dos "Lobos", que são descritos como uma família de latifundiários urbanos, aparece também fora da ficção literária. Como informa Trindade Jr., 1997, às famílias Lobo e Guimarães foram concedidos pelo município a título de aforamento, em 1880, terrenos na área do Telégrafo, que foram ocupados, muito tempo depois, por pessoas sem moradia e tornaram-se objetos de conflito (cf. p. 48).

[18] Penteado, 1968, p. 312. Cf. também C. I. Rodrigues, 2008, *Vem do bairro do Jurunas: sociabilidade e construção de identidades em espaço urbano*.

[19] Cf. Penteado, 1968, pp. 312, 314 e 342.

[20] E. Rodrigues, 1996, *Aventura urbana: urbanização, trabalho e meio ambiente em Belém*, p. 122.

ção maciça do interior para a cidade, "as *baixadas* [foram] se transformando em enormes *favelas*", sendo que já em 1976 mais de 326 mil pessoas residiam nas terras alagáveis das baixadas, conforme constatou A. Abelém (1988), que se dedica a investigar esse "problema social de grandes dimensões".[21] Estudando o caso concreto do saneamento da bacia do Una (a maior das bacias de drenagem de Belém), ocorrido na passagem dos anos 1970 para os anos 1980, ela examina essa questão tanto da perspectiva dos moradores que foram removidos, quanto do ponto de vista dos planejadores.

Morar nas baixadas é para os migrantes "uma estratégia para sobreviver", uma vez que "na cidade capitalista não há lugar para os pobres" (Abelém, 1988, pp. 149 e 104). Como solução mais viável para o migrante se instalar com a sua família, se lhe apresentam os terrenos não ocupados, em áreas ainda não atingidas pela especulação imobiliária (cf. pp. 21-22). O fato de morar no alagado é compensado pela vantagem de a baixada ficar "perto de tudo", isto é, perto do comércio da área central e da região portuária, o que abre também possibilidades de emprego (cf. pp. 105-106). Ora, pelo mesmo motivo de estarem perto de tudo, numa cidade em acelerado crescimento e com a área central cada vez mais cobiçada, as baixadas foram sendo valorizadas também pelo mercado imobiliário (cf. p. 40). Os interesses de seus donos interferiram decisivamente no Programa de Remoção das Baixadas (PRB). No caso do saneamento da bacia do Una, houve a intenção declarada de valorizar a área (cf. p. 46) e a decisão prévia pelo não retorno das famílias a serem removidas, "para recuperar o investimento a ser realizado" (p. 51).

Urbanização e remoção: por que e para quem? Chegando ao final da pesquisa de A. Abelém, o leitor tem todas as condições para responder a essa pergunta. "A urbanização é necessária para o crescimento ordenado da cidade" (p. 150), foi a justificativa dos planejadores. Isso soa racional e, aparentemente, atende aos interesses de toda a população. Mas, efetivamente, como observa a autora, "a população [pobre] geralmente é afastada desse processo" (p. 133). Como mostram as entrevistas com os antigos moradores, eles foram expulsos para áreas ainda não urbanizadas, sem que tenha havido melhoria para eles (cf. pp. 155-157). Ou seja: a remoção acabou sendo feita de acordo com os interesses da classe dominante, e quem lucrou com isso foi a especulação imobiliária (cf. pp. 136 e 155).

Em seu estudo sobre a *Urbanização selvagem e proletarização passiva* (1989), na cidade de Belém, Th. Mitschein, H. Miranda e M. Paraense chegam a conclusões

---

[21] Abelém, 1988, *Urbanização e remoção: por que e para quem?*, pp. 39 e 40.

semelhantes. A urbanização desordenada – caracterizada pela favelização dos bairros periféricos, uma população urbana de cerca de 50% vivendo na periferia, a falta de serviços básicos e um grande número de desempregados e subempregados – é para eles o comprovante de "uma política de modernização fracassada".[22] Os três pesquisadores realizaram entrevistas com moradores nas baixadas de Terra Firme, numa vila de palafitas no bairro do Telégrafo, e numa favela no subúrbio do Benguí, fora da Primeira Légua Patrimonial.[23] Um aspecto exemplar do estudo desses três acadêmicos é o fato de eles terem atravessado a linha divisória entre o *campus* de sua universidade (a UFPA) e a favela situada do outro lado (o bairro de Terra Firme), para dialogar com os moradores e registrar em seus depoimentos as vozes dos excluídos (cf. pp. 13 e 118-199.).

Também os estudos de E. Rodrigues (1996 e 2000) e de S.-C. Trindade Jr. (1997 e 1998)[24] tratam da questão dos subúrbios, oferecendo, além disso, um leque de informações sobre o contexto mais amplo do processo de modernização e da história social na Amazônia, sobretudo a partir da década de 1960. Trindade Jr. (1997) focaliza um caso típico de ocupação e favelização das baixadas – o igarapé das Almas, entre os bairros do Reduto e do Umarizal – e da política de saneamento por parte do Estado, que transformou esse lugar na Doca de Souza Franco. Os resultados foram, por um lado, a valorização dos terrenos, que se tornaram "espaços nobres" no mercado imobiliário; e, por outro, a remoção dos moradores para um conjunto residencial no subúrbio distante, em Nova Marambaia, sem que tenham sido resolvidos os problemas sociais.[25] Com base nesse caso representativo, Trindade Jr. mostra na sua pesquisa seguinte (1998) que na RM de Belém – que apresenta o maior número de invasões dentre as regiões metropolitanas brasileiras (cf. p. 259) – existe a partir dos anos 1980 uma tendência de *dispersão* das baixadas em direção aos subúrbios afastados. Essa nova periferia localiza-se, de forma espraiada e caótica, muito além da Primeira Légua Patrimonial e além do "cinturão institucional", em conjuntos habitacionais distantes como Cidade Satélite, Cidade Nova, Jaderlândia, Júlia Seffer e PAAR.[26]

---

[22] Mitschein; Miranda; Paraense, 1989, *Urbanização selvagem e proletarização passiva na Amazônia: o caso de Belém*, p. 214.

[23] Cf. o mapa dessas áreas *in*: Mitschein *et al.*, 1989, p. 43.

[24] E. Rodrigues, 1996, *Aventura urbana*; e 2000, *Os desafios da metrópole: reflexões sobre o desenvolvimento para Belém*; Trindade Jr., 1997, *Produção do espaço e uso do solo urbano em Belém*; e 1998, *A cidade dispersa: os novos espaços de assentamentos em Belém e a reestruturação metropolitana*.

[25] Cf. Trindade Jr., 1997, pp. 127-132 ("A expulsão dos moradores").

[26] Cf. Trindade Jr., 1998, pp. 131-149 ("A suburbanização e a forma dispersa") e pp. 150-244 ("Das baixadas ao subúrbio"; e também os mapas nas pp. 136 e 243, que mostram as "manchas urbanas da RMB" e os "principais assentamentos residenciais populares na RMB".

A principal contribuição dos estudos de E. Rodrigues (1996 e 2000) sobre as baixadas consiste na análise da qualidade de vida dos que moram nessas áreas. Uma vez que a cidade capitalista moderna é um espaço de segregação e exclusão social, o autor analisa comparativamente, no caso de Belém, as "três tipologias construtivas urbanas mais frequentes": a favela, situada nas baixadas; o conjunto habitacional, nos subúrbios distantes; e a solução vertical, nos bairros das classes média e alta.[27] Como mostra detalhadamente a pesquisa, é na favela que se concentram as maiores deficiências: falta de um sistema de esgotos e de remoção do lixo; profusão de doenças e insuficiência de instalações de saúde, baixa qualidade do ensino e um número muito reduzido de pessoas que conseguem ingressar na universidade.[28] Fazendo um balanço dos *desafios da metrópole*, o autor considera como tarefa prioritária "a realização de profundas mudanças estruturais" para remediar a grande desigualdade social.[29]

A minha visão pessoal das baixadas era influenciada, inicialmente, pelos conselhos dos meus amigos em Belém de evitar aqueles "bairros perigosos". Contudo, por ocasião do Fórum Social Mundial, realizado em Belém em janeiro de 2009, inclusive com vários eventos no *campus* da Universidade Federal do Pará, tive vontade de conhecer um daqueles bairros – no caso, o de Terra Firme, situado do outro lado do *campus* –; para isso, bastava atravessar a Avenida Perimetral. Eu tinha terminado uma pesquisa sobre o romance *Belém do Grão-Pará*, e a minha curiosidade era semelhante à do jovem Alfredo, que queria conhecer as baixadas e seus moradores. Graças a um dos participantes do Fórum, Francisco Batista, consegui estabelecer contato com um grupo de professores e alunos da Escola Estadual de Ensino Fundamental e Médio Dr. Celso Malcher, localizada no bairro de Terra Firme. Como eu estava começando a estudar o romance *Passagem dos Inocentes*, que é a primeira das obras de Dalcídio Jurandir que tem como cenário a periferia de Belém, e como eu já tinha realizado algumas adaptações teatrais de narrativas literárias,[30] propus aos meus interlocutores elaborarmos juntos um roteiro cênico e uma leitura dramática do referido romance. O resultado foi uma apresentação teatral, em novembro de 2009, na Escola Dr. Celso Malcher.

---

[27] Rodrigues, 1996, pp. 181-199.

[28] Cf. Rodrigues, 1996, pp. 251-255 ("Elementos de saneamento"), pp. 255-261 ("Elementos de saúde") e pp. 261-264 ("Elementos de educação").

[29] Rodrigues, 2000, *Os desafios da metrópole*, p. 144.

[30] Um exemplo de adaptação cênica bem-sucedida foi a experiência realizada entre 2004 e 2006 com o romance *Grande sertão: veredas*, de Guimarães Rosa, com apresentações no Brasil, na França e na Alemanha. Cf. a descrição detalhada na dissertação de mestrado de Maira Fanton Dalalio, 2011.

Recebemos um convite para apresentar a nossa montagem também no espaço teatral da Universidade da Amazônia (Unama), o que ocorreu em abril de 2010, havendo em seguida um debate com os espectadores. Assim, iniciou-se um diálogo entre um público acadêmico e habitantes da favela ou da "periferia", como eles costumam dizer. Essa forma de diálogo – muito necessária numa sociedade fortemente desigual como a nossa, mas que, infelizmente, acontece muito pouco – é incentivada pela própria estrutura da obra de Dalcídio Jurandir. O seu projeto literário, cultural e político pode ser caracterizado como uma tentativa de estabelecer um amplo diálogo entre o mundo dos letrados e as pessoas das camadas populares, no sentido de não apenas falar *sobre* elas, mas falar *com* elas e lhes dar a palavra. Esse projeto, a nosso ver, merecia ser retomado e transformado num tipo de práxis pedagógica; no caso, adaptações cênicas de seus romances, com apresentações públicas seguidas de debate.

Com isso, iniciamos uma oficina teatral cujos trabalhos prosseguiram ao longo de cinco anos, até setembro de 2014, e que tem incentivado os participantes a dar continuidade a esse tipo de atividades. Durante esses anos, elaboramos adaptações cênicas, seguidas de apresentações teatrais, dos outros quatro romances de Dalcídio Jurandir cujos enredos se passam nos subúrbios, a saber: *Primeira manhã* e *Ponte do Galo*, cuja afinidade temática nos levou a juntá-los numa mesma montagem, durante o ano de 2011; *Os habitantes*, que apresentamos em 2012; e *Chão dos Lobos*, que levamos ao palco em 2013. Ao longo da nossa oficina de teatro, o número dos participantes, dos locais de apresentação e dos espectadores cresceu. De seis professores e quatro alunos, no início, passamos para cinco professores e onze alunos; aos primeiros locais de apresentação acrescentaram-se, em 2013, a UFPA; em 2012 e 2014, a Feira Pan-Amazônica do Livro, em Belém; e em setembro de 2014, a Universidade Federal do Paraná, em Curitiba, onde apresentamos uma seleção das cenas mais interessantes das quatro montagens, num congresso internacional de Letras, para um público de cerca de 500 espectadores.

A experiência da oficina mostrou que a forma teatral, por ser essencialmente lúdica, coletiva e voltada para a socialização do conhecimento, é muito apropriada para despertar o interesse pela leitura das obras de Dalcídio Jurandir. A principal motivação para os professores e alunos participarem desse trabalho foi o fato de esses romances retratarem uma realidade em que eles reconhecem o seu próprio cotidiano. É verdade que os enredos e problemas narrados se passam na longínqua década de 1920; de lá para cá, no entanto, as estruturas na periferia e as condições de vida de seus moradores mudaram tão pouco que os nossos atores se identificam com as situações apresentadas naqueles romances. Assim, o contato intenso com esses textos literários tem sido, para eles, um forte estímulo para observarem mais agudamente o seu ambiente social e refletirem sobre isso.

A cooperação com os professores e alunos do bairro de Terra Firme proporcionou também para mim uma leitura aprofundada dos romances de Dalcídio Jurandir, além de me fazer conhecer de perto as condições de vida na periferia de Belém. Complementando as nossas experiências feitas no palco, o jovem Wallace Gonçalves, que interpretou o protagonista Alfredo, levou-me, através de uma caminhada, ao mundo real da favela. Nessa volta tiramos, também, uma série de fotos para uma conferência que Wallace deu em maio de 2012, na Universidade de São Paulo, sobre a nossa oficina teatral. Saindo da escola, que naquela época ainda estava abrigada num prédio junto à igreja, na praça central de Terra Firme, começamos a andar pela rua principal, geralmente congestionada de trânsito e que é também uma grande feira; em seguida entramos pelas ruas laterais, das quais somente algumas estão asfaltadas, que depois se bifurcam num labirinto de caminhos de terra, passando por casas e barracos; caminhando ao logo de um enorme muro coberto de arame farpado e, atravessando um córrego totalmente poluído, chegamos de volta à escola. Na passagem pelo prédio da Unidade Integrada ProPaz, o meu guia comentou que Terra Firme era, até recentemente, um dos bairros mais perigosos de Belém, e que temporariamente houve um toque de recolher. Nos últimos tempos, no entanto, a criminalidade diminuiu, graças ao intenso trabalho social de uma recém-criada unidade policial, que cuida sobretudo das crianças e dos adolescentes, incentivando-os a frequentar as escolas em vez de ficarem vagabundeando pelas ruas.

As nossas atividades na oficina teatral – a elaboração dos roteiros, a organização das montagens e a própria motivação dos participantes – exigiram, antes de mais nada, uma série de procedimentos práticos e empíricos para poderem acontecer. Os participantes são atores e atrizes leigos, que apresentam, no palco, as suas experiências cotidianas, assumindo com isso uma tarefa voluntária, além de seus compromissos profissionais. *A posteriori*, sentimos a necessidade de refletir sobre a nossa práxis teatral e de completá-la com uma estrutura teórica, explicitando os métodos usados. Fazemos esse balanço sobretudo com o intuito de transmitir para outros potenciais interessados um método que, para nós, foi estimulante e bem-sucedido. Queremos também contribuir para a divulgação da obra de Dalcídio Jurandir, esse autor da Amazônia que até hoje ocupa apenas um lugar à margem da literatura brasileira. Para alcançar esses objetivos, parece-nos apropriado situar as nossas atividades em relação a teoria e práxis teatrais de um autor de repercussão mundial, Bertolt Brecht, e de esclarecê-las à luz de suas concepções.

Uma primeira comparação do projeto literário e político de Dalcídio Jurandir com o trabalho teatral de Brecht já nos faz enxergar alguns elementos comuns. Existe uma afinidade entre os dois autores quanto à sua percepção das estruturas sociais, sobretudo nos anos 1920. Tanto a sociedade alemã quanto a brasileira eram então marcadas por fortes antagonismos de classes. Ambos os autores criticam o sistema dominante burguês-capitalista e expressam a sua simpatia para com as camadas populares. Ambos se engajaram em prol dos valores do socialismo e do marxismo, contudo, sem subordinar-se à estética ortodoxa. Existe entre eles uma diferença óbvia quanto à preferência pelos gêneros artísticos: Dalcídio é romancista; Brecht é, sobretudo, dramaturgo. Aqui, no entanto, essa diferença pode ser relativizada, uma vez que as nossas adaptações cênicas dos romances do autor brasileiro implicaram uma fusão dos dois gêneros.

A principal afinidade entre o trabalho teatral de Brecht e a nossa oficina teatral com textos de Dalcídio consiste na confecção de dispositivos de aprendizagem que visam à emancipação social e à educação para a cidadania. Por meio dos textos de ambos os autores, podemos resgatar uma dupla tradição: a do romance de formação, representado pelo paradigma goetheano *Os anos de aprendizado de Wilhelm Meister* (1795/96)[31] e o ideal de formação da *paideia*, desenvolvido na Grécia antiga. Esse conceito não se referia apenas à educação das crianças e dos jovens, mas também à sua continuidade: a formação de cidadãos para uma *pólis* democrática.[32] A ideia foi retomada pelos pensadores do Iluminismo, na medida em que a concepção da *paideia* foi explicitamente incorporada ao projeto da *en-cyclo-pédie*.[33]

O Ciclo romanesco de Dalcídio Jurandir pode ser lido como uma espécie de enciclopédia da Amazônia. Seus dois eixos de composição são o *roman-fleuve* (com o rio Amazonas como referência geográfica) e a *paideia*, ou seja, o processo de aprendizagem de Alfredo, um jovem de família pobre, dos seus 10 aos seus 20 anos. Diferentemente do romance de formação de Goethe, o entorno social do protagonista em Dalcídio Jurandir desloca-se da sociedade burguesa para as camadas populares. O componente da *paideia* ou dos *anos de aprendizagem*, contido nessa obra, foi realçado por nós através de uma cantiga popular com a qual começam todas as nossas apresentações teatrais. Enquanto o protagonista ocupa no palco o primeiro plano, os demais atores e atrizes cantam em coro, no fundo: "– Que ofício dá pra ele? / Mando tiro, tiro lá / – O ofício de aprendiz / Mando tiro, tiro lá...".

---

[31] J. W. von Goethe, 2006, *Os anos de aprendizado de Wilhelm Meister.*

[32] Cf. Jaeger, 1973, *Paideia: Die Formung des griechischen Menschen.*

[33] Cf. *Enciclopédia ou dicionário raciocinado das ciências, das artes e dos ofícios* (1973).

Também a fonte da estética de Brecht pode ser localizada na *paideia*, uma vez que ele advoga a passagem da "pequena pedagogia" para a "grande pedagogia", com os meios de um trabalho teatral concebido explicitamente em função de uma transformação social e política: Enquanto a "pequena pedagogia" é "apenas uma democratização do teatro", a "grande pedagogia" "suspende o sistema que instaurou a distinção entre atores e espectadores".[34] Nesse sentido, ele criou um método "pedagógico" baseado em "peças didáticas" ou "peças de aprendizagem".[35] É uma forma de retomar e radicalizar a proposta dos anos de aprendizado de Wilhelm Meister, a partir do ponto em que este aspirou formar-se como uma "pessoa pública". Ora, o teatro burguês – que na época de Goethe e de Schiller ainda se concebia como um espaço público de formação política – degenerou a partir da segunda metade do século XIX, tornando-se uma instituição convencional de consumo. Reagindo contra essa situação, Brecht criou um teatro novo, revolucionário, concebido como um laboratório de pesquisa, um lugar de discussão e de exercícios de comportamentos transformadores da sociedade. A função dos atores é redefinida: as peças devem incentivá-los a viver processos de aprendizagem. Também o papel do público é repensado: as peças apresentam situações sociais a serem avaliadas criticamente, ou seja, o espectador é estimulado a se transformar num participante ativo.[36]

A estética teatral de Brecht, a serviço da mudança social, foi também uma das referências teóricas fundamentais para as experiências de "teatro aplicado" em favelas do Rio de Janeiro, como descreve M. Coutinho (2012).[37] Dois outros alicerces importantes foram a *Pedagogia do oprimido* (1968), de Paulo Freire, e o *Teatro do oprimido* (1975), de Augusto Boal. Questionando a praxe convencional de uma situação passiva do educando, Freire propôs a construção do processo pedagógico através de um diálogo verdadeiro entre professor e alunos.[38] A troca de conhecimentos por meio de uma relação dialógica é defendida também por Boal, que propõe uma participação ativa dos membros da plateia na cena.[39] Com

---

[34] Cf. Brecht [1930], "Die Große und die Kleine Pädagogik", *in: Werke. Große kommentierte Berliner und Frankfurter Ausgabe*, 1992, vol. 21, p. 396.

[35] Ver as *Lehrstücke* (peças didáticas) *in*: Brecht, 1988, *Werke*, vols. 3 e 4; e os escritos sobre essas peças *in*: 1992 e 1993, *Werke*, vols. 21 e 22. Sobre as "peças didáticas", ver Steinweg, 1972, *Das Lehrstück*; Koudela, 1991, *Brecht: um jogo de aprendizagem*; e Gatti, 2015, *A peça de aprendizagem*.

[36] Cf. *The Brecht Yearbook/ Das Brecht Jahrbuch* n. 39 (The Creative Spectator), 2014. O artigo de W. Bolle, "Theaterarbeit zwischen Universität und Favela", publicado neste número, pp. 56-73, apresenta uma síntese da oficina teatral realizada de 2009 a 2014 em Belém.

[37] Cf. Coutinho, 2012, pp. 104-107.

[38] Cf. Freire, *Pedagogia do oprimido*, 54ª ed., 2013, pp. 107-115; e Coutinho, 2012, pp. 124-126.

[39] Cf. Boal, 5ª ed., 1988, *Teatro do oprimido e outras poéticas políticas*; e Coutinho, 2012, pp. 126-128.

base nesses vários estímulos, houve nas favelas uma evolução do teatro *levado às* comunidades para um teatro *feito pelas* e *para as* comunidades. Coutinho estuda as realizações de três grupos, desde 1987: *Nós do Morro*, da Favela do Vidigal; a *Cia. Marginal*, do Complexo da Maré; e o *Grupo Código*, da favela do Japeri, na Baixada Fluminense.[40] Todos eles acabaram incorporando profissionais do meio teatral e cinematográfico; houve também a participação de ONGs e uma ampla repercussão na mídia, com projeção nacional e internacional. Como principal resultado desses exemplos de teatro aplicado, Coutinho destaca o seu potencial para provocar mudanças sociais.[41]

Em comparação com aquelas grandes realizações de teatro nas favelas cariocas, a nossa oficina teatral na periferia de Belém foi e fez questão de ser uma experiência muito modesta, limitando-se propositalmente às transposições cênicas de cinco obras de um romancista local. Mas é justamente a microdimensão do nosso teatro, sem nenhuma necessidade de apoio por um aparato financeiro, administrativo ou burocrático, que facilita a multiplicação dessa forma de iniciativa. Respondendo à pergunta de um espectador que queria saber da possibilidade de outras pessoas também participarem desse tipo de trabalho, informamos que já começamos com a publicação dos roteiros teatrais que elaboramos.[42] Assim, outros professores, alunos e demais interessados poderão dar continuidade à nossa experiência e colaborar na construção de um método pedagógico e de um diálogo social que merecem ser aperfeiçoados e ampliados.

Apresentamos, a seguir, uma descrição detalhada de cada uma das nossas adaptações teatrais dos romances de Dalcídio Jurandir que têm como cenário a periferia de Belém. Como o leitor poderá observar, o nosso intuito principal foi selecionar nessas obras narrativas os episódios que podem ser transformados em cenas e laboratórios de aprendizagem.

---

[40] Cf. Coutinho, 2012, pp. 153-194; 197-204; e 205-212.

[41] Coutinho, 2012, p. 223.

[42] O roteiro de *Primeira manhã* e *Ponte do Galo* foi publicado na revista *Asas da Palavra*, v. 13, n. 26 (2011/2012), pp. 232-247; e o de *Passagem dos Inocentes* encontra-se no anexo deste livro. Estamos empenhados em publicar também os roteiros de *Os habitantes* e *Chão dos Lobos*.

2. INICIAÇÃO À PERIFERIA (*PASSAGEM DOS INOCENTES*)

A importância especial do romance *Passagem dos Inocentes* consiste na iniciação do protagonista, agora com 14 anos, à vida nos subúrbios de Belém; esse será também o cenário dos quatro romances seguintes do Ciclo do Extremo Norte. Quando Alfredo, entre seus 12 e 13 anos, morou e estudou nessa cidade pela primeira vez – o que foi descrito em *Belém do Grão-Pará* –, ele conheceu as baixadas, ou seja, os territórios da periferia, apenas de longe. Era hospedado, então, na casa da família Alcântara, na avenida Gentil Bittencourt, num bairro de classe média. Dos fundos daquela casa ele avistava os capinzais, as "barracas" e "os alagados da baixa" em direção ao rio Guamá; Alfredo sentia, então, "o hálito das baixas [que] cobria o quintal" (BGP: 109). Não chegou a pôr os pés naquele território, mas os habitantes à margem da grande cidade atiçavam a sua curiosidade. "Que população vivia" naquela outra parte de Belém, "do outro lado da baixa", ele se perguntava; "que lavadeiras, capinadores com suas foices, que meninos?" (BGP: 248).

Adaptação cênica do romance

Depois de um planejamento prévio em agosto de 2009, seguido da leitura e releitura, individual e conjunta, do romance *Passagem dos Inocentes*, o nosso grupo realizou a confecção do roteiro cênico durante o mês de outubro. Esse trabalho de adaptação merece uma descrição detalhada. Tratava-se de transpor um romance de 276 páginas, ou seja, uma obra narrativa extensa, para o gênero dramático: no caso, um roteiro cênico sucinto, que resultou num texto de onze páginas. Optamos por essa forma breve, uma vez que a nossa ideia era oferecer para o público uma síntese de passagens essenciais do romance. A função principal dessa transposição teatral era despertar a curiosidade e incentivar a leitura dessa obra na íntegra.

A transformação do romance num roteiro cênico solicita todas as habilidades da "arte de ler". Trata-se de compreender bem o texto, saber analisar e interpretar, conseguir resumir e extrair o essencial, selecionar e recortar cenas e personagens, enxergar os conflitos mais significativos, citar as passagens mais relevantes e as falas mais expressivas. Para o leitor ter uma ideia mais detalhada do nosso trabalho de transposição teatral, oferecemos um resumo do romance e, em seguida, uma sinopse do nosso roteiro cênico nas próximas páginas.

RESUMO DO ROMANCE *PASSAGEM DOS INOCENTES*

Os títulos dos capítulos (em negrito) e as subdivisões são do romancista; as demais informações são o nosso esboço de resumo. Os números referem-se às páginas da 2ª ed., de 1984.

009 **No Muaná o chalé** [isto é, o casal: pai e mãe de Alfredo] **separa-se**
I. Os pais vêm com Alfredo a Muaná: major Alberto fica na antiga casa dele, d. Amélia e o filho vão para a barraca do avô. Alfredo em busca de Andreza.
015 II. Alfredo em busca de Semiramis, uma menina que ele encontrou num baile.
020 III. Tio Ezequiel dá uma grande festa de recepção para a irmã, mãe de Alfredo.
038 IV. O major descansa na rede e fica de olhos em d. Amélia.
040 V. Conversa competitiva entre d. Cecé, sobrinha do major, e d. Amélia. Referências à fuga de d. Cecé quando moça. Ela propõe hospedar Alfredo em Belém.

067 **Caminho da Mac-Donald**
(2ª) chegada de Alfredo, com 14 anos, em Belém. Para sua decepção, ele não está hospedado num bairro nobre, mas numa barraca da periferia, nos "Covões".

083 **Anos atrás na fuga a bordo**
[I.] D. Cecé/Celeste na barraca: recordando a noite do baile a bordo, quando foi raptada pelo comandante. Na volta, Antonino Emiliano aceitou casar-se com ela.
100 II. Celeste abre a mala com os vestidos e, na imaginação, reconstrói a viagem.

103 **Caminho do** [grupo escolar] **Barão**
I. Alfredo mora na Passagem dos Inocentes, na barraca de d. Cecé. Seu Emiliano para o filho: "Belerofonte, monta no (porquinho) Pégaso e mata a Quimera!"
110 [II.] Alfredo continua estudando no Barão: ele acha as aulas um tanto abstratas.
122 III. D. Celeste prepara-se para dar o seu passeio de quarta-feira.
123 IV. D. Cecé define as regras para Arlinda, a criada. Travessuras de Belerofonte.

129 **D. Celeste a bordo**
Ela reabre a mala com os vestidos, recorda a viagem, os momentos mais significativos de sua vida sentimental e sonha com suas várias possibilidades de ser.

167 **Belerofonte é belo**
O cotidiano de Alfredo na barraca, ao lado do menino travesso Belerofonte.

175 **O passeio, a mosca e os anjos**
[I.] No bar, Cara-Longe comenta os passeios de d. Celeste às quartas-feiras. O acúmulo de lixo na cidade, que traz a praga das moscas e causa a morte de crianças.

189 [II.] Alfredo torna-se confidente de seu Antonino, marido de d. Celeste.

192 [III.] D. Celeste sai para o seu passeio e Alfredo a segue, às escondidas.

201 [IV.] Manifestação do povo contra o descaso das autoridades com os problemas da cidade. Repressão pela cavalaria.

218 [V.] Antonino fala para Alfredo de seus planos: vender os pertences de d. Cecé.

223 **O jogo**
A bola que cai nas barracas é uma alegoria da sondagem do escritor nesse meio.

233 **Noite em Santana**
-284 Tio Sebastião leva Alfredo de barco para Marajó. Festa em Santana. Ali, nasce uma criança e o adolescente Alfredo é iniciado ao baile.

SINOPSE DO ROTEIRO CÊNICO DE PASSAGEM DOS INOCENTES

Em negrito, os títulos que atribuímos aos atos e às cenas. Os números de páginas são os do roteiro.

Cena inicial: Cantiga de roda e apresentação do protagonista (p. 1):
Alfredo, um quase rapaz de 14 anos da ilha de Marajó, chega em Belém para continuar seus estudos

Primeiro Ato (pp. 2-3):
Introdução à periferia
Convidado por d. Celeste a hospedar-se na casa dela em Belém, Alfredo desembarca, tendo como guia o irmão dela, o Leônidas. Para sua decepção, a casa não se situa num bairro nobre, mas é uma barraca nas baixadas, ou seja, nos "Covões".

Segundo Ato (pp. 3-7): **A rotina do cotidiano na periferia**
Cena 1: **D. Cecé na sua barraca**
Breve conversa de d. Cecé com a vizinha: ela exibe o seu filho Belerofonte, que ela adora e trata com mimo especial, sendo que se trata de um menino bem travesso.

Cena 2: **A patroa define as regras para a empregada**
Arlinda, a empregada, uma moça que veio do interior, recebe as ordens e as humilhações por parte da patroa, que é d. Cecé ou d. Celeste.

Cena 3: **D. Celeste recorda a cena que viveu aos 18 anos: o baile e a fuga a bordo**
No meio da noite, ela fica diante do espelho e põe o vestido que usou naquela noite, quando foi a um baile num navio, que acabou numa fuga junto com o comandante.

Cena 4: **Matando a Quimera**
É a reação do marido, seu Antonio Emiliano, que incentiva o filho Belerofonte a "matar a Quimera", ou seja, a rasgar o vestido que simboliza a lembrança daquele baile.

Terceiro Ato (pp. 8-11): **Desejo de evasão e manifestação política**

Cena 1: **As fofocas**
Alfredo escuta os comentários do bêbado Cara-Longe e de duas mulheres da vizinhança sobre o passeio que d. Celeste costuma dar ao centro de Belém, sempre às quartas-feiras.

Cena 2: **O comentário de seu Antonino**
O marido de d. Celeste revela a Alfredo os seus planos de se vingar da esposa.

Cena 3: **Aula sobre a geografia e história de Belém, ou: O misterioso passeio de d. Celeste**
Paralelamente ao passeio de d. Celeste, que é seguida às escondidas por Alfredo, montamos uma aula de geografia e história sobre os lugares por onde ela passa.

Cena 4: **A manifestação popular: a cidade e seus problemas**
Uma multidão de manifestantes se interpõe no caminho de Alfredo, impedindo-o de seguir d. Celeste. O povo protesta contra o descaso das autoridades com os problemas da cidade: o acúmulo de lixo que traz a praga das moscas e causa a morte de muitas crianças.

Passando agora a estudar o romance de Dalcídio Jurandir à luz desse roteiro cênico, vamos realizar, ao mesmo tempo, uma análise e uma interpretação da obra. Recortamos do romance os três núcleos temáticos que nos parecem os mais interessantes e mais apropriados para uma apresentação teatral, confeccionando um roteiro em três atos. Como se vê, ficaram de fora da nossa seleção os capítulos inicial e final do livro (aliás, bastante longos),[43] cuja ação não se passa em Belém, mas na ilha de Marajó: respectivamente no Muaná (INO: 9-66) e em Santana, incluindo a travessia para lá (pp. 233-284).[44] Deixamos de lado também o episódio "O jogo [de futebol]" (pp. 223-231), cujo "protagonista" é a bola que cai no meio das moradias, como uma alegoria do trabalho do escritor de "vasculhar as barracas" (p. 230), isto é, o ambiente dos que ali habitam. Esses cortes, que reduziram de 276 para 156 o número das páginas do romance a serem adaptadas (da p. 67 à p. 222), evitaram a dispersão de temas e cenários, e permitiram uma concentração sobre o miolo da narrativa, que se passa na periferia de Belém. O que caracteriza o modo de vida dos habitantes das baixadas é o intercâmbio constante com o mundo dos ribeirinhos, no caso, especialmente da ilha de Marajó, tanto pelo trânsito físico das pessoas, quanto por suas lembranças.

O cenário e a cena inicial

Um fator fundamental para motivar os participantes da nossa oficina dramática a ler e a discutir o romance *Passagem dos Inocentes*, cuja ação se passa nos anos 1920, foi o fato de ele tratar de temas que ainda hoje têm a ver com a experiência cotidiana deles, enquanto moradores da periferia. Um exemplo concreto disso é um trecho do romance em que o narrador fala da "empinação de papagaios":

> Alfredo arrastou Belerofonte para a empinação dos papagaios. Linhas tesas e altas cruzavam o ar quente da Passagem. [...] Os papagaios no ar. (INO: 126)

Essa passagem nos inspirou a construir o nosso cenário e a cena inicial. Ligamos essa referência literária com o fato de que muitos meninos da periferia são mestres em empinar papagaios – e também em construir esses brinquedos e suas variantes: as pipas e as rabiolas. Tanto assim que os cinco papagaios utilizados como cenário foram confeccionados por um dos alunos participantes, o Gilvan. Nas duas pipas exibidas nas extremidades do palco, colocamos os nomes de bairros da periferia: "Guamá", o território dos excluídos citado várias vezes no romance *Belém do Grão-Pará*, e "Terra Firme", o bairro vizinho, onde vivem os nossos participantes. Nas três rabiolas do meio apresentamos os títulos de três dos cinco romances de Dalcídio Jurandir que se passam nos subúrbios: *Ponte do*

---

[43] Do capítulo inicial incluímos, no entanto, o convite feito por d. Cecé de "agasalhar", ou seja, hospedar Alfredo na sua casa em Belém.

[44] A sigla INO refere-se, daqui em diante, ao romance *Passagem dos Inocentes*, 2ª ed., Belém: Falangola, 1984.

Galo, Chão dos Lobos e a obra aqui encenada: *Passagem dos Inocentes*. Para estabelecer também um contato físico entre os atores e o público, fizemos com que os fios dos papagaios "empinados" no palco fossem "puxados" por alunos da escola, sentados no meio da plateia. Com isso, apresentamos topográfica e ludicamente a periferia através de uma imagem emblemática.

A primeira fala dos cinco atores que abrem a cena, cada um deles segurando um papagaio, é uma cantiga de roda que extraímos do romance, substituindo apenas a expressão "ofício de conversador" por "ofício de aprendiz", que nos parece mais adequada para caracterizar o papel do protagonista:

> Que ofício dá pra ele?
> Mando tiro, tiro lá
> O ofício de aprendiz
> Mando tiro, tiro lá
> Este ofício já me agrada
> Mando tiro, tiro lá. (INO: 70)

Em seguida, faz-se ouvir a voz do narrador, que apresenta para o público o protagonista e o tema do romance: Alfredo, um "quase rapaz" (cf. INO: 67) da ilha de Marajó, chega a Belém para continuar seus estudos. Como esclarece ainda o narrador, o jovem foi convidado a hospedar-se na casa de uma sobrinha do pai, precisamente d. Celeste. Eis a fala em que ela formula o convite, no finalzinho do primeiro capítulo do romance, que se passa no Muaná:

> [D. Cecé:] – Hein, Amélia, e o teu cavalheiro? Onde teu filho está parando agora na cidade? Qual a casa? Tu queres, eu agasalho ele lá na minha, está no teu querer, afinal é casa dum parente, tu resolves, rapariga. Não, tio Alberto? Passa por lá em casa, que a gente ajusta [...]. (INO: 66)

O narrador conclui a apresentação com algumas breves citações complementares, já referidas, do romance anterior, *Belém do Grão-Pará*, relembrando que esta é a segunda estadia de Alfredo na capital, cujos subúrbios, por enquanto, ele conhece apenas de longe. Com isso, está criado o clima para o segundo contato do protagonista com Belém, que é narrado detalhadamente no capítulo "Caminho da Mac-Donald" (pp. 67-82).

A iniciação à periferia

Esse episódio simboliza a experiência histórica de milhares de jovens que migraram ao longo do século XX do interior da Amazônia para a capital Belém, movidos pelo desejo de obter ali uma boa formação escolar, um trabalho e uma melhoria geral de suas condições de vida. A caminhada de Alfredo até a sua moradia, guiado por Leônidas, o irmão de d. Celeste, é um verdadeiro ritual de iniciação ao mundo da periferia, fazendo também o protagonista se despedir de suas expectativas e ilusões. Se a lembrança de sua primeira chegada à cidade, em companhia da mãe, foi de "feliz espanto", nesta segunda vinda ele sente "uma curiosidade triste" (INO: 67). Vamos acompanhá-lo passo a passo e, com isso, também conhecer os detalhes topográficos.

Vindos do Muaná, Alfredo e Leônidas desembarcam ao cair da tarde no Ver-o-Peso. Lá eles tomam o bonde circular, descendo no Umarizal, na parte setentrional, em direção ao bairro vizinho do Telégrafo, "na travessa D. Pedro, esquina da Curuçá" (p. 67). Como o Umarizal é hoje em dia o bairro mais valorizado de Belém, é preciso lembrar que, naqueles anos 1920, o seu perfil era bastante diferente. É o que nos faz ver o geógrafo A. R. Penteado, que o caracteriza como "um bairro de transição":

> [...] seu trecho meridional, em contato com Nazaré [...], obedece ao traçado dos bairros mais elegantes de Belém [...]. Mas, à medida que caminhamos para o norte, seguindo a av. Generalíssimo Deodoro e penetrando pela trav. D. Pedro [...], vai decaindo o padrão das moradias e, gradativamente, as "barracas" se tornam cada vez mais frequentes.[45]

Esse quadro topográfico da antiga parte norte do Umarizal torna-se ainda mais desfavorável quando se caminha em direção ao bairro vizinho, situado às margens do igarapé do Galo:

> Essencialmente residencial de classe pobre, tem sua estrutura desordenada, bem marcada por ruas tortuosas, cheias de mato e água empoçada nas partes baixas.[46]

Essa fisionomia é muito parecida com a do subúrbio onde o nosso romancista situa a "Passagem dos Inocentes" e para onde leva o protagonista.

---

[45] A. R. Penteado, 1968, *Belém – estudo de geografia urbana*, p. 337.

[46] Penteado, 1968, p. 342.

Depois de descer do bonde, Alfredo procura orientar-se nesse espaço. De um lado, "lá adiante na curva do Circular", "engolido pela noite", ele enxerga "o muro do Esquadrão, que dava nome ao largo" (INO: 67). Uma consulta à história das ruas de Belém nos ensina a origem do nome: nesse largo foi instalado, no final do século XIX, o quartel do esquadrão de cavalaria da Polícia Militar do Estado. Mais tarde, o largo do Esquadrão foi rebatizado de praça Brasil e, mais recentemente, de praça Santos Dumont.[47] Do outro lado, seguindo pela travessa D. Pedro, Alfredo alcança "o largo de Santa Luzia" (cf. INO: 69). Com esse nome era designado o "seccionamento da rua Bernal do Couto pela travessa Dom Pedro I e [a continuação desta, a] avenida Generalíssimo Deodoro". Ali situa-se até hoje a Santa Casa da Misericórdia, inaugurada em 1900,[48] mas o nome do largo "perdeu-se na poeira do esquecimento".[49] A impressão geral de Alfredo, ao chegar nesse ambiente, é que "aquela paragem ali, apesar da linha de bonde, boa cara não tinha" (INO: 67).

Tomando agora o "caminho da [passagem] Mac-Donald", como anuncia o título desse capítulo, Alfredo repara, no acender das lâmpadas, que a da esquina da rua Curuçá está queimada. Mas, por enquanto, ele está cheio de expectativas em relação ao lugar onde irá morar e dá asas à sua imaginação:

> O meu hóspede, dizia a d. Cecé ao despedir-se dele, Alfredo, em Muaná. Espero lá o meu ilustre hóspede. Alfredo palpitava: E a casa lá? Como será? Alta? De platibanda? Telha francesa? Soalho de madeira preta e branca? Sacadas. (INO: 68)

Ora, o caminho pelo qual o leva Leônidas não condiz de modo algum com essas expectativas, e Alfredo começa a desconfiar:

> O chuvisco [...] voltava. A rua, sem calçamento, cavada pelas chuvas, escorregava, com uns passeios de quina roída, aqui e ali, rente das barracas; no passo do caminhante, [...] lá no capinzal sob um grunhir de porco e sapo, a escuridão [...]. (INO: 70)

Esse ambiente inóspito é o avesso do padrão de vida que d. Celeste ostentava no Muaná: o de uma senhora fina, morando numa "casarona" de azulejos. Quanto ao endereço dela em Belém, Alfredo ouviu dizer que ela o ocultava de propósito. E ele lhe dava razão, pois era

---

[47] Cf. J. Valente, 1993, *A história nas ruas de Belém*, vol. II, pp. 62-63.

[48] A Santa Casa é relembrada por Alfredo, uma vez que ali, na Maternidade, a sua mãe deu à luz sua irmã Mariinha (cf. INO: 77).

[49] Valente, 1993, pp. 58-59.

para se livrar [...] daqueles do interior que, de tanto se meterem, dias, em casa alheia em Belém, já faziam disso um ofício. [D. Celeste] esquivava, falava assim: – Ali, no Umarizal, onde moro, moramos, eu gosto. [...] É na passagem Mac-Donald. [...] Enchia a boca de Mac-Donald. O número da casa? Não te digo. (INO: 69)

Durante algum tempo, Alfredo pode até imaginar que o desconforto do caminho por onde o leva o irmão de d. Celeste, a partir do momento em que "entram na [rua] Curuçá" (p. 79), faz parte da dificuldade de encontrar o lugar. Eis alguns fragmentos de diálogo, que usamos em nossa adaptação (com pequenos cortes e leves modificações), aproveitando o fato de que já têm um caráter de interação cênica, com a tensão entre as hesitações e o receio do protagonista, e, por outro lado, as palavras tranquilizadoras, embora levemente irônicas, do seu guia:

> **Leônidas:** – É aqui. Aqui se entra.
> **Alfredo:** – Aqui? Mas isso aí dentro?
> **Leônidas:** – Muito escuro? Não tenha medo, vais comigo.
> **Alfredo:** – Não é medo. Mas tem de passar por aí para chegar lá?
> **Leônidas:** – Na Cecé? Na Celeste? Mas é por aqui, é aí dentro.
> **Alfredo:** – Mas pra ir para lá, precisa mesmo entrar aqui? Por esta boca?
> **Leônidas:** – Meu filho, é aqui, nesta passagem, que Celeste mora. Por aquela boca, o caminho vai dar lá, na Celeste, o teu Grande Hotel, meu viajante. A Inocentes.
> **Alfredo:** – Inocentes?
> **Leônidas:** – A passagem dos Inocentes, sim, onde tu vais morar. Celeste mora. Pra onde vamos. (cf. INO: 79-80)

Nesse momento é citado o nome da passagem que dá o título ao romance. Chegou-se ao ponto em que os fatos reais – o caminho encharcado e os pés afundando na lama – obrigam Alfredo a se desfazer de suas ilusões. Ele, porém, é relutante e ainda quer apegar-se aos padrões dos bairros residenciais burgueses e das avenidas nobres como a São Jerônimo e a Nazaré, onde chegou a morar durante a sua estadia anterior:

> A Inocentes? A passagem? Mas d. Cecé lá [no Muaná], não dizia que nome de passagem se dava em Belém a trechos calçados, que ligavam ruas, como aquela entre São Jerônimo e Nazaré, [...] a passagem Mac-Dowell. (INO: 80)

De fato, naquele bairro fino, entre a avenida Brás de Aguiar e a Gentil Bittencourt, existe até hoje uma passagem Mac-Dowell, nome muito parecido com o da passagem mencionada por d. Celeste. Por isso Alfredo pergunta: "– Mas não é a passagem Mac-Donald, Leônidas?" Este, então, lhe esclarece que a sua irmã inventou e fantasiou um pouco, para exibir-se diante das pessoas no interior, usando para isso um nome em inglês; ao mesmo tempo, ele dá a entender que Alfredo, se fosse menos ingênuo, bem que poderia ter percebido isso já naquela hora:

> [**Leônidas:**] – A Mac-Donald? Ah, o inglês? Celeste imagina muito, é. [...] Foi a figuração da Cecé. Aquela minha senhora irmã. E tu não sabias? Sim, lá no Muaná, ao certo não se sabe. Cecé lá é uma coisa, aqui é outra. Cecé, lá, disto nunca diz. Oculta. Sabias? (INO: 80)

À medida em que os dois caminhantes avançam em direção à passagem dos Inocentes – um nome simbólico que o autor inventou e que, pelo contexto, se refere a uma das travessas entre a rua Curuçá e a travessa Quatorze de Março[50] (perto do igarapé do Galo) –, completa-se a desilusão do protagonista:

> Ao cruzarem a entrada, a vala se escancarou, uma goela que podia levar os dois [...] até lá embaixo, nas casas sepultadas. Casas? Ali na boca se via um palhame grosso, arrepiado, encharcado. [...] e logo a passagem se estreitou, buracos, valas, capinzal [...]. E chovendo em cheio em cima dos viajantes os carapanãs num zinido em grosso, disparavam de todos os lados. (INO: 80-81)

Leônidas, que já está familiarizado com esse lugar desolador, procura animar Alfredo, inclusive com alguns gracejos:

> – Não esmorece, caminhante, o tempo é que está danisco. [...] Mas nesta lama [...] é carapanã, é sapo, é gato, a banda de música da Inocentes nos recebendo, companheiro... (INO: 80-81)

Alfredo, que a esta altura já "mal andava, se abanando", percebe que "aquela população ali" em volta está "entocada como sapo". Na escuridão, onde quase nada se enxerga, ele afunda na lama e começa a se revoltar:

> Porta de inferno, te abre, te apresenta, casa do são nunca. Leônidas quis pegá-lo pela mão, guiá-lo, ele se arredou, rejeitou o amparo, metendo então bem fundo o pé, sapato e meia, no lamaçal. Arrancou a perna como se a trouxesse podre, esmagada cheia de bicho. [....] a lama na perna, os bichos lhe subindo, mandava a d. Celeste, a casa dela, o estudo, a cidade para as profundas. (INO: 81)

---

[50] Eis o que diz o texto, mais adiante: "Podia sair e entrar na Inocentes pela boca de cima, pela Curuçá, mas [...] quebrava aqui por baixo pela Quatorze [...]" (INO: 122).

No final, Alfredo encontra "de repente a palavra para aquilo tudo". Ele a ouviu várias vezes, durante a sua primeira estadia em Belém, da boca de sua anfitriã, d. Inácia Alcântara: uma palavra de dar arrepios. Essa palavra, enfaticamente repetida (e que reproduzimos aqui no mesmo padrão gráfico do texto original, p. 82), designa "o derradeiro, triste-triste grau de se morar":

Covões. Covões. O juízo lhe diz:
Covões.
COVÕES
COVÕES.

Com isso, completa-se a iniciação do protagonista à periferia.

O cotidiano e a recordação de um baile

No nosso segundo recorte ou segundo ato, focalizamos alguns aspectos da rotina de d. Cecé na sua barraca. Na verdade, é ela – que é interpretada por três atrizes diferentes – que passa a ser a protagonista do romance. Ela representa a figura de mediação entre a Amazônia ribeirinha e a urbana, como também entre os bairros da periferia, onde vivem os pobres em suas barracas, e os bairros nobres, onde residem os remediados e os ricos. Com isso, a personagem resume um aspecto significativo de todo o Ciclo Amazônico de Dalcídio Jurandir.[51] Cabe a Alfredo, em *Passagem dos Inocentes*, sobretudo o papel de observador participante, como no capítulo "Belerofonte é belo" (INO: 167-174), que escolhemos como a primeira das quatro cenas da nossa adaptação dessa parte. Enquanto Alfredo prepara as suas tarefas escolares, ele observa como o filho de d. Cecé, Belerofonte, se compraz em tiranizar a empregada:

> Atrás dela com tranco, cuspo, mordida, pontapé beliscão vou te meter num saco te atirar na carrocinha dos cachorros, [...] – sapateava o Belerofonte – Arlinda abria a boca, abria? Com aquele não ter língua seu falar era servir. (INO: 171)

Esse menino é muito mimado pelos pais, que não lhe põem nenhum limite, mas estimulam sua agressividade. A mãe idolatra o filho e o exibe com orgulho. O mote "Belerofonte é belo" é repetido por ela várias vezes (cf., também, Imagem 25):

---

[51] Estas observações baseiam-se na comunicação de Anna Carolina de Abreu Coelho (uma das três atrizes que interpretam a d. Celeste), "Representação da periferia de Belém na obra *Passagem dos Inocentes*", apresentada no XVI Fórum Paraense de Letras, na Unama, em 26 out. 2010.

Imagem 25. "Belerofonte é belo"

[**D. Cecé:**] – Alfredo, não achas que o meu filho é belo? Não tem um garbo? Talhado para um oficial de Marinha? Deus me diz que a danação dele, que tem, é sinal de homem, é ou não é? (INO: 171)

"– Meu filho é belo. Destino dele é a Marinha, no navio-escola correndo os mares, me mandando retrato e os cartões do vulcão Vesúvio." / Falava do filho como se o tivesse gerado dum capitão de encouraçado inglês que passasse uma noite por Belém. Não dizia nem bonito nem lindo, dizia belo. E dizia com voz cheia e doçura. / "– Tu não achas, Alfredo? Pena que não há mais no mundo homens belos." (*ibid.*)

"De que filho ela falava?", pergunta-se Alfredo, que entende que "não era mais do filho que d. Celeste falava, mas dela mesma". De fato, d. Cecé agarra-se obsessivamente às suas fantasias. Ou, melhor, à sua mitologia, uma vez que Belerofonte é um nome tirado da mitologia grega. No canto sexto da *Ilíada* (versos 155-203), Homero narra o mito do herói Belerofonte, o qual, montado no cavalo alado Pégaso, mata o monstro da Quimera, que tem cabeça de leão, corpo de bode e cauda de serpente. D. Cecé e o seu marido, seu Antonino Emiliano, estão obcecados por esses nomes: ela, deslumbrada com o seu "Belerofonte", e ele, "arrotando sobre um livro de mitologia" (cf. INO: 184), referindo-se a todo momento à "Quimera", ao "Pégaso" e ao "Zéfiro" (o vento suave e benfazejo do oeste). Devemos estranhar esses nomes da mitologia grega na boca de habitantes não letrados da Amazônia? Afinal, eles são também um meio pelo qual o escritor nos faz relembrar que toda essa região vive mergulhada em mitos, a começar pelo seu nome. No referido canto da *Ilíada* (verso 186), Belerofonte aparece também como aquele que "matou a tribo das Amazonas", que são qualificadas no texto original como *antianeirai*. Como traduzir esse epíteto, que Homero aplica às amazonas: como "semelhantes a homens" ou "anti-homens"? Ambas as traduções são válidas. E existe, ainda, uma terceira solução, a tradução engenhosa proposta por Haroldo de Campos: "másculas, adversas".[52] O conjunto dessas três traduções forma uma constelação semântica multifacetada e sugestiva.[53]

O contraste entre os nomes insignes da mitologia grega e a trivialidade do cotidiano de d. Cecé e de sua família provoca no leitor uma reflexão crítica sobre as condições de vida desses personagens que se refugiam em idealizações: pois o "Zéfiro" é o barco de aluguel com o qual seu Antonino não consegue ganhar o sustento da casa (cf. INO: 190); o "Pégaso" é "o capadinho que a d. Celeste cevava para o dia do Círio" (p. 107); a "Quimera" são as fantasias cultivadas por essa dona de casa da periferia, frustrada com sua vida rotineira pobre e sem perspectivas; e "Belerofonte", segundo a visão crítica e desmitificadora de Alfredo, é "o malino escorrido e escarrado" (p. 173).

O papel de observador participante cabe a Alfredo também no capítulo "Caminho do [Grupo Escolar] Barão [de Rio Branco]" (INO: 103-128), no qual é descrito o modo como Arlinda, uma menina recém-chegada do interior, é tratada pela dona da casa (pp. 123-128). Note-se que os estudos formais na escola são, para o protagonista, apenas o pano de fundo para a sua aprendizagem das relações sociais no ambiente da baixada. Na cena em que a patroa define as regras para a empregada, trata-se de um tipo de relação de trabalho que, muito além de alguns detalhes característicos da região amazônica, é representativo para o Brasil inteiro.

> [**D. Cecé:**] – Aqui está mea afilhada, Alfredo, vem ajudar no serviço, veio do sítio. Eu estava na falta duma. Arlinda, agora, ouve qual tua obrigação. Treze, tua idade, é? Teu tio me falou. [...] Estás e não estás na casa alheia, vieste me servir, [...] servirzinho um pouco o bastante que quero para movimento de fogão, encher o pote, rachar um pau de lenha, o lixo na baixa, a vigiação do porco, o asseio no quintal, atender ao Belerofonte, ir numa compra, tirar de minha mão certos cuidados. (INO: 123-124)

---

[52] Cf. Homero, *Ilíada*, ed. bilíngue (2003), canto VI, verso 189, tradução: H. de Campos.

[53] Seriam as mulheres guerreiras e independentes dos homens, nos romances de Dalcídio Jurandir, recriações das Amazonas? Eis uma questão que mereceria um estudo à parte.

A condição das empregadas domésticas na sua forma mais crua, que se configura como um trabalho escravo, já apareceu como tema em romances anteriores do autor. Em *Marajó* (pp. 315-316), a menina Rita conta como quase foi entregue pelos pais para um canoeiro que a negociaria como mercadoria no Ver-o-Peso. É o que acontece efetivamente em *Belém do Grão-Pará* (pp. 83-84), com "uma menina de 9 anos, amarela, descalça [...], metida num camisão de alfacinha", que é trazida por um canoeiro, como "encomenda" e "mercadoria" para uma senhora da classe alta, que procura "uma maiorzinha para serviços pesados", mas acaba aceitando aquela menor, à qual ela se refere como "isto aí" e "bicho do mato". No mesmo romance, uma das figuras principais é Libânia, "uma serva de 15 anos, trazida, muito menina ainda, do sítio pelo pai para a mão das Alcântaras" (BGP: 51-52). Como bem explica Marlí Furtado (2010), em sua análise dessa personagem, ela é mantida pelos Alcântaras como uma "filha de criação", o que é uma forma "maquilada das relações escravistas", pois "como a filha de criação não é empregada, não tem salário, e como não é filha, o trabalho é sem tréguas".[54] É exatamente o que d. Cecé faz com a sua "afilhada" Arlinda: além de explorá-la como cozinheira, faxineira e babá, ainda a incumbe de múltiplos outros trabalhos braçais, como abastecer a casa, rachar lenha e vigiar o porco. O rebaixamento da moça à condição de escrava não poderia ser mais humilhante, de modo que esse episódio ilustra de modo exemplar o que Walter Benjamin denominou "história dos sofrimentos".[55]

O tema principal do romance, como mostram os capítulos centrais, são as recordações, os desejos e os devaneios de uma dona de casa na periferia, que quer escapar de um cotidiano que lhe é insuportável. Esses episódios, intitulados respectivamente "Anos atrás na fuga a bordo" (INO: 83-102) e "D. Celeste a bordo" (pp. 129-166), são emoldurados por cenas prosaicas que caracterizam o ambiente da barraca e que já descrevemos: a chegada de Alfredo na passagem dos Inocentes e o dia a dia de moradores como o menino Belerofonte e a empregada Arlinda. Em certas noites, enquanto seu filho dorme e o marido está roncando, d. Celeste se levanta e vai para a sala, para recordar uma cena que viveu quando tinha 18 anos e que foi a mais marcante de sua vida. Um navio tinha atracado em sua cidade natal, no Muaná, na ilha de Marajó, e a bordo realizou-se um baile. No auge da festa, noite profunda, ela teve "a cintura enlaçada" pelo braço do capitão e começou "aquele primeiro rodopio no salão". O navio desatracou e partiu para dentro do labirinto fluvial do rio Amazonas. Essa noite é recordada por Celeste, que podemos imaginar com o vestido do baile na frente do espelho e começando a dançar (cf. Imagem 26). Ela quer reviver a atmosfera daquele baile:

---

[54] M. Furtado, 2010, *Universo corroído e corrosão do herói em Dalcídio Jurandir*, pp. 118-119.

[55] W. Benjamin, 1984, *Origem do drama barroco alemão*, pp. 118-119.

E valsa em cima de valsa, [...] a dama levava o seu baile para o meio do rio, soalho macio era a maré agora seu salão [...]. Lá me vou, Cecé, com o meu vestido de ar [...], valsando sobre igapós, lagos, cemitérios dos índios, em meio do laço no ar que os vaqueiros me atiravam [...], faço o meu baile nas águas grandes [...], o navio subindo, Manaus, Solimões, [...] o comandante, comandando nesta roda de leme que é este meu corpo [...], [passando pelas] cidades com seus arraiais embandeirados [...], as vilas cheirando a febre e a baunilha, os portos de lenha, castanha e um São Bendito esmolando, o urro dos bois na maromba e o silêncio dos caçadores no só Deus quem sabe do mato, o lodo e a aninga [...], e a rabuda arara carregando no bico a cauda do vestido de baile, o baile da Celeste Coimbra de Oliveira, família de nome no Muaná. (INO: 85-86)

Imagem 26. Recordando o baile

Essa recordação e reinvenção do passado correspondem ao que Freud chama de "lembranças encobridoras" (*Deckerinnerungen*), sendo que, nesse caso, o termo original alemão é espantosamente preciso, pois esta palavra pode ser traduzida também por "lembranças do convés" ou "lembranças do tombadilho", literalmente: "lembranças do deque".[56] Para reviver aquela cena, Celeste abre a mala em que guarda "os vestidos velhos", "os vestidos de Muaná", que a ajudam a "reconstituir a fuga a bordo", a "reaver com a imaginação os fragmentos perdidos, como se neles quisesse captar o melhor de sua aventura" (cf. INO: 100-101). Esse ritual é

---

[56] S. Freud, 1948, "Über Deckerinnerungen" [Sobre lembranças encobridoras], *in: Gesammelte Werke*, pp. 531-554.

muito parecido com uma prática nas escolas de arte dramática, o chamado "exercício do baú", em que o ator ou a atriz, por meio de objetos que usou no passado, reconstitui elementos significativos de sua vida emocional.

No caso de d. Celeste, vêm à tona todos os sentimentos e todas as emoções importantes que ela experimentou em sua vida: a sua felicidade quando nadava e mergulhava, "moça nua", com as amigas na enseada do rio, sentindo-se a "mãe-d'água", um prazer interrompido pela repressão por parte de sua mãe (INO: 85); o namoro, às escondidas, com Antonino Emiliano, que depois tornou-se o seu noivo (p. 91); a raiva que ela teve dele, porque não compareceu ao baile (p. 84); o choque que lhe causou uma cena que ela observou na noite do baile no quintal de sua casa, debaixo das bananeiras, algo que ela jamais imaginaria e que fez com que todas as proibições que ela já havia ouvido se tornassem relativas (pp. 83-84);[57] o baile a bordo, que terminou numa viagem em que ela foi meio sequestrada, e à qual meio consentiu, noite em que "dançava nem para o lado do escândalo, nem do lado da inocência" (p. 134); uma sensação nunca antes experimentada de embriaguez dos sentidos, de vertigem, encantamento e liberdade (p. 101); a diminuição de seus sentimentos por Antonino (pp. 90 e 135); a lembrança de um padre que se apaixonara por ela e que, do púlpito, proferiu um sermão que soava como "declaração de amor" (p. 137); o ritual de passagem pelo local do Vira-Saia, no estreito de Breves (pp. 150-154); uma estadia com Antonino Emiliano no Grande Hotel, em Belém, quando ele novamente se afastou e ela se viu cortejada por um estrangeiro loiro, o piloto de um navio inglês (pp. 158-162); o casamento e a noite de núpcias com Antonino Emiliano, em que este "só encontrou a gelada virgindade" (p. 163). Tudo isso em meio a uma evocação poética de um rio mítico, com a mãe-d'água, a boiuna e a carruagem de ouro dos cavalos-marinhos – o rio Amazonas, pelo qual ela vai subindo, até o coração da floresta, um espaço mágico com o qual ela, Celeste, acaba se identificando e se fundindo.

Ora, a construção de ficções e fantasias, por parte das personagens de Dalcídio Jurandir, é geralmente seguida pela sua desmontagem. É o que ocorre também neste caso. O sonho de d. Celeste é bruscamente interrompido – e, com isso, passamos para a cena final desse ato – pelo grito do marido, que incentiva o filho Belerofonte a cavalgar no porco Pégaso e a "matar a Quimera" (INO: 107), isto é, a rasgar em pedaços o vestido que simboliza a lembrança daquele baile.

---

[57] O mistério dessa cena, que é mantido no primeiro episódio da fuga a bordo, acaba sendo revelado no episódio posterior, quando o tema é retomado. O que choca profundamente Celeste é que debaixo daquelas bananeiras ela vê uma "mulher de escuro matando a sede num homem", sendo esse homem o galante e manhoso coletor federal, e a mulher, d. Teodora Coimbra de Oliveira, esposa do juiz, dr. Felício de Oliveira, ou seja: a mãe de Celeste! (cf. INO: 155).

Sonho de evasão e manifestação política

A outra tentativa de evasão de d. Celeste é um passeio que ela faz todas as quartas-feiras ao centro da cidade. É o tema do capítulo "O passeio, a mosca e os anjos" (INO: 175-222), do qual fizemos uma adaptação no nosso terceiro e último ato, subdividindo-o também em quatro cenas. Na primeira cena, focalizamos a repercussão que o passeio misterioso dessa senhora casada causa entre os vizinhos; eles especulam sobre os lugares para onde ela vai e sobre os homens com os quais ela possivelmente se encontra. Também nesta obra, o autor mergulha no ambiente das fofocas, que ele usa como um manancial de informações sobre o cotidiano popular, desde o seu primeiro romance até o último.[58] Como percebe Alfredo, naquele bairro da passagem dos Inocentes, assim como em Cachoeira do Arari e no Muaná, "todos fossavam a vida do próximo, do mundo só viam o imundo" (INO: 180). O representante dessa voz geral é o bêbado Cara-Longe, que se aproxima de Alfredo, quando este vai à taberna da esquina comprar uma garrafa de querosene:

> – Vizinho do 268, meu batuta, o "Zéfiro" como vai? O "Pégaso", o Belerofonte? E essa garrafa [...]? Cana para a dona da casa [...] abrir o apetite? [...] Amanhã é quarta-feira. [...] Olhe aqui no calendário [...], marquei as quartas-feiras de cada mês. Amanhã é dia. [...] A rainha das nossas palhas [...] vai dar [...] seu giro pelo Centro. [...]. Metade das saias desta passagem inventa o diabo desse passeio da quarta-feira.

> – A pérola vai sair de sua concha, amanhã. Em que outra concha se guarda por umas horas? Algum comandante? Um dentista? O hindu astrólogo do Palácio das Musas? [...] A senhora Quarta-Feira pega o circular externo e volta pelo interno. Faz o seu movimento de translação em torno de um sol que deve estar escondido num gabinete dentário, numa sala de quiromancia, num chatô de cortina [...]. Ou na igreja de Santana ao confessionário com aquele galante vigário? Ela dá assim um laço em volta da cidade. [...] O itinerário da passeante eu explico... (INO: 175-176 e 178)

Depois de ouvir essas insinuações maliciosas do Cara-Longe, Alfredo está preparado para escutar também os comentários de outros vizinhos a respeito do passeio de d. Celeste. Eis algumas das alfinetadas, que na nossa montagem colocamos na boca de duas fofoqueiras:

---

[58] Segundo Rosa Assis, 2002, "*Passagem dos Inocentes* é [...], entre todos os livros de Dalcídio, o que mais espelha e estampa a linguagem do homem rústico paraense em seus contextos rural e suburbano" (p. 22).

> – Aquela casada ia num rumo que decente não era, só podia ser de quem deixou a alma na unha do Cão [...].
> – [É um] risco de fazer a Nossa Senhora, de novo, derramar as suas santas lágrimas.
> – [Será que] o marido [não deveria] lavar em sangue semelhante passeio?
> – Marido e mulher no 268 [...] não se entendiam fingindo se entenderem muito bem [...].
> – Tão bem casados pareciam que se via logo o mau casamento. (INO: 184)

Alfredo fica intrigado com esses comentários. Ele quer entender a situação em que vive o casal e se pergunta: "Por que o seu Antonino Emiliano nenhum tento dava ao passeio da quarta-feira? Casou com a d. Celeste depois daquela viagem no 'Trombetas' [o navio no qual ela fugiu], por quê?" (p. 188). Na segunda cena desse ato, mostramos como o marido de d. Celeste faz de Alfredo o seu confidente, pondo-o a par dos fatos:

> – Do sobrado [em Muaná] caímos nesta cabana, parente. (INO: 108)
> O "Zéfiro" [por ser usado principalmente pelo Leônidas] é prejuízo em cima de prejuízo. Nunca chega a tempo. [...] Posso assim conseguir fretes? [...] E o nosso de-comer? Não é com os trinta mensais que a tua mãe te manda que esta casa se sustenta. Resultado: vendo os azulejos, desmancho o sobrado. Doer me dói, sim, mas que remédio. Celeste, Deus me livre, não sabe nem vai saber. A ti te digo mas [...] não ouviste. Vou fazer tudo para ela não ir em junho [a Muaná]. Nem dezembro. Passamos a comer de azulejos [...]. (INO: 190-191)

Alfredo presencia, portanto, como marido e mulher vão cada um para direções opostas. Enquanto ela se evade para um mundo de fantasias românticas, ele se atém às questões materiais, chegando até a vender vestidos dela no Ver-o-Peso, e pensando em partir para o garimpo, com que se consumaria a desintegração daquela família.

Vejamos agora o passeio de d. Celeste, que constitui a nossa penúltima cena. Estamos numa tarde de quarta-feira: ela sai e Alfredo lhe segue os passos, às escondidas, como um detetive (cf. INO: 192-201). Uma vez que esse episódio do romance constitui, ao mesmo tempo, uma introdução à parte central de Belém, em forma de uma cartografia sentimental, montamos paralelamente a essa cena uma aula sobre a geografia e a história dos lugares por onde ela passa. É também um meio para os nossos participantes professores e alunos refletirem sobre o cotidiano de suas aulas. Como "guias", mantivemos as figuras das duas fofoqueiras, colocando em suas bocas as informações do narrador e do personagem-observador Alfredo sobre os deslocamentos de d. Celeste. Exemplo:

[**Fofoqueira 1:**] – Aonde vai essa dona, meu Santo Antônio de Lisboa?

[**Fofoqueira 2:**] – Ela saiu pela esquina até o largo de Santa Luzia. Eu vi ela apanhar o bonde circular, seguindo pela Generalíssimo. (cf. INO: 192-193)

Nesse momento, entra em cena o professor de Geografia, que inventamos e que explica aos alunos – e também aos leitores não familiarizados com a topografia de Belém – o significado de ruas, praças e bairros da cidade. Como neste exemplo:

> A avenida Generalíssimo Deodoro recebeu este nome em homenagem ao proclamador da República e chefe do governo provisório, na transição política que marcou o fim do Império. O Generalíssimo Manuel Deodoro da Fonseca tomou parte ativa na guerra do Paraguai [...].[59]

Assim acontece ao longo de todo o trajeto de d. Celeste: do largo de Nazaré, passando pela avenida 16 de Novembro até a Cidade Velha (cf. INO: 193-195); de lá, pela rua Conselheiro João Alfredo até o bairro do Reduto, onde ela desce do bonde e continua a pé (p. 195).[60]

Depois de ela entrar pela Piedade e passear pela rua Manoel Barata, ela para nos Correios, no guichê da Posta Restante (p. 196). "Que bilhete será que ela recebeu?", especula uma das fofoqueiras. D. Celeste continua, descendo a rampa da rua Quinze: rumo ao Ver-o-Peso ou ao cais? (p. 197). Isso provoca novos comentários:

[**Fofoqueira 1**] – Vai embarcar outra vez no "Trombetas". Será que o comandante já está esperando?

[**Fofoqueira 2**] – Não, é o rebocador "Conqueror" – O Conquistador! Ela gosta de nome mágico.

[**Fofoqueira 1**] – Mas lá sobe ela pela Padre Prudêncio. Será que ela vai se confessar com aquele galante vigário? (cf. INO: 197, 199 e 178)

Assim, a cada passo de d. Celeste, aumenta o mistério.

---

[59] E. Cruz, 1992, *Ruas de Belém*, p. 88.

[60] Nessa altura, inserimos uma consulta aos alunos que assistiram à apresentação: se eles preferiam que o professor de Geografia continuasse com a aula, ou que a interrompesse, para que todos pudessem se concentrar no misterioso passeio da protagonista. Todos votaram pela segunda opção.

Ocorre que, também neste caso, a ficção da personagem é desmontada, assim como a expectativa de Alfredo, que lhe quer desvendar o segredo. A tentativa de uma evasão individual de um cotidiano enfadonho e degradante é sobrepujada por uma ação política coletiva. O romancista coloca o seu personagem, e também o leitor, diante de ambas as opções. É esse o tema da nossa última cena. No largo da Pólvora, ou seja, na praça da República, o detetive amador, que se distraiu por um momento, é impedido de seguir a dama misteriosa, pois uma multidão de manifestantes se interpõe no seu caminho.

Eles carregam faixas que mostram a sua organização coletiva:

> "*UNIÃO DOS CALDEIREIROS DE FERRO*", "*COSTUREIRAS DA FÁBRICA ALIANÇA*", "*COVEIROS DE SANTA ISABEL*", "*SOCIEDADE BENEFICENTE DOS FUNILEIROS*", "*FEDERAÇÃO DAS CLASSES EM CONSTRUÇÃO CIVIL*". (cf. INO: 202-204)

Trata-se de um protesto de operários e de suas mulheres contra o descaso dos políticos com os problemas da cidade: o acúmulo de lixo nas ruas, trazendo a praga das moscas que, por sua vez, causa a morte de muitas crianças:

> "*AS NOSSAS CRIANÇAS ESTÃO MORRENDO. ONDE ESTÃO OS DOUTORES DESTA CIDADE?*", "*CHEGA DE TANTO MORRER CRIANÇA!*", "*QUEREMOS PAGAMENTO*", "*REMOVAM O LIXO*", "*SALVEM AS CRIANÇAS*". (INO: 202-204)

Em vez de atender às justas reivindicações dos manifestantes, as autoridades mandam a cavalaria investir contra eles. A fala final da nossa montagem é de uma das mulheres que pergunta, revoltada: "– Vão curar a doença mandando carregar as armas contra as mães?" (INO, p. 213).[61]

---

[61] Eis a relação dos personagens e de seus intérpretes: Narrador: Wallace Gonçalves da Silva. Alfredo: Nelson Costa Fonseca e Moisés Braga do Nascimento. Leônidas e professor de Geografia: Waldinei do Carmo de Souza. D. Celeste, na barraca: Anna Carolina de Abreu; ela fez também o papel da fofoqueira 1. D. Celeste aos 18 anos: Rosane de Loiola; ela interpretou também a empregada Arlinda e a fofoqueira 2. D. Celeste do passeio da quarta-feira: Rosana Passos. Belerofonte: Gilvan Capela Jr. O porco Pégaso: Ana Daniele Costa Pantoja e Francivaldo de Aviz Araújo; este fez também o papel do Cara-Longe. Seu Antonino: Willi Bolle.

A importância de *Passagem dos Inocentes* no Ciclo do Extremo Norte

A referida cena resume um episódio-chave do romance – "O passeio, a mosca e os anjos" (INO: 175-222) –, no qual Dalcídio Jurandir revela-se como autor politicamente engajado em favor da causa pública. O que acresce à qualidade da obra é que ele não opta pelo proselitismo, mas pela apresentação equilibrada de dois tipos de comportamento: por um lado, um desejo individual de evasão; por outro, a preocupação coletiva com os problemas da cidade. Num estudo instigante, Benedito Nunes (2006) comenta esse episódio:

> Ao pé da estátua alegórica republicana, aglomeram-se diferentes grupos de trabalhadores, homens e mulheres, que envolvem Alfredo [...]. A narrativa continua em distintiva forma dialogada, em que se alternam Uma voz, A mulher grávida, A primeira voz, A voz de outra mulher [...]. Faixas se sucedem [...].[62]

Esses "diversos falares em tumulto", essas "faixas de protesto" e toda essa "polifonia de vozes" configuram o que o crítico chama de um "transbordamento dramático, a rigor, cênico, da ação" (*ibid.*). Foi o que experimentamos em nossa oficina teatral. A elaboração do roteiro exigiu uma atenção especial para as falas dos personagens, no sentido de selecionar as mais expressivas; e o texto do romance veio ao nosso encontro, justamente com essa qualidade de "transbordamento cênico da ação".

O estudo de B. Nunes é de interesse exemplar também pelo fato de ele destacar *Passagem dos Inocentes* como o livro estratégico em que Dalcídio Jurandir redimensiona o conjunto do seu Ciclo Amazônico. Pois é a partir desse romance que ocorre uma "requalificação da narrativa pela linguagem", que se manifesta na "adesão da voz de quem narra à fala dos personagens, o que leva a um grau de máxima aproximação o ato de narrar e a maneira de ver e sentir o mundo de cada um deles" (p. 249). Ou seja, a voz do narrador individual é substituída por uma voz coletiva. A narrativa se pluraliza com a entrada em cena de um grande número de personagens, com "as múltiplas vozes em tumulto de uma multidão rebelada" (p. 250). B. Nunes completa a sua análise de *Passagem dos Inocentes* explicando como a reestruturação da narrativa repercute nos quatro romances seguintes, todos ambientados na periferia de Belém:

> É como se em *Primeira manhã, Ponte do Galo, Os habitantes, Chão dos Lobos* a dialogação conduzisse a narração e com a narração se confundisse como ma-

---

[62] B. Nunes, 2006b, "Dalcídio Jurandir: as oscilações de um ciclo romanesco", p. 250.

neira de ver e de sentir o mundo dos personagens em afluência. Os personagens afluem e confluem seus falares, suas dicções. (p. 249)

Ou seja, ao redimensionar o conjunto de sua obra a partir de *Passagem dos Inocentes*, Dalcídio Jurandir reforçou uma característica de sua escrita que esteve presente desde a sua estreia: o "relevo dado à fala dos personagens".[63] De fato, como observamos durante o nosso trabalho com o romance, as falas dos personagens vão crescendo em importância, a ponto de se tornarem os principais componentes da ação narrada. Notamos, também, que o retrato dalcidiano da população da periferia através de suas falas se dá de forma a valorizar o seu potencial emancipatório.

Debates com o público e continuação do trabalho

Durante a elaboração do roteiro cênico, os participantes se familiarizam com as falas dos personagens. Depois de um ensaio geral apresentamos, em novembro de 2009, uma leitura dramática para os professores e alunos da Escola Dr. Celso Malcher e alguns convidados de fora. No início de 2010, retomamos os ensaios, e em abril realizamos uma apresentação pública na Universidade da Amazônia (Unama), que foi também tema de uma reportagem da TV Cultura. Ambas as apresentações teatrais foram seguidas por debates dos atores com o público. Na Unama, o diálogo se deu entre professores e estudantes universitários e, por outro lado, moradores da periferia. Queríamos saber o que o nosso trabalho teatral significou para ambos os lados. Eis uma seleção das perguntas dos espectadores e das respostas dos participantes.

Pergunta 1: Qual foi o grau de participação dos alunos? Resposta: Esta oficina de leitura dramática foi um trabalho conjunto de quatro alunos e seis professores. Depoimentos dos alunos Wallace e Francivaldo:

> Foi uma ação voluntária dos alunos. Eu fiquei um pouco encabulado no começo, quando peguei o papel do narrador. Mas aceitei de bom grado, abracei essa causa. E agradeço a cada um que esteve aqui presente.

> Nós, alunos, fizemos este trabalho por livre e espontânea vontade. Nós nunca tínhamos passado por esse tipo de experiência. Para mim, está sendo muito gra-

---

[63] B. Nunes, 2006b, p. 248.

tificante participar, principalmente porque você vê aluno e professor trabalhar juntos no mesmo espaço. Deixou de ser aluno e professor e era um colega de trabalho. E conseguimos alcançar juntos o nosso objetivo. Foi uma relação bem legal. Foi o que houve de mais gratificante para mim nesta experiência.

Pergunta 2: A administração da escola apoiou essa oficina de leitura dramática? Quais foram as condições para vocês realizarem esse trabalho? Resposta do professor Waldinei:

> A direção da Escola Dr. Celso Malcher, na figura da professora Regina Guimarães, é uma pessoa muito sensível e aberta a esse tipo de evento. Desde o início até hoje, o que é um pouco complicado é arranjar tempo para a elaboração do roteiro e para os ensaios, porque somos professores. Para a gente poder participar deste evento, temos que sair da sala de aula. Aí fica um corre-corre, porque você tem um compromisso dos dois lados. A gente, então, tem que ficar costurando um pouco. Mas é também prazeroso. E a diretora foi sensível à nossa experiência e liberou a gente, na medida do possível. E assim a gente foi levando, até chegar neste resultado.

Pergunta 3: Qual é o objetivo principal dessa leitura dramática? É uma atividade para formar leitores? Respostas da professora Rosane e do aluno Gilvan:

> Nós, professores da Escola Estadual Dr. Celso Malcher, temos tido essa política de fomentar a literatura entre os nossos alunos. Então, quando o professor Willi chegou com o projeto de estudar o Dalcídio Jurandir, a gente abraçou, porque entendemos que a leitura tem que fazer parte da nossa vida e temos que desenvolver essa aptidão pela leitura. Especialmente quando se trata de um autor da Amazônia, que retrata a nossa realidade. Dalcídio retrata fielmente o homem amazônico. É isso que a gente tem que levar para os nossos alunos, para que eles também se valorizem como cidadãos da Amazônia. Por isso a gente teve muito carinho e muita satisfação em desenvolver esse projeto.

> Foi o primeiro contato que eu tive com a obra de Dalcídio Jurandir. Eu nunca tinha lido um livro dele. Gostei e espero ler outros livros dele também. Ele é um autor da Amazônia que nos dá orgulho.

Pergunta 4: Em que medida esta apresentação teatral, com cenas como a iniciação do protagonista Alfredo às condições de vida nas baixadas, estimula a reflexão sobre a periferia? Respostas da professora Rosane e do professor Waldinei:

Eu sou uma leitora assídua de Dalcídio Jurandir. Já li *Chove nos campos de Cachoeira*, *Ribanceira* e *Marajó*. Eu ainda não tinha lido *Passagem dos Inocentes*, porque a gente tem dificuldade em ter acesso ao conjunto da obra. Ele não está disponível. E Dalcídio Jurandir não é fácil para quem vai começar a ler. Eu diria até que ele é um autor difícil. Mas depois que a gente consegue, a gente vai entendendo. [...] A gente consegue visualizar em suas obras, pelo menos nessas que eu li, esse elemento muito forte da consciência crítica. Em Belém, a gente vê a população lutando pela melhoria das condições de vida na baixada, o que foi refletido aqui numa cena.

O objetivo da nossa encenação de Dalcídio Jurandir foi fazer as pessoas refletirem sobre Belém, sobretudo sobre sua periferia. Dos anos 1920 para hoje, o que mudou? Os problemas descritos no romance continuam: lixo nas ruas, falta de saneamento, falta de saúde, exploração de crianças e adolescentes como força de trabalho. O que as autoridades fizeram?

Pergunta 5: O episódio que mais intrigou os espectadores foi o passeio misterioso da d. Celeste. No romance há algum esclarecimento desse mistério? E por que essa personagem é interpretada por três atrizes diferentes? Resposta: Vamos ouvir os esclarecimentos das três participantes, Rosane, Rosana e Anna, que fazem o papel de d. Celeste:

A gente tentou mostrar que a personagem tem três fases e três aspectos de sua vida. 1) A jovem de 18 anos em Muaná; 2) A Cecé dos devaneios; eu, enquanto leitora da obra, acredito que ela não se libertou inteiramente daquele mundo que viveu no passado, em que a família tinha um poder, na época em que ela ainda frequentava bailes. Então, ela vivencia isso, mesmo morando num barraco. 3) E a d. Cecé, a dona de casa que vive nesse barraco da periferia. Lá no Muaná, ela dá a entender para os moradores que em Belém ela vive muito bem. Ela procura manter todo o requinte, toda a vida de poder que ela tinha lá. Mas aqui em Belém, a vida dela é totalmente outra. Ela mora na baixada, com todos os seus problemas. Mas a d. Cecé não aceita essa realidade. Por isso ela vive esses devaneios, o passeio dela que vai pelo centro da cidade. Talvez, quem sabe, ela seja ainda apaixonada por aquele comandante que ela deixou para trás.

A d. Celeste quer aquele mundo do passeio. E ela mostra que está fazendo um passeio, que ela vai com um homem tal, com aquele outro. As fofoqueiras pensam que ela faz isso. Mas, na verdade, ela está vivendo um sonho, uma ilusão: de passear, de estar livre, de se libertar, de fazer o que ela tem vontade de fazer.

Alfredo passa o tempo todo tentando descobrir o que d. Celeste vai fazer. Mas ele se perde na multidão e a gente acaba não sabendo. Se ela vai se encontrar com o comandante, de verdade. Ou se ela vai rodando por lá, como faz naquele sonho, com a mala, com os vestidos. Pode ser que ela só ande pela cidade e rememore. Tem tantas possibilidades. Cada um que lê o texto do Dalcídio vai dar a sua interpretação. [...] A Celeste é três pessoas, como está no texto. A gente tentou passar isso. Ela se transforma, ela tem a parte dela que é a garota ainda, com todos os sonhos, tem o momento em que ela sonha e se liberta ou não se liberta. Ela vive uma grande ilusão. [...] Eu faço a Cecé pobre e a Rosane faz a Cecé naquele momento, dando aquele pulo da cama para sonhar e voltar aos dezoito anos. E a gente faz também as duas fofoqueiras. Juntas, elas são como se fosse uma cabeça de Hidra. Tem toda uma mitologia. Como na cabeça de seu Antonino Emiliano. Então, elas são uma serpente de duas cabeças, perseguindo a Celeste.

Pergunta 6: Em que consiste, na opinião de vocês, a atualidade do romance *Passagem dos Inocentes*? Resposta do aluno Francivaldo:

Vocês podem reparar que a d. Celeste passeia só pelas avenidas importantes de Belém: Generalíssimo, avenida Nazaré... Mas, ao mesmo tempo, ela mora na baixada. Isso, de ela morar na baixada, nos dá um grande orgulho. Não só porque o romance se passa na baixada, mas também porque nós, que interpretamos esse texto, moramos lá. Somos protagonistas e falamos do nosso próprio bairro, de nossa própria realidade. Então, o passeio dela, vocês reparam que é só nas avenidas grandes. Não é porque a gente mora na baixada, que a gente não possa passear, não possa sair de lá e ir para lugares melhores. Não é porque a gente não tem uma condição de vida boa que a gente não possa sonhar como a d. Celeste sonha. Ela sonha alto. Mesmo morando na baixada, ela pode ter o sonho de um dia estar desfilando nessas avenidas importantes, cheia de *glamour*, cheia de prosperidade, toda, toda. Isso é também um ponto muito gratificante nessa parte do teatro, do Dalcídio Jurandir. É isso que vem na nossa cabeça. Que os sonhos não são só para os que têm dinheiro, os sonhos são para todos.

A experiência bem-sucedida com *Passagem dos Inocentes* nos fez continuar a nossa oficina teatral em 2011, com uma montagem conjunta dos dois romances seguintes: *Primeira manhã* e *Ponte do Galo*.

Imagem 27
A periferia de Belém: o bairro de Terra Firme

3. ENTRE O GINÁSIO E A ESCOLA DA RUA (*PRIMEIRA MANHÃ* E *PONTE DO GALO*)

Depois da iniciação de Alfredo à periferia de Belém, narrada no romance *Passagem dos Inocentes* (1963), a continuação de sua trajetória de formação é apresentada em *Primeira manhã* (1967) e *Ponte do Galo* (1971). Ao manter como cenário da ação os subúrbios da grande cidade – com a inserção de várias cenas que se passam na ilha de Marajó, para onde o protagonista costuma voltar durante as férias escolares –, o romancista descreve as condições de vida num espaço que é de transição entre a capital e o interior, com uma superposição e uma mescla dos dois tipos de cultura.

Em primeiro plano estão, novamente, as questões de educação, que são de interesse paradigmático não apenas para o conhecimento da Amazônia, mas também da realidade brasileira em geral. Na elaboração do roteiro cênico, seguida de duas apresentações teatrais, juntamos as obras *Primeira manhã* e *Ponte do Galo*, por terem como tema comum a questão do ensino e da formação no período da adolescência, ou seja, na fase preparatória para a vida adulta e para a atividade profissional. Enquanto nos dois romances anteriores, *Belém do Grão-Pará* e *Passagem dos Inocentes*, foram descritos a aprendizagem de Alfredo no ensino fundamental e seus primeiros contatos com a grande cidade, em *Primeira manhã* é focalizada a sua experiência de adolescente que conseguiu entrar no ginásio. Naquela época, isso era um sinal de distinção social, sobretudo para um rapaz de família pobre e do interior.

Ora, em vez de poder aproveitar plenamente o ensino no ginásio e com isso abrir caminho para uma carreira promissora, o protagonista passa por uma aprendizagem muito diferente. Desde a "primeira manhã" no ginásio, Alfredo se decepciona com o que os professores ensinam. São aulas muito abstratas, cheias de retórica e matéria decorada, e que não têm nenhuma relação com o cotidiano e a procura de saber do jovem. Além disso, ele sente-se culpado por ocupar, na casa em que está hospedado em Belém, o lugar da moça Luciana, que é do Marajó como ele, mas teve o acesso ao ginásio negado pelos pais. Ela conseguiu finalmente vir para a cidade, mas desapareceu misteriosamente nessa "Babilônia". Alfredo acaba se empenhando como um detetive na tentativa de descobrir o paradeiro dela, e com isso envolve-se intensamente no que se pode chamar "a escola da rua". No final, a sua atração pelos saberes da rua – ou pela "vagabundagem", como ele mesmo chega a observar de forma autocrítica – é desmitificada por pessoas que estão com os pés bem fincados na realidade.

227

O principal problema vivido pelo protagonista é, portanto, o conflito entre a educação formal no ginásio e a aprendizagem alternativa na escola da rua ou escola da vida. Em que medida o tema dessa história, que se passa nos anos 1920, continua atual? Como bem observa J. Fares (2009), organizadora de uma recente reedição de *Primeira manhã*, este romance é propício para incentivar "uma discussão sobre práticas educativas no Brasil-Amazônia", sobretudo no sentido de se tentar "(re)integrar o cotidiano" e também "o poético" ao universo escolar formal".[64] Complementando, P. Nunes (2009) pergunta se o projeto geral de Jurandir "não seria [...] uma reiterativa proposição de inclusão [dos marginalizados] na sociedade brasileira", para que aqueles que são "objetos da educação praticada em nosso país" tornem-se dela "sujeitos".[65]

Dos anos 1920 para cá houve, sem dúvida, uma série de melhorias estruturais nas escolas públicas brasileiras dos níveis fundamental e médio, sobretudo em termos de inclusão quantitativa dos alunos. Em termos qualitativos, no entanto, ainda falta muito para se chegar a um nível satisfatório, como mostra o fato de o Brasil, em 2011, ter ocupado apenas o 84º lugar entre 187 países no Índice de Desenvolvimento Humano (IDH), em que um dos principais fatores é a escolaridade. Podemos nos perguntar, inclusive, se o esquecimento da obra de Jurandir no ensino da literatura brasileira – uma obra nascida no contexto do romance de crítica social dos anos 1930 e do movimento por uma educação para todos –, não é um sintoma do fato de o Brasil ter esquecido, de lá para cá, a paixão que já teve pela educação.[66]

Aliás, os saberes que são significativos para os jovens não se centram apenas na sala de aula. Saber relacionar a matéria ensinada com a experiência da vida cotidiana e a socialização dos alunos continua sendo um grande desafio para os professores. Filósofos como Friedrich Nietzsche (1872) e Walter Benjamin (1915; 1933) falaram da importância dos espaços alternativos de aprendizagem, o que nos faz lembrar o protótipo do "romance de formação", *Os anos de aprendizado de Wilhelm Meister* (1795/96), de Goethe, em que o principal espaço alternativo de aprendizagem é o teatro.[67] Esse legado foi retomado no século XX por Bertolt Brecht, cujas "peças de aprendizagem" (*Lehrstücke*) podem ser consideradas uma reformulação dos "anos de aprendizagem" (*Lehrjahre*) do protagonista do romance de Goethe.

---

[64] J. Fares, 2009, "Clareúmes", *in:* D. Jurandir, *Primeira manhã*, 2ª ed., pp. 11-12.

[65] P. Nunes, 2009, "Amanhecer: as calças curtas dependuradas no varal", *in: Primeira manhã*, 2ª ed., p. 26.

[66] Cf. também A. Bosi, 1998, "Uma grande falta de educação".

[67] Cf. F. Nietzsche [1872], 2003, "Sobre o futuro dos nossos estabelecimentos de ensino"; W. Benjamin [1915], 1986, "A vida dos estudantes", e [1933], 1994, "A escrivaninha"; e J. W. von Goethe [1795/96], 2006, *Os anos de aprendizado de Wilhelm Meister*.

Optamos por abordar essas grandes questões da política, filosofia e arte da educação a partir de uma experiência concreta, realizada durante o ano de 2011: uma oficina teatral com o já referido grupo de professores e alunos do bairro de Terra Firme na periferia de Belém. Resolvemos transpor para o palco as cenas vividas pelo ginasiano Alfredo nos romances *Primeira manhã* e *Ponte do Galo*. Nessa atividade, juntaram-se duas tradições de aprendizagem alternativa: a escola da rua, que os nossos alunos participantes conhecem, por experiência própria, tão bem como o jovem protagonista de Dalcídio Jurandir, e o teatro, conforme a lição de Goethe e de Brecht, como espaço lúdico de experimentação e de reflexão sobre os rumos da vida. "Esse aluno me surpreendeu", declarou uma das professoras participantes sobre a *performance* de um dos alunos atores. "O rendimento dele nas aulas foi baixo. E aqui, no nosso trabalho teatral conjunto, ele de repente 'surgiu', revelou-se de forma mágica." No mais, a professora deixou claro que valoriza muito o ensino formal, mas que este precisa ser integrado com a experiência cotidiana dos alunos.

Adaptação cênica

Com base na leitura dos dois romances, o grupo elaborou o roteiro teatral. O que justifica trabalhar com ambas as obras ao mesmo tempo é o fato de apresentarem juntas a referida tríade temática: o ensino formal no ginásio, a "escola da rua" e a desmitificação da escola da rua. No trabalho de adaptação cênica, tratava-se de transpor duas obras narrativas relativamente extensas (177 e 173 páginas) para o gênero dramático – o que, no caso, resultou num roteiro cênico sucinto, de 15 páginas.[68] Optamos por essa forma breve com o intuito de oferecer, em uma hora de espetáculo teatral, uma síntese das cenas mais significativas dos dois romances. Visamos, com isso, despertar a curiosidade por essas obras literárias, incentivar a sua leitura na íntegra e estimular a reflexão sobre as questões de formação.

No centro da nossa adaptação teatral colocamos a história dos adolescentes Alfredo e Luciana, que vivem experiências diametralmente opostas: enquanto o rapaz conseguiu entrar no ginásio, a moça representa um caso de exclusão escolar. Contudo, os seus destinos se complementam na medida em que a história de Luciana repercute intensamente em Alfredo. Estruturamos o nosso roteiro em forma de uma sequência de 16 cenas. Na adaptação teatral, não procuramos reproduzir o tipo de construção de *Primeira manhã*, que se caracteriza, como escla-

---

[68] Esse roteiro foi publicado na revista *Asas da Palavra*, v. 13, n. 26 (2011/2012), pp. 232-247.

rece M. Furtado (2009), por extensas "rememorações e digressões", fragmentos de monólogos interiores e diversas ações paralelas, que "dificulta[m] ao leitor o acompanhamento do foco narrativo" e da trama.[69] Optamos por nos concentrar no enredo principal e concatenar as cenas mais interessantes segundo uma sequência lógica, para que o espectador possa acompanhar com maior clareza a história da formação de Alfredo. Evitamos, também, a dispersão topográfica das cenas, patente em *Ponte do Galo*, que tem dois terços de sua trama ambientados na ilha de Marajó. Transpusemos as cenas escolhidas para a periferia de Belém, sublinhando com isso, mais uma vez, que as baixadas são o lugar onde se misturam a cultura urbana e a do interior. Organizamos o conjunto da ação teatral em três sequências temáticas, precedidas de uma cena introdutória.

Imagem 28. Atores e cenário

A cena inicial apresenta o protagonista para o público e localiza seu contexto geográfico e histórico, isto é, a Belém de meados dos anos 1920. Para mostrar o vínculo da história atual de Alfredo com o romance anterior, *Passagem dos Inocentes*, no qual se dá a sua iniciação aos subúrbios, mantivemos basicamente o mesmo cenário: cinco papagaios, daqueles que os meninos das baixadas têm o costume de empinar (cf. PMA:[70] 165 e a Imagem 28) e que simbolizam a periferia. Os cinco atores que seguram os papagaios voltam a cantar a cantiga de roda adaptada do texto de *Passagem dos Inocentes* (p. 70), sublinhando com isso a continuação dos *anos de aprendizagem* de Alfredo:

---

[69] M. Furtado, 2009, "Primeira manhã: as culpas soterradas de Alfredo", in: *Primeira manhã*, 2ª ed., pp. 17 e 19.
[70] A sigla PMA refere-se, daqui em diante, ao romance *Primeira manhã*, 2ª ed., Belém: EdUEPA, 2009.

Que ofício dá pra ele?
Mando tiro, tiro lá
O ofício de aprendiz
Mando tiro, tiro lá
Este ofício já me agrada
Mando tiro, tiro lá.

Em seguida, o protagonista é entrevistado pelo narrador, para contar a história de suas três vindas para Belém. Na primeira vez, quando tinha 12 anos e veio para cursar a escola primária, Alfredo ficou hospedado numa casa de família num bairro da classe abastada. Na segunda vez, com 14 anos, concluiu o primário, mas para sua decepção ficou morando num barraco na periferia, na passagem dos Inocentes. Agora, já com 16 anos, depois de ter conseguido passar no exame de admissão, ele vai iniciar os seus estudos no ginásio, o que é um motivo de orgulho para sua mãe, que sempre lutou muito para poder lhe enviar a mesada.

O ginasiano e a moça que foi excluída do ginásio

Cena 2: Alfredo fica sabendo da história misteriosa de Luciana. De importância especial é a casa onde ele está hospedado. Localizada perto do Curro Velho, lugar de desembarque do gado da ilha de Marajó, ela situa-se na zona de transição de um bairro de classe média para os subúrbios pobres, com seus barracos e capinzais, simbolizados pela "Ponte do Galo". O proprietário da casa é um fazendeiro do Marajó, o Coronel Braulino Boaventura, que só vem temporariamente a Belém. Ele construiu a casa a pedido de sua filha caçula Luciana, que manifestou o desejo de morar ali enquanto cursaria o ginásio. Mas esse plano foi frustrado. Quem conta detalhadamente essa história para Alfredo, na véspera de sua primeira ida ao ginásio, é a irmã do Coronel, d. Santa, que toma conta da casa. Com simpatia e compaixão pela sua sobrinha, ela realça as qualidades de Luciana como aluna da escola primária, lá na ilha de Marajó. "– Me mandem para o Ginásio, eu quero", era o principal desejo da jovem. Mas d. Jovita, a mãe, disse "não", "o Coronel a língua engoliu" e as duas irmãs mais velhas "invejaram" (PMA: 33). Com isso, ficou selada a exclusão escolar da moça. Os pais disseram não também a um pastor que pediu Luciana em casamento. Para completar o infortúnio da moça, a mãe lhe infligiu um castigo brutal. Um dia, ela descobriu Luciana num tabocal atrás da casa da fazenda: ela tocou fogo no tabocal e arrancou a filha de lá, lhe deu uma surra de sair sangue e trancou a moça, nua em pelo, no quarto das selas. Ali Luciana ficou, três dias, só a bolacha e água. Apenas graças a um raio que caiu no terceiro dia, a moça conseguiu escapar daquela prisão e fugir (cf. pp. 31 e 33; a cena do tabocal é relembrada várias vezes, cf. pp. 109, 174, 179, 191-192).

Alfredo fica profundamente impressionado com essa história. Além do desejo de saber mais sobre a misteriosa moça, surge nele também um sentimento de culpa pelo fato de ele "ocupar a casa alheia, a casa de Luciana" (p. 105). Ele sente-se dividido entre o ginásio, onde conseguiu entrar, mas que acaba frustrando suas expectativas, e o desejo de elucidar o caso de Luciana, que foi excluída do ginásio e desapareceu na cidade sem deixar rastro.

Cena 3: A "primeira manhã" do protagonista no Ginásio. Pela localização, sabemos que se trata de um colégio que, na época, foi uma das escolas de elite em Belém. Ora, como o nome da escola não é mencionado no romance, adotamos no nosso roteiro sempre a designação genérica de "Ginásio" (com inicial maiúscula), usada pelo autor, mesmo que às vezes ele fale também em "Liceu" ou "Colégio". As expectativas com relação à aprendizagem de Alfredo no Ginásio são otimistas, pelo menos da perspectiva dos meninos do Marajó, cujas falas introduzimos nessa cena. Esses caboclinhos, filhos de pescadores, esperam que os estudos de Alfredo abram também para eles a perspectiva de um mundo melhor (cf. Imagem 29):

> Você afinal chegou ao Ginásio, Alfredo! Para orgulho de sua mãe, dos tios, do avô e de toda a pretada. Dos meninos e das meninas do interior, você é o único. Parabéns! Em nosso nome, o escolhido por nós, estás aí no Ginásio, para que puxes da química, do latim e do português, como puxavas o peixinho, o saber que nós não sabemos. (cf. PMA: 35 e 43)

Para Alfredo, porém, a primeira manhã no Ginásio é uma grande frustração. Como se não bastasse o fato de ele ter perdido oito dias de aula por falta de uniforme, ainda chega atrasado nesse dia, por ter acordado tarde, de tão impressionado que ficou com a história de Luciana ouvida na véspera. Por engano, ele entra na sala do terceiro ano em vez do primeiro. É uma aula de Química, e o grau de abstração dessa matéria o deixa perplexo: "Aprender essa química", pergunta para si mesmo, "que significa isso para os meninos de pescador?" (cf. PMA: 37). Pouco depois ele é descoberto pela inspetora, que o retira de lá e o leva até o primeiro ano, expondo-o ao ridículo diante dos alunos.

Imagem 29. "Estás aí no Ginásio, para que puxes o saber que nós não sabemos"

Cena 4: No recreio, Alfredo sofre *bullying* por parte dos outros alunos:

> Olhem só o falso terceiranista! Esse caboclinho quis dar uma de espertinho, quis passar a perna na secretária e na inspetora, pulando logo dois degraus. Vamos rebaixar esse calouro matuto! Vamos soltar as piranhas nele! Volta pro teu taperi, cria de igapó! (cf. PMA: 41)

Tendo começado mal e sendo hostilizado e humilhado, Alfredo sente desgosto pelo Ginásio desde o primeiro dia. Nessas circunstâncias, ele fica ainda mais sensível ao caso de exclusão representado por Luciana.

Cena 5: De noite, em casa, Alfredo fica sabendo como Luciana veio para Belém. Quem conta a história é a filha de d. Santa, d. Dudu, que realça os lados negativos da moça: "Era aquela entonada. Uma vassoura, em casa, pegou? Um dia a mea irmã contrariou-se com ela, bateram língua. A outra deu um grito e resmungou que havia de ver a mea irmã morrendo indigente na Santa Casa, saindo o corpo no rabecão" (cf. PMA: 102). Como uma espécie de anátema contra a jovem, d. Dudu exibe a Alfredo uma página da Bíblia: "Desce e assenta-te no chão, ó virgem, filha da Babilônia [...], nunca mais te chamarão meiga e delicada. [...] tira o teu véu, descobre as tuas pernas e passa os rios..." (Isaías 47, 1-2; cf. PMA: 103). Essas novas informações sobre Luciana, seu tipo de comportamento, seu sumiço sem deixar rastro, um enigmático maço de cartas dela e a visão da cidade como uma Babilônia cheia de pecados só fazem aumentar para Alfredo o mistério e o desejo de saber mais sobre ela. "Parece que o teu estudo é Luciana", comentam d. Dudu e d. Santa; "cuide das tuas leituras pro Ginásio" (cf. PMA: 188-189).

Imagem 30. Aula de Geografia

Cena 6: Aula de Geografia (PMA: 202-204; cf. Imagem 30). A matéria ensinada, "os rios da Europa", é um exemplo um tanto caricatural, mas muito divertido, de aula mal preparada pelo professor que, em vez de motivar os alunos a estudarem o Reno, o Mosela e o Danúbio, se entrega a seus devaneios, tergiversando sobre os vinhos, as valquírias e os nibelungos. Ele parece ter vindo diretamente de uma farra, pois está com a camisa "ensopada", e desconta o seu desconforto com agressões verbais aos alunos: "Eu dei um banho nos senhores com os rios da Europa, e aí estão os senhores, secos, seus selvagens. Nunca se molharam de civilização?" (cf. p. 204). No final desta cena, Alfredo murmura para si: "Eu quero que esses rios me levem aos pés daquela mulher, a da Babilônia, a do rio Jandiá". Aproveitamos aqui o tema dos rios, que já apareceu naquela citação bíblica, como um gancho para a cena seguinte, na qual são narrados alguns fatos fundamentais da história de Luciana, que têm como eixo o rio Jandiá, no interior do Marajó.

Cena 7: Alfredo escuta uma conversa entre d. Santa e d. Dudu sobre Luciana. "Aprenda com as cobras" (em vez de estudar no Ginásio), disse d. Jovita sarcasticamente para a filha. Como para desafiar a mãe, Luciana enfiou-se então na baixa do rio Jandiá e ali respirou o pitiú dos bichos e conviveu com as cobras (cf. PMA: 189-190). O romancista mostra aqui a moça como conhecedora dos saberes da terra. Essa atmosfera de crenças mágicas é reforçada por uma declaração de d. Jovita de que "a filha não nasceu dela, mas daquele aturiá" (p. 190). D. Santa comenta: será que "d. Jovita se emprenhou dum bicho, ou quem disfarçado de bicho?" Ela esclarece, então, que "foi com um caboquinho de Ponta de Pedras que aquela tapuia na beira do lago se amarrou" (cf. p. 191), ou seja, ela insinua que Luciana nasceu de uma relação extraconjugal. Será que este foi o motivo para o coronel Braulino ficar com a "alma calcinada", como mostra o enterro simbólico que ele realiza com os pertences de Luciana, e o fato de ele sempre postergar os interesses dela em prol de uma disputa judicial por terras que envolvem o rio Jandiá? (cf. pp. 189 e 117-118). Acumulam-se, dessa forma, os elementos de uma história que necessitaria da investigação de um detetive e que para Alfredo é muito mais interessante que o Ginásio.

Cena 8: Aula de Português e de Latim (PMA: 205-206). As frases propostas pelo professor são exemplos de um ensino pomposo, cuja retórica revela desprezo pela linguagem comum. O verso "Surge, perianto em pompa, heril a forma egrégia" (p. 205) é tão artificial que mesmo doutores em letras têm dificuldade de entendê--lo. O que dizer, então, do seu valor pedagógico para alunos do primeiro ano do Ginásio? Percebendo que não consegue motivar os alunos, o professor muda de retórica e passa para um tom falsamente idílico: "Amai a choupana pobre, mas feliz, onde gorjeia a infância gárrula no descuido da felicidade rural" (cf. PMA: 206; e BGP: 281). Esta frase, bem-pensante e vazia, é mais um sinal de uma "educação arrogante [...], que se mostra artificial, descomprometida e, enfim, descompromissada".[71] Além disso, a cena contém vários exemplos de desdém e ofensas por parte do professor, que animaliza os alunos: "seu cara de mucura", "seus gansos depenados", "seus quadrúpedes", "sua múmia" (cf. PMA: 205-206). O riso que essas falas provocam entre os que assistem à cena é, no sentido do teatro de aprendizagem de Brecht, um convite para refletir sobre a relação às vezes tensa entre professores e alunos, sendo que nos dias de hoje os papéis do *bullying* se inverteram.

Como resultado dessa sequência das cenas 3 a 8, observamos que Alfredo decepciona-se cada vez mais com o ensino abstrato na escola. O que lhe parece mais interessante que as aulas é justamente o caso da moça que foi excluída do Ginásio e que ele nunca chega a ver, apenas conhece através de narrações dos outros

---

[71] P. Nunes, 2009, p. 22.

(cenas 2, 5 e 7), todas fragmentárias e cada vez mais enigmáticas. É, aliás, por essa razão, para sublinhar o mistério de Luciana, que na nossa encenação ela aparece sempre atrás de um véu.

"Alheio às aulas, a atenção na rua"

Alfredo resolve, então, investigar o mistério de Luciana. Começa, a partir daí, uma segunda sequência de cenas (9 a 12), em que ele fica "alheio às aulas" e com "a atenção n[as pessoas da] rua" (PMA: 54) e na "cultura da conversa".[72]

Cena 9: Alfredo tenta descobrir o rastro de Luciana, indo atrás do pastor. Deste personagem ele já ouviu falar várias vezes. No relato inicial de d. Santa, o pastor aparece sob uma luz irônica: "Nos trapiches, a bordo ou [na] beirada do Arari, lia que lia a Bíblia, anunciava para um destes dias o fim do mundo. Foi ver a Luciana, adiou o fim, pediu a moça" (PMA: 33). A impressão de uma figura um tanto esquisita é reforçada pelo fato de ele ter ficado "doido varrido" com o "não" dos pais de Luciana ao seu pedido de casamento, a ponto de "atirar no rio as folhas da Sagrada Escritura" (ibid.). Contudo, é através dessa Bíblia, que "foi achada no mangal [e] levada secretamente para as mãos de Luciana", que o pastor continua se fazendo presente junto à moça. Luciana "escondeu o livro [e] dele fazia seu travesseiro"; ela "se agarrou" com a Bíblia, quando a mãe a quis tirar das mãos dela (pp. 102-103). Com a menção de uma correspondência escondida "dele" (p. 118) e do já citado fragmento bíblico – "Virgem da Babilônia [...] descobre as tuas pernas e passa os rios" – sugere-se que o pastor continue tendo uma influência sobre Luciana e que talvez conheça o seu paradeiro. As investigações de Alfredo, durante suas férias em Cachoeira do Arari, acrescentam mais um traço ao perfil do pastor: ele fez uma proposta de casamento também a uma outra mulher. Quando Alfredo finalmente consegue rastrear o pastor, numa igreja de subúrbio em Belém, e lhe pede esclarecimentos sobre Luciana, o pastor se esquiva: "– Meu filho, daquilo tudo não lhe posso falar". E logo se afasta, alegando que tem que "embarcar, hoje mesmo, para o Maranhão" (cf. GAL: 154-155).[73]

Cena 10: Alfredo reencontra o professor Moquém, que o preparou para os exames. Este professor é muito diferente dos que já vimos, os de Química, Geografia, Português e Latim. Apesar de alguns traços cômicos, Moquém não é apenas mais uma fi-

---

[72] J. Fares, 2009, p. 11.

[73] A sigla GAL refere-se, daqui em diante, ao romance *Ponte do Galo*, São Paulo: Martins, 1971.

gura hilariante, mas alguém que faz refletir. Em primeiro lugar, sobre os frequentes descasos do governo do Estado com o pagamento dos professores: "O maldito pessoal do Tesouro está de novo em atraso com a minha pensão!" (cf. PMA: 62).[74] Aponta-se, com isso, a principal causa do desprestígio dos professores do ensino público fundamental e médio na sociedade brasileira. O fato de tratar-se de um problema estrutural, que continua até os dias de hoje, é confirmado por este comentário sobre a situação atual da rede pública de ensino no Estado de São Paulo:

> O ofício de ensinar não atrai mais ninguém. Somente raros idealistas ainda veem beleza na profissão. O que percebemos são professores desmotivados e desiludidos por causa dos salários vergonhosos e dos alunos agressivos.[75]

Quanto ao conteúdo do ensino, Moquém, diferentemente dos outros professores, não exige de Alfredo apenas o conhecimento dos saberes formais, mas chama a atenção do adolescente também para os desafios da aprendizagem fora da escola. Assim, quando os dois veem passar na rua uma moça atraente, o professor comenta: "Prepare-se, mas é para as provas com aquela que ali passa, uma ciência que todos estudam e dela cada um sai mais cru e nu [...]. É a lição que te dou, esta, o mais só são letras e algarismos" (pp. 63 e 65). O professor Moquém, portanto, acha importante o saber formal transmitido pela escola, mas deixa claro que isso não basta. Como lidar com os sentimentos e as emoções, de si próprio e das outras pessoas, especialmente as do outro sexo, é algo que não se aprende nos bancos escolares. A conversa com o professor Moquém é, para Alfredo, mais um estímulo para se voltar para os saberes que podem ser encontrados na rua.

Cena 11: Alfredo é convidado por duas mulheres casadas para acompanhá-las na noite (cf. PMA: 122-155; cf. Imagem 31). Este convite inesperado é uma espécie de teste concreto da lição que lhe deu o professor Moquém. As duas mulheres, d. Abigail e d. Ivaína, que saem ao cair da noite e denominam-se autoironicamente de "matintapereiras" (p. 123; numa referência à ave de mau agouro da mitologia amazônica), dão sinais de que estão insatisfeitas com seus maridos. Não revelam detalhes, mas rebelam-se contra "o casamento [que] proíbe muito" (p. 133), deixando claro que buscam uma forma de liberdade também para si. Enquanto uma delas mantém-se discreta e reservada, censurando os avanços da outra, esta toma durante todo o tempo a iniciativa e até chega a ser bastante "assanhada": ela pergunta para Alfredo onde fica o quarto dele, pega na sua mão, pede o seu lenço,

---

[74] A nossa apresentação, em 2011, ocorreu num momento em que os professores das escolas públicas de Belém se defrontaram com a mesma situação frustrante.

[75] Carta de uma leitora, *Folha de S.Paulo*, 27 abr. 2012, p. 3.

devolvendo-o com o cheiro dela, e ainda pede para ele verificar se ela está abotoada atrás. No decorrer do passeio, ambas as mulheres começam a estabelecer com o rapaz uma certa intimidade. Num misto de curiosidade e excitação, este se pergunta: Será que "vão atirar-se a mim, disputar-me, querer-me beijar?" (cf. p. 155). De repente, quando está imerso nessa fantasia, as duas mulheres somem inesperadamente. A sensação que fica em Alfredo é uma atmosfera de erotismo e mistério, ligada à rua e à noite.

Imagem 31. Alfredo é convidado por duas mulheres casadas

Cena 12: Alfredo quer ser da rua, como as moças Ana e Dalila, netas de d. Santa. A curiosidade pela rua, que foi despertada no protagonista, volta-se agora para essas duas adolescentes, que vieram do orfanato, mas ficam pouco tempo em casa, porque acham a rua muito mais atraente. Alfredo escuta uma discussão entre d. Santa e d. Dudu sobre as duas moças (cf. GAL: 128-135). Enquanto a velha parteira vê as andanças delas com naturalidade, mas também com uma boa dose de ingenuidade, sua filha desconfia e expressa a preocupação de que elas possam estar "no mal passo" (p. 135). Alfredo resolve, então, procurar pelas moças e acaba encontrando Ana (pp. 137-138). Ela sente-se "espionada" por ele e defende a sua liberdade, deixando claro que considera superada a época em que as mulheres eram trancafiadas em casa, "peiadas ao pé do fogão". Ela desafia Alfredo para ver "quem galopa melhor por estas baixadas" e some dentro da noite. Na confecção desta cena nos foi útil o estudo de E. Chaves (2006) sobre *Ponte do Galo*, em que analisa a cidade como "labirinto do desejo". Como ele mostra, a figura de Ana, que tem uma "labareda" dentro de si (GAL: 132), que é "insaciável da rua e da noite" (p. 137), e que é, ao mesmo tempo, "porca", "suinara" e "égua galopando" (cf. p.

138), representa uma síntese do elemento "animal" em nós, "a figuração do corpo como sede dos afetos e paixões", o que desafia as imposições culturais.[76] Através de Ana, a cidade inteira torna-se para Alfredo um corpo feminino, erótico e sedutor. Ele caminha pelos subúrbios e por partes da área central em busca daquela moça, que tem em seu nome embutido o de "Ana"; a moça que representa a síntese de todas as outras pelas quais ele já se interessou e que projeta sua sombra sobre toda essa Babilônia belenense: a moça LuciAna.

Desmitificação da escola da rua

Apesar do deslumbramento do protagonista Alfredo com os saberes da rua, o romancista não faz a apologia desse espaço alternativo de aprendizagem; pelo contrário: em momentos decisivos, a escola da rua é desmitificada, como mostramos na sequência final (cenas 13 a 16) da nossa adaptação.

Cena 13: Alfredo quer ser um vaqueiro feliz. O auge da atração do adolescente pela rua foi o seu encontro com Ana. A imagem que ela lhe transmitiu, a de um galope libertador, desperta em Alfredo a fantasia de querer ser um vaqueiro feliz. A figura de referência é para ele o irmão de sua mãe, o tio Sebastião: viajante, aventureiro, matador de onças e também conquistador de moças bonitas – um poder que lhe é conferido pela mordida da formiga taoca, segundo a lenda dos ribeirinhos. Por todas essas qualidades, Alfredo admira e até mitifica o tio, e quer ser como ele ou como ele o imagina: galopando feliz pelos campos. Ora, essas idealizações e imagens de desejo são desmontadas com o conselho do tio: "Te cobre de saber, meu sobrinho, que a ciência é o melhor cavalo" (GAL: 77).

Cena 14: Que fim levou Luciana? Procuramos responder a esta pergunta com a cena do encontro de Alfredo com sua mãe, d. Amélia. Como introdução, inventamos uma breve conversa entre d. Amélia e d. Dudu, que vigia os passos de Alfredo e espera, assim como a mãe dele, que o jovem abdique de sua fixação por Luciana para se dedicar aos estudos. Quando Alfredo pergunta, mais uma vez: "Que fizeram da moça? Que fim deram dela?" (GAL: 90), sua mãe encosta-o na parede: "Estás ou não estás no Ginásio?" (p. 94). No final, introduzimos uma espécie de *flash*, que passa pela cabeça do rapaz e que é uma fala da própria Luciana: "Pedi o Ginásio, me deram uma porta da vida na Padre Prudêncio" (p. 28). Com esta frase, está tudo dito para quem conhece a cidade de Belém. A rua Padre Prudêncio faz parte da zona de meretrício. Nesta rua, na casa de número 462, localiza-se

---

[76] E. Chaves, 2006, "*Ponte do Galo*: a cidade como labirinto do desejo", p. 41.

hoje a sede do Gempac, Grupo de Mulheres Prostitutas da Área Central de Belém (cf. Imagem 32). Um dia, fomos até lá e conversamos longamente com uma das mulheres. O que nos fez tomar essa iniciativa foi o exemplo do próprio Dalcídio Jurandir, que conversava com todo tipo de pessoas do povo e as incorporou aos seus romances; e também o exemplo de Walter Benjamin, que destacou na sua obra principal, *Passagens parisienses* (1927-1940), a outrora desprezada figura da prostituta como uma personagem-chave para se compreender o fenômeno da metrópole moderna. Chegamos a cogitar a inserção de um breve depoimento de uma das mulheres do Gempac na nossa montagem teatral. Assim, a nossa experiência de aprendizagem com Dalcídio Jurandir ficaria mais completa: à transposição do romance para o teatro seria acrescentado um trecho de pesquisa antropológica urbana. Nos dias próximos ao nosso espetáculo, porém, a casa na Padre Prudêncio estava sempre fechada. Voltando ao romance: com a informação sobre o paradeiro de Luciana, ficou claro que a investigação de Alfredo sobre o destino da moça chegou ao seu término. O mistério e as idealizações que ele cultivou em torno de Luciana se desfizeram. Resta, como matéria de reflexão, o caso de uma moça que foi excluída do Ginásio e levada à prostituição.

Imagem 32. A sede do Gempac, na rua Padre Prudêncio

Cena 15: Uma contrabandista como orientadora de estudos. Trata-se da taberneira da esquina, d. Brasiliana, que na nossa cena inicial teceu elogios a Alfredo, pelo fato de ele, como ginasiano, dar prestígio à rua do subúrbio onde ela mora. Mas ela também vigia os passos do jovem e pergunta ironicamente: "Nunca lhe passou pela cabeça por onde anda a [sua] princesinha [isto é: a Luciana]?" (GAL: 123). Para evitar, de acordo com o espírito da obra do romancista, um desfecho moralizante, mostramos a taberneira como uma orientadora às avessas. Ela, que é conhecida sobretudo como contrabandista, e mantém boas relações com os funcionários da Alfândega, com policiais e desembargadores do Tribunal de Justiça, explica desta maneira a sua motivação para estudar:

> Uma coisa [...] que me atraiu sempre [...] foi a justiça. Tudo que cheire justiça é comigo. Se eu tivesse de estudar um dia era as leis que eu estudava. [...] Pois muito que bem, aquele menino, estude para advogado. (GAL: 122-123)

Ela deixa claro que o conhecimento do aparato jurídico, ao qual só se tem acesso através do estudo formal, é de muito valor, não apenas para os que querem defender as leis, mas também para os que querem passar por cima delas.

Cena 16: Desforra de pobre é estudar. A importância de uma boa formação escolar, que em princípio abre acesso a promissoras carreiras profissionais, é sublinhada igualmente na nossa cena final. Aqui também a argumentação se faz dialeticamente, a partir de um exemplo negativo. O que Alfredo ficou sabendo – o fato de ter sido nomeado para prefeito de polícia da vila de Cachoeira um rematado bandido e assassino – é completado por sua mãe com um retrato detalhado dessa figura (GAL: 37 e 115-118). Um dos assassinados pelo bandido foi o pai de Andreza, a grande amiga de infância de Alfredo. Incorporamos ao nosso roteiro o relato desse crime, que consta do romance *Três casas e um rio* (pp. 334-339). Diante de tais abusos do poder oficial, como é que um cidadão comum pode se defender, sobretudo quando é pobre? Sintetizamos o que d. Amélia ensina para Alfredo nesta frase, com a qual encerramos a nossa peça: "Meu filho, só existe um jeito de aliviar o coração daqueles que sofrem na mão desses bandidos: desforra de pobre é estudar!" (cf. GAL: 119).[77]

Como integrar os diferentes tipos de saberes?

A confecção e a apresentação das cenas que acabamos de descrever foram para todos os participantes uma *peça de aprendizagem*, no sentido pleno da palavra, e

---

[77] Os personagens e seus intérpretes: Alfredo: Wallace Gonçalves da Silva. Luciana: Gabriela Gomes; fez também o papel de Ana (neta de d. Santa). D. Santa, a velha parteira: Anna Carolina de Abreu; também inspetora do Ginásio e Abigail, uma mulher casada. D. Dudu, a costureira: Rosane de Loiola; também d. Jovita (mãe de Luciana) e Ivaína, a outra mulher casada. D. Amélia, mãe de Alfredo: Rosana Passos; também a professora de Química, a professora de Português e Latim, e a taberneira d. Brasiliana. Professor de Geografia: Waldinei do Carmo de Souza; também o professor Moquém e o tio Sebastião. Apresentador: Ângelo Araújo. Três alunos do Ginásio: Ângelo Araújo, Gilvan Capela Jr. e Keterson Pereira. Dois filhos de pescador: Ângelo Araújo e Keterson Pereira. Narrador: Willi Bolle; fez também o papel do pastor.

ao mesmo tempo, no sentido de Brecht, um "teatro de diversão".[78] As cenas, que representam situações típicas do cotidiano de professores e alunos, os estimularam a refletir sobre tais situações. O caráter cômico das aulas incentivava-os a desconfiar de uma pedagogia que se propõe a martelar o saber nas cabeças.

Fazendo um balanço desses *Anos de aprendizagem de um jovem da Amazônia*, coloca-se como um desafio geral a questão de como integrar os diferentes tipos de saberes: os do ensino formal e as experiências formadoras da vida cotidiana. De fato, os romances de formação de Jurandir, que durante os anos 1930 foi também inspetor escolar, são propícios para suscitar amplas discussões sobre política, filosofia e arte da educação – questões que resolvemos trazer para o debate através da experiência concreta dessa oficina teatral com jovens da periferia. Nossas apresentações cênicas, na Escola Dr. Celso Malcher e na Unama (Universidade da Amazônia), foram seguidas de debates com o público e algumas entrevistas. Na conversa com os atores e as atrizes, queríamos saber o que essa oficina teatral significou para eles.

O aluno Wallace Gonçalves, que interpretou o protagonista Alfredo, declarou:

> Esse papel tem tudo a ver comigo. Alfredo se coloca como tarefa investigar o caso de Luciana. Isso é uma coisa que eu tenho: o tempo todo questionando as coisas, perguntando. Alfredo quer até o último ponto saber o caso de Luciana, onde estava, o que fazia. Essa ligação entre o personagem e a minha pessoa tem tudo a ver. É para mim um orgulho interpretar esse personagem.

A jovem Gabriela Gomes, que interpretou o papel de Luciana, respondeu:

> Foi um grande prazer que eu tive. Interpretar essa personagem foi um desafio, mas muito gostoso. Eu não sou atriz, mas resolvi encarar, fui ensaiando. Eu tinha que passar para o público o mistério de Luciana. Eu me espelho um pouco nessa moça, que deve ter uns 16 ou 17 anos: a pressão por parte dos pais, a repressão, essas coisas...

Sobre o papel de Ana, que ela também fez e que é muito diferente de Luciana, Gabriela disse: "Achei divertido. A Ana é o oposto do que eu sou. Ela é mais metida, mais solta, mais independente, mais dona do seu nariz, mais mulher...".

---

[78] Cf. Brecht [1935], "Vergnügungstheater oder Lehrtheater?", *in: Werke*, 1993, vol. 22.2, pp. 106-116.

Houve também depoimentos dos professores. A professora Rosane de Loiola esclareceu:

> Esta oficina teatral é uma atividade que não se liga diretamente ao nosso trabalho docente. Mas o que compensa esse esforço é que D. Jurandir é extremamente atual. O jeito como ele mostra o desinteresse de Alfredo pelo saber formal e a sua atração pela rua, por aquilo que é próximo de sua realidade. Ele mostra também a ruptura que existe entre o saber popular e o saber científico, e a dificuldade de passar de um para o outro.

O professor Waldinei do Carmo de Souza completou:

> A oficina teatral representa um trabalho ao mesmo tempo árduo e prazeroso. A interpretação no palco demanda um esforço especial porque não somos atores de diploma. Mas, ao mesmo tempo, isso nos permite estabelecer uma relação entre três tipos de saberes: o das nossas salas de aula, o saber cotidiano e o que se estuda na Universidade.

O desenvolvimento da nossa oficina dramática e o contato com o público nos fizeram descobrir novamente que a forma teatral, por ser essencialmente lúdica, coletiva e voltada para a socialização do conhecimento, é muito apropriada para despertar o interesse pela obra de Dalcídio Jurandir e pela questão da formação. A experiência de professores e alunos de viver juntos os papéis dos personagens, como parceiros iguais, e o fato de um grupo da periferia se apresentar na universidade e dialogar com uma plateia acadêmica foram assim sintetizados pelo aluno Ângelo Araújo:

> Foi um resgate social meio que invertido. Porque desta vez foram pessoas menos abonadas fazendo um trabalho de esforço intelectual para mostrar para pessoas que teoricamente seriam mais abonadas. Com isso, a sociedade conseguiu se aproximar um pouco mais, ter esse diálogo. Foi uma coisa fantástica. E esse é o objetivo mágico do teatro: além de entreter, passar um pouco dessa ideia da comunicação entre as pessoas.

Para evitar expectativas exageradas: a magia do teatro, bem entendido, não consiste em apresentar soluções prontas para os grandes problemas da educação no Brasil, que nem os especialistas conseguiram resolver. Como foi relatado aqui, a oficina teatral é sobretudo um meio de aprendizagem, que nos faz viver determinados problemas da educação e da formação, e que estimula a reflexão sobre eles. É com esse espírito que descrevemos aqui a nossa experiência com *Primeira manhã* e *Ponte do Galo*, para compartilhá-la com outros interessados.

4. EXCLUSÃO SOCIAL E LUTA PELO ESPAÇO (*OS HABITANTES*)

Os habitantes (1976), o quarto romance que tem como cenário os subúrbios de Belém é, junto ao volume seguinte, *Chão dos Lobos*, o menos comentado do Ciclo do Extremo Norte. É também a obra com a qual, depois de *Primeira manhã* e *Ponte do Galo*, se completa a trilogia de Luciana. A história dessa moça, que Alfredo só conhece de ouvir falar e através de informações incompletas e enigmáticas, continua cativando a sua atenção. Desde *Primeira manhã*, quando começou a estudar no Ginásio, ele, agora já com 17 anos, se sente culpado por ocupar, na casa onde está hospedado, o lugar que deveria ter sido de Luciana, cuja ida ao Ginásio foi vetada pela família. Em relação às duas obras anteriores, o romance *Os habitantes* traz como novidade a suspeita de Luciana ter sido vítima de um crime que causou a sua morte prematura. Esse núcleo da trama do romance foi escolhido como eixo da adaptação cênica que realizamos em 2012 com o grupo de professores e alunos da escola Dr. Celso Malcher, no bairro de Terra Firme. Desta vez, apresentamos o espetáculo não somente na referida escola e na Unama, mas também na XVI Feira Pan-Amazônica do Livro, onde tivemos um público de 500 pessoas. Pela reação e por vários depoimentos percebemos o quanto a história de Luciana despertou a curiosidade dos espectadores e os incentivou a ler o romance.

O mistério (*mystery*) de Luciana

A história de Luciana apresentada em *Os habitantes* pressupõe o conhecimento do que ocorreu com ela nos dois romances anteriores, *Primeira manhã* e *Ponte do Galo*. Em síntese, foram os seguintes fatos: a construção da casa, que era destinada a ela; o impedimento de frequentar o Ginásio; o castigo brutal que sofreu por parte da mãe, com a conivência do pai; sua fuga para Belém e seu desaparecimento na zona do meretrício. Juntando aquelas informações com as que surgem em *Os habitantes*, configura-se um verdadeiro "mistério" em torno de Luciana, o que, nesse contexto, equivale ao que em inglês se designa com a palavra *mystery*: um gênero de ficção que focaliza a investigação de um crime.[79] A história de Luciana, cheia de passagens enigmáticas, é o que este romance tem de mais interessante, e o que vamos focalizar no resumo que segue. Ao longo da narrativa são intercala-

---

[79] Um exemplo clássico desse gênero é o conto de Edgar Allan Poe, "The Mystery of Marie Rogêt", no qual se investiga o assassinato da moça mencionada no título; cf. W. Bolle, 1978, "Narrativa e persuasão: um modelo de formação de opinião pública num conto policial de E. A. Poe".

dos numerosos fragmentos que mostram a vida trivial cotidiana do adolescente Alfredo no subúrbio; sobretudo suas conversas com moças como Nini, que trabalha numa fábrica e é sobrinha de d. Dudu, que cuida da casa; com Ana e Dalila, as netas rebeldes da parteira d. Santa; e com a pobre e sensual Zuzu. Enquanto isso, as idas de Alfredo ao ginásio são cada vez mais esporádicas; tanto assim que ele é advertido de que corre o risco de ter a sua matrícula cancelada (o que acaba ocorrendo no romance seguinte, *Chão dos Lobos*).

Na parte I (HAB: 9-116),[80] a mais longa desse romance de 152 páginas, Alfredo, que continua hospedado na travessa José Pio, perto do Curro Velho, presencia a vinda do dono da casa, o coronel Braulino Boaventura, da ilha de Marajó para Belém, acompanhado de sua esposa d. Jovita, das filhas Graziela e Felipa e do filho Floremundo. O coronel foi "obrigado a essa viagem" (p. 40) pela esposa, que está em busca do seu "desagravo conjugal" (p. 95) junto às autoridades, depois de ter descoberto que o marido tem uma amante prostituta em Belém, da qual ele costuma receber cartas de extorsão. Como autora dessas cartas é incriminada Luciana, pela sua irmã e arquirrival Graziela. Enquanto d. Jovita, Graziela e o coronel vão ao encontro das autoridades, Alfredo e Floremundo percorrem a cidade em busca de Luciana. Ambas as tentativas acabam frustradas. Assim, o coronel e sua família se preparam para voltar para o Marajó, enquanto Graziela prefere ficar em Belém para o carnaval. Alfredo, ao andar pela cidade, descobre que num quarto a defunto estão velando uma moça (pp. 114-115), a qual, pelos indícios, é Luciana.

A parte II (HAB: 117-146) é quase toda narrada da perspectiva de Graziela, em forma ora de um monólogo interior, ora de um diálogo imaginário em que ela responde às acusações de Luciana, que ela tem a impressão de ouvir nessa casa. Numa espécie de confissão, em que predomina o cinismo, Graziela narra detalhes da luta implacável que travou com a irmã caçula, da qual sempre sentiu muita inveja. O emblemático objeto da disputa entre a "princesa" Luciana (p. 120) e Graziela, a "Principala" (p. 125), era precisamente essa casa, que o pai delas acabou construindo em Belém e que é o lugar do enredo de *Os habitantes*. Cada uma das duas queria morar com exclusividade nessa casa, que, além de ser um símbolo de *status* e bem-estar material, representa o seu maior desejo: libertar-se do controle tirânico da mãe e viver plenamente, no ambiente da grande cidade, os sonhos de uma jovem do interior.

---

[80] A sigla HAB refere-se, daqui em diante, ao romance *Os habitantes*, Rio de Janeiro: Artenova, 1976.

Num primeiro momento, Luciana era a preferida do pai, pois conseguiu persuadi-lo a construir a casa em Belém para ela (cf. pp. 125-126). Ela poderia ter ganhado definitivamente a luta se Graziela tivesse aceitado a chantagem de Luciana de ceder a casa em troca do seu silêncio sobre uma aventura amorosa da Principala. Mas, muito esperta, a chantageada conseguiu reverter a situação, fazendo cair a sua rival numa armadilha, a ponto de esta ser "riscada da família" (p. 127). "Aqui estou na casa dela", comemora Graziela em relação a seu triunfo sobre Luciana. Enquanto a caçula tinha uma inclinação pelo "espalhafato", Graziela pode dizer: "Sempre me dei respeito. O traquejo, nunca perdi [...], ninguém me acusa de uma inconveniência pública" (p. 126). Tanto assim que, nessa casa, ela "recebe as visitas de lustre aceso" (cf. p. 127).

Uma dessas visitas é o advogado do pai, o dr. Gurgel, o qual, segundo Graziela, "assalta esta alcova e cobra nos meus quartos um dos seus honorários" (p. 132). Num desses encontros, os dois brigam, e então o advogado lança uma dupla acusação. Uma é dirigida especificamente contra Graziela: "Sabia que aquela zinha das cartas não escrevia as cartas? Era outra que escrevia, fazia os pedidos por conta própria e cobrava da amante dele, pedindo uma repartição dos regalos" (p. 133). Ou seja, o advogado dá a entender que não era Luciana quem escrevia as cartas de extorsão ao pai (como Graziela afirmava), mas a própria Graziela. A segunda acusação é contra ela, o coronel e d. Jovita: "– Vocês deveriam ser mais cristãos no caso da caçula. Foi atirada às feras. A Questã vale mais. Que o que fizeram com a pequena, que diabo, tem paciência!" (p. 135). É a denúncia de um crime que os três cometeram contra Luciana. Ela foi sacrificada – e, de fato, acabou morrendo – em prol da "Questã", que é uma disputa jurídica do coronel pela posse de terras lá no Marajó, disputa que se arrasta ao longo de vários anos.

Com a revelação e rememoração das tramoias e calúnias da irmã invejosa, das crueldades da mãe e da brutalidade do pai, que "carimbou a sentença contra a caçula" (p. 41), o enredo acaba ficando altamente dramático. A breve parte III (HAB: 147-160), com a qual o romance termina, mostra Alfredo de luto pela morte de Luciana, e a tentativa de uma moça pobre da vizinhança, Zuzu, de consolá-lo. No final, Alfredo, que está revoltado com o comportamento da família Boaventura, resolve sair da casa que deveria ter sido de Luciana, mas foi usurpada por Graziela. Daí em diante, ele prefere morar de aluguel numa das casas do subúrbio.

Um trabalho de detetive

A forma de construção desse romance – um emaranhado de personagens centrais e periféricos, de diferentes camadas de tempo e espaço, de fragmentos e passagens enigmáticas, de uma profusão de monólogos interiores e discursos indiretos livres – dificulta para o leitor o entendimento daquilo que aconteceu, mas é condizente com o tema central: o "mistério" (*mystery*) de Luciana. Concentrando-nos nesse núcleo do enredo, elaboramos um roteiro de oito cenas, que foi a base para cerca de uma hora de espetáculo. Com essa adaptação, que tem características de uma trama policial, procuramos ativar nos espectadores uma curiosidade detetivesca, no sentido de acompanharem as investigações do protagonista. Ao comentar agora o nosso roteiro cênico, o entendemos também como um meio de análise e interpretação do romance.

Cena inicial: Escolhemos como ponto de partida a acusação que o advogado dr. Gurgel lança diante de Graziela, nos termos já citados no resumo: "– O que vocês fizeram com a pequena, que diabo, tenha paciência! Ela foi atirada às feras [...]!" (HAB: 135). Pelo peso que têm essas palavras e pelo fato de Luciana acabar morrendo, parece que se trata de um crime capital, pelo qual são suspeitos o pai, a mãe e a irmã invejosa. À acusação do advogado acrescentamos também a de Luciana, por cuja voz Graziela se sente perseguida: "– Cachorra! Que o Diabo te encubra, sua galharda!" (cf. HAB: 136). Alfredo chegou a ouvir essa acusação e tentará, em seguida, esclarecer o que ocorreu. Ao sair da casa, ele é interpelado por d. Dudu, que prepara o espaço para a vinda do Coronel: "– Alfredo, para onde vai? Está fugindo dos donos da casa?" Ele responde: "– Ao contrário, d. Dudu, estou sempre atrás da dona verdadeira" (cf. p. 13). Com isso, ele assume a defesa da vítima Luciana, que deveria morar nessa casa, que acabou sendo usurpada por Graziela. Ou seja: o caso da exclusão de Luciana foi sempre, também, uma luta pelo espaço.

Cena 2: Dirigindo-se aos espectadores, o protagonista os introduz à história de Luciana através de um resumo do que aconteceu nos dois romances anteriores. Ligando aquelas informações com as do enredo atual, Alfredo levanta as seguintes dúvidas:

1) Por que d. Jovita tratou Luciana com tamanha crueldade? Será que foi para descontar em cima da filha caçula o fato de esta ter nascido de um caso extraconjugal que ela, Jovita, teve com um vaqueiro, lá no Marajó, na baixada do rio Jandiá?

2) E o Coronel, que inicialmente apoiou o desejo de Luciana de frequentar o ginásio e construiu para ela a casa? Por que voltou atrás e sacrificou a filha em prol da "Questã", a interminável disputa jurídica pelas terras no rio Jandiá?

3) E qual foi o papel de Graziela, a irmã invejosa? Por que ela ouve a todo momento a voz de Luciana, acusando-a de cachorra? Que tipo de cilada ela armou para a caçula, que tanto queria o ginásio, mas acabou na prostituição e morreu prematuramente?

4) E, finalmente, o que significa a acusação do advogado contra todos os três, sugerindo que eles tenham cometido um crime grave contra Luciana? O que aconteceu?

Em vez de frequentar "as aulas chatíssimas do ginásio", Alfredo acha mais interessante tentar elucidar o caso de exclusão e o misterioso desaparecimento daquela moça, que deixa entrever também certas estruturas problemáticas da sociedade. Ele solicita a colaboração dos espectadores para essa investigação detetivesca,[81] que teve como suporte visual a projeção, durante o espetáculo, de uma imagem de Luciana, atrás de um véu.

Anatomia de um crime

Outro recurso visual seria utilizar um "célebre quadro" (cf. HAB: 28), evocado no romance para retratar a família reunida na mesa, "em torno das sete cartas". O coronel (chamado de "Imperador"), d. Jovita, Graziela e Felipa examinam as cartas de extorsão, supostamente escritas por Luciana. A cena é observada à distância por Alfredo e seu Floremundo, que a comentam cochichando. O narrador reproduz, então, um trecho do monólogo interior do protagonista: "Alfredo só consigo: ali na mesa é um pouco, em ponto pequeno, mal comparado, o célebre quadro, a lição de anatomia. Tudo ali na família se vê [...]" (HAB: 28). Trata-se de uma referência ao quadro de Rembrandt, "A lição de anatomia do dr. Tulp" (1632), que mostra um professor e seus alunos em torno de um cadáver. Por meio da dissecação, o mestre ensina como são constituídas as partes do corpo humano que normalmente não são acessíveis à visão. Percebe-se aqui uma intenção do romancista de relacionar a dissecação do cadáver com a anatomia do crime

---

[81] Sobre a figura do "espectador ativo", que faz parte das propostas de Bertolt Brecht para a renovação do teatro, cf. *The Brecht Yearbook* 39 (2014), dedicado ao tema "The Creative Spectator". Nesse mesmo número (pp. 56-73), o artigo de W. Bolle, "Theaterarbeit zwischen Universität und Favela", explicita as referências à teoria de Brecht utilizadas em nossas montagens cênicas dos romances de D. Jurandir.

cometido contra Luciana. Ora, como ele se refere ao quadro de Rembrandt apenas aquela única vez e *en passant*, faltam elementos para uma interpretação mais detalhada naquele sentido, de modo que temos que nos limitar a procedimentos mais simples, na nossa anatomia do crime.

Cena 3: Sentados em torno da mesa, os membros da família examinam um retrato e um maço de cartas, que são o elemento-chave da trama do mistério. Nesta cena, como aliás no romance inteiro, aparecem a respeito das cartas apenas informações fragmentárias e lacunares, a partir das quais o leitor é desafiado a montar um quadro explicativo coerente. Pode-se partir, mais ou menos, da situação seguinte: o destinatário das cartas é o coronel Braulino, que as recebeu, ao que parece, de uma amante sua em Belém, uma rapariga, que também aparece num retrato. Por distração dele, as cartas caíram nas mãos de Graziela, que as apresentou para a mãe. Esta, que ficou sabendo da traição do marido – que também deve ter causado um considerável prejuízo financeiro ao patrimônio da família –, quer mostrar as cartas para o arcebispo, para o advogado e para o ex-governador, "para eles saberem tudo o que sucedeu" (cf. HAB: 40) e para ela conseguir, dessa forma, o seu "desagravo conjugal" (p. 95).

"A luta entre aquela mulher e o seu marido não se limita ao espaço familiar", esclarece a professora Marinilce Coelho, que fez o papel de d. Jovita; "mas com o fato de ambos recorrerem a um advogado, a perspectiva amplia-se para o campo jurídico e a esfera das leis e, com isso, para o espaço público". A cena mostra uma família em guerra, em que cada um dos três personagens preponderantes – o coronel, d. Jovita e Graziela – defende os seus interesses particulares, em detrimento dos outros. E todos são contra Luciana, exceto o modesto Floremundo, que é menosprezado pela família. Nesta cena tenta-se descobrir, principalmente, quem escreveu aquelas cartas. Na opinião de d. Jovita, trata-se de "uma tramoia da perdida", isto é, de sua filha Luciana, que ela renega. Quando ela considera, por um momento, a possibilidade de as cartas serem falsas, Graziela afirma peremptoriamente que "a letra é dela" (HAB: 40), de Luciana – o que se revelará como uma mentira, mas apenas perto do final da história. A ponderação de Floremundo, de "indagar da caçula o que foi visto mesmo" (cf. p. 41), não merece nenhuma consideração por parte dos demais. Assim, d. Jovita reafirma a sua decisão de levar as cartas para as autoridades.

Cena 4: "Aqui tem novelo" (HAB: 33 e 40), desconfia a respeito de Graziela o seu irmão matuto Floremundo, que se torna um aliado de Alfredo. Sendo o único da família que sente simpatia por Luciana, ele conta detalhes do convívio dela com bichos do mato, inclusive de sua imunidade contra mordida de cobra.[82] Mas essa familiaridade com os perigos do mato de nada serviu a Luciana na sua luta contra uma rival como Graziela, pois nas artimanhas da vida social ela foi totalmente ingênua. Floremundo, assim como Alfredo, ouviu falar daquela amante que mora no bairro do Marco e parece ter alguma ligação com a sua irmã. Ambos querem saber o que aconteceu, mas desconhecem o paradeiro atual de Luciana. Eles decidem, então, "correr Belém até encontrá-la" (cf. HAB: 81).

Cena 5: Na hora do jantar com Floremundo e o coronel, Alfredo ouve o balanço que eles fazem de sua vinda a Belém. O coronel está satisfeito, porque "a romaria" de desagravo, empreendida pela sua esposa, resultou num total fracasso: tanto o arcebispo quanto o ex-governador estavam fora da cidade, em seus respectivos retiros. Assim, em vez de d. Jovita poder mostrar as cartas para as autoridades, só conseguiu entregar no endereço deles "as coalhadas", um presente típico de quem vive no meio rural, mas que se torna uma referência cômica por mostrar a matutice da fazendeira no ambiente urbano. Quanto à ida de Floremundo e Alfredo atrás daquela amante no bairro do Marco, da qual esperavam receber uma indicação sobre o paradeiro de Luciana, eles encontraram a barraca fechada. A vizinha lhes disse que "a moça que morava lá desocupou não fazia nem meia hora. Mudou-se num caminhão, mas não disse para onde" (cf. HAB: 92-93). Ou seja: mais um impedimento para se chegar ao rastro de Luciana. Como o leitor do romance fica sabendo perto do final, foi o próprio coronel, com a cumplicidade do seu advogado, que providenciou a remoção da pessoa procurada (cf. p. 134). E surge mais um detalhe quanto ao mistério que envolve Luciana: o coronel se refere a um caso de luto na família (p. 107), mas quando Alfredo pergunta de quem se trata, ele desconversa.

Sob o signo do carnaval: uma confissão

A cena 6 é a mais complexa e a mais importante da nossa adaptação. No ambiente genuinamente teatral do carnaval, em que as convenções sociais estão suspensas e todo mundo se vale da proteção das máscaras, Graziela resolve fazer a sua confissão. Essa cena foi inspirada pela parte II do romance, em que Graziela narra os principais momentos de sua luta contra Luciana, e por quatro passagens que

---

[82] Esse é um traço que Luciana tem em comum com Andreza, cuja amizade com Alfredo é narrada em *Três casas e um rio*. Em *Primeira manhã*, ele tem uma visão imaginária de Andreza: ela passa "a gritar: passou por baixo de minha perna um sucuriju, foi, um deste tamanho, mas sou curada de cobra" (PMA: 199).

falam de carnaval. Numa delas, Graziela é surpreendida por Floremundo, na casa em Belém, vestindo uma máscara e recebendo na sala um dominó amarelo, que volta a visitá-la de madrugada. Incomodada, ela pede ao irmão para dar o fato por "não visto" (cf. HAB: 33). Floremundo tinha observado um desejo de aproveitar plenamente o carnaval também em Luciana, a qual, num sábado gordo, lá no Marajó, enfiou-se num velho fraque do pai, vestiu uma máscara e saiu disparando em galope para um pagode num arraial vizinho (cf. p. 36). Esses retratos das irmãs rivais em ambientes de carnaval são completados por duas cenas coletivas: uma invasão carnavalesca dos barcos ancorados no Ver-o-Peso por um grupo de mulheres da zona do meretrício (cf. pp. 34-35), e o assalto carnavalesco à casa da José Pio por um bando de foliões "a peso de rufo, confete, pistão, trombone". Os brincantes são bem recebidos pelo coronel Braulino e Graziela acaba sendo coberta de confete (cf. pp. 137-138).

No introito da nossa cena, em que Graziela, sozinha na casa deserta, se prepara para a festa, ocorre um dos ataques dos moleques da rua contra a casa: um sapo é atirado na sala e cai aos pés da dona (cf. HAB: 109). "Esta casa e o quintal viraram agora pasto de moleque" (cf. p. 118), revolta-se Graziela; "tenho que espalhar mais caco de garrafa, para esses vadios cortarem o pé" (cf. p. 111). Mas como é carnaval, desta vez, excepcionalmente, ela lhes joga confete. Quando ela ouve a voz de Luciana, acusando-a de "cachorra!" (p. 118), Graziela, com perfeita presença de espírito, responde ao pé da letra, isto é: de forma *cínica* (esta palavra é derivada do grego *kyon, kynos* = "cachorro"). Ela veste uma máscara de cachorra e late de volta: "– Desta vez, você acertou. É o que eu sou e o que eu quero ser: uma cachorra!" Ela lembra, então, várias qualidades da irmã caçula, a sua beleza física e a inteligência: "Fêmea como você não existe. Quanto mais a mamãe te batia, mais o teu corpo se ostentava. E debaixo da surra, saltava a que sabia ler, escrever e contar. Você respondia tudo no bucho, oh, memória!" (cf. p. 119). Graziela confessa que sempre sentiu em relação a Luciana "uma amarga admiração e muita raiva" (cf. p. 120).

Graziela recebe, então, sucessivamente as visitas de seus amantes: o comandante, o primo e o advogado dr. Gurgel, todos vestindo máscaras (respectivamente de leão, de pantera e de tigre) e usando como fórmula de entrada aquela pergunta do advogado: "Graziela, você está só?" (cf. HAB: 100). No encontro com o comandante, Graziela escolhe como assunto o adultério, começando por uma referência irônica a ele: "Como vai a sua senhora, que lhe é tão íntima e tão desconhecida? Não foram dançar no clube, hoje à noite? Ah, esses maridos que se cevam em outra!" (cf. pp. 146 e 128). Ela faz questão de relembrar também o adultério cometido pela sua mãe, do qual nasceu a sua irmã bastarda Luciana: "Às vezes um homem, dentista ou não, passa pela fazenda, e pernoita; o pai está na cidade, e gera-se assim a caçula" (cf. p. 126). Foi a "desforra ou culpa" por esse caso extraconjugal, conforme explica Graziela, que fez nascer em d. Jovita "a birra, a desestima e a aversão contra a mal concebida" (cf. p. 122). Em seguida ela conta a sedução que a caçula usou para conseguir que o pai construísse para ela a casa em Belém: levando para ele um vinho de taperebá, desenrolando a planta da casa no soalho e explicando longamente quais seriam as vantagens de ter essa casa (cf. pp. 124-126). "Ela estava seca pela cidade, tinha aquela roxura por Belém" (cf. p. 121), resume Graziela. Ela imagina "o sete que [a caçula] ia pintar", uma vez "solta na cidade" (cf. p. 120), mas essa denúncia é sobretudo um indício da inveja e uma projeção dos desejos da própria Graziela.

O segundo amante a chegar é o primo. Com ele, Graziela rememora o encontro sexual clandestino que eles tiveram no tabocal atrás da fazenda. Os tabocais são, aliás, no romance em série de Dalcídio Jurandir, os lugares por excelência dos encontros proibidos, como mostrou o escândalo armado por Edgar Meneses em *Três casas e um rio*, quando descobriu a sua esposa agarrada com um vaqueiro (cf. TCR: 230-231). O encontro de Graziela com o primo foi espionado por Luciana, que viu quem "a fazia de égua debaixo do tabocal" (cf. HAB: 122). Na manhã seguinte, Graziela lia, no rosto da irmã, a chantagem: "A casa, Principala, por meu silêncio!" (p. 125). A sequência se dá conforme o que está narrado na parte II do romance: muito esperta, Graziela armou uma cilada. Em vez de ela própria ir ao tabocal para o próximo encontro com o primo, ela conseguiu motivar Luciana a ir para lá – e fez um sinal para a mãe. O resultado: Luciana foi brutalmente retirada do tabocal pela mãe e daí em diante "riscada da família"; e a dona da casa em Belém acabou sendo a Principala (cf. p. 127).

Como terceiro visitante, Graziela recebe o dr. Gurgel. É uma cena de briga. Quando ela se queixa do fato de o advogado prolongar infinitamente a questão jurídica do pai dela, para assim poder cobrar sem limite os seus honorários, ele contra-ataca, lançando as duas acusações que vimos na parte II do romance: a autora das cartas de extorsão dirigidas ao pai é a própria Graziela (cf. HAB: 133); e, além disso, foi ela, junto com o pai e a mãe, que "atirou" Luciana "às feras" (cf. p. 135), ou seja, em prol de seus interesses egoístas, eles sacrificaram a moça. A nossa cena de carnaval termina com mais uma acusação de Luciana ("Cachorra!", cf. p. 134), à qual Graziela responde com outra tirada cínica. Em seguida, os quatro mascarados, Graziela e seus amantes, começam a dançar e saem pulando em ritmo de carnaval.

Com o conjunto das cenas 1 a 6 procuramos acompanhar o trabalho de detetive do protagonista Alfredo, ou seja, realizar a anatomia do crime proposta pelo romancista. Para completar a história narrada no romance – a morte de Luciana e o luto de Alfredo –, acrescentamos, ainda, duas breves cenas finais. Na cena 7, Alfredo presencia como um corpo na maca está sendo carregado para fora do Hospital da Santa Casa. Sintetizamos aqui o momento em que ele passa pelo velório de uma tal de "Ana", que tem as características de Luciana (cf. HAB: 114-115), um breve "registro fúnebre" (p. 140) e as várias referências na parte III do romance a um corpo que saiu no rabecão (pp. 147-160). Essa morte é a causa do luto do protagonista em nossa cena 8, a final. Em vez de introduzir a moça Zuzu como personagem que consola Alfredo, optamos na adaptação pela d. Dudu, já conhecida do público, economizando também uma atriz. A encenação termina, assim como o romance, com a decisão de Alfredo de sair da casa de Graziela, que provavelmente foi uma das três pessoas responsáveis pela morte de Luciana. Na hora de se despedir, ele chama Graziela, em tom de revolta, de "dona Magarefe" – açougueira (cf. p. 160).[83]

Romance social e de costumes: uma família em guerra

Terminada esta apresentação, coloca-se a pergunta: O que esse caso de exclusão de Luciana revela sobre as estruturas sociais? Ao que parece, a jovem, com seu desempenho excelente na escola primária e seu comportamento arrojado, foi sempre sentida como uma provocação pelos membros de sua família, que se comprazem em sua rotina de mediocridade e arrogância e representam uma "falsa elite", para usar o termo de Romain Rolland. Pode-se pensar, inclusive, que a história de Luciana – cujo pai biológico foi um simples vaqueiro – retrate, de forma emblemática, um estado de coisas que o antropólogo Charles Wagley, em seu estudo sobre a sociedade amazônica, resumiu categoricamente nestes termos: "As camadas mais altas dessas comunidades rurais brasileiras [...] não desejam a transformação social".[84]

Por plausível que possa ser esse tipo de explicação, não deixa de suscitar algumas dúvidas. Será que o caso de Luciana não é demasiadamente específico para ser enquadrado numa interpretação tão generalizada? Afinal, a condição social dela, que foi criada no ambiente de uma família de fazendeiros, é substancialmente diferente de uma outra excluída, a menina Andreza (retratada em *Três casas e*

---

[83] Os personagens e seus intérpretes: Alfredo: Wallace Gonçalves da Silva. D. Jovita, mãe de Luciana: Marinilce Coelho; fez também o papel da enfermeira. Coronel Braulino: Waldinei do Carmo de Souza. Graziela: Gabriela Gomes. Floremundo: Keterson Pereira; fez também o papel do primo de Graziela. Dr. Gurgel, o advogado: Lucas Ferreira. O comandante: Gilvan Capela Jr. D. Dudu, cuidando da casa: Rosineide Brandão. Enfermeiro: Willi Bolle.

[84] Ch. Wagley, 1988, *Uma comunidade amazônica*, pp. 268-269.

um rio), que é de origem modesta, perdeu os pais, não tem casa, sofre de fome crônica e jamais teve acesso à escola. O que une essas duas personagens bastante diferentes é apenas a importância que tiveram no caminho de vida de Alfredo, que sente culpa por ambas: por Andreza, que ele deixou para trás, no interior do Marajó, quando embarcou para estudar em Belém; e por Luciana, cuja casa ele ocupa enquanto frequenta o ginásio, sendo que esse espaço era destinado a ela.

O autor de *Os habitantes*, em vez de focalizar com prioridade a exclusão de Luciana do ginásio, descreve principalmente uma família em guerra. Desde o início, os membros dessa família, sentados em torno da mesa, são retratados com os "rostos inchados de desentendimento" e "cada vez mais se desentendiam" (cf. HAB: 15). De fato, o que caracteriza as relações entre eles é um clima de mútua desconfiança, suspeita, espionagem, rivalidade, agressão e acusação. Floremundo sente "receio" diante de sua "astuciosa" irmã Graziela, e desconfia que "aqui tem novelo" (cf. pp. 15 e 40); d. Jovita, que está "em busca do desagravo conjugal" (p. 95), obriga o marido "num regougo" a acompanhá-la, chamando-o depreciativamente de "seu sem, sem!" (p. 100); com relação a sua filha Luciana, ela "calca a sua dureza", "o todo acusador", com "as mãos no colo, as mãos que desnudaram a filha, salgaram o corpo da filha" (cf. p. 15); o coronel Braulino, que "carimbou a sentença contra a caçula" (p. 41), com a ajuda do advogado consegue boicotar os planos da esposa como também todas as investigações sobre o paradeiro de Luciana; uma mestre em dissimulação é também a sua filha Graziela, que fez Luciana cair na armadilha, e com "a mão de rapina sobre a mesa" (p. 15) "se cobre de seus véus", como uma "santinha" (cf. p. 53). Para completar esse quadro, o narrador evoca Luciana que, virtualmente, "brandia a marca do ferro em brasa, marcava a testa de cada um da família" (p. 15).

Nesse contexto, são apresentados também alguns costumes e problemas sociais. Um deles é a questão do adultério, que caracteriza o comportamento tanto do pai quanto da mãe de Luciana. A relação do coronel com uma amante prostituta tem como contrapartida o caso que a sua esposa teve com um vaqueiro, sendo que cada uma dessas aventuras extraconjugais deixou as suas marcas: respectivamente, as cartas de extorsão e a filha bastarda. Ao focalizar uma traição praticada por uma esposa – o que chama maior atenção numa sociedade predominantemente machista –, o romance sugere, também, uma reflexão sobre o papel da mulher na sociedade.

Um outro elemento da trama que aborda a situação das mulheres é a luta entre as irmãs Luciana e Graziela. Ambas querem emancipar-se do severíssimo controle da mãe. Entretanto, em vez de se unirem nessa luta, digladiam-se ferozmente. O seu desejo comum é mudar-se do interior para a capital Belém, para a casa que o seu pai acabou construindo lá. Enquanto o objetivo de Luciana (pelo que ela declara) é a ida ao ginásio – para dar continuidade aos seus estudos na escola local primária –, o motivo de Graziela é o desejo de liberdade sexual, o que é confirmado pelo seu relacionamento simultâneo com vários amantes.

Compaixão ou carnavalização?

Fazendo um retrospecto sobre a nossa cena de carnaval, que mostra os detalhes da luta entre as duas irmãs, nós nos perguntamos que tipo de moral queríamos transmitir ao público com a apresentação da história de Luciana. Considerando a perspectiva da carnavalização e também o efeito de distanciamento, característico do teatro de Brecht,[85] perguntamos se os atores e os espectadores devem identificar-se somente com a vítima ou se existiria, também, um outro tipo de aprendizagem a partir da representação do mal com os meios do mascaramento. Um fato especial das nossas encenações teatrais foi que a atriz Gabriela Gomes, que interpretou Luciana em *Primeira manhã* e *Ponte do Galo*, acabou fazendo, em *Os habitantes*, o papel da arquirrival Graziela. Ela comentou:

> Foi uma experiência muito rica de viver tanto a vítima quanto a carrasca. Viver essa mudança de sentimentos. Enquanto Luciana é frágil, sem defesa, prejudicada pela família, Graziela é malvada, invejosa, tem amantes, é agressiva. Sempre quis ser a Principala e ficar com a casa.

Numa peça em que, assim como no romance, estão em primeiro plano as ações malvadas, egoístas e cínicas, coloca-se como desafio para a montagem a tentativa de ensinar o Bem através do Mal. A tradição da carnavalização e do mascaramento pode nos dar uma pista. Nesse sentido, uma peça emblemática como *O Misantropo*, de Molière, nos faz lembrar que o mascaramento e o disfarce, junto com todo tipo de mentiras, e a simulação ou hipocrisia (do grego *hypócrisis* = "arte de atuar") fazem parte dos comportamentos e costumes sociais.

---

[85] As reflexões que seguem foram estimuladas também pela concepção do "espectador criativo", tema do 14º Simpósio da International Brecht Society, realizado em maio de 2013 na UFRGS em Porto Alegre, e cujas contribuições foram publicadas no *Brecht Yearbook* 39 (2014).

Imagem 33. Graziela e seus amantes festejam o carnaval

Por isso, numa nova encenação de *Os habitantes*, poderíamos experimentar um final mais dialético, em que o desfecho seria a cena do carnaval: "Beldade, agora Deus te salve. Te deu uma fome canina pelo mundo, por esta cidade. E, então, o mundo te engoliu. Lá vai o rabecão, de quem é a culpa? Que descanse a sua alma" (cf. HAB: 128-129). Com essas palavras, Graziela dá adeus a Luciana, e sai com os seus três amantes dançando e pulando, ao som de "rufo, confete, pistão e trombone" (cf. Imagem 33). Ou seja: em vez de terminar a nossa apresentação com o luto de Alfredo por Luciana e a sua ruptura com a família dela, optaríamos por um final cínico, em que a última palavra não seria dada em forma de uma atitude moral correta, mas de um mascaramento social. Com isso, o espectador seria estimulado a assumir um papel mais ativo. Em vez de a encenação lhe servir uma moral já pronta, ele seria obrigado a encontrar a moral adequada a essa história através de suas próprias reflexões. Ele poderia, por exemplo, se perguntar, além de todas as maldades que os familiares cometeram contra Luciana, se ela própria também não foi de alguma forma corresponsável pela sua queda: por causa de sua ingenuidade, sua inclinação irrefletida para o risco e sua tendência para o espalhafato, mas também pela chantagem que fez a Graziela (se a versão que esta nos contou for verdadeira...). Esse tipo de trabalho teatral teria alguma semelhança com o brechtiano efeito de estranhamento, mas aqui seria mais apropriado falar de um efeito de carnavalização.

Luta pelo espaço: quem são "os habitantes"?

"Ter casa em Belém" (HAB: 125) – eis o núcleo topográfico do romance *Os habitantes*. Com efeito, o principal objeto de desejo de ambas as irmãs, Luciana e Graziela, e que simboliza para elas a liberdade, a independência, a emancipação e a ascensão social, sempre foi a casa que o seu pai acabou fazendo construir na capital. A essa casa refere-se também, em primeiro plano, o título do romance. Os "habitantes" efetivos dessa casa são os donos: o coronel Braulino e os membros de sua família, sobretudo Graziela, "a Principala", que comemora o triunfo sobre a rival derrotada: "Aqui estou na casa dela" (p. 127). Já o protagonista Alfredo, que mora ali de favor, mantém-se solidário com Luciana, "a dona verdadeira" (p. 13), e acaba sendo derrotado junto com ela.

Mas há, ainda, outros tipos de "habitantes": no caso, os filhos de moradores do subúrbio, os moleques de rua, que costumam roubar as frutas do quintal e atacam também a casa: "Crau!" cai um "sapo atirado na sala pelos pirralhos" (HAB: 109), Alfredo olha "o monte de flagelados assaltando a casa" (p. 111); Graziela se dá conta de que "os vadios pulavam a cerca" e que "o quintal virou pasto de moleque" (pp. 117 e 118). Como dona da casa, ela toma as suas medidas de defesa, espalhando cacos de garrafa, mas quando constata, desapontada, que "nenhum dos diabos cortou o pé" (p. 117), pensa em recursos mais radicais: "contratar uma dúzia de cascavéis", para "criá-las nesta cerca" e "eletrificar o quintal" (cf. pp. 117 e 127).

Esboça-se, assim, uma luta entre proprietários e despossuídos, que faz lembrar elementos semelhantes em outras obras do ciclo romanesco de Dalcídio Jurandir: a penúria da menina Andreza, que não tem casa, em *Três casas e um rio*; a rigorosa subdivisão da cidade em territórios de classes sociais diferentes, em *Belém do Grão-Pará*; e as palhoças da favela "Não-Se-Assuste", em *Chão dos Lobos*, que é explorada por uma família de latifundiários urbanos, precisamente os Lobos. Com tudo isso, o título *Os habitantes* acaba se referindo a um grupo de pessoas cada vez maior, a todos os que necessitam de moradia, como esclarece o professor Waldinei do Carmo de Souza, que interpretou o coronel Braulino:

> No romance *Os habitantes*, Dalcídio Jurandir apresenta ao mesmo tempo uma família tradicional de coronéis, que tem o poder e o mando, e aquela população de baixa renda ou sem renda nenhuma, e sem moradia. E ele focaliza as relações entre esses diferentes habitantes, tanto na capital quanto no interior: os fatores culturais e políticos, as relações de poder, de dependência e de exploração.

Vem ao caso acrescentar, nesse contexto, que a palavra "habitante", como também "habitat", é derivada do verbo latim *habere* (= ter, possuir). João Guimarães Rosa, em *Grande sertão: veredas*, valeu-se desse teor etimológico para caracterizar o personagem de um típico latifundiário com o nome emblemático seô Habão.

Como poderia ser sintetizada a importância do romance *Os habitantes* no conjunto do Ciclo do Extremo Norte? Além do dramático final do caso de exclusão da moça Luciana e da luta pelo espaço, nota-se uma mudança significativa no procedimento do romancista de construir o seu retrato da Amazônia. Percebe-se, à primeira vista, que os títulos de cunho topográfico – *Marajó, Belém do Grão-Pará, Ponte do Galo* e *Ribanceira* – resumem os quatro principais cenários dos enredos: a ilha de Marajó, a capital e metrópole regional, a sua periferia e o Baixo Amazonas. Com a série de cinco romances, iniciada por *Passagem dos Inocentes* e que tem como cenário os bairros pobres da grande cidade, ocorre um enfoque novo do espaço, que transcende o molde tradicional da literatura regional. Ao colocar em primeiro plano os subúrbios, a periferia, a favela, Dalcídio Jurandir deixa para trás o padrão regionalista, rumo a uma temática que é de importância global e que ele vai desenvolvendo de modo cada vez mais detalhado, como veremos no romance seguinte, *Chão dos Lobos*. Foi através da leitura dos cinco romances que se passam na periferia – com o estímulo muito especial de trabalhar essas obras por meio de uma oficina teatral realizada em colaboração com moradores do bairro de Terra Firme – que cheguei à conclusão de que esse romancista é precursor, na Amazônia, da descrição de um espaço que é uma amostra do nosso "Planeta Favela".[86]

---

[86] Cf. M. Davis, 2006, *Planeta Favela*, que também inspirou o título da parte IV deste livro.

5. CENAS DE VIDA NUMA FAVELA (*CHÃO DOS LOBOS*)

"Tudo o que Dalcídio Jurandir descreve no seu romance *Chão dos Lobos* continua atual, porque traduz o que a gente vive aqui na periferia." Este comentário, de uma das participantes da nossa oficina teatral, sintetiza da melhor maneira a experiência que fizemos em 2013/2014 com a adaptação cênica desse romance, que é o último de uma série de cinco que têm como cenário os subúrbios de Belém. Assim como fizemos com os romances anteriores, começamos a oficina teatral com uma leitura comentada da obra, que resultou numa adaptação cênica e três apresentações teatrais, duas delas diante de um público acadêmico. Em *Chão dos Lobos* (1976), que é a penúltima obra do Ciclo do Extremo Norte, o protagonista Alfredo, já com 18 anos, decidiu morar numa favela em Belém. O tema de sua iniciação à periferia, que começou com *Passagem dos Inocentes*, é aprofundado em *Chão dos Lobos*, mostrando a interação do protagonista com esse ambiente social. Também a temática da escola – que ocupou o primeiro plano em *Primeira manhã* e *Ponte do Galo* – é retomada, com a novidade de que Alfredo, por ser um ginasiano, é convidado a dar aulas numa escolinha particular. Ao mesmo tempo, o subúrbio é mostrado como lugar de chegada dos migrantes do interior e de rituais festivos populares, como os cordões de pássaros e os desfiles de boi-bumbá. Alfredo, contudo, sofre também algumas decepções e decide, então, fazer uma viagem-fuga para o Rio de Janeiro. Mas a sua experiência nessa cidade resulta em desilusão, de modo que ele resolve voltar para Belém. Assim como a professora que o convidou para dar aulas e que também procura escapar do cotidiano monótono da favela, Alfredo chega à conclusão de que não tem para onde fugir e encara, então, como sua realidade aquela vida "sem apelo" no subúrbio.

O romance *Chão dos Lobos*, de 287 páginas, é subdividido em cinco partes, sem título, das quais faremos uma breve caracterização. A partir daí, descreveremos as dez cenas que extraímos da obra e que agrupamos em cinco partes.

Habitantes da favela

A parte I (LOB: 5-89)[87] mostra a vida do protagonista numa "estância" que faz parte de um "renque de palhoças", ou seja, ele vive num cortiço dentro de uma

---

[87]   A sigla LOB refere-se, daqui em diante, ao romance *Chão dos Lobos*, Rio de Janeiro: Record, 1976.

favela, na baixada do rio Una, na zona norte de Belém. Num estilo de composição fragmentária, o narrador acompanha o protagonista, que "flutua entre Liceu e vagabundagem", em suas andanças pela cidade. Nesse percurso são relembrados episódios de romances anteriores, reforçando a estrutura geral da obra como a de um romance em série, ou *roman-fleuve*. A contribuição nova deste romance são fragmentos que descrevem a interação de Alfredo com os moradores daquela favela, chamada emblematicamente de "Não-Se-Assuste".

Dessa parte da obra extraímos duas cenas. Para caracterizar o cenário, além das rabiolas flutuando em cima do palco, como nas nossas montagens anteriores, optamos por três grandes caixas de lixo, colocadas no fundo, com os letreiros NÃO... SE... ASSUSTE. De fato, as pessoas moram num lugar com um "monte de lixo", no meio da "rua esburacada", com muita "poeira, cheiro de gasolina, urubus" e "moscas sobre o bagaço de cana". Uma das moradoras chega a qualificar amargamente a si mesma e ao marido como "dois lixos catarrentos". Como explica Alfredo, na conversa com um narrador que introduzimos, ele se mudou para um "quartinho de madeira, a vinte o aluguel". Indagado sobre onde toma banho, ele responde: "Do outro lado, atravessando o encharcado. Todos os inquilinos daqui se servem da mesma torneira e do mesmo banheiro. Quando tomo banho, tem que ser depressa, porque a velha tina está vazando" (cf. LOB: 10).

Dos moradores da favela com os quais Alfredo entra em contato, escolhemos uma amostra de sete. A primeira dessas personagens é d. Sebastiana dos Prazeres, uma velha que expressa seu profundo desprazer de morar nesse lugar. Ela acabou de colocar no caixão uma criança que criou e diz a Alfredo: "Me separa por lá, no cemitério, um cantinho pra mim, pois por aqui, neste chão dos Lobos, tudo para mim já é demais incômodo" (cf. LOB: 11).[88] Os Lobos são os donos do terreno da favela, uma família de latifundiários urbanos que se fazem presentes através da pressão do cobrador de aluguel: "D. Sebastiana, os dois meses que atrasou, pra quando?" (cf. p. 13).[89] No meio da cena, que tem como fundo sonoro os gritos das crianças e os latidos de cachorros, aparece também um rapazinho ladrão, fugindo de um policial: "Seu investigador, me solta! Eu não roubei nada. Só tenho este rosário, esta cruz e estas orações no bolso contra cadeia e bala" (cf. p. 12). Como

---

[88] Como se pode verificar através da comparação do texto da nossa adaptação cênica com o original, costumamos manter as palavras do romancista, tomando, contudo, a liberdade de fazer algumas alterações sintáticas em função da composição dramatúrgica, que é diferente da estrutura de uma narrativa.

[89] A referência à família dos "Lobos" parece ter um fundamento na realidade extraficcional, pois essa família é mencionada no estudo de S.-C. Trindade Jr., 1997, como proprietária de terrenos nos bairros do Umarizal e do Telégrafo (p. 48).

esclareceu um dos participantes da nossa oficina teatral, na favela de Terra Firme o uso desse tipo de amuleto por parte dos bandidos é comum até hoje. Detrás de uma das caixas de lixo surge outra velha, que pede: "Esmolinha pro São Miguel! Esmolinha pro São Miguel!" (p. 12). Quando finalmente consegue uma moedinha, passa correndo outro ladrão, um "lunfa", que lhe arranca o dinheiro e some no meio das palhoças.

Um contraponto a essas mazelas é um vizinho bem-humorado, seu Ribeiro, que faz o reclame de excursões turísticas "em nossos igarapés regionais",[90] acompanhadas de caranguejadas e garrafas de cana, "para esquecer os tormentos da vida" (LOB: 41). Após esse interlúdio de diversões domingueiras, reinstaura-se o clima pessimista, desta vez com a briga de um casal de idosos: "Ah, Rodrigues! Por que me arrastaste de São Paulo para este caldeirão de febres?" (cf. pp. 82 e 19), queixa-se d. Imaculada na presença de Alfredo. No meio do bate-boca com o marido, d. Imaculada, contudo, não deixa de exibir a sua cultura literária diante do ginasiano, mostrando-lhe uma de suas "relíquias": um exemplar do livro *Amor de perdição*, de Camilo Castelo Branco. "Eu conheci este livro lá em casa, em Cachoeira, no Marajó", comenta Alfredo. "O meu pai nos representava o romance na varanda do chalé" (cf. p. 78). Incorporamos esta passagem no nosso roteiro, por considerá-la como uma espécie de reforço, por parte do próprio romancista, para se fazer adaptações teatrais de suas obras.

Em nossa segunda cena, focalizamos a interação de Alfredo com uma moça lavadeira. Há entre os dois uma certa competição, no modo como cada um expressa o seu *status* social. "E tua roupa, quem lava? Diz depressa, quem lava?" (LOB: 14). Assim Alfredo é interpelado pela lavadeira, que questiona as habilidades práticas do ginasiano, que a olha meio do alto. A moça já está cansada de bater roupa na tina, todo dia, até a entrada da noite, e sonha com uma atividade mais prazerosa: "Ah, se eu pudesse, eu criava no meu quintal só borboleta. Borboletas de raça. Para vender as enfiadas no vapor inglês" (cf. p. 14). Alfredo retruca com ironia, questionando os conhecimentos que essa "simples" operária tem do mundo: "Você já viu um vapor inglês?" (p. 47).

A moça, que tem um problema físico – ela é vesga ou "zanoia" –, procura atrair de várias maneiras a atenção do rapaz. Narrando a experiência de sua tia que acabou de se casar, ela esboça um retrato satírico do casamento:

---

[90] Essa expressão é, certamente, uma referência irônica do autor ao estilo pitoresco de outros escritores regionais, dos quais ele faz questão de se distanciar.

> De tanto esperar pelo casamento, ela perdeu a conta do tempo. Durante o namoro e o noivado, os dois foram ficando ressequidos. Ele sempre lendo almanaques e ela sempre fazendo croché. De primeiro mimavam o futuro: vamos ter casa própria, mobília, toalhas brancas no domingo e um peru no Círio... Mas o mimo foi se escoando, deu broca no futuro. Quando chegou o dia do casamento, já estava fora do tempo: os noivos pareciam cobertos de mofo. E não se sabia se o padre os casava ou lhes dava a extrema-unção. (cf. LOB: 49-50)

Aproveitando o clima da conversa, ela sugere que o ginasiano a convide para sair: "Vamos, então, no Una, domingo, caçar borboleta?" (LOB: 58). Nesse momento, Alfredo, que "teme ser visto ao lado da zanoia", recua e arruma um pretexto para se afastar. A cena termina com uma reação da lavadeira, em que ela dá o troco ao ginasiano, que o tempo todo afetou em relação a ela uma suposta superioridade:

> Vai caçar borboleta? Assim o sr. vai perder a história do meu irmão Osvaldo. O senhor perto dele, vá me desculpando, que o senhor até que não é tão feioso, mas desaparece. Qualquer rapaz dos que eu conheço, comparado com ele, pode desistir do concurso. O Osvaldo é um rosto tirado de um cinema. Ele apaixona as pessoas... – Mas o senhor nem respondeu à minha pergunta: a sua roupa, quem lava? (cf. LOB: 57)

A cena da lavadeira foi bastante comentada durante o balanço que o nosso grupo fez da apresentação. Uma das atrizes observou que "a cena faz lembrar que muitas jovens, aqui na Terra Firme, ficam lavando roupa. Elas trabalham nisso para sustentar a família: meninas de 14 ou 15 anos, que deixam de vir para a escola, porque trabalham em casas de família, lavando e passando roupa". Esse comentário é um exemplo de como nossas encenações teatrais de Dalcídio Jurandir incentivam os participantes a observar cuidadosamente o seu ambiente social. A partir daí, mereceria ser desenvolvido como complemento um sistemático trabalho de campo.

Como motivar um jovem a optar pelo magistério?

Da parte II do romance (LOB: 90-190) extraímos quatro cenas, todas tratando do tema da escola. Ao lado de Alfredo, também uma outra personagem se torna protagonista: a professora d. Nivalda. Por necessidade econômica, ela instalou em sua casa uma escola particular, convidando o ginasiano a dar aulas.

Cena 3: Os termos nos quais d. Nivalda formula o convite são um tanto rebuscados e os elogios que ela tece a Alfredo são tão floreados que conferem à cena um tom humorístico: "O sr. consideraria um obséquio que me faria?" (cf. LOB: 90); "Pelo tanto que tenho escutado e escuto a respeito do sr., o sr. é a pessoa conforme sempre sonhei" (cf. p. 91). Alfredo sente-se lisonjeado e aceita o convite. Quanto à instituição da escolinha particular, ela era comum naquela época, esclarece a professora Rosineide Brandão, que faz o papel de d. Nivalda. "Ainda hoje existem muitas escolinhas de professoras leigas por aí."

Cena 4: A primeira aula de Alfredo na escolinha é frequentada por meia dúzia de meninos e meninas da favela (cf. Imagem 34). O tom humorístico continua, com observações e interrupções por parte dos alunos, ora ingênuas, ora provocativas: "Professor, licença de eu cuspir lá fora?" (LOB: 97); "Professor, cedo escreve-se com um s ou dois s?" (p. 101); "Professor, esta noite papai matou a mucura, que comeu o meu pintinho. Quer ver, olhe." O aluno puxa, então, do bolsinho algumas penas (cf. 102-103). Essas chacotas expressam a "desmotivação dos alunos de aprender", explica uma outra participante nossa, a professora Rosana Passos. "Isso continua sendo um retrato das condições de trabalho que temos hoje em dia; o aluno é desestimulado, e também o professor, mal pago e com uma carga horária excessiva, que não lhe dá tempo de preparar melhor as suas aulas."

Imagem 34. Alfredo dando aula

Desde a primeira aula, o jovem professor Alfredo sente atração por uma de suas alunas, Roberta, que passa a ser a sua motivação principal para comparecer à escola. Com a relação entre Alfredo e Roberta, que já é moça, o romancista coloca em cena a questão da sexualidade, fundamental no processo de formação dos adolescentes. É verdade que este tema consta formalmente das aulas de Ciências, como mostram os livros didáticos atualmente utilizados, com imagens detalhadas do aparelho reprodutor humano. Mas a professora Rosana comenta:

> O problema é que o livro aborda apenas o aspecto científico, mas não o aspecto social. O carinho, o namoro, isso não está no livro. E há professores que têm seus tabus e não conseguem se abrir e explicar para os alunos o que eles tanto precisam. No bairro em que a gente vive, os pais e as mães também têm esse tabu. Aí os alunos vêm buscar uma explicação na escola. E se a escola também não dá a resposta, eles aprendem na rua, no mundo, na escola da vida.

Tentativas de evasão de uma professora cansada

Cena 5: Um outro aspecto do magistério é representado por d. Nivalda, que fala do seu trabalho cotidiano como professora: "Já é depois da meia-noite, e eu ainda aqui a corrigir as provas da escola estadual, onde dou aula todas as manhãs. Sinto-me tão consumida, tão extenuada" (cf. LOB: 93). É instrutivo ouvir a esse respeito o depoimento da professora Rosineide, que interpreta essa personagem:

> Para fazer o papel da professora Nivalda, eu me inspirei em mim mesma. Porque faz 25 anos que estou em sala de aula e me sinto realmente cansada já. Dou aula em escola particular e na escola pública. Eu trabalho em três horários – manhã, tarde e noite – e isso é muito puxado. Já me sinto cansada como a professora Nivalda. A diferença com ela é que eu gosto de fazer o trabalho de professora. Já a d. Nivalda entrou no magistério por causa dos problemas financeiros que lhe causou o marido. Aí ela montou uma escola na casa dela, como um meio de sobreviver.

"Enjoando a profissão", a professora Nivalda procura sair desse cotidiano enfadonho, e a forma de evasão que lhe ocorre é apegar-se às recordações do tempo em que era jovem e viajava pelo interior da Amazônia com o seu marido, que era comandante de navio, mas faleceu. "Ah, eu queria estar outra vez na cidade de Guimarães", declara ela com saudade, "lá no rio Tapajós,[91] onde ficamos hospe-

---

[91] Guimarães é uma referência fictícia à cidade de Santarém.

dados na pensão de d. Quitéria". A primeira das duas cenas rememoradas por d. Nivalda é um diálogo com d. Quitéria a respeito do frei Pio.[92]

O episódio é uma sátira a certas devotas, que confundem a paixão religiosa por Jesus Cristo com a atração que sentem pelo homem que celebra a missa. "A boca do frei Pio é muito bela", declara d. Quitéria para a professora Nivalda. "Uma boca de precipício. Daquela não pinga prece, pingam favos de mel. Não dá absolvição, põe a perder. Ali não está uma boca de Deus, mas do Demônio, eu juro" (LOB: 114). Quando d. Nivalda procura fazer com que a devota se contenha, esta se defende dizendo que os efeitos da prece do frei podiam ser observados em todas as mulheres que assistiam à missa: "A sra. reparou no rezar do frei Pio? Põe o termômetro debaixo do sovaco de cada moça, na entreperna de cada casada ali de olho revirado, põe e mede o paludismo. É do sopro de Lúcifer" (p. 114). Apesar das advertências de d. Nivalda, a devota continua no seu enlevo. O humor desta cena e da seguinte, e o riso que elas despertam, dão a impressão de que essas recordações de d. Nivalda lhe proporcionam um certo alívio na sua situação atual. Assim como existe, segundo Walter Benjamin, uma cura através do narrar, existe também no jogo teatral um certo efeito de cura.

Cena 6: A outra recordação na qual se refugia a professora Nivalda são os bailes do clube Valência em Guimarães, que ela evoca junto com sua amiga d. Enilda, que vem visitá-la (cf. Imagem 35). Para fazer contraste com aquele espaço social exclusivo, onde eram proibidas de entrar "as moreninhas da aldeia", inserimos na cena dois retratos da população trabalhadora lembrados por d. Nivalda: os "curumins de beira-rio, carregando lenha para o gaiola" e andando "curvos sob o peso das achas" (cf. LOB: 109); e as "lavadeiras de castanha", que "nos olhavam das margens do rio: febrentas, estropiadas, silenciosas, lavavam, batiam a castanha com aquele sol serrando as nucas" (cf. p. 112). Em seguida, apresentamos um quadro satírico da alta sociedade local. A começar pelo retrato do cavalheiro que costumava abrir os bailes:

---

[92] Para economizar o papel de uma atriz, atribuímos a d. Quitéria o papel de d. Enilda (a apaixonada pelo frei), reservando para d. Enilda, na nossa cena seguinte, o papel de amiga visitante que rememora juntamente com d. Nivalda os bailes no Clube Valência.

Imagem 35. D. Enilda e professora Nivalda relembrando os bailes do clube Valência

D. Enilda: – Sempre quem abria o baile era o Cobra Prenha, aquele advogado, que sempre tirava a Davina para dançar. Mas uma noite ele se deu mal. Sentou a bunda em cheio na boca do copo. Imagine como foi arrancar os cacos daquela bem fornida bochecha. (cf. LOB: 125-126)

A personagem de uma das mulheres, Lucila Feitosa, expressa bem a combinação entre o dançar e o rezar, pois ela costumava dizer, "bem agarrada ao par": "Achei em Jesus o meu caminho" (LOB: 130). De uma outra mulher, a gulosa e rotunda Gertrudes, é lembrada a discrepância entre suas qualidades como dançarina e suas insuficiências profissionais que, no entanto, não impediram sua promoção na carreira: "Fez exame para professora interina e, apesar de onze erros no ditado, foi nomeada" (cf. pp. 130-131). Vale lembrar ainda outros retratos, como o da Romilda dos Pinas, que era "ardente no dançar e profunda no beber" (p. 131). Ou da Ritinha, cuja especialidade era "se agarrar no escuro com os pilotos" (p. 134). E, para coroar o quadro, a descrição da Ivanilda, "que só namorava homem casado". "Quando a Ivanilda dançou com aquele ginecologista, a esposa dele seguia o par pelo salão: – Olhe aí, tu não vai me tomar o meu marido, safada!" (cf. pp. 132-133).

"O que será que aconteceu àquelas moças? Que fim elas tiveram?" (cf. LOB: 136), pergunta d. Enilda na hora de se despedir. – "E que fim tivemos eu e o Amanajás, o meu marido?", se pergunta, então, a professora Nivalda, agora sozinha. Depois da volta deles para Belém, ele costumava sair todas as noites, voltando a altas horas, "batido de champanha, rameira e jogo" (p. 141). Um dia, foi levantada contra ele uma acusação de furto na companhia de navegação onde trabalhava. "E lá se foi rampa abaixo o nosso Amanajás" (p. 141), relembra melancolicamente a sua esposa, que assim resume o final de sua história:

> Os credores cercaram a casa e veio o leilão. Eu ainda consegui arranjar este lugar de professora na periferia. Com aquele ordenadinho como nosso único sustento. No fim, o Amanajás foi internado na Santa Casa com um antraz. Fui enterrá-lo em primeira classe, e eu me enterrei aqui no subúrbio. (cf. LOB: 141, 158, 160).

Com isso, terminam as tentativas de evasão de d. Nivalda. Ela está consciente de que o seu trabalho como professora e a sua vida na favela são um "mundo sem apelo" (cf. p. 34). Só lhe resta, então, recolocar os óculos, prender o cabelo que ela soltou durante a recordação dos bailes e repegar o maço das provas a corrigir...

O teatro do povo como ambiente de socialização

Da parte II do romance consta, ainda, uma cena com o ensaio de um cordão de pássaro (LOB: 168-190) que, na verdade, tem afinidade temática maior com o episódio festivo descrito na parte III (pp. 191-225), na qual são mostrados os preparativos para um desfile de boi-bumbá e o próprio desfile, com Roberta no papel da Fada. O romancista sublinha a importância desses rituais festivos como elementos de socialização para os moradores dos subúrbios. Alfredo participa dessas tradicionais manifestações da cultura popular paraense, que são celebradas no mês de junho. Os desfiles de pássaros e de outros bichos remontam à tradição indígena, enquanto o ritual do boi-bumbá originou-se a partir da criação do gado, no Nordeste e no Norte, tendo sido usado também como manifestação política por parte dos escravos. No enredo do pássaro, que muitas vezes se desenrola junto com uma trama melodramática em torno de uma família de nobres, o pássaro é perseguido, ferido ou morto pelo caçador; mas com a ajuda de um pajé ou de uma fada, é ressuscitado. O ritual da ressurreição é também o cerne da história do boi-bumbá, que foi morto e tem sua vida recuperada por um médico, um padre ou um pajé. O final de ambas as histórias é uma alegre comemoração coletiva, com música, cantos e danças.[93]

Cena 7: Ensaio de um cordão de pássaro. Introduzimos esta cena com a apresentação de um migrante da ilha de Marajó, seu Almerindo, organizador de festas popu-

---

[93] Para uma descrição detalhada, ver C. M. de Moura, 1997, *O teatro que o povo cria*.

lares e conhecedor da "ciência de cordão de bicho". Ele teve que sair de lá "porque os brancos [lhe] pediram o barracão de volta" (cf. LOB: 187). Assim, ele atravessou a baía para Belém, "com a família nas costas", à procura de trabalho, acabando por conseguir um lugar de vigia numa usina. Seu Almerindo é um tipo social que representa o fenômeno histórico da migração de milhares e milhares de trabalhadores para a capital Belém, ao longo de todo o século XX, o que resultou no crescimento dos subúrbios da cidade, onde os migrantes se instalaram. Um traço característico de seu Almerindo é que, apesar das dificuldades, ele não perdeu o ânimo e o "bom humor". Essas qualidades, unidas ao saber de organização de rituais festivos, ele passou para sua filha Maria Emília, que tomou a iniciativa de reunir no subúrbio uma irmandade em torno do referido cordão de pássaro. Alfredo participa do ensaio, motivado pela expectativa de que Roberta também viria.

Como eixo desta cena, escolhemos a dramaticidade com a qual os quatro participantes – a organizadora Maria Emília, as moças Palmira e Esmeia, que fazem, respectivamente, o papel do Pássaro e da Feiticeira, e Alfredo – aguardam a chegada de Roberta, aluna deste, escalada para o papel da Fada. Apaixonado por ela, Alfredo, como autor do enredo, resolveu melhorar e aumentar, "na intenção de Roberta", as falas da Fada, e tão somente as da Fada – o que suscita a inveja e a indignação das outras participantes. Como o tempo da espera por Roberta se alonga cada vez mais, terminamos a cena com Esmeia reivindicando para si o papel da Fada. Em vão Alfredo tenta segurar esse papel para a sua favorita. Como ela não comparece, ele acaba sendo voto vencido.

Cena 8: Os preparativos e o desfile de um boi-bumbá (cf. LOB: 198-219). Graças à ajuda do grupo Marronzinho, do bairro de Terra Firme, pudemos usar na nossa encenação um boi-bumbá autêntico, que fez suas evoluções com um dos nossos atores exercendo o papel do "tripa". Os atores que interpretam os personagens de seu Quintino, dono do Boi Estrela Dalva, e do músico Pedro Chaminé tocam tambores e cantam:

> Levanta meu Boi de fama / Estrela da madrugada.
> Meu Boi é prata fina / É pai de muita malhada
> Sai de noite do curral / Só volta de madrugada. (LOB: 201)

Depois desse início festivo, centramos a cena no diálogo em que seu Quintino tenta convencer d. Domingas, a mãe de Roberta, a deixar sua filha participar do Boi, desempenhando o papel da Fada. Conhecendo a fama que tem o dono do Boi de ser "deflorador",[94] d. Domingas é categórica: "Dou licença, não, seu Quintino" (LOB: 202). Atraída pela perspectiva de poder se exibir diante de um grande público, Roberta desvia a atenção para a qualidade da vestimenta, "toda-toda nova", e acaba por convencer sua mãe: "Pois então, mamãe, deixa só experimentar. O papai não precisa saber. Em tudo o mais, eu como filha faço as vontades" (cf. p. 202).

Concluímos a cena com um diálogo entre Alfredo e Roberta, que é necessário também para explicar ao público como este episódio influi na continuação do enredo. Para o seu espanto, Alfredo, que veio assistir ao desfile do Boi, descobre ali, "em pleno palanque", a sua amiguinha Roberta fazendo o papel da Fada! Montamos este diálogo:

> **Alfredo:** – Roberta, você aqui, de Fada do Boi! Você que desprezou o convite que eu te fiz para ser a Fada do Pássaro!
>
> **Roberta:** – Alfredo, por favor, não tem comparação entre aquele pássaro chinfrim e este Boi maravilhoso. Você sabe que o Estrela Dalva já foi quase campeão da cidade?! (cf. LOB: 200 e 208).

Além disso, ela deixa claro que não tem mais o que conversar com Alfredo e lhe entrega o bilhete de ruptura.

Assim como o romancista, quisemos, com essas duas cenas, chamar a atenção para a importância dos rituais festivos e teatrais, notadamente dos cordões de pássaros e desfiles de boi-bumbá. Eles são focalizados não como diversões folclóricas, mas sim como práticas comunitárias que estabelecem um elo entre os moradores do subúrbio. Esse *teatro que o povo cria* (Moura, 1997) é um ambiente e uma prática fundamentais para a socialização. Em junho de 2012 pude observar isso *in loco*. Numa exibição do boi-bumbá no Teatro do Curro Velho, a cena final foi apresentada de maneira muito original. A ressurreição do Boi não se deu nem através da atuação do padre, nem da macumbeira nem do pajé indígena, e sim, graças à união desse grupo de teatro que manteve o compromisso com a tradição cultural. No dia seguinte, acompanhei no bairro de Terra Firme o desfile de um boi-bumbá (o já referido Marronzinho) através das ruas e dos becos da favela. Como me explicou uma das professoras do nosso grupo, os organizadores fazem participar desse desfile também um grupo de crianças, justamente porque esse tipo de ritual é uma forma muito adequada para elas se integrarem, desde cedo, na vida da comunidade.

---

[94] Com vistas aos menores de idade, entre os participantes e os espectadores, usamos na nossa montagem uma expressão mais amena: "namorador".

Viagem-fuga, desilusão e volta para a periferia

O tema da parte IV do romance (LOB: 226-249) é a ressaca de Alfredo depois da festa de São João. Ele está deprimido por dois motivos: pela "flechada funda" que lhe deu Roberta e pela notícia do corte de sua matrícula no ginásio, devido ao excesso de faltas. Sob o efeito dessa depressão, ele resolve empreender uma viagem-fuga para o Rio de Janeiro. Essa viagem é o tema da parte V do romance (pp. 250-291), da qual extraímos nossas duas cenas finais.

Cena 9: Alfredo, a bordo do navio *Duque de Caxias*, na sua viagem de Belém ao Rio de Janeiro, com escalas em São Luís do Maranhão, Fortaleza e Vitória do Espírito Santo (LOB: 250-277). O protagonista despede-se de Belém com estas palavras: "Adeus, Não-Se-Assuste! Adeus, Chão dos Lobos! Adeus, malfadada Fada do Boi! Aqui estou nascendo de novo, daqui em diante um outro hei de ser" (cf. p. 250). Será que essa expectativa e esse desejo vão se realizar? A viagem de Alfredo é semiclandestina, com condições precárias de acomodação e alimentação. Seu lugar na "terceira classe" faz relembrar o sistema classista da sociedade.[95] A comida ali servida é uma "perfeita gororoba" (p. 253), e o café, "uma lavagem de espingarda" (p. 252). Durante a viagem, Alfredo relaciona-se com dois outros passageiros: um operário de apelido Muralha e uma moça de muleta, chamada a Sem-Nome. Como é que ele pretende se sustentar no Rio de Janeiro, pergunta-lhe o Muralha. Alfredo confessa, então, que não tem ofício e não sabe ainda como vai ganhar a vida. O pior momento da viagem é quando ele descobre que foi furtado. "Todo o nosso dinheiro se foi", comunica-lhe o Muralha; "como abriram a mala é que não sei" (cf. p. 269). A Sem-Nome tenta consolar Alfredo: "Mas se abriram só a mala dele, você continua com o seu dinheiro". Aí, ele explica: "Eu pedi para o Muralha guardar o meu dinheiro na mala dele. Achei mais seguro" (cf. p. 272). Como se vê, o protagonista é bem ingênuo e despreparado para adaptar-se a novos ambientes. Seu retrato não poderia ser resumido melhor do que com estas reiteradas palavras da Sem-Nome: "Tu não é besta, não?" (pp. 263, 271, 275).

Cena 10 (final): Nas páginas finais, o romance descreve a experiência do recém--chegado Alfredo na então capital Rio de Janeiro. A primeira sensação dele na metrópole é de receio, como se estivesse diante de um monstro: "Lá adiante, com as suas goelas, a cidade: cá te espero, recruta" (LOB: 277). Nesse labirinto urbano, ele sente saudade de Belém, onde "tudo é vizinho, tudo na palma da mão". Sente

---

[95] Cf. a referência de W. Benjamin, 2006, *Passagens*, ao poema de uma operária (da antologia *Poésies Sociales de Ouvriers*, Paris, 1841) que "apresenta a descrição de um transatlântico e a comparação entre as cabines de luxo e a terceira classe", p. 758 ["a", 10a,2].

saudade até de sua moradia na favela: "Ah, Chão dos Lobos", "a janela do sótão, tão familiar" (p. 279). Como ele vai lidar, nesse novo ambiente, com as questões básicas de moradia, de alimentação e de trabalho? Ele consegue hospedar-se num "cantinho do soalho" de uma pensão, mas tem que estar às ordens da dona. Um dia, d. Aurora "faz dele o seu moleque de carreto"; outro dia, exige que "esfregue o soalho com pano molhado, [...] salas, corredor, escada..." (cf. pp. 283-284). Alfredo é também humilhado por ela – "Raça de índio, que é de doer!" (p. 284) – e acossado: "Escute, índio gavião [...]; me explique de que é culpado [...]; conte as artes que fez [...]; corrido da justiça?" (pp. 284-286). Finalmente, o jovem passa a ser assediado pela dona da pensão. Desatando o avental, ela aproxima-se dele: "Menino, enxugue a alma na bainha desta saia". Ela desabotoa o peitilho e comanda: "Tire a chave na fechadura e me mostre os compartimentos [...], desate seus ocultos, índio urubu" (p. 287). Diante desse assédio, Alfredo recua, pega a sua maleta e foge da pensão.[96]

Profundamente desiludido com sua estada no Rio de Janeiro, o protagonista decide voltar para Belém na primeira oportunidade. Ao reencontrar um conhecido do Pará, o fazendeiro sr. Paula, ele pede que lhe pague uma passagem de volta num cargueiro. O romance termina com Alfredo pulando a bordo (LOB: p. 291). Na nossa adaptação cênica, acrescentamos o momento do seu desembarque em Belém. De maleta na mão, Alfredo surge do meio da plateia e caminha em direção ao palco, onde é esperado por seus vizinhos do cortiço, que montaram um cordão com as latas de lixo. As palavras com as quais o recebem são, ao mesmo tempo, de acolhimento e de advertência: "Seja bem-vindo de volta a Belém! Mas não se assuste!".[97]

---

[96] Durante o balanço final que o nosso grupo fez da apresentação, várias alunas e também alunos relataram assédios sexuais que já sofreram.

[97] Os trinta personagens e seus intérpretes: Alfredo: Wallace Gonçalves da Silva. Narrador: Willi Bolle. D. Sebastiana dos Prazeres: Marinilce Coelho. Investigador: Lucas Ferreira; fez também o papel do Muralha. Rapazinho ladrão: Keterson Pereira; fez também os papéis de seu Rodrigues; do Aluno II; de seu Almerindo e do "tripa" do Boi. Uma velha pedinte: Eulália. Seu Batista, o cobrador de aluguel: Gilvan Capela Jr.; fez também os papéis do Aluno I; de Pedro Chaminé e do Comissário. Seu Ribeiro: Waldinei do Carmo de Souza; fez também o papel de Quintino Profeta. D. Imaculada: Marcele Melo; fez também o papel da Sem Nome. Lavadeira: Natália Cavalcante. Professora Nivalda: Rosineide Brandão. D. Quitéria: Anna Carolina de Abreu. D. Enilda: Rosana Passos; fez também o papel de d. Aurora. Roberta: Nayra Campos. D. Domingas: Thainara Socorro; fez também o papel da Aluna II. Maria Emília: Gabriela Gomes. Esmeia: Cristiane Silva, fez também o papel da Aluna I. Palmira: Mirlene Araújo.

O romance *Chão dos Lobos* como incentivo para a continuação da aprendizagem

O final da história de *Chão dos Lobos* contém uma moral que vale para o romance inteiro. A viagem-fuga de Alfredo não resultou em nada, apenas lhe proporcionou decepções. O protagonista chegou à conclusão de que o melhor para ele era voltar para o seu lugar na periferia de Belém e resolver, ali mesmo, as questões de sua vida. Esta lição é reiterada de alguma maneira também no último romance do Ciclo, em *Ribanceira*. A estada de Alfredo na pequena cidade às margens do Baixo Amazonas é apenas temporária, dentro dos limites de um compromisso profissional que ele, agora com 20 anos, assumiu: o de exercer o trabalho de secretário da Intendência. O que o motivou a passar algum tempo naquela vila não foi, portanto, nenhum desejo de uma volta saudosista para uma espécie de lugar de origem na Amazônia ribeirinha. Ele foi para lá por uma razão prática: cumprir temporariamente uma função profissional, para voltar, em seguida, à capital Belém. Desta forma, a trajetória do protagonista do Ciclo do Extremo Norte mostra categoricamente que o processo histórico da migração dos habitantes do interior para a cidade grande, especificamente para a sua periferia, é definitivo e irreversível.

Como vimos ao longo desta descrição da oficina teatral com o romance *Chão dos Lobos* (adaptação cênica, apresentações no palco e reflexão dos participantes sobre essa experiência), ela trouxe consigo um conjunto de motivações para observarmos e pensarmos a vida cotidiana na periferia, num bairro como Terra Firme, hoje em dia. Uma possibilidade de aprofundar essas questões consistiria em montar, a partir da experiência aqui descrita, um quadro de perguntas, problemas, conceitos e métodos que pudesse servir de ponto de partida para os participantes da oficina e demais interessados elaborarem uma visão atualizada do fenômeno da favela, reorganizando e repensando as questões que Dalcídio Jurandir apresentou, de forma pioneira, em seu romance *Chão dos Lobos*.

Concluímos o conjunto destes relatos sobre a nossa oficina teatral com professores e alunos do bairro de Terra Firme com três observações alentadoras: 1) Quatro participantes do nosso grupo e também a ex-diretora da Escola Dr. Celso Malcher, que apoiou a oficina teatral, tornaram-se autores de um artigo sobre o tema "Inovação e investimento no futuro", que integra um livro bilíngue de ensaios (português e alemão), publicado em 2015, com circulação no Brasil e na Alemanha.[98] 2) Alguns

---

[98] Cf. Waldinei do Carmo de Souza, Regina Guimarães, Rosane de Loiola, Rosineide Brandão e Wallace da Silva Gonçalves, "Innovation und Investition in die Zukunft / Inovação e investimento no futuro", *in:* W. Bolle e E. Kupfer (orgs.), 2015, *Relações entre Brasil e Alemanha na época contemporânea*, pp. 68-73.

dos professores do nosso grupo deram continuidade, em 2015, à oficina teatral que realizamos durante os anos de 2009 a 2014, e incorporaram esse tipo de trabalho em suas atividades pedagógicas. No entanto, não foi possível fazer novas montagens cênicas, porque isso é um trabalho bastante complexo e difícil de ser realizado em conjunto com as muitas tarefas cotidianas dos professores. Assim, nós nos reunimos no segundo semestre de 2016 para planejar uma forma alternativa e mais factível de trabalhar com o legado literário de Dalcídio Jurandir. O que nos serviu de inspiração foi o exemplo dos contadores de histórias, os "Miguilins", um grupo criado nos anos 1990 em Cordisburgo (Minas Gerais) pela médica e educadora dra. Calina Guimarães, que ensinou esses adolescentes a divulgarem as histórias de João Guimarães Rosa, nascido naquela cidade. Adaptando esse modelo, começamos a experimentar como podem ser assimilados e divulgados da melhor forma os episódios e as cenas mais interessantes de todos os dez romances do Ciclo do Extremo Norte. Nesse sentido, realizamos em agosto de 2017 uma apresentação que combinou elementos de leitura dramática e de narração oral, batizando o grupo com o nome "Os Tucumãs: contadores de Dalcídio Jurandir" (cf. Imagem 36).[99]
3) O diálogo entre a periferia e a universidade, que caracterizou as nossas montagens, tem reforçado em vários dos alunos participantes o desejo de se prepararem para o vestibular. Nesse sentido, relembramos uma observação do aluno que interpretou o personagem de Alfredo: "Na periferia vocês vão encontrar uma série de jovens sonhadores, que se propõem como objetivo ingressar na universidade. Pois um estudo na universidade é para um jovem da favela o único caminho através do qual ele pode ter sucesso na vida".

---

[99] Agradeço a Paulo Nunes pela sugestão deste nome. A nossa narrativa cênica apresenta as principais etapas do caminho de formação do jovem Alfredo, diante do pano de fundo das condições de vida das camadas populares e focalizando o problema da educação. A experiência foi registrada no documentário *Os Tucumãs – narradores de Dalcídio Jurandir*, gravado por Alan Kardek Guimarães e disponível em <https://www.youtube.com/watch?v=J92QI4Tn40I>. No mesmo mês de agosto de 2017, o filme foi exibido no XV Congresso da Abralic, na UERJ, no Rio de Janeiro, no âmbito de uma comunicação minha; cf. Bolle (2018): "Um roteiro de iniciação à Amazônia: Os Tucumãs – contadores de Dalcídio Jurandir".

Imagem 36. "Os Tucumãs": filmagem da narrativa cênica

Imagem 37. Gurupá: o Forte de Santo Antônio e a Igreja de São Benedito

V.

RETROSPECTO SOBRE O CICLO DO EXTREMO NORTE

1. UMA TÍPICA COMUNIDADE AMAZÔNICA: GURUPÁ

O cenário de *Ribanceira* (1978), o romance com o qual Dalcídio Jurandir concluiu o seu Ciclo do Extremo Norte, é a pequena cidade de Gurupá, situada numa distância de 353 km em linha reta de Belém, à margem direita do rio Amazonas. A representatividade de Gurupá como comunidade típica da cultura amazônica é atestada por um estudo antropológico que se tornou uma referência "clássica": *Amazon Town: a Study of Man in the Tropics* (1953; tradução brasileira: *Uma comunidade amazônica*, 1957), de Charles Wagley (1913-1991). Com essa publicação e outras, como *The Tenetehara Indians of Brazil* (1949), *Race and Class in Rural Brazil* (1952), *An Introduction to Brazil* (1971) e *Man in the Amazon* (1974), Wagley firmou-se como um dos mais importantes brasilianistas.[1] Ele foi interlocutor de Dalcídio Jurandir e, acompanhado por este – que conhecia Gurupá desde sua estadia ali em 1929/1930, como secretário da Intendência –, chegou pela primeira vez a essa cidade em 1942. Retornou em 1948, para realizar a referida pesquisa sobre aquela comunidade, à qual atribuiu o nome de "Itá". Naquela época, esse tipo de estudo sobre comunidades rurais era realizado também em outras regiões do Brasil, por cientistas sociais como Emílio Willems, com *Cunha: tradição e transição em uma cultura rural do Brasil* (1947) e Antonio Candido, com *Os Parceiros do Rio Bonito* (1948).[2] Em Gurupá, Wagley foi acompanhado pelo seu doutorando Eduardo Galvão, que elaborou a tese "The religion of an Amazon Community: a study in cultural change", publicada sob o título *Santos e visagens* (1955). A obra de Wagley, que foi professor das Universidades de Columbia (Nova York) e da Flórida, e orientador de mais de 50 teses, tem inspirado outros estudos sobre Gurupá, dentre eles o artigo de Darrel Miller, "Itá em 1974: um epílogo", e o livro de Richard Pace e Brian P. Hinote, *Amazon Town TV: an Audience Ethnography in Gurupá, Brazil* (2013), que trata das transformações causadas na população daquela comunidade amazônica pela introdução da televisão, a partir dos anos 1980. Além dessas publicações acadêmicas, recorremos também a duas fontes locais de informação: o livro *Gurupá dos mariocays* (2008), publicado por "um autêntico gurupaense", Benedito Sanches da Silva; e dois DVDs sobre a *Festividade de São Benedito de Gurupá*, em 2012, o primeiro tratando da parte religiosa da festa, e o segundo, da parte profana.

---

[1] Cf. o dossiê Charles Wagley, publicado por ocasião do centenário do autor, no *Boletim do Museu Paraense Emílio Goeldi, Ciências Humanas*, v. 9, n. 3 (set/dez 2014). No artigo de Richard Pace, "O legado de Charles Wagley: uma introdução" (pp. 597-602), encontra-se um apêndice com uma bibliografia do homenageado.

[2] Cf. George Zarur, 1993, "A contribuição de Charles Wagley para a antropologia brasileira e para a ideia de Brasil".

Com base nessas diversas fontes, passamos a esboçar um breve retrato econômico, social e cultural de Gurupá, desde a chegada dos primeiros europeus até os dias atuais, pois é na história da Amazônia que se encontram as causas para o atraso e o subdesenvolvimento, ainda em pleno século XXI, numa comunidade como a de Gurupá.[3] Desta forma, estamos esboçando sucintamente um perfil da história social da Amazônia, da perspectiva de uma típica comunidade ribeirinha.

No início do século XVII, a região de Gurupá era habitada pela tribo dos mariocays. Os primeiros europeus que chegaram foram os holandeses, que ergueram em 1616, na parte mais alta da ribanceira, o Forte de Mariocay. Em 1623, eles foram derrotados por uma tropa de portugueses, sob o comando de Bento Maciel Parente, que construiu ali o Forte de Santo Antônio de Gurupá[4] – confirmando a relevância estratégica do lugar, situado no mais importante dos dois braços do rio Amazonas, a partir do qual se controla o acesso a toda a hinterlândia. Até o final do século XIX, Gurupá era ponto de parada obrigatória para os navios que subiam ou desciam o rio Amazonas. Considerando as principais mudanças econômicas, políticas, sociais e culturais, ocorridas desde o início da conquista, os estudiosos costumam distinguir as épocas históricas do modo apresentado a seguir.

Desde o primeiro período, de 1623 a 1759, foi implantado pelos colonizadores portugueses o sistema de uma economia extrativista de "matérias-primas para mercados distantes", no caso, as *drogas do sertão* – com sérios prejuízos para as atividades de subsistência da população local.[5] Visando ao enriquecimento rápido dos colonizadores, o padrão econômico dominante era baseado na escravização dos indígenas, inclusive com ampla colaboração das missões religiosas. Desde os primeiros tempos da conquista, o catolicismo, estendido pela catequese também às tribos subjugadas, tornou-se a religião oficial. Conforme a tradição ibérica, foram introduzidos também o culto e as festas dos santos e criadas as irmandades religiosas.[6] Aos santos é atribuída a capacidade de proporcionar o bem-estar geral à comunidade, boas colheitas, boa saúde e segurança; solicita-se a sua proteção através de promessas e festas em sua homenagem. Quem organiza as festas são as irmandades, que têm também a função de estruturar a vida social nas comunidades. Com a junção de tribos diversas nas aldeias criadas pelos missionários, foram dissolvidas as culturas tribais específicas; ao mesmo tempo, através da obrigatoriedade da *língua geral*, criaram-se um imaginário e rituais comuns.

---

[3] Ch. Wagley, 3ª ed., 1988, *Uma comunidade amazônica*, especialmente o capítulo final, "Uma comunidade de uma área subdesenvolvida" (pp. 254-288).

[4] Cf. B. Sanches da Silva, 2008, *Gurupá dos mariocays*, pp. 16-17.

[5] Cf. Wagley, 1988, p. 282.

[6] Cf. E. Galvão, 1955, *Santos e visagens*, especialmente o capítulo III, "Os santos" (pp. 38-87).

O segundo período, de 1759 a 1840, começou com a expulsão dos jesuítas pelo governo de Pombal e estendeu-se até o final da revolução da Cabanagem. As missões religiosas foram desfeitas e reorganizadas, por diretores leigos, em povoados e vilas. Com o processo contínuo da mestiçagem, a cultura cabocla firmou-se nas comunidades ribeirinhas como característica típica da Amazônia. O afrouxamento do controle dos sacerdotes sobre o povo facilitou a incorporação de elementos da cultura ameríndia que sobreviveu nos aldeamentos. Desse legado provém a crença no *encantamento*, ou seja, na força mágica dos *bichos visagentos*, que habitam a floresta e os rios, como a cobra-grande, o curupira, o anhanga, o boto, a matintaperera e as mães-de-bicho.[7] A maioria deles guarda a natureza contra a depredação pelo homem, e todos são malignos. Os danos que eles causam são assombrações, febres, feitiçarias e a *panema*, a má sorte ou incapacidade do pescador e do caçador. Como meios de cura, os caboclos recorrem a rezadeiras e benzedeiros, mas sobretudo aos pajés, aos quais se atribui a capacidade de entrar em contato com *os companheiros de fundo*, e de conseguir curar os males com a sua ajuda, através de defumação, massagem e extração do objeto maligno do corpo do paciente. É o convívio dessas crenças de origem ameríndia com a superestrutura do catolicismo de tradição ibérica que caracteriza a religião do caboclo e sua visão do universo.[8]

A terceira época, de meados do século XIX até 1912, foi a da economia da borracha. Como principal produtor de borracha para os mercados mundiais, a Amazônia saiu de sua posição marginal e ganhou visibilidade internacional. Novamente, as "atividades extrativas para a exportação desviaram os esforços de grande parte da população da produção de alimentos".[9] Como um dos polos de produção e comércio da borracha, o município de Gurupá teve então um expressivo crescimento demográfico. Entretanto, ao mesmo tempo, acentuou-se a desigualdade social, em que pesou o sistema de classes da sociedade colonial. Os próprios habitantes de Gurupá costumavam distinguir as seguintes camadas sociais: 1) *gente de primeira*, ou "os brancos", que formaram a classe mais alta; 2) *gente de segunda*, os demais moradores urbanos; 3) *gente do sítio*, os que viveram nas propriedades agrícolas; e 4) os *caboclos*, que moravam em cabanas sobre estacas, ganhando a vida com atividades extrativistas. Essas distinções, como mostra a pesquisa de Wagley, mantiveram-se até meados do século XX.[10]

---

[7] Cf. Galvão, 1955, especialmente os capítulos IV, "Os bichos visagentos" (pp. 88-117); e V, "A pajelança" (pp. 118-173).

[8] Cf. Galvão, 1955, p. 147.

[9] Cf. Wagley, 1988, p. 116.

[10] Cf. Wagley, 1988, capítulo 4, "As relações sociais em uma comunidade amazônica", pp. 118-156.

O quarto período, de 1912 a 1942, marcado pelo colapso da borracha amazônica nos mercados mundiais, era de decadência e estagnação. Esse tempo é descrito por todos os autores como de extrema pobreza. A maioria dos proprietários e comerciantes retirou-se de Gurupá, e a população da cidade, em 1930, caiu para menos de 300 pessoas.[11] A situação da cidade naquela época, precisamente em 1929/1930, é retratada por Dalcídio Jurandir em seu romance *Ribanceira*, que foi redigido e publicado quase cinquenta anos depois. Ao acompanhar o jovem protagonista-narrador, que passou cerca de um ano em Gurupá trabalhando como secretário da Intendência, somos introduzidos à topografia social da cidade, que começa, emblematicamente, com uma inspeção dos cemitérios. Na visita ao Mercado Municipal, somos confrontados com o problema da fome. Escutamos as conversas com representantes da administração sobre "os podres locais"; participamos de jantares em três famílias abastadas, que comentam a situação econômica desastrosa e manifestam o desejo de ir embora; entramos num baile que é logo interrompido por falta de músicos; e visitamos os barracos de pobres e miseráveis. No fim, todos se encontram na festa de São Benedito, na qual, conforme a tradição cabocla, misturam-se elementos sagrados e profanos. Pergunta-se, também, se existem perspectivas de um futuro melhor para a população de Gurupá, ou se tais esperanças são ilusórias.

Durante um breve intervalo, entre 1942 e 1945, no tempo da Segunda Guerra Mundial, houve uma reativação da produção da borracha. Devido ao bloqueio, pelas forças japonesas, do acesso à matéria-prima do Oriente, os aliados necessitaram do látex da Amazônia e, nesse sentido, foi firmado um acordo entre Brasil e Estados Unidos, arregimentando os "soldados da borracha". Para melhorar as condições desses trabalhadores, foi criado em 1942 o Serviço Especial de Saúde Pública (Sesp). Com a instalação de um posto de saúde em Gurupá, em 1943, foram eliminados os focos de malária, aplicadas vacinas contra varíola e tifo, e construídas fossas sanitárias em mais de 90% das habitações.[12] Desse programa participou também Charles Wagley, que veio para Gurupá, onde elaborou, com a ajuda de Dalcídio Jurandir, materiais educativos para os seringueiros. Contudo, essa reativação da economia e a introdução de melhorias foram apenas passageiras e, com o fim da guerra, perderam o seu impulso principal.

Assim, o retrato de Gurupá elaborado por Wagley em 1948, apesar de ele reconhecer que houve "alguns melhoramentos", é ainda o de "uma comunidade atra-

---

[11] Wagley, 1988, p. 77. Como ele ainda informa, a população passou para 500 pessoas, em 1948, e para mais de 600, em 1950.

[12] Wagley, 1988, pp. 75-76.

sada, decadente e isolada". Os habitantes, para os quais o serviço de saúde já fazia parte da vida da comunidade, ficaram preocupados que ele fosse desativado. Quanto à educação, 40% da população da cidade e cerca de 80% da população rural eram analfabetos. Cada uma das sete escolas, nesse município com mais de 7 mil habitantes, dispunha apenas de uma sala de aula e de um professor. Na economia, continuou prevalecendo "o sistema tradicionalmente predatório", fixado na extração de produtos da floresta.[13] Além de fazer um detalhado diagnóstico dos sintomas e das causas do subdesenvolvimento, Wagley propõe também estratégias para superar esses problemas. Como tarefa principal da antropologia, ele considera a elaboração de conhecimentos sobre a sociedade e cultura locais, para auxiliar os planejadores, administradores e agentes da introdução de novas tecnologias a estabelecer um diálogo com a população e motivá-la a participar ativamente da melhoria das condições econômicas e sociais.[14]

E de 1948 até os dias atuais, quais foram as transformações e quais são as perspectivas? Em decorrência da política desenvolvimentista do governo brasileiro, a partir de meados dos anos 1950, ocorreram algumas mudanças importantes. A valorização econômica e estratégica da Amazônia levou à construção da rodovia Belém-Brasília, inaugurada em 1960, à implantação dos chamados Grandes Projetos, e à construção da rodovia Transamazônica, entre 1968 e 1972. Wagley chamou a atenção de seus discípulos para essas transformações; e um deles, Darrel Miller, fez então um retrospecto sobre a *comunidade amazônica*, com o título "Itá em 1974".[15] Como ele explica, as transformações nas comunidades amazônicas situadas perto das estradas não chegaram a afetar diretamente a comunidade de Itá (Gurupá), cujo ritmo de vida continuava "lento e tedioso". Mesmo assim, houve um certo crescimento da população: de cerca de 600 pessoas em 1948 para 1.300 em 1974. O número de ruas, por sua vez, aumentou de três para cinco. A extração de látex foi substituída pela exploração da madeira;[16] com isso, reforçou-se, mais uma vez, a estrutura antiga da dependência de Gurupá dos mercados longínquos. Nas áreas de educação e saúde houve alguns avanços, mas também persistiam problemas. A preparação dos professores foi deficiente e eles foram mal remunerados; além disso, "há mais de dez anos que a cidade não vê um médico".[17] Que futuro

---

[13] Cf. Wagley, 1988, pp. 77-81.

[14] Cf. Wagley, 1988, pp. 82; 254-258 e 285-288.

[15] D. Miller, "Itá em 1974", *in:* Wagley, *Uma comunidade amazônica*, 3ª ed., 1988, pp. 289-314.

[16] A extração madeireira, principalmente na região de Breves, já tinha sido descrita por Dalcídio Jurandir em artigo publicado na década de 1940 e é brevemente evocada na parte final de *Ribanceira* (pp. 323 e 327) durante a viagem de volta do protagonista Alfredo, de Gurupá a Belém.

[17] Cf. Miller, 1988, "Itá em 1974", pp. 302-304 e 306.

tem Itá?, nos leva a perguntar o artigo de Miller. Na sua avaliação final, ele retoma o diagnóstico de Wagley: a comunidade continua atrasada, com o povo faminto, doente e privado das facilidades que caracterizam a sociedade moderna.[18]

Superando esse diagnóstico pessimista, aconteceram nas três décadas subsequentes, entre 1980 e 2010, mudanças e melhorias significativas. É que o progresso do Brasil, nesse período – de "país subdesenvolvido", fazendo parte do "Terceiro Mundo", para um "país em vias de desenvolvimento" e daí, para "país emergente" e, temporariamente, para a sexta maior economia do mundo[19] – se fez sentir também na Amazônia. Como mostram as estatísticas recentes,[20] o município de Gurupá, em 2010, chegou a uma população de 29.062 pessoas, das quais 9.580 na cidade e 19.482 na área rural. Esse grau de aumento é condizente com o desenvolvimento demográfico geral da Amazônia, cuja população total aumentou de cerca de 2 milhões de habitantes em 1950 para cerca de 25 milhões em 2015. Houve também uma melhoria do Índice de Desenvolvimento Humano (IDH), que passou de 0,209 em 1991 para 0,509 em 2010. Isso é atestado pelo aumento dos postos de saúde, cujo número atual é de 26 unidades, e pelos dados da educação. O município de Gurupá contava, em 2011, com um total de 100 escolas de ensino fundamental, com 8.663 alunos matriculados e 568 professores. Nas duas escolas de ensino médio – uma estadual, com 16 professores, e uma particular, com seis professores – estavam matriculados, ao todo, 1.144 alunos.

Foi praticamente no mesmo período, mais exatamente entre 1983 e 2013, que Richard Pace realizou, auxiliado mais tarde pelo seu discípulo Brian P. Hinote, um estudo sobre a repercussão dos programas de televisão na vida cotidiana da população de Gurupá.[21] Em sua apresentação geral da cidade e do município, Pace começa com um quadro geral das atividades econômicas, realçando a extração de açaí, palmito e pupunha, e, paralelamente, a agricultura de subsistência, com o cultivo de mandioca, feijão, milho e arroz. É nessas áreas que trabalha a maioria das pessoas; além disso, há um certo número de empregados no comércio e na administração local. A área da cidade se expandiu: das três ruas em 1948 para as sete ruas atuais (das quais cinco são pavimentadas) e sete travessas. Quanto ao nível de vida da população, 95% pertence às classes C e D, e 5% à classe B3. Segundo a autoavaliação

---

[18] Lembramos que foi no contexto daquela década de 1970 que Dalcídio Jurandir publicou, em 1978, o seu romance *Ribanceira*.

[19] A sexta posição foi alcançada em 2011; em 2015, o Brasil caiu para a nona posição.

[20] Cf. os números do censo realizado pelo IBGE em 2010, disponível em: <http://cidades.ibge.gov.br/xtras/uf.php?lang=&coduf=15&search=para>. Acesso em: 21 mar. 2016.

[21] Cf. Pace e Hinote, 2013, *Amazon Town TV: an Audience Ethnography in Gurupá, Brazil*.

dos moradores, 79,2% consideram-se pobres, e 20,8% pertencentes à classe média. Pace menciona, também, conflitos ocorridos entre latifundiários e trabalhadores rurais. Estes conseguiram defender seus direitos com bastante eficiência, devido à sua organização num sindicato e também graças ao apoio pelas comunidades eclesiais de base. No que concerne ao tema central do estudo, a influência da televisão, que foi introduzida em 1982 e à qual hoje em dia todos os moradores assistem, selecionamos aqui três amostras da pesquisa de Pace e Hinote. 1) O que os telespectadores locais consideravam em 2009 como o maior problema de Gurupá? Resposta: a obtenção de emprego, a pobreza e os problemas sociais. 2) Quantas pessoas continuam acreditando no poder de seres sobrenaturais? Houve uma lenta diminuição, mas, ainda assim, 47% acreditam no curupira, 56% no poder mágico do boto e 82% na cobra-grande. 3) Qual é, na sua opinião, o lugar melhor para se viver: Gurupá ou Belém? Enquanto, em 1986, 76% optaram por Gurupá, esse número subiu para 97% em 2009, sobrando apenas 3% para Belém.

Vejamos, também, alguns detalhes da apresentação de Gurupá feita por Benedito Sanches da Silva em seu livro, publicado em 2008.[22] Como mostra o currículo do autor, nascido em 1927, ele conhece a sua comunidade sob todos os aspectos, pois ali exerceu as mais diversas funções públicas, como as de fiscal da Prefeitura e do Mercado Municipal, encarregado da usina de força e luz e chefe do setor de transportes marítimos; além de ter sido presidente do Sindicato dos Trabalhadores Rurais (que, em 2004, tinha 3.576 associados), comissário de polícia, adjunto de promotor, vereador na Câmara Municipal e três vezes prefeito interino, no período de 1967 a 1970. Com relação à economia, o sr. Benedito observa que, com a extração da madeira e do palmito, o poder aquisitivo da população melhorou. Um dos indícios é que, "hoje, o povo do município tem centenas de lanchas motorizadas". Ele critica, no entanto, a extração desordenada da madeira e o fato de o povo não dar a devida importância à criação e ao plantio. Mais recentemente, houve uma retomada da agricultura, mas os equipamentos são apenas os antigos: enxadas, terçados e machados. No seu retrospecto sobre o trabalho realizado pelos prefeitos que Gurupá teve entre 1948 e 2008, o autor destaca o aumento do número de escolas e, com isso, o desenvolvimento da educação.

Para finalizar esta introdução à comunidade de Gurupá, lancemos um olhar sobre dois DVDs que documentam a mais importante das festividades da localidade: a festa de São Benedito. As filmagens foram realizadas em dezembro de 2012,[23]

---

[22] Sanches da Silva, 2008, *Gurupá dos mariocays*.

[23] Cf. os DVDs *Festividade de São Benedito de Gurupá, 2012*; e *Vesperal, 2012*, ambos gravados pela empresa local Foto Allen.

quando tive o prazer de assistir à festa *in loco*. No DVD sobre a parte religiosa, são mostrados os rituais mais importantes: 1) a chegada do mastro na cidade, em 9 de dezembro, e o seu levantamento em frente à Igreja de São Benedito; 2) a procissão fluvial em forma de meia-lua, subindo do ancoradouro perto da igreja até o trapiche na Estação Hidroviária; 3) o leilão no galpão em frente à igreja; 4) a missa, celebrada no dia 24 de dezembro, com o sermão do bispo e a comunhão; 5) a procissão do povo, em 27 de dezembro, com milhares de pessoas acompanhando a imagem do santo pelas ruas da cidade, no penúltimo ritual da festa, que terminou no dia 28, com a derrubada do mastro. Note-se que, apesar de o padroeiro oficial da cidade ser Santo Antônio, cuja festa é celebrada no mês de junho, o mais querido e o mais venerado é São Benedito, o "santo preto", o "santo do povo".[24] Na celebração da missa, confirmou-se a observação de Eduardo Galvão: "O próprio Natal não é festejado"; "a festa de São Benedito absorve todas as atenções".[25] De fato, o bispo terminou o seu sermão do dia 24 de dezembro com as palavras "Viva São Benedito!". Nesse sermão, ele criticou os abusos de poder por parte da oligarquia local e lembrou as lutas das comunidades de base por justiça social. Criticou, também, vários elementos das comemorações profanas, notadamente a venda de álcool a menores de idade, os "banhos de cerveja" e os crimes que resultam do excesso de bebida.

No DVD que documenta a parte profana da festa aparecem, assim como na procissão religiosa, milhares de pessoas enchendo as ruas, passando pelas bancas de comércio e enchendo bares, restaurantes, clubes e salões de festas, onde se exibem dançarinos e dançarinas, com músicos tocando ritmos de *rock* e tecnobrega. A diversão principal dos festeiros, e a que chama mais atenção, é a variedade de técnicas e a volúpia com as quais eles jogam cerveja nos participantes ao seu redor. Com essa mistura do rezar, dançar e beber, que é uma característica fundamental da cultura cabocla, a festividade de São Benedito em Gurupá, além dos milhares de participantes locais, atrai também centenas de visitantes e turistas de fora, de cidades como Belém, Macapá, Manaus e outros lugares, como se percebe, inclusive, pelo grande número de barcos ancorados em frente à cidade.

Esta introdução a Gurupá, enquanto comunidade representativa da Amazônia, foi elaborada com o intuito de ajudar o leitor a situar-se no cenário do romance *Ribanceira*, que nos leva de volta aos anos 1929/1930, quando as referências topográficas já eram basicamente as mesmas, mas a situação econômica e social era de extrema pobreza.

---

[24] Cf. Wagley, 1988, p. 201.

[25] Galvão, 1955, p. 69.

Imagem 38. Gurupá: início da procissão de São Benedito...

Imagem 39. ... e sua continuação pelas ruas

2. UM *DICTIO-NARIUM* DA AMAZÔNIA (*RIBANCEIRA*)

O enredo do romance *Ribanceira* (1978) passa-se em Gurupá, em 1929/1930, na mesma época em que Dalcídio Jurandir, nomeado pelo governo do Estado, trabalhava como secretário do intendente naquela cidade do Baixo Amazonas.[26] Essa é também a função do protagonista do romance, Alfredo, agora com 20 anos e que assume, além disso, as tarefas de um observador participante. Depois das informações sobre a história e o perfil econômico, social e cultural de Gurupá, que reunimos com base nas pesquisas realizadas pelo antropólogo Charles Wagley nos anos 1940 e que foram complementadas, desde então, por textos e imagens mais recentes, vejamos agora qual é a contribuição do romancista Dalcídio Jurandir para o retrato daquela comunidade amazônica.

Pesquisa antropológica e narrativa de ficção

Com o intuito de especificar os tipos de conhecimentos proporcionados pela apresentação literária-ficcional, passamos a comparar os procedimentos do romancista com os dos antropólogos. Quanto à escolha dos personagens, observamos que o romancista não se propõe a apresentar um retrato da sociedade local por extenso, mas opta por um recorte, com predomínio de representantes do poder público, grandes proprietários e comerciantes, e, por outro lado, pessoas que vivem na extrema pobreza. Através dessa polarização, que já existe também em volumes anteriores do ciclo romanesco, são acentuadas as relações de poder entre os de cima e os de baixo. Há um episódio – o das autoridades repartindo a carne no Mercado (cf. RIB: 185-192) – que é um retrato simbólico de uma sociedade dividida em duas classes: os que comem e os que não comem carne. Quanto aos encontros sociais, costumes, rituais e festas, o romance apresenta com maior concretude as informações das pesquisas antropológicas. Estas, por sua vez, ajudam a compreender as estruturas de família, o sistema de compadrio, a organização das festas, o culto dos santos, as lendas e os mitos regionais descritos no romance. Desta forma, os textos dos antropólogos e do romancista dialogam entre si e se complementam.

---

[26] O romancista usa a denominação "Baixo Amazonas" (cf. RIB, p. 35, 65, 67, 84, 297 e 303), para situar a cidade de Gurupá, não o seu enquadramento administrativo mais recente no "arquipélago do Marajó". A sigla RIB refere-se, daqui em diante, ao romance *Ribanceira*, Rio de Janeiro: Record, 1978.

Pela sua composição, o romance *Ribanceira* assemelha-se a um roteiro de pesquisa, mesclando elementos antropológicos e poéticos. O "enredo" dessa narrativa etnopoética é constituído pelas observações sobre a cultura ribeirinha que nos proporciona o protagonista durante a sua estadia "na ribanceira", na função de secretário da Intendência. Nesse papel, ele é uma figura de sondagem e um observador participante.[27] E mais: como "secretário", ele é explicitamente caracterizado como um representante da cultura da escrita, num duplo sentido. Enquanto escrevente, é um profissional que usa a escrita como um instrumento a serviço do aparato administrativo. Já enquanto *alter ego* do romancista, esse secretário torna-se um escritor livre e independente, que trabalha a língua como um *medium* de expressão poética e de reflexão crítica[28] – além de ser, também, um mediador entre a cultura escrita e a cultura oral.

Os episódios dessa narrativa antropológica e poética são as inspeções profissionais e as caminhadas pela cidade, os trabalhos de rotina do expediente, visitas, passeios, encontros casuais, as refeições cotidianas, jantares e recepções, e a festa popular no final. Esses múltiplos contatos do protagonista com os habitantes equivalem às entrevistas de um antropólogo com seus informantes. O leitor vai conhecendo aquela comunidade amazônica, acompanhando juntamente com o observador participante Alfredo os guias e informantes locais, como o coletor federal, o juiz, o promotor e o porteiro da Intendência. Dessa forma é construído um perfil topográfico da cidadezinha à margem do rio Amazonas, com lugares como o Trapiche, as ruas e travessas, os prédios públicos (o Fortim, a Intendência, o mercado, a igreja), as residências de autoridades e comerciantes, os barracos dos pobres e miseráveis e os cemitérios. Não é uma descrição conceitual sistemática, mas uma montagem representativa de fragmentos da cultura ribeirinha.

A época histórica retratada, a passagem da década de 1920 para a de 1930, é evocada através de elementos concretos da macro e da micro-história. "Aquele apito", de que fala o comerciante seu Bensabá (RIB: 183), é a lembrança traumática do anúncio do colapso dos preços da borracha, em 1912; assim como a referência da agente de Correio, d. Benigna, a um baile com "trinta damas defuntas" (RIB: 158) expressa

---

[27] As informações transmitidas pelo secretário Alfredo, como observador participante dialogando com informantes locais, fazem lembrar os *prospectos* e as *participações* na *Viagem filosófica* (1783-1792), de Alexandre Rodrigues Ferreira, que veio para a Amazônia como "informador" do governo português.

[28] Seria tentador associar essa oposição entre escritor e escrevente com a dupla conceitual "écrivain" e "écrivant", proposta por Roland Barthes; mas existe uma nítida diferença semântica entre escrevente e *écrivant*, uma vez que este termo é aplicado pelo crítico sobretudo ao intelectual (cf. Barthes, 1964, pp. 147-154: "Écrivains et écrivants").

a melancolia coletiva diante do declínio geral da economia, do esvaziamento demográfico e do longo período de estagnação. Apenas no final do livro aparecem alguns sinais de reestruturação, com a exploração da madeira. Expressões da decadência são também os pardieiros de habitantes como o oficial de justiça, ou o prédio da Intendência, com o seu "catálogo de ruínas" (RIB: 221). A inspeção dos cemitérios é uma alegoria do abandono geral em que vive "esta cidade [que] é toda-toda-cemitério" (RIB: 40). A própria denominação de Gurupá como "Ribanceira" sugere uma recaída do espaço urbano nos domínios da selva.

Pelas características apontadas, essa obra conclusiva do Ciclo do Extremo Norte filia-se a uma tradição da literatura brasileira que se estabeleceu ao longo do século XIX – inclusive na Amazônia, com um romancista como Inglês de Sousa – e que Antonio Candido (1981) qualificou como a do "romance" como "forma de pesquisa".[29]

A importância das falas em *Ribanceira*

Um distintivo fundamental da literatura ficcional em comparação com a pesquisa antropológica consiste no destaque dado à língua. Vale lembrar que a ideia de que a língua pode ser considerada o documento mais importante de toda cultura já está presente na obra de Alexander von Humboldt. Ela pode ser usada, inclusive, para superar a dicotomia estabelecida por esse viajante-pesquisador entre os "povos civilizados" – da Ásia, da Europa e das Cordilheiras –, que dispõem de escrita, e as "hordas bárbaras e selvagens" da planície amazônica, cuja cultura é apenas de expressão oral. Para ilustrar a importância da língua como documento da cultura, Humboldt (1814-1825) relata o caso de uma tribo indígena às margens do rio Orinoco que foi extinta, sendo o único ser vivo que ainda fala aquela língua um papagaio.[30] Essa história emblemática foi retomada por Mário de Andrade e incorporada à composição do *Macunaíma*, onde o narrador se propõe contar a "história" "de nossa gente" para "preserv[á-la] do esquecimento".[31] É dentro dessa tradição, embora ele use outras opções estéticas, que podemos situar também o projeto do autor de *Ribanceira*, que consiste em preservar a cultura e a história cotidiana dos caboclos através da representação de suas falas.

---

[29] A. Candido, 1981, *Formação da literatura brasileira*, v. II, p. 112.

[30] Cf. A. v. Humboldt [1814-1825], 1970, *Relation historique du voyage aux régions équinoxiales du nouveau continent*: "Cette nation [...] s'éteignit peu à peu ainsi que son langage. Les dernières familles des Aturès existoient encore en 1767 [...]: à l'époque de notre voyage [1800], on montroit à Maypurès [...] un vieux perroquet dont les habitans disent 'qu'on ne comprend pas ce qu'il dit, parce qu'il parle la langue des Aturès'" (vol. II, pp. 598-599).

[31] M. de Andrade [1928], 1978, *Macunaíma*, p. 148.

O enredo dessa narrativa ao mesmo tempo antropológica e poética pode ser resumido como uma caminhada do protagonista de fala em fala – como, aliás, já ocorreu no romance de estreia, *Chove nos campos de Cachoeira* (1941), com Eutanázio, o meio-irmão adulto de Alfredo, por meio do qual o narrador registrou as fofocas e, com isso, os principais assuntos da vida cotidiana na vila de Cachoeira. Em *Ribanceira*, a importância das falas na composição da narrativa chega a tal ponto que se pode dizer que o romancista criou *personagens-falas*. Uma excelente ilustração desse conceito encontra-se na escrita hieroglífica dos astecas, apresentada por Alexander von Humboldt em *Vues des Cordillères et monuments des peuples indigènes de l'Amérique* (1810-1813). Num dos *tableaux*, que mostra uma genealogia de príncipes, aparece diante da boca de alguns personagens uma pequena língua, que falta em outros. Essa língua é um sinal de que se trata de seres vivos, pois, segundo os astecas, "viver é falar".[32]

O romance *Ribanceira* é construído em forma de um fluxo narrativo contínuo de 322 páginas, uma montagem dos referidos episódios, contendo um conjunto de falas que o protagonista, escrevente e escritor, conseguiu captar e registrar. Como resultado, temos um detalhado retrato da sociedade e da cultura locais, expresso sobretudo por essas falas. A postura do romancista representa um avanço qualitativo em comparação com a apresentação da população da Amazônia por Euclides da Cunha, pois enquanto este, na maioria das vezes, fala em nome dos habitantes locais, Dalcídio Jurandir, além de escutar atentamente as falas dos caboclos, também lhes dá a voz em seus romances.

Cultura letrada e cultura oral: o projeto do *dictio-narium*

Na pequena cidade às margens do Amazonas circulam duas formas bem diferentes de língua, que chegam a ser antagônicas: por um lado, a língua falada pelos ribeirinhos, como expressão da cultura popular oral – ou seja, o português coloquial, com elementos indígenas e africanos –; e, por outro lado, a norma culta, sobretudo na forma da linguagem escrita, usada pelos administradores e representantes do poder. Disso resultam, às vezes, formas misturadas, como indica esta fala da lavadeira Daria-Mora-com-o-Diabo, que Alfredo vai visitar em seu barraco na beira do igarapé:

---

[32] Cf. A. v. Humboldt [1810-1813], 1989, *Vues des Cordillères...*, *tableau* XII, e o comentário, p. 54.

> – Agora que o senhor está aí [...] licença que lhe pergunte: as informações que o senhor teve desta minha fraca pessoa? Leu no edital do Trapiche? Ouviu dum boca quente? (RIB: 263)

Numa forma jocosa e irônica, aparecem aqui, lado a lado, os dois tipos de linguagem usados naquela comunidade: a fala oral e coloquial do povo, com a referência à praxe geral das fofocas ("um boca quente"), e a escrita ("o edital"), com a qual o aparato administrativo marca a sua presença num lugar de circulação pública ("o Trapiche").

Como mostra o exemplo, o tipo de conhecimento que procura o escritor Dalcídio Jurandir, por meio do seu *alter ego*, o secretário escrevente Alfredo, é uma intensa sondagem, através da escuta, da comunidade ribeirinha enquanto espaço de falas. Em todos os ambientes desse cenário, o escrevente-escritor escuta e registra tipos de falas: de representantes do poder público, ou seja, do aparato burocrático-administrativo, de proprietários e comerciantes, e também de pessoas das camadas populares. Com isso, o romance torna-se um repositório de conversas, fofocas, denúncias, brincadeiras, histórias galantes, lendas, crenças e mitos, revelando a mentalidade, o imaginário, os conflitos e a diversidade dos saberes locais. O escritor cria um espaço polifônico e democrático, onde todos têm direito à fala.

Com o conjunto desses materiais, Dalcídio Jurandir compõe um *dictio-narium* da cultura amazônica. Não se trata de um "dicionário" no sentido convencional de uma "compilação de vocábulos", mais ou menos exaustiva e em ordem alfabética, mas de algo mais profundo. O *dictio-narium*, no sentido original, como bem lembrou o linguista e pesquisador da cultura popular Jakob Grimm, é uma coletânea de *dictiones*, isto é, de falas exemplares e citáveis, que merecem ser guardadas na memória coletiva como documentos do patrimônio cultural.[33] Daí a responsabilidade especial do romancista que colhe as falas na boca do povo, e do crítico que procura desenvolver a arte de ler, ao "garimpar" na obra as falas mais significativas. O *dictio-narium* contido no romance vem acompanhado de uma série de observações e reflexões do escritor sobre o seu trabalho de campo. Passamos a esboçar o *corpus* desse *dictio-narium*, destacando, paralelamente, alguns procedimentos metodológicos dessa antropologia poética.

---

[33] Cf. J. Grimm [1854], 1966, "Vorrede zum Deutschen Wörterbuch", p. 311.

"Ouvir os podres locais"

O trabalho do romancista de escutar e registrar as falas que representam a cultura ribeirinha é apontado indiretamente em uma das falas iniciais do intendente, que explica ao seu recém-chegado secretário Alfredo o sentido de sua missão: "acomodar aquelas coisas no município". Isso significa: "pacificar a[s] família[s] daquela terra" e implica "resignar-[s]e" a "ouvir no meio deste entulho os podres locais" (cf. RIB: 35). É esse tipo de trabalho de ouvir – e registrar – que o protagonista secretário realiza durante a sua estadia na ribanceira. Desde a sua chegada, ele é abordado por pessoas da administração local que lhe expõem os conflitos nos quais estão envolvidos e solicitam o seu apoio. Um embate agudo é a hostilidade com a qual o coletor federal (o "Sede de Justiça") vê a pessoa do juiz:

> – Esse salteador de toga e arminho [...], esse espoliador de cem viúvas contadas a dedo, uma a uma, de mil órfãos cujos nomes posso lhe dizer um a um.

> – Pois [o Juiz] me arrasa o município, me desonra a comarca, e sempre impune, e sempre intocável?

> – Tudo [...] recolhi, documentei, selei, para o processo [...] tamanho dos crimes dele, pela acumulação das provas. (RIB: 58, 61, 62)

O tom da acusação é tão exacerbado que o próprio acusador se dá conta de que, com isso, acaba enfraquecendo a sua posição. Assim, ele declara, num tom de amarga autoironia: "Será que estou berrando no deserto?"; "Tudo que recolhi, documentei [...] é meu delírio?" "Sou apontado pelas ruas [...] como o Sede de Justiça" (RIB: 61-62).

A réplica do juiz é introduzida em forma de uma montagem contrastiva. Ele se defende das acusações, mostrando desprezo pelo inimigo, e procura ganhar a simpatia do intendente e do secretário ao lhes fazer um convite para uma excursão erótica, em tom divertido e propositalmente vulgar:

> – Limpo o meu sim-senhor com os papéis do processo dele. [...] Repugna-me ter de falar nos rombos da Coletoria Federal [...].

> – É de minha obrigação guiá-los e indicar-lhes os pontos de recreio. [...]. Aqui para o dom donzel: já ouviste falar do Itaperera, lá, onde é o xirizal? [...] O ginceu, xiris em penca. Vamos no meu bote [...] por essas ilhas, igarapés e beiradas. [...] No bote, fico nu de corpo e alma. (RIB: 74 e 70-71)

Histórias galantes

Numa sociedade em que o elemento erótico está à flor da pele, e onde "as relações conjugais [são] extremamente instáveis",[34] um ingrediente imprescindível do retrato dos costumes locais são as histórias galantes. À guisa de introdução, pouco depois de desembarcar na ribanceira, Alfredo ouve, narrado pelo intendente, o caso do fiscal de imposto de consumo, "já passando dos 60", com a jovem Bi, filha do ex-intendente, coronel Cácio:

> A lábia do fiscal ganhou o casarão. [...] Uma noite, [...] a moça abre o soalho do seu quarto ao galante ancião. [...] [O irmão da Bi] vê o fiscal entrando e toda a casa num rebuliço acordou. O pai tira a 44 da parede, também se armou o primo [...]. Atezinho o nosso porteiro [...] acudiu de facão em punho. [...] A desafronta, dirigia o prefeito de Polícia. [...] Bandido, se tens topete, pula, e o velho fiscal salta da rede [...], meu camisão? [...] Não saia por debaixo do soalho, lhe peço, pedia a Bi. Mas não foi por onde entrei? Sim, como meu namorado. Tem que sair agora como uma autoridade [...], fiscal federal, que é que não vai dizer o comércio? Pela porta, que atirar, não atiram, se atirarem, morremos juntos. Enfrente meu pai, enfrente meus irmãos, mas saia pela porta. Vista o camisão [...] e vamos de braço. (RIB: 36-37)

Arma-se, assim, uma cena intensamente dramática, em que a vida íntima dos dois amantes é exposta ao público espectador, e onde cada personagem assume o papel que lhe parece mais conveniente: os homens da família da Bi como guardiães de sua honra, e a moça no papel da apaixonada, disposta a morrer pelo seu amor. Já para o fiscal sessentão, sobra a exposição ao ridículo geral: ele, que imaginava viver a sua aventura erótica na calada da noite, é exibido diante dos olhos de todos num figurino grotesco: a autoridade federal, em vez de vestir a toga, aparece de camisão...

Os referidos episódios, o do fiscal federal em trajes íntimos e o do juiz nu em pelo, são retomados numa conversa jocosa entre Alfredo e Bi, durante um passeio pela ribanceira, na noite em que foram convidados para um baile na casa da agente do Correio, mas como o maestro músico não compareceu, todos saíram em busca dele. Alfredo provoca Bi, em tom de brincadeira, referindo-se a uma moça que ganhou do juiz uma ilha em troca de favores:

---

[34] Wagley, 1988, p. 183.

[Alfredo:] – Ganhou do Juiz a ilha...

[Bi:] – Ah, que o senhor mal chega e já sabendo de cor os nossos maus costumes? (RIB: 138)

O tema geral da conversa são, portanto, os costumes da cidade. Pertencendo a uma das famílias mais consideradas, Bi assume plenamente tanto o "amor livre" quanto o fato de ser uma "moça falada". Com uma boa dose de autoironia, ela se dispõe a constar como uma amostra dos costumes locais, não deixando de manifestar, ao mesmo tempo, a sua crítica em relação aos bem-pensantes e hipócritas. Com tudo isso, ela se torna uma das principais informantes do escrevente-escritor que retrata os costumes da ribanceira:

> – Que tenho eu de mais que lhe interesso? A fama? Quer mandar um ofício sobre os maus costumes desta cidade?
>
> – Sou ou não sou a mal-afamada?
>
> – Saiba, meu senhorzinho, que ela [d. Benigna] só me tolerou no grande baile dela, por pura carência de dama. (RIB: 113, 118 e 132)

"Aqui é expressamente proibido ler e escrever"

Ao focalizar um dos letrados locais, o romance apresenta algumas reflexões de interesse geral sobre a relação entre a cultura oral e a cultura escrita naquela comunidade amazônica, a relação entre o escutar e o falar e, por outro lado, entre o ler e o escrever. É o que se observa no episódio emblemático da visita de Alfredo à casa do promotor:

> O promotor mostra os dicionários de francês, exibe o papagaio que diz *chérie ma petite-fille*. (RIB: 269)

Nesta passagem, aparecem lado a lado o "dicionário", no sentido convencional de "vocabulário", e uma amostra do *dictio-narium*: a exibição, pelo dono, do papagaio que fala francês. É uma justaposição jocosa entre um documento da cultura letrada e uma manifestação da cultura oral. Ambos demonstram o menosprezo do promotor em relação ao português como língua oficial da Amazônia brasileira. Ele manifesta enfaticamente a sua preferência por uma outra língua e cultura, que considera superior:

> – Franceses, sim, que deveriam colonizar este país, estaríamos hoje falando como civilizados. Sinto-me muita vez levado para aqueles bosques de Alexan-

dre Dumas, para a Corte. [...] O promotor desembainha a espada: [...] – Faço do meu quintal o bosque dos Três Mosqueteiros. É a minha viagem a Paris! A Paris! (RIB: 271-272)

No meio da pequena cidade arruinada às margens do rio Amazonas, o promotor vive o seu devaneio de fazer parte da cultura francesa, que representa para ele o suprassumo da civilização. A sua fantasmagoria é a versão interiorana do sonho da classe dominante de Belém, na *Belle Époque*, de transformar a sua cidade em uma Paris nos trópicos ou "Paris n'América". Muito além da sonhada substituição de um país colonizador por outro, o tom satírico do episódio realça o fato de o letrado local não saber imaginar a "civilização" de outra forma a não ser como uma relação de colonizador e colonizado. A visão truncada que o promotor tem da cultura e da civilização aparece de modo escancarado nesta declaração:

> – Este barranco só embrutece. [...] Não perca seu tempo. Coloque no Trapiche este aviso: Aqui é expressamente proibido ler e escrever. (RIB: 271)

Num primeiro momento, essas observações poderiam ser entendidas como uma denúncia da falta de acesso das camadas populares às oportunidades da educação. Seria uma postura condizente com uma preocupação manifestada por Dalcídio Jurandir no seu ciclo romanesco inteiro. Aqui, no entanto, trata-se da perspectiva de um burocrata que vê a si mesmo como parte da "elite", muito acima do vulgo. Ao referir-se à ribanceira que "só embrutece", o promotor desqualifica o interior da Amazônia como avesso a qualquer tipo de civilização. Isso equivale a uma total negação da cultura cabocla. Segundo ele, não vale a pena fazer ali qualquer investimento educacional. O letrado colonizado assume o papel de colonizador e formula, de modo sarcástico e brutal, um projeto que consiste em zombar da cultura tradicional dos ribeirinhos e, ao mesmo tempo, em mantê-los afastados de qualquer acesso à cultura escrita.

Os representantes da administração pública

Em seu contato cotidiano com os representantes do poder público, durante o expediente na Intendência e na rotina dos atos oficiais, o secretário Alfredo inteira-se da mentalidade dos administradores e adquire uma visão interna do aparato do poder que atua e autua através da escrita. Um representante típico desse aparato é o porteiro, seu Dó, que exibe sempre as chaves como insígnia de seu poder e é zeloso ao excesso. Um exemplo de sua mania de cumprir a lei além da conta é este retrato satírico:

Entra seu Dó, com as chaves na mão, contando que seu Remundo da Purificação tem de levar os acaris ao mercado.

– O que só fiz, secretário, fiz ver a ele a lei. [...] Remundo [...] cisma que está acima da lei. [...] Desacatou mea autoridade. Não estamos mais na administração passada. [...] Agora tudo é melhoramento. [...] O abuso precisa dum corretivo. Sei que o senhor me dá mão forte, secretário. Posso autuar? (RIB: 241-242)

Como nas narrativas de Kafka, onde mesmo os representantes mais subalternos do aparato do poder, como os porteiros, e sobretudo eles, têm plena consciência de sua autoridade e a fazem valer nos mínimos detalhes, também este porteiro da ribanceira sente-se imbuído da força da instituição e se compraz com a perspectiva de fazer sentir a um ignorante pescador o peso repressor da lei.

Pelo fato de estar hospedado na casa do capitão, que é o chefe de Polícia, com quem também costuma almoçar, Alfredo está em contato com ele tanto no ambiente profissional quanto familiar. O retrato do chefe do poder executivo não é menos satírico que o do porteiro; a começar pelo fato de ele admitir que não conhece a lei:

– Que é que diz a lei, capitão?
[...]
– Conheço a lei, não, secretário. (RIB: 169)

Além disso, o chefe de Polícia é um torturador de ofício. Quando mantém encarcerado um sujeito que ele suspeita de ser ladrão, e o deixa sem comer, a ponto de a população inteira pedir a libertação do preso, ele cita como justificativa a pseudociência dos "criminosos natos":

– O detido é um lombrosiano escarrado. [...] No não confessar já mostra a tara lombrosiana. (RIB: 272-273)

Com a mesma crueldade o capitão age também em casa, contra sua esposa. Eis o que a empregada segreda a Alfredo, e o que diz o narrador, completando o retrato:

– Olhe, secretário, ele [o Capitão], de dente ferrado, risca o peito dela [de d. Almerinda, a esposa] com ponta de canivete. [...] Rameira, que ofensa é? [...] é mesmo nome feio, secretário?
Neste instante, "rameira" escreve o capitão a punhal no peito de d. Almerinda. (RIB: 229 e 257)

Este episódio nos faz lembrar uma outra narrativa de Kafka: a "Colônia penal", em que o julgamento é gravado na pele do réu com um instrumento de tortura. É um castigo irremovível, que estigmatiza o outro eternamente como transgressor da lei ou, no caso da esposa do capitão, como (suposta) pecadora. É o uso mais cruel e mais perverso que se possa fazer da escrita.

Amor à terra, amor ao dinheiro

Completam o retrato da classe dominante da ribanceira algumas falas de grandes proprietários e comerciantes. O seu traço comum é o exibicionismo, o amor ao dinheiro e às suas posses. Como nesta fala do coronel Cácio, "ex-intendente, chefe local do PRF, deputado estadual, coronel da Guarda, dono de gaiolas e seringais, lagos e igarapés" (RIB: 41), que se gaba de propriedades já perdidas, fazendo par com sua esposa, d. Generosa, que sonha com uma quinta herdada em Portugal. Quando trazem para a mesa do pomposo jantar os acaris moqueados, o coronel exclama:

> – Dos nossos lagos. Tivemos lago exclusivo da família, só para consumo de casa, [...] em nossas posses, um lago de pirarucu [...]. Com vigia armada. O nosso pescador arpoava, segundo nossas instruções e necessidades. (RIB: 85)

Na exibição de glórias do passado compraz-se também o comerciante seu Guerreiro, casado com d. Fortunata. Frustrado e ressentido por ter perdido negócios vultosos e ilícitos para uma concorrente que foi mais esperta, ele conta:

> – A empreita não podia ser nossa? Aqui em minha casa o presidente [da República] ouviu a ideia de restaurar o Forte. [...] As obras do Forte [...]. Aqui entre nós, [em política] não me meto, mas mamaram, mamaram grande. [...] Quem mamou foi a [empreiteira] d. Mundiquinha Paiva [...]. (RIB: 205 e 203-204)

Qual é o balanço geral que fazem esses comerciantes da ribanceira sobre a conjuntura econômica em torno de 1930? A sua perspectiva de futuro oscila entre o saudosismo do tempo da borracha e a vontade de sair, como se vê por estas duas declarações, aparentemente divergentes, mas que têm em comum o desejo de fugir do presente.

> **[Seu Bensabá:]** – Sobramos da calamidade [...]. Do mundo lá fora [...] ainda espero um sinal. [...] Ah, todos nós sonhamos, me acredite. Preços subindo, julho chegou, vamos abrir as estradas, põe gente, recomeça aquele tempo. (RIB: 183-184)

[Seu Guerreiro:] – Pudesse, eu e os meus já estávamos [...] fora daqui. [...] Isto aqui deixa de ser lugar de família. Deus entregou isto ao Diabo. (RIB: 209)

Todas essas cenas que mostram "os podres" da classe mais alta confirmam o que Benedito Nunes (2006) observou sobre *Ribanceira*: o Ciclo adquire aqui "um porte de sátira social", "o estilo adquire a leveza do transbordamento cômico, os personagens tornam-se caricaturas" e "a História [...] vira farsa".[35]

Das festas e lendas à história da escravidão

A cultura oral da Amazônia manifesta-se sobretudo como forma de expressão da grande camada dos pobres e iletrados, e também através de crenças, lendas e mitos, nascidos da cultura popular e que despertam um interesse mais geral. Assim, aparecem em *Ribanceira*, no papel de contadoras de histórias, ora uma mulher do povo, como d. Sensata, ora uma filha de coronel, a Bi, que de alguma forma se desloca de sua classe de origem quando assume o papel de uma narradora popular.

Bi, que, assim como Alfredo, exerce uma função de mediação cultural, apresenta-se para ele como uma figura lendária da cultura indígena: a matintaperera, que é uma mensageira do mundo dos mortos:

> – Fique sabendo que sou escrito a matintaperera [...]. Estou aqui com o senhor fazendo ofício de contadeira do que acontece [...] neste cabuloso beiradão do rio Amazonas. (RIB: 119-120)

Inspirando-se nessa figura de mau agouro, ela narra um despacho de magia negra, praticado por uma ribeirinha, Bernarda Seruaia, contra uma rival:

> Bernarda Seruaia [...] a surucucu lá dentro, de bote armado. [...] Já preparou uma tal de poqueca na folha de inajá com um fiapo e um botão da blusa da pessoa visada. Botou a poqueca na boca do sapo e costurou [...]. No que a boca do sapo espocou, a rival pacau! (RIB: 121-122)

A narradora conclui com uma transformação dela e do seu interlocutor em figuras "encantadas":[36]

---

[35] B. Nunes, 2006b, "Dalcídio Jurandir: as oscilações de um ciclo romanesco", pp. 250-251.

[36] Figuras "encantadas", isto é: possuídas pela força mágica atribuída aos seres sobrenaturais; cf. E. Galvão, 1955, *Santos e visagens*, p. 91, n. 50.

– Pois de com pouco me viro em rio e o senhor em peixe, peixe pirarara. [...]

– Acabo é jurando que nós já se encantamos. (RIB: 123 e 129)

Assumindo, por sua vez, o papel de mediador cultural, Alfredo adapta esse molde lendário ao seu próprio caso, respondendo com uma narrativa que é uma versão de sua biografia em forma de lenda indígena e, ao mesmo tempo, uma evocação de passagens de dois romances anteriores do Ciclo, *Três casas e um rio* (1958) e *Belém do Grão-Pará* (1960):

> Neto de um [rio] de lá de Marajó. [...]. Me dou com a biguane de uma sucuriju do lago [...]. Ela adotou um curumim, [...] Antônio, [...] meu afilhado. [...] Um dia, [...] bate as asas e [...] se esconde em Belém, na Gentil Bittencourt, 160, [...] casa de uma família toda gorda: gordo o pai, a mãe, gorda a filha [...], uma cria de casa por nome Libânia [...]. Uma noite, [...] dois gaviões-reais agarram o fujão [...], levam ele de volta para o lago, até hoje, xerimbabo da monstra, madrinha dele. Quando vou ao lago [...] me indago [...]: O Antônio, [...] como vai, Nhá Mãe do Lago? [...] Alisando minhas escamas [...]. Aqui comigo aprendendo. (RIB: 128-129)

O comentário da Bi a essa narração de Alfredo explicita o trabalho dele como escrevente e escritor: "– O senhor, de tinteiro e pena, não é meu escrivão [...], senhorzinho secretário?" (RIB: 131). Nestas palavras está contido, também, um autorretrato do romancista. A história de Alfredo, em diálogo com a narradora da ribanceira, é um símile de como o escritor Dalcídio Jurandir adapta e integra as narrativas orais da Amazônia em seus romances.

Uma descrição complementar do seu estudo dos saberes locais e do seu método narrativo é fornecida pelo romancista, de modo indireto, quando apresenta o encontro de Alfredo com a contadora d. Sensata, no contexto da Festa de São Benedito, na qual se misturam missa e dança, santos e pajés:

> – Secretário, [...] o que lhe conto é meu invento, um puro imaginar, salpico no acontecido o meu pó de canela. [...] Na batida desses anos, fiz foi aprender da boca alheia, esse-um vem, estória, aquela-uma, maré vem vai, passarinho muda a pena, o que fiz foi tampar neste meu panacu o que só andei foi escutando. / Destampa agora: causos, rescordância, miuçagens, tirando sempre do cesto a figura do Mestre Parijó. (RIB: 279)

A base dessa arte narrativa é a atenta escuta dos contadores populares que transmitem a cultura ribeirinha, por via oral, de geração para geração. Nessa transmissão de "causos, rescordâncias, miuçagens", por exemplo, da figura do pajé Mestre Parijó, há também espaço para o "puro imaginar" e para o "invento".

A invenção poética está intimamente ligada à arte da memória, como se vê nesta passagem em que o protagonista, fazendo a sesta na rede, na varanda aberta sobre o rio, e lembrando-se da comadre negra Nhá Barbra, passa a escutar vivos e mortos:

> Alfredo escuta. Vivos e mortos [...]. Comadre Nhá Barbra, esta, lhe abre o baú da família: D. Amélia no chalé, ao espelho, rosto de baunilha e delírio. Pretas de Areinha, passando a ferro a cambraia das brancas, pretos do Araquiçaua apanham goiabas para a calda dos brancos, pretos da Rui Barbosa saem para o torno e o motor da oficina, tio Sebastião cobrindo, com seu negror viajeiro, chãos e rios [...], e aqui [...] a comadre Nhá Barbra [...], pedindo vela para as suas almas. (RIB: 259)

Ao escutar "vivos e mortos", o presente e o passado, Alfredo recorda a história de sua família e mergulha no sentido profundo da festa popular, que se baseia numa tradição de resistência, simbolizada pela figura de São Benedito, o protetor dos negros e dos escravos. Desta forma, o romancista preserva do esquecimento a história cotidiana do povo, que é sobretudo uma história do trabalho braçal e da escravidão, e que na historiografia oficial fica sempre relegada à margem.

O grito dos "desviventes"

Apesar da justa importância dada às lendas, aos mitos e às festas, não é a eles que o autor de Ribanceira atribui a última palavra, mas à realidade social presente. Nas páginas finais do romance, ele focaliza uma família, ou melhor, o resto de uma família, que vive em estado de miséria: os Seruaia. Trata-se de um morador, chamado Christo, que depois de viúvo "se acuou na ribanceira" com suas três filhas (RIB: 316). Eles vivem do que ele caça, mas por infortúnio a espingarda do velho caçador se quebrou. Nessa situação, "encarando o meio-dia a prumo e a seco", uma das filhas, a Bernarda Seruaia, manifesta a sua revolta:

> – Que que Deus nos deu este desviver? [...] Diabo! [...] com esse Trapiche podre, os gaiolas passam de largo. [...] Põe tua prancha nesta soleira e desembarca o teu jantar, gaiola. (RIB: 317)

O que expressa essa moradora da ribanceira é a situação de necessidade em que vive "a maioria das famílias rurais": de "comer mal e de atravessar períodos de semi-inanição".[37] Falta para os Seruaias a comida básica para sobreviver. Nessa situação sem perspectiva, Bernarda, "com seu goelão asselvajado", solta o seu grito de desespero:

> – [...] tacar bala [...] em toda essa cambada de desvivente que é nós aqui neste chiqueiro excomungado e me jogar aí nesse Amazona, égua-te! (RIB: 320)

O grito de revolta dessa "desvivente" da ribanceira, juntamente com um desejo de morte coletiva e de suicídio,[38] faz com que o protagonista Alfredo se pergunte, no final: "Que será dos Seruaias [...], que será desta tapera" (RIB: 320). De fato, quais são as perspectivas? "Esperar pelo São Benedito" (p. 239), como faz a população local, que participa com grande devoção da festa do maior de seus santos? O consolo de uma milagrosa ajuda religiosa é descartado pela voz do próprio santo padroeiro da Ribanceira, na última página do romance: "Te desengana, meu filho, que não faço milagres" (p. 330). Ao despedir-se da comunidade e voltar para Belém, Alfredo deixa apenas este recado lacônico: "Tira na flauta um som de esperança, maestro" (p. 323). Diante desse final da última obra do ciclo romanesco, coloca-se a pergunta: qual é a concepção de história do escritor Dalcídio Jurandir, contida nessas observações e, por extensão, em toda a vasta apresentação que ele fez da sociedade e da cultura cabocla ao longo dos dez romances do Ciclo do Extremo Norte?

A concepção de história de Dalcídio Jurandir

Uma comparação com a visão de história do antropólogo Charles Wagley, que pesquisou a mesma comunidade amazônica, nos anos 1940, pode nos ajudar a encontrar uma resposta. Wagley acreditou, em princípio, num avanço da razão, da ciência e do progresso tecnológico e social, mas ao mesmo tempo não teve ilusões quanto ao tamanho dos obstáculos: "[E]ssa cultura tradicional da Amazônia e o sistema socioeconômico que a sustentou constituem uma barreira à mudança e à formação da nova sociedade e cultura amazônica que o Brasil espera desenvolver". Como ele explica, é "da história da Amazônia [que] emergem as razões de sua

---

[37] Cf. Wagley, 1988, p. 134. Cf. também a rememoração daquela época de extrema pobreza por Sanchez da Silva (2008), em *Gurupá dos mariocays*: "Quando chegavam navios no porto da cidade, muitas pessoas, crianças e homens, levavam as frutas para vender aos passageiros dos navios, e também trocavam com os tripulantes com comidas feitas, carne, mocotó, assados e bucho de boi" (p. 157).

[38] Cf. W. Benjamin, 1989, "A Paris do Segundo Império em Baudelaire", que relata como, na década de 1840, "a ideia de suicídio penetrou nas massas trabalhadoras" (p. 75).

atual condição 'de atraso'".[39] Trata-se, principalmente, de três fatores: o sistema colonial, que fez da Amazônia uma região "produtora de matérias-primas para mercados distantes, sem uma justa compensação"; o sistema escravocrata, que rebaixou os indígenas e a mão de obra trazida da África a meros instrumentos de produção; e o rígido sistema de classes daí decorrente, com a permanente discriminação dos de baixo. O principal obstáculo à transformação, segundo Wagley, é a classe dominante: "Os burocratas, as famílias de comerciantes e outros membros da classe mais alta das comunidades rurais em geral não desejam a transformação social".[40]

Essa avaliação do antropólogo coincide basicamente com a do romancista, embora este não tenha formulado projetos para o futuro, mas se concentrado na observação do tempo retratado. As falas dos representantes da classe dominante que ele colheu suscitam a pergunta: Será que aquele tipo de administração pública era capaz de trazer algum melhoramento para a comunidade ribeirinha, e existia alguma disposição para um diálogo com os caboclos e suas crenças em lendas e no culto dos santos? Não é o que nos fazem acreditar as amostras aqui analisadas do jargão burocrático e das praxes administrativas. Elas não representam nenhum avanço em relação ao "atraso" atribuído aos ribeirinhos. Personagens como o Sede de Justiça, o juiz, o promotor, o capitão e o porteiro fazem lembrar o ambiente opressivo das narrativas de Kafka. Em vez de trazerem as luzes da razão, do progresso e da ciência, esses funcionários do Estado moderno representam um poder arbitrário, autossuficiente e ineficaz. A mentalidade com a qual eles veem o presente e o futuro da população pobre da ribanceira encontra-se resumida naquela sentença sarcástica do promotor: "Aqui é expressamente proibido ler e escrever". Ou seja: o acesso à educação não é um direito de todos, mas continua restrito aos privilegiados. Tudo isso equivale a decretar a permanência das estruturas coloniais.

Mas não houve, nas décadas que se passaram de lá para cá, expressivas rupturas com a situação dos anos 1930 e 1940, diagnosticada por Dalcídio Jurandir e Charles Wagley? Será que a modernização iniciada na década de 1960 não trouxe substanciais mudanças? A abertura de rodovias como a Belém-Brasília e a Transamazônica, o aperfeiçoamento dos transportes em geral, os grandes projetos de mineração, o agronegócio, a produção tecnológica, o crescimento das cidades, a onipresença do rádio e da televisão não puseram um fim ao isolamento das

---

[39] Wagley, 1988, pp. 15 e 282.
[40] Wagley, 1988, pp. 268-269.

comunidades ribeirinhas e não iniciaram uma melhoria do nível de vida dessas populações? Como vimos no capítulo anterior sobre a evolução da cidade de Gurupá, houve efetivamente, nas décadas mais recentes, uma série de melhorias expressivas. A Amazônia dos dias de hoje tem essas duas faces: uma inegável modernização em grande escala e, por outro lado, a permanência de grandes problemas sociais não resolvidos, decorrentes tanto das antigas estruturas coloniais quanto do próprio caráter contraditório da modernização.

Quanto ao diálogo entre os conhecimentos desenvolvidos pela sociedade urbana moderna e os saberes tradicionais dos ribeirinhos, o autor de *Ribanceira* desenvolveu um modelo concreto ao apresentar a atuação do seu protagonista, o secretário escrevente-e-escritor, como a de um *go-between* entre as classes e as culturas. É uma tarefa da crítica preservar a memória desse trabalho de mediação e tradução cultural que foi realizado por Dalcídio Jurandir, não somente no romance aqui analisado, mas em todo o seu Ciclo do Extremo Norte. Procuramos registrar e descrever os seus procedimentos poéticos de pesquisa antropológica, com o intuito de fazer refletir em que medida esses métodos ainda são operacionais para trabalhos concretos de campo nos dias de hoje e em quais pontos eles precisam ser atualizados e aperfeiçoados.

3. A CONTRIBUIÇÃO DE DALCÍDIO JURANDIR PARA O CONHECIMENTO DA AMAZÔNIA

Depois de termos analisado e interpretado todos os dez romances que compõem o Ciclo do Extremo Norte, chegou o momento de avaliar em que consiste a contribuição dessa obra literária para o conhecimento da Amazônia. Em termos gerais, trata-se de uma topografia social e cultural, e também histórica e política, da região, que é retratada a partir da ilha de Marajó, dos bairros centrais e da periferia de Belém, e de uma comunidade do interior ribeirinho. Para definir melhor a especificidade da contribuição de Dalcídio Jurandir, vamos fazer um retrospecto do conjunto do Ciclo. Já na relação do segundo romance, *Marajó* (1947), com a obra de estreia, *Chove nos campos de Cachoeira* (1941) – apesar da experiência feita com um protagonista diferente –, há referências comuns quanto ao ambiente geográfico, aos tipos sociais e às características culturais. Desde a terceira obra, *Três casas e um rio* (1958), quando o autor optou definitivamente pelo romance em série, cada um dos volumes reativa a memória dos anteriores, especialmente quanto aos personagens no entorno social do protagonista. A partir do quarto romance, *Belém do Grão-Pará* (1960), quando Alfredo se desloca da ilha de Marajó para a capital, fica ainda mais evidente o trânsito contínuo de dezenas de personagens entre o interior fluvial-rural e o ambiente urbano, sobretudo da periferia de Belém, que é o cenário dos romances *Passagem dos Inocentes* (1963), *Primeira manhã* (1967), *Ponte do Galo* (1971), *Os habitantes* (1976) e *Chão dos Lobos* (1976).

No volume final do Ciclo, em *Ribanceira* (1978), o autor, como se quisesse acentuar a sua opção pelo gênero do *roman-fleuve*, escolheu como lugar do enredo uma pequena cidade situada diretamente à margem do rio Amazonas, cujo sistema fluvial é o eixo geográfico do conjunto da obra. A ideia de Dalcídio Jurandir de compor o seu Ciclo Amazônico em forma de um romance fluvial pode ser ilustrada através de uma imagem de pensamento tirada de uma passagem em que Alfredo escuta a narração de uma contadora popular, d. Sensata, que se refere à figura de um pajé, Mestre Parijó:

> Agora [ela] tira do balaio o Mestre Parijó, o adivinhoso, o andejo. O Mestre? Pesca sem isca, rema sem remo, come sem comida. [...] Longe anda, longe mergulha, longe escuta, longe adivinha, responde dos longes. (RIB: 289)

A descrição de como o lendário feiticeiro se movimenta no espaço fluvial da Amazônia – viajando na casca da cobra-grande e se fazendo presente em todos os lugares[41] – talvez possa ser lida também como uma alegoria do modo como o romancista se movimenta nos dez volumes do seu Ciclo. De fato, com as referências cruzadas, que aumentam à medida que a obra avança, todos os dez romances acabam sendo interligados em um livro único, um grande romance fluvial, que se desdobra – como diz o autor na epígrafe de *Marajó*, com as palavras do padre Antônio Vieira – em "um confuso e intrincado labirinto de rios [...] com infinitas entradas e saídas". O leitor é incentivado a locomover-se nesse espaço ficcional e fluvial, assim como Mestre Parijó se desloca nas águas do rio Amazonas: a mergulhar longe, nas passagens mais significativas de todos os romances, a escutar longe as correspondências que existem entre elas e a captar, a partir daí, os diversos sentidos da obra, com sensibilidade adivinhatória, como requer a arte da hermenêutica. É como se um mito da Amazônia oferecesse para a teoria literária uma descrição metanarrativa e um modelo concreto para explicar a composição da obra.

O gênero do *roman-fleuve* serve a Dalcídio Jurandir como suporte para realizar um projeto que merece ser destacado como a principal contribuição do Ciclo do Extremo Norte: junto com a apresentação da topografia social e cultural da região, ele organizou um *dictio-narium* dos habitantes da Amazônia; ou seja, uma coletânea de falas exemplares, que expressam o patrimônio cultural do povo. Esse sentido etimológico e primordial da palavra "dicionário", e a sua importância para a formação do indivíduo e da sociedade, são corroborados pelo próprio escritor, como mostra esta passagem de *Primeira manhã*:

> No chalé, o dicionário [de Latim] era que nem uma pessoa, embora mitológica. [...] Uma semana antes da volta a Belém, de noite, no chalé, sonhando com o Ginásio, [Alfredo] embalava-se na rede, roçando o pé na estante [...]. O pé tocava na lombada do Dicionário. Era tocar e irrompiam do livro aquelas vozes mortas que tantos séculos falaram a língua ali sepultada. Pôs-se a escutar o imenso coro, o numeroso latim dos oradores e das legiões, das orgias e dos templos, dos césares e dos santos... Sobre aqueles séculos do falar latim, embalava-se, embalava-se, o pé na tumba sonora. [...] O chalé lhe pareceu o tempo morto, o museu das vozes mortas; abeirou-se do rio, este sim, tão vivo, tão recém-nascido. (PMA: 39-40)

A relação aqui descrita de Alfredo com o dicionário, "aquele maciço catálogo da fala antiga" (*ibid*.), é uma espécie de autorretrato do escritor Dalcídio Jurandir no seu trabalho com a língua e a cultura da Amazônia, uma síntese do seu pro-

---

[41] Cf. "o Mestre Parijó [...] viajando na casca da cobra" (RIB: 120). Como esclarece E. Galvão, 1955, *Santos e visagens*: "Acredita-se que os [...] pajés com poderes especiais, que viajam pelo fundo d'água, revestem-se de uma 'casca' de cobra-grande para essas travessias" (p. 99).

jeto literário, cultural e político. De fato, para o romancista o dicionário não se reduzia a um mero "vocabulário", um instrumento de consulta e de exibição de erudição, como no caso do professor do Ginásio e também do pai de Alfredo, mas era uma coletânea de "falas", de "vozes", representando a cultura polifônica e multifacetada de todas as camadas da sociedade. O escritor aproxima-se desse "catálogo de falas" que, para ele, são tão concretas como se fossem "uma pessoa" ou várias pessoas, que se pode "tocar". É verdade que aquelas "falas antigas" são vozes "mortas", há "tantos séculos", é uma "língua sepultada" numa "tumba", e guardada num "museu". Mas à beira desse museu está "o rio, tão vivo, tão recém--nascido". Com essa contiguidade, graças ao poder revivificador do rio, e graças à força "mitológica" do *medium* da escrita, que faz com que a "fala antiga" consiga atravessar "tantos séculos" e sobreviver, foi possível não apenas fazer ressurgir aquelas vozes, mas, através do *dictio-narium* que Dalcídio Jurandir elaborou no seu romance fluvial, elas renascem sob a forma nova de um "imenso coro" de falas de habitantes da Amazônia do século XX.

Cabe a Benedito Nunes,[42] entre os comentaristas do Ciclo do Extremo Norte, o mérito de ter chamado a atenção para a importância das falas e a sua função na composição da obra. Como a última das quatro "oscilações" que, segundo ele, caracterizam esse romance em série, ele destaca a oscilação "entre o individual e o coletivo". A narrativa do romancista "sempre primou [...] pelo relevo dado à fala dos personagens", mas a partir de *Passagens dos Inocentes* houve um reforço, uma "requalificação da narrativa pela linguagem".[43] Como explica Nunes, a partir dessa obra ocorreu uma reestruturação, no sentido de que os personagens assumem o ato de narrar, ou seja, a voz do narrador individual é substituída por uma voz coletiva. Não é mais a fabulação que comanda as falas dos personagens, mas são elas que passam a conduzir a narração. Essa mudança foi ilustrada pelo crítico com o episódio, intensamente dramático, da manifestação popular em *Passagem dos Inocentes*, onde "a narrativa se pluraliza" por meio da afluência de "falares" e "dicções" de um grande número de personagens.[44] Essa reestruturação da narrativa repercute nos quatro romances seguintes (*Primeira manhã, Ponte do Galo, Os habitantes* e *Chão dos Lobos*), nos quais as falas dos personagens acabam se tornando os principais componentes da ação narrada. Pudemos confirmar plenamente essas indicações de Benedito Nunes na nossa análise de *Ribanceira*, o último romance do Ciclo, no qual observamos que o enredo, um fluxo narrativo contínuo de mais de 300 páginas, é estruturado, por meio de *personagens-fala*, como uma caminhada do protagonista de fala em fala.

---

[42]   B. Nunes, 2006b, "Dalcídio Jurandir: as oscilações de um ciclo romanesco".

[43]   B. Nunes, 2006b, pp. 248 e 249.

[44]   Cf. *Passagem dos Inocentes*, pp. 201-214; e B. Nunes, 2006b, pp. 250 e 249.

Com a elaboração de um *dictio-narium* dos habitantes da Amazônia, com destaque para as falas de pessoas das camadas populares, o autor do Ciclo do Extremo Norte caracteriza-se como um escritor politicamente engajado em favor de causas públicas – com uma obra esteticamente autônoma, não sujeita a nenhum proselitismo. Em termos de análise e interpretação da obra, o *dictio-narium* permite ao menos três tipos de enfoques: 1) estudos linguísticos, 2) interpretações literárias e estéticas, 3) uma concentração na função emancipatória das falas. Considerando que as falas dos habitantes, escolhidas pelo romancista, são mais que amostras linguísticas, e também mais que qualidades "estéticas" restritas ao âmbito de uma obra "literária", optamos aqui pela terceira perspectiva, concebendo a literatura como uma parte do conjunto mais amplo da história cultural e social. Nesse sentido, uma função fundamental da obra literária de Dalcídio Jurandir é manter disponível, para o público em geral, um acervo de falas memoráveis, com destaque para as que têm uma função emancipatória; isto é, falas que qualificam os personagens como sujeitos da História e defensores de causas de interesse público.

À guisa de resumo da nossa análise do Ciclo do Extremo Norte, terminamos este livro com a apresentação de um *tableau* de dez falas emancipatórias, uma de cada romance, em ordem cronológica, acompanhando o caminho de vida e de aprendizagem do protagonista Alfredo, e dando, ao mesmo tempo, igual destaque para os demais personagens, considerados muitas vezes apenas como "secundários", mas que entram "em concorrência com o ponto de vista onipresente de Alfredo",[45] fazendo com que o *dictio-narium* se torne a expressão de uma voz coletiva.

Desde a sua obra de estreia, Dalcídio Jurandir deixa claro que o acesso dos pobres à educação é uma questão fundamental para o funcionamento de uma sociedade moderna e democrática. Assim, em *Chove nos campos de Cachoeira* (1941), o menino Alfredo implora: "– Mamãe, me mande para Belém. Eu morro aqui, mamãe. Cresço aqui e não estudo. Quero estudar, quero sair daqui" (CCC: 299).

No segundo romance, em *Marajó* (1947), uma cabocla dá um exemplo marcante de emancipação. No momento em que os trabalhadores são expulsos da plantação "Felicidade", para a qual foram chamados por Missunga, o filho (aparentemente) rebelde de um latifundiário opressor, eles descobrem que o tal do "projeto social" era só uma fachada: "Uma mulher", então, "havia arrancado a tabuleta: FELICIDADE para utilizá-la como remo" (MAR: 221). O modo como essa cabocla

---

[45] B. Nunes, 2006b, p. 249.

refuncionaliza a tabuleta mentirosa é exemplar sob vários aspectos: 1) Com essa resposta ela atinge plenamente o alvo, pois para o leviano idealizador do pseudoprojeto esse gesto é "pior do que vaia": "aquilo humilhava-o e o expulsava também". Ou seja: o dominador letrado sente que foi derrotado com a sua própria arma verbal por uma iletrada que ele supunha ser inteiramente dominada e submissa. 2) O gesto da cabocla é um expressivo exemplo de um "escovar a história a contrapelo", no sentido de Walter Benjamin.[46] 3) A inclusão, por parte do romancista, de falas que mostram os caboclos no papel de sujeitos da História representou uma iniciativa pioneira no campo de literatura, à qual vêm se somando movimentos políticos no presente, como os dos quilombolas na ilha de Marajó.[47]

Em *Três casas e um rio* (1958), uma moradora de Cachoeira do Arari, Lucíola Saraiva, uma cabocla solteirona, que sonha em assumir o papel da mãe de Alfredo, recebe um pedido de casamento por parte de Edmundo Meneses, herdeiro de uma fazenda em plena falência. Ele acaba de voltar de sua estadia de estudos na Inglaterra e sonha com projetos que visam à exploração dos caboclos – uma atitude mental que o torna conivente com violências e crimes praticados por seus familiares contra os pobres. Por que o latifundiário falido Edmundo pedira Lucíola em casamento, pergunta-se toda a comunidade, inclusive a noiva. Na hora do casamento, que parece a ela "um inquérito policial, um júri, em que ela e Edmundo fossem os réus", o noivo apressa-se a responder, como se confessasse: "Sim". A noiva, por seu lado, que se sente usada e cooptada, responde, seca e breve, diante de todos: "Não" (TCR: 369).

O desejo de Alfredo de estudar em Belém finalmente se realiza. No quarto romance, *Belém do Grão-Pará* (1960), ele desembarca na capital, onde mora na casa da família Alcântara e estuda no Grupo Escolar Barão de Rio Branco. A escola é para Alfredo um meio de formação e, ao mesmo tempo, de ascensão social. Ora, há um momento em que essa sensação de *status* lhe sobe à cabeça, especialmente quanto à sua posição em relação à empregada Libânia: "Tinha de estar, como estudante, um degrau acima da cabocla", a qual, "de pé no chão, era da serventia dos Alcântaras" (BGP: 204) – eis a autoimagem cultivada por Alfredo. No entanto, no momento em que ele, todo orgulhoso, se exibe como aluno que consta do quadro de honra da escola, a empregada sabe lhe pôr limites:

---

[46] Cf. a tese VII de W. Benjamin, "Sobre o conceito de história", *in*: M. Löwy, 2005, *Walter Benjamin: aviso de incêndio*, p. 70.

[47] Cf. R. A. Marin, 2008, "Quilombolas na ilha de Marajó: território e organização política"; e T. L. de Lima, 2016, *Liderança quilombola dos rios Arari e Gurupá "diante da lei"*.

– Quadro de Honra não dá banana, viu, seu aquelezinho? Aprenda aqui com esta professora.

A mão, áspera e firme, no pulso de Alfredo [...]:

– Mão de roceira desde gita, aquele-menino. Carreguei puçá de mandioca, virei farinha no forno, remei de me doer a mão e a bunda, assoalhei barraca, embarriei parede, sou curada de cobra, pajé me defumou, tenho oração. (BGP: 177)

O estudante aprende, então, que, além do Grupo Escolar, com suas professoras "cheirosas" e de "linguagem própria, exclusiva", existem no espaço social ainda outros tipos de aprendizagem, tão importantes quanto o que se ensina na escola.

Em *Passagem dos Inocentes* (1963), o conjunto das falas mais significativas já foi realçado por Benedito Nunes.[48] Trata-se de uma manifestação do povo, na Praça da República, contra o descaso das autoridades diante do surto epidêmico que causa a morte de muitas crianças. Como a fala mais expressiva de toda a manifestação, consideramos a de uma das mães, em resposta à repressão do protesto pela cavalaria: "– Os doutores [...] conferenciam. Vão curar a doença mandando carregar as armas contra as mães?" (INO: 213). É de se notar, aqui, que o romancista aponta explicitamente para "a doença" e a necessidade de "cura", fornecendo-nos assim um "gancho" para inserir a proposta de Walter Benjamin que escolhemos como epígrafe deste livro: a de considerar a narração como uma forma de cura. No final, voltaremos a essa questão.

As pessoas do povo aparecem como sujeitos da História não apenas em "grandes" cenas coletivas e políticas, mas também em microepisódios, no limite com apenas dois atores. Um exemplo é uma cena relembrada por d. Abigail em *Primeira manhã* (1967). Ela narra um confronto no confessionário da igreja entre ela, que estava para se tornar moça, e o padre que procurou aproximar-se dela com segundas intenções. O padre foi abrir a janelinha do confessionário e lhe cochichou umas palavras das quais ela "nunca mais [se] esquec[eu]": "entreaberto botão, entrefechada rosa...". Diante desse insinuante avanço do eclesiástico, a moça, contudo, não se deu por achada e respondeu à altura. Ela "[se] botou de pé, enfiou a cabeça pela janelita, fez uma língua deste tamanho pro padre" e lhe devolveu a fala: "entreaberto é a mãe, reverendo, cuche!" (PMA: 126-127). Este é mais um caso exemplar que ilustra a concepção da obra inteira de Dalcídio Jurandir e o seu projeto literário e político. Ele mostra como uma pessoa do povo, não letrada, consegue enfrentar de igual para igual um representante da cultura dominante, revertendo contra ele a arma principal da dominação, que é o poder da palavra.

---

[48] Cf. *supra*, nota 44.

O confronto entre os saberes formais do Ginásio e os saberes significativos da escola da rua marca a experiência de Alfredo, então com 16 anos, em *Primeira manhã* (1967) e *Ponte do Galo* (1971). Entediado pelas aulas, o protagonista sente-se atraído pelos mistérios da rua, em que pesa também o ingrediente erótico. O contraponto à mitificação dos saberes da rua é uma cena de *Ponte do Galo*, em que a mãe de Alfredo lhe conta os abusos de poder e as crueldades cometidas na vila do interior pelo recém-nomeado prefeito de Polícia, que é um bandido e assassino. Ela conclui o seu relato com este conselho:

> Tua desforra é estudar, meu filho. Que os brancos te invejem, que os brancos passem por debaixo do teu pé, [...] tudo isso alivia o coração daqueles que sofreram na mão deles, meu filho. (GAL: 119)

Com o romance *Os habitantes* (1976) encerra-se a trilogia que conta a história da moça Luciana, de quem Alfredo ouviu falar desde *Primeira manhã* (1967). O desejo de Luciana – filha ilegítima de um fazendeiro do Marajó – de frequentar o ginásio em Belém foi boicotado pela família, principalmente pela mãe, e a moça, que conseguiu fugir para a cidade, acabou caindo na prostituição. Luciana, que nasceu de um caso extraconjugal de d. Jovita com um vaqueiro, provoca em sua irmã Graziela, que é filha legítima do casal Boaventura, um profundo ressentimento. O monólogo interior em que Graziela manifesta toda a sua inveja e o seu rancor contra Luciana lê-se como uma alegoria do temor dos privilegiados diante da perspectiva de que um dia os caboclos possam se emancipar plenamente, ou seja, ter o mesmo acesso a todas as oportunidades da educação:

> Mas debaixo da surra [dada por d. Jovita] saltava a mesma menina, aquela, de repente sabendo ler, escrever e contar, respondia tudo na bucha, desembaraço, que só visto oh, memória! Num instante fez colegas, mestra, gente grande, vissem nela a de mais cabeça. [...] E a menina, ciente do seu dom, então que tomou conta, se fez farsola, tome altura, tome altura, juntando cada astúcia, a arteirice em tudo, na pontinha da língua o recitativo e o substantivo, pinta a saracura, quando se vê lá está a demônia já tirando os nove na pedra. (HAB: 119)

A inveja de Graziela é do tamanho do pesadelo da classe dominante de que um dia ela possa ser superada pelo saber dos de baixo.

Em *Chão dos Lobos* (1976), Alfredo reencontra seu Almerindo, que conheceu em *Passagem dos Inocentes*, numa festa que este organizou em Santana, no Marajó, como presidente da irmandade de São Sebastião. Mas seu Almerindo foi obrigado a sair de lá, e a sua narração é um resumo de uma vida de migrante:

> Ah, Santana! Acabou-se. [...] Os brancos me pedem o barracão de volta, que de lei é deles, então, no relento sem no que me agarrar, atravesso para a cidade com a família nas costas. A irmandade finou-se [...]. Pra onde vou? Onde o agasalho? [...] Remexo esta cidade. Já peguei um lugar de vigia numa usina, começo amanhã. Assim faço parte desta população, finco na baixa deste subúrbio a mea raiz marajoara. Começa sempre, sim, há quantos anos, começando sempre, faz desfaz... [...] A sorte não maldigo. [...] O folgo não perdi. [...] Ainda sei rir, sim, entro nessa cidade feito um de primeira viagem [...]. (LOB: 187-188)

É uma amostra da coragem e da moral de quem não se resigna e sabe sobreviver. Uma prova disso é também a disposição de seu Almerindo de logo mais reunir com a sua filha uma nova irmandade, isto é, de organizar um cordão de pássaro e, com isso, um novo núcleo de socialização.

Essa coragem já não existe nos "desviventes" do último romance, *Ribanceira* (1978). Para os Seruaias falta a comida básica para sobreviver. Nessa situação sem perspectiva, a Bernarda, "com seu goelão asselvajado", solta o seu grito de desespero:

> – [...] tacar bala [...] em toda essa cambada de desvivente que é nós aqui neste chiqueiro excomungado e me jogar aí nesse Amazona, égua-te! (RIB: 320)

O grito é o caso-limite da fala humana. Assim como a Ribanceira é a alegoria da recaída da cidade ali erguida no estado natural, o grito "asselvajado" daquela mulher é a recaída do ser humano no estado dos animais, porém, sem os recursos deles para sobreviver. Esse grito da "desvivente", nas páginas finais do último romance de Dalcídio, faz eco ao grito do cego do Arapinã, nas páginas iniciais do segundo romance do Ciclo, *Marajó*, em que o narrador nos faz relembrar "a voz dos homens primitivos gritando o seu medo e a sua dor".[49]

Com esta seleção final de falas, extraídas de todos os dez romances do Ciclo de Dalcídio Jurandir, procurou-se apresentar algo a mais que uma coletânea de falares regionais ou de citações literárias: uma constelação de fragmentos que expressam a história social, cultural e política da Amazônia e nos quais possam ser reconhecidos não somente personagens de ficção, mas sujeitos da História real. Para resumir o romance fluvial e o projeto do *dictio-narium* caboclo com uma imagem, pode-se recorrer novamente à epígrafe de *Marajó*, àquela citação do padre Vieira, desta vez ao seu início: É como se o romancista tivesse captado,

---

[49] *Marajó*, 4ª ed., 2008, p. 33.

trabalhado e recolocado todas essas falas – da ilha de Marajó, de Belém e do vasto interior ribeirinho – "na grande boca do rio das Amazonas".

Diante do grito dos "desviventes", no fim do romance fluvial, continua em aberto a pergunta: como podem ser remediados os problemas sociais apresentados por Dalcídio Jurandir ao longo do seu ciclo romanesco? Como ele próprio deixou claro, não existem soluções mágicas. Em vez de apostar em utopias a serem realizadas no futuro, ele se concentrou em descrever os problemas do presente que ele viveu e em destacar a capacidade de determinadas pessoas das camadas populares de se firmarem como sujeitos da História através de falas emancipatórias. Esse é o legado que o escritor nos deixou. De acordo com o seu projeto, procuramos registrar aqui os seus procedimentos e seus achados para que continuem disponíveis para outros leitores, incentivando-os à reflexão e a novos trabalhos de campo. Para os leitores atuais e futuros do Ciclo do Extremo Norte, trata-se, como diria Walter Benjamin, de "despertar", nesse legado que Dalcídio Jurandir nos deixou, "a centelha da esperança".[50]

De que maneira isso poderia ser realizado na prática? Vamos relembrar uma observação que fizemos na Introdução: o que é notável nesse romance fluvial é que o autor completou a sua obra de vida aos 70 anos, no limiar de sua morte, enquanto seu protagonista permanece jovem: no volume final do Ciclo ele está apenas com 20 anos, ou seja, ainda tem toda a vida pela frente. Esse protagonista me faz lembrar o aluno de 20 anos, que mora numa favela de Belém e interpretou Alfredo nas nossas adaptações teatrais dos romances de Dalcídio cujos enredos se passam na periferia. Assim como o menino Alfredo desejava ir para Belém, para ter uma boa formação escolar, esse jovem de 20 anos tenta atualmente ingressar na universidade pública. Lembro-me também dos outros alunos e alunas que atuaram nas nossas apresentações teatrais e que têm projetos semelhantes, que não são fáceis de realizar; e dos professores e das professoras que participaram da oficina teatral e continuam transmitindo e reatualizando essa experiência para alunos mais novos. Graças a iniciativas como essas, as falas emancipatórias contidas no romance fluvial de Dalcídio Jurandir ressurgem com nova energia, fazendo inclusive lembrar a evocação, pelo romancista, da figura "mitológica" do *dicionário* das falas antigas, que é aproximado do "rio", "tão vivo, tão recém-nascido". Ora, a palavra *mito*, no sentido etimológico, significa "narração"; e a energia do "rio" se faz presente, ao longo de todo esse ciclo romanesco, através da narração em forma do romance fluvial.

---

[50] Cf. a tese VI de W. Benjamin, "Sobre o conceito de história", *in:* M. Löwy, 2005, p. 65.

Considerando todo esse campo semântico, parece-me adequado recorrer ao texto "Narrar e curar", de Walter Benjamin, do qual foi extraída a epígrafe deste livro. Ele coloca a pergunta "se não seria toda doença curável, se apenas se deixasse flutuar para bem longe, até *a boca do rio*, na correnteza da narração". É uma sugestão para usos produtivos que futuros leitores do romance fluvial de Dalcídio Jurandir podem fazer a partir dessa obra, no sentido de refletir sobre as doenças sociais que ele descreveu – sobretudo as educacionais –, e de engajar-se em trabalhos de cura.

REFERÊNCIAS BIBLIOGRÁFICAS
OBRAS DE DALCÍDIO JURANDIR

CCC = *Chove nos campos de Cachoeira*. Ed. crítica org. por Rosa Assis. Belém: Unama, 1998 (1ª ed., 1941; 8ª. ed. Bragança: Pará.grafo Editora, 2019).

MAR = *Marajó*. 4ª ed. Belém: EdUFPA; Rio de Janeiro: Casa Rui Barbosa, 2008 (1ª ed., 1947; 5ª ed. Belém: Marques, 2016).

TCR = *Três casas e um rio*. 3ª ed. Belém: Cejup, 1994 (1ª ed., 1958; 4ª ed., Bragança: Pará.grafo, 2018).

BGP = *Belém do Grão-Pará*. 3ª ed. Belém: EdUFPA; Rio de Janeiro: Casa Rui Barbosa, 2004 (1ª ed., 1960; 4ª ed., Belém: Marques, 2016).

INO = *Passagem dos Inocentes*. 2ª ed. Belém: Falangola, 1984 (1ª ed., 1963).

PMA = *Primeira manhã*. 2ª ed. org. por Josebel Fares, Belém: EdUEPA, 2009 (1ª ed., 1967; 3ª ed., Belém: Marques, 2016).

GAL = *Ponte do Galo*. São Paulo: Martins; Rio de Janeiro: INL, 1971 (2ª ed., Bragança: Pará.grafo Editora, 2017).

HAB = *Os habitantes*. Rio de Janeiro: Artenova, 1976 (2ª ed., Bragança: Pará.grafo Editora, 2018).

LOB = *Chão dos Lobos*. Rio de Janeiro: Record, 1976 (2ª ed., Bragança: Pará.grafo Editora, 2019).

RIB = *Ribanceira*. Rio de Janeiro: Record, 1978.

JURANDIR, Dalcídio (1939). "Os viradores de madeira". *O Estado do Pará*, 14 jun., pp. 1-2.

_____ . (1941). "Tragédia e comédia de um escritor novo do Norte". Prefácio da 1ª ed. de *Chove nos campos de Cachoeira*. *Asas da Palavra* (Belém), n. 4 (1996), pp. 14-16.

_____ . (1959). *Linha do parque*. São Paulo: Vitória.

_____ . (1976). "Um escritor no purgatório": entrevista concedida a Antônio Torres, Haroldo Maranhão e Pedro Galvão. Revista *Escrita*, ano I, n. 6. *Asas da Palavra* (Belém), n. 4 (1996), pp. 28-30.

"Dalcídio Jurandir – Notas biográficas". *Asas da Palavra*, n. 26 (2012), pp. 19-23.

BIBLIOGRAFIA GERAL

ABELÉM, Auriléa Gomes (1988). *Urbanização e remoção: por que e para quem?* Belém: NAEA/UFPA.

ACUÑA, Cristóbal de (1994). *Novo descobrimento do Grande Rio das Amazonas*. Rio de Janeiro: Agir (1ª ed., 1641).

ALMEIDA, Alfredo Wagner Berno de; MARIN, Rosa Acevedo (2010). "Campanhas de desterritorialização na Amazônia: o agronegócio e a reestruturação do mercado de terras". In: BOLLE, Willi; CASTRO, Edna; VEJMELKA, Marcel (orgs.). *Amazônia: região universal e teatro do mundo*. São Paulo: Globo, pp. 141-159.

ALVITO, Marcos; ZALUAR, Alba (2003, orgs.). *Um século de favela*. Rio de Janeiro: Ed. FGV.

AMADO, Jorge (1972). "Discurso proferido na Academia Brasileira de Letras na entrega do Prêmio Machado de Assis para Dalcídio Jurandir". *Asas da Palavra* (Belém), n. 4 (1996), p. 17.

AMARAL, José Ribeiro do (2004). *Fundação de Belém do Pará: jornada de Francisco Caldeira de Castelo Branco, em 1616*. Brasília: Edições do Senado Federal (1ª ed., 1916).

ANDRADE, Mário de [1928]. *Macunaíma: o herói sem nenhum caráter*. Ed. crítica org. por Telê Porto Ancona Lopez. Rio de Janeiro: Livros Técnicos e Científicos, 1978.

ASSIS, Rosa (1992). *O vocabulário popular em Dalcídio Jurandir*. Belém: EdUFPA.

―――― (2002). *A fala "caboca" em "Passagem dos Inocentes"*. Belém: Unama.

―――― (2004). "Dalcídio Jurandir, uma leitura do caroço de tucumã: vias de sonhos e fantasias". *Asas da Palavra* (Belém), n. 17, pp. 23-31.

―――― (2007, org.). *Estudos comemorativos: Marajó – Dalcídio Jurandir – 60 anos*. Belém: Unama.

ASSIS, Rosa; CERQUEIRA, Ana (2004, orgs.). *Evém chuva...: um glossário de Dalcídio Jurandir*. Belém: Amazônia.

ASSMAR, Olinda Batista (2003). *Dalcídio Jurandir: um olhar sobre a Amazônia*. Rio de Janeiro: Galo Branco.

AZEVEDO, João Lúcio d' (1999). *Os jesuítas no Grão-Pará: suas missões e a colonização*. Belém: Secult (1ª ed., 1901).

BACHELARD, Gaston (1964). *La Poétique de l'espace*. 4ª ed., Paris: Presses Universitaires de France (1ª ed., 1957).

BAENA, Antônio Ladislau Monteiro (1969). *Compêndio das eras da província do Pará*. Belém: UFPA (1ª ed., 1839).

―――― (2004). *Ensaio corográfico sobre a província do Pará*. Brasília: Senado Federal (1ª ed., 1839).

BAKHTIN, Mikhail (2014). *Questões de literatura e de estética: a teoria do romance*. 7ª ed. São Paulo: Hucitec.

BARBOSA, Tayana Andreza de Sousa; FURTADO, Marlí Tereza (2012). "Do romance à crônica: a escrita de Dalcídio Jurandir transcende o gênero". *Darandina Revisteletrônica. Disponível em:* <http://www.ufjf.br/darandina/>, pp. 1-13.

BARTHES, Roland (1964). "Écrivains et écrivants". *In: Essais critiques*. Paris: Seuil, pp. 147-154.

BATISTA, Djalma (2007). *O complexo da Amazônia: análise do processo de desenvolvimento*. 2ª ed. rev. Manaus: Valer, EDUA e INPA (1ª ed., 1976).

BAUDELAIRE, Charles [1851], "Le Vin" (Paradis artificiels). *In: Œuvres completes*, I, Paris: Gallimard, 1971, pp. 377-388.

BECKER, Bertha K. (2005). "Geopolítica da Amazônia". *Estudos Avançados* (São Paulo), v. 19, n. 53, pp. 71-86.

Belém da saudade: a memória de Belém do início do século em cartões-postais. Belém: Secult, 1996.

Belém 400 anos: de 1616 a 2016. Coleção em 18 fascículos. Jornal *O Liberal* (Belém), 2015-2016.

BENCHIMOL, Samuel (2009). *Amazônia – formação social e cultural*. 3ª ed. Manaus: Valer.

BENJAMIN, Walter (1984). *Origem do drama barroco alemão*. Tradução: Sergio Paulo Rouanet. São Paulo: Brasiliense.

_____ (1986). "A vida dos estudantes". *In: Documentos de cultura – documentos de barbárie*. Ed. org. por Willi Bolle. Tradução: Celeste R. de Sousa et al. São Paulo: Cultrix-EdUSP, 1986, pp. 151-159.

_____ (1987). "A escrivaninha". *In: Obras escolhidas*, v. II. Tradução: Rubens Torres Filho e José Carlos Martins Barbosa. São Paulo: Brasiliense, pp. 118-120.

_____ (1989). "A Paris do Segundo Império [em Baudelaire]". *In: Charles Baudelaire, um lírico no auge do capitalismo. Obras escolhidas*, vol. III. Tradução: José Carlos Martins Barbosa e Hemerson Alves Baptista. São Paulo: Brasiliense, pp. 9-101.

_____ (1993). *O conceito de crítica de arte no romantismo alemão*. Tradução: Márcio Seligmann-Silva. São Paulo: EdUSP; Iluminuras.

_____ (2006). *Passagens*. Ed. org. por Willi Bolle. Tradução: Irene Aron e Cleonice Paes Barreto Mourão. Belo Horizonte: EdUFMG; São Paulo: Imprensa Oficial.

BENTES, Rosineide (1989). "Um novo estilo de ocupação econômica da Amazônia: os grandes projetos". *In:* PARÁ, SECRETARIA DE ESTADO DE EDUCAÇÃO. *Estudos e problemas amazônicos*. Belém: Instituto do Desenvolvimento Econômico e Social do Pará, pp. 89-113.

BOAL, Augusto (1988). *Teatro do oprimido e outras poéticas políticas*. 5ª ed. Rio de Janeiro: Civilização Brasileira (1ª ed., 1975).

BOLLE, Willi (1978). "Narrativa e persuasão: um modelo de formação de opinião pública num conto policial de E. A. Poe". Revista *Através* (São Paulo), n. 2, pp. 109-120.

_____ (2004). *grandesertão.br – O romance de formação do Brasil*. São Paulo: Duas Cidades; Editora 34.

_____ (2005). "O Mediterrâneo da América Latina: a Amazônia na visão de Euclides da Cunha". *Revista USP*, n. 66, pp. 140-155.

_____ (2008). "Oficina de leitura dramática: *Marajó*, de Dalcídio Jurandir". *In:* SIMÕES, Maria do Socorro (org.). *Ensino, pesquisa e extensão: reflexões e práticas científico-acadêmicas*. Belém: EdUFPA, pp. 291-307.

_____ (2009a). "Belém, porta de entrada da Amazônia". *In:* CASTRO, Edna (org.). *Cidades na floresta*. São Paulo: Annablume, pp. 99-147.

_____ (2009b). "Paris on the Amazon? Postcolonial Interrogations of Benjamin's European Modernism". *In:* GOEBEL, Rolf J. (org.). *A Companion to the Works of Walter Benjamin*. Rochester-NY: Camden House, pp. 216-245.

_____ (2010). "A travessia pioneira da Amazônia (Francisco de Orellana, 1541-1542)". *In:* BOLLE, Willi; CASTRO, Edna; VEJMELKA, Marcel (orgs.). *Amazônia: região universal e teatro do mundo*. São Paulo: Globo, pp. 19-56.

_____ (2011a). "A escrita da história de Marajó, em Dalcídio Jurandir". *Novos Cadernos NAEA* (Belém), v. 14, n. 1, pp. 43-78.

_____ (2011b). "Boca do Amazonas: *roman-fleuve* e *dictio-narium* caboclo em Dalcídio Jurandir". *Boletim Museu Paraense Emílio Goeldi. Ciências Humanas* (Belém), v. 6, n. 2, pp. 425-445.

_____ (2012a). "Uma enciclopédia mágica da Amazônia? O ciclo romanesco de Dalcídio Jurandir". *In*: LEÃO, Allison (org.). *Amazônia: literatura e cultura*. Manaus: UEA Edições, pp. 13-37. – Versão alemã: "Eine magische Enzyklopädie Amazoniens? Der Romanzyklus von Dalcídio Jurandir". *Arcadia: International Journal of Literary Culture* (Berlim; Boston), v. 48, n. 2 (2013), pp. 368-390.

_____ (2012b). "Entre o ginásio e a escola da rua: uma oficina teatral com *Primeira manhã* e *Ponte do Galo*, de Dalcídio Jurandir". *Asas da Palavra* (Belém), n. 26, pp. 229-247 [Roteiro da adaptação cênica, com uma introdução].

_____ (2013a). "Entre o ginásio e a escola da rua: uma oficina teatral com romances de Dalcídio Jurandir". *Revista USP* (São Paulo), pp. 90-102 [Descrição detalhada do processo de montagem e apresentação no palco].

_____ (2013b). "Paris am Amazonas: Eine Physiognomie von Belém mit Kategorien von Benjamins Passagen-Werk". *In*: RICHTER, Gerhard; SOLIBAKKE, Karl; WITTE, Bernd (orgs.). *Benjamins Grenzgänge / Benjamin's Frontiers*. Würzburg: Königshausen & Neumann, pp. 103-119.

_____ (2013c). "Iniciação à periferia de Belém: uma oficina teatral com *Passagem dos Inocentes*, de Dalcídio Jurandir". *In:* SILVA, Francisco Bento da; NASCIMENTO, Luciana Marino do (orgs.). *Cartografias urbanas: olhares, narrativas e representações*. Rio de Janeiro: Letra Capital, pp. 97-126.

_____ (2014a). "À margem da literatura brasileira: o Ciclo do Extremo Norte de

Dalcídio Jurandir". *In:* BASTOS, Élide Rugai; PINTO, Renan Freitas (orgs.). *Vozes da Amazônia II*. Manaus: Valer e EdUA, pp. 63-93. – Versão alemã: "Halbvergessen oder verdrängt? Dalcídio Jurandirs Romanzyklus über Amazonien". *Martius-Staden--Jahrbuch*, n. 58 (2011), pp. 113-132.

_____ (2014b). "Procedimentos poéticos de pesquisa da cultura amazônica em *Ribanceira*, de Dalcídio Jurandir". Revista *Sentidos da Cultura* (Belém), v. 1, n. 1, pp. 93-105.

_____ (2014c). "Cenas de vida numa favela: adaptação teatral de um romance de Dalcídio Jurandir". *Leitura: Teoria & Prática* (Campinas), ano 32, n. 63, pp. 13-28.

_____ (2015). "Uma oficina de teatro entre a universidade e a favela". *In:* UPHOFF, Dörthe; FISCHER, Eliana; AZENHA, João; PEREZ, Juliana P. (orgs.). *75 anos de alemão na USP: reflexões sobre uma germanística brasileira*. São Paulo: Humanitas, pp. 69-93. – Versão alemã: "Theaterarbeit zwischen Universität und Favela". *The Brecht Yearbook* (University of Wisconsin Press), n. 39 (2014), pp. 56-73.

_____ (2016). "Contradictions of Modernization in Belém, Metropolis of the Amazon". *In:* URUSHIMA, Andrea Flores; ABI-SÂMARA, Raquel; COSTA, Murilo Jardelino da (orgs.). *Urban Modernization and Contemporary Culture: Dialogues Brazil-Japan*. Kyoto: CIAS Kyoto University, pp. 43-57.

_____ (2018). "Um roteiro de iniciação à Amazônia: Os Tucumãs – contadores de Dalcídio Jurandir". *In:* MIBIELLI, Roberto; FIORITTI, Devair; NASCIMENTO, Luciana (orgs.). *Literatura, cultura e identidade na/da Amazônia*. Rio de Janeiro: Abralic, *e-book*, 2018, pp. 10-25.

BOLLE, Willi; DALALIO, Maira (2009). "João Guimarães Rosa: um mestre que ensina a dialogar com o povo". *Asas da Palavra* (Belém), n. 25, pp. 221-233.

BOSI, Alfredo [1970]. *História concisa da literatura brasileira*. 43ª ed. São Paulo: Cultrix, 2006.

_____ [1998]. "Uma grande falta de educação". *In: Entre a Literatura e a História*. São Paulo: Editora 34, 2013, pp. 372-382.

BRASIL, Marília Carvalho; DOS SANTOS, Carlos Augusto; TEIXEIRA, Pery (2004). "A população da Amazônia (1940 a 2000)". *In:* MENDES, Armando Dias (org.). *Amazônia, terra e civilização: uma trajetória de 60 anos*. 2ª ed. rev. e aum. Belém: Banco da Amazônia, vol. I, pp. 79-113.

BRAUDEL, Fernand (2011). "História e ciências sociais: a longa duração". Tradução: Flávia Nascimento. *In:* NOVAIS, Fernando A.; SILVA, Rogério Forastieri da (orgs.). *Nova história em perspectiva*. São Paulo: Cosac Naify, vol. I, pp. 86-121.

BRECHT, Bertolt (1988-1998). *Werke. Große kommentierte Berliner und Frankfurter Ausgabe*. Ed. org. por Werner Hecht *et al*. Berlim: Aufbau Verlag; Frankfurt am Main: Suhrkamp.

_____ [1930]. "Die Große und die Kleine Pädagogik". *In: Werke*, vol. 21: *Schriften 1: 1914-1933* (1992), p. 396.

_____ [1935]. "Vergnügungstheater oder Lehrtheater?". *In: Werke*, vol. 22.1: *Schriften 2: 1933-1942* (1993), pp. 106-116.

_____ (1988). *Stücke 3* e *Stücke 4. In: Werke*, vols. 3 e 4.

_____ (1992). *Schriften 1: 1914-1933. In: Werke*, vol. 21.

_____ (1993). *Schriften 2: 1933-1942. In: Werke*, vols. 22.1 e 22.2.

CANDIDO, Antonio [1959]. *Formação da literatura brasileira: momentos decisivos*. 2 vols. 6ª ed. Belo Horizonte: Itatiaia, 1981.

_____ (1987). "Literatura e subdesenvolvimento". *In: A educação pela noite e outros ensaios*. São Paulo: Ática, pp. 140-162.

CARONE, Edgard (1970). *A República Velha: instituições e classes sociais*. São Paulo: Difel.

CARVAJAL, Gaspar de (M, 1992). *Descubrimiento del río de las Amazonas*. Valência: EDYM (Reimpressão da ed. org. em 1894 por José Toribio Medina).

_____ (O, 1855). *Relación del famosíssimo e muy poderoso rio llamado el Marañon*. *In:* OVIEDO Y VALDÉS, Gonzalo Fernández de. *Historia general y natural de las Indias, islas y tierra-firme del mar océano*, parte III, tomo IV. Org.: José Amador de los Rios. Madri: Real Academia de la Historia, livro 50, cap. 24, pp. 541-574.

CARVALHO, José Candido de Melo (1983). *Viagem filosófica pelas capitanias do Grão--Pará, Rio Negro, Mato Grosso e Cuiabá (1783-1793): uma síntese no seu bicentenário*. Belém: Museu Paraense Emílio Goeldi e UFPA.

CASTRO, Edna (2010). "Políticas de Estado e atores sociais na Amazônia contemporânea". *In:* Bolle, Willi; Castro, Edna; Vejmelka, Marcel (orgs.). *Amazônia: região universal e teatro do mundo*. São Paulo: Globo, pp. 105-122.

CASTRO, Edna (2009, org.). *Cidades na floresta*. São Paulo: Annablume.

CASTRO, Edna; HÉBETTE, Jean (1989, orgs.). *Na trilha dos grandes projetos: modernização e conflito na Amazônia*. Belém: NAEA/UFPA (Cadernos NAEA, n. 10).

CASTRO, Edna; MOURA, Edila; SÁ MAIA, Maria Lúcia (1995, orgs.). *Industrialização e Grandes Projetos: desorganização e reorganização do espaço*. Belém: EdUFPA.

CASTRO, Fábio Fonseca de (2010). *A cidade sebastiana: era da borracha, memória e melancolia numa capital da periferia da modernidade*. Belém: Edições do Autor.

CASTRO, Ferreira de (1967). *A selva*. Rio de Janeiro: Civilização Brasileira (1ª ed., 1930).

CHAVES, Ernani (2006). "*Ponte do Galo*: a cidade como labirinto do desejo". *In:* LEITE, Marcus (org.). *Leituras dalcidianas*. Belém: Unama, pp. 37-46.

CHAVES, Ernani; MARIN, Rosa Elizabeth Acevedo (1997). "Imagens de Belém: paradoxos da modernidade e cultura na Amazônia". *In:* XIMENES, Tereza (org.). *Perspectiva do desenvolvimento sustentável: uma contribuição para a Amazônia*. Belém: EdUFPA, pp. 407-428.

CHIAPPINI, Lígia (1994). "Velha praga? Regionalismo literário brasileiro". *In:* PIZARRO, Ana (org.). *América Latina: palavra, literatura e cultura*, vol. 2: *Emancipação do discurso*. São Paulo: Memorial; Campinas: Unicamp, pp. 665-702.

_____ (1995). "Do beco ao belo: dez teses sobre o regionalismo na literatura". *Estudos Históricos* (Rio de Janeiro), v. 8, n. 15, pp. 153-159.

_____ (2014). "Regionalismo(s) e regionalidade(s) num mundo supostamente global". *In:* MACIEL, Diógenes André Vieira (org.). *Memórias da Borborema 2: internacionalização do regional*. Campina Grande: Abralic, pp. 21-64.

COUTINHO, Marina Henriques (2012). *A favela como palco e personagem*. Petrópolis/RJ: De Petrus et Alii.

CRUZ, Ernesto (1973). *História de Belém*. 2 vols. Belém: EdUFPA.

_____ (1992). *Ruas de Belém: significado histórico de suas denominações*. 2ª ed. Belém: Cejup (1ª ed., 1970).

CRUZ, Miguel Evangelista Miranda da (1987). *Marajó: essa imensidão de ilha*. São Paulo: M. E. M. Cruz.

CUNHA, Euclides da (2019). *À margem da História*. Orgs.: Leopoldo M. Bernucci e Francisco Foot Hardman. São Paulo: EdUNESP (1ª ed., 1909).

_____ (1986). *Um paraíso perdido*. Org.: Leandro Tocantins. Rio de Janeiro: José Olympio.

DALALIO, Maira Fanton (2011). *Da violência ao diálogo: teoria e práxis de uma oficina teatral baseada em "Grande sertão: veredas"*. Dissertação de Mestrado. São Paulo: FFLCH-USP.

DANIEL, João (2004). *Tesouro descoberto no máximo Rio Amazonas*. 2 vols. Rio de Janeiro: Contraponto [Obra escrita entre 1757 e 1776].

DAVIS, Mike (2006). *Planeta Favela*. Tradução: Beatriz Medina. São Paulo: Boitempo.

DERENJI, Jussara (1996). *Teatros da Amazônia – Theaters of Amazonia*. Belém: FUMBEL.

DERENJI, Jussara da Silveira; DERENJI, Jorge (2009). *Igrejas, palácios e palacetes de Belém*. Brasília: Iphan.

DEUS, Zélia Amador de (2001). *Dalcídio Jurandir: regionalismo, relações raciais e de poder em "Marajó" e "Três casas e um rio"*. Dissertação de Mestrado. Belo Horizonte: FALE-UFMG.

DIAS, Edinea Mascarenhas (2007). *A ilusão do Fausto: Manaus 1890-1920*. 2ª ed. Manaus: Valer (1ª ed., 1999).

DI PAOLO, Pasquale (1990). *Cabanagem: a revolução popular da Amazônia*. 3ª ed. Belém: Cejup (1ª ed., 1985).

DOSSIÊ "Um tributo a Charles Wagley". *Boletim do Museu Paraense Emílio Goeldi, Ciências Humanas*, v. 9, n. 3 (set.-dez 2014).

DUTRA, Manuel (2009). "Aqui os cabanos ganharam e perderam", *Gazeta de Santarém*, 22 jun. 2009, Caderno Especial: "Cabanagem", 28 pp. Disponível em: <www.pt.calameo.com/read/0002154336cb054c09126>. Acesso em: 23 out. 2015.

Enciclopédia ou dicionário raciocinado das ciências, das artes e dos ofícios: discurso preliminar e outros textos [1751]. Edição bilíngue. Tradução: Fúlvia Maria Luiza Moretto. São Paulo: EdUNESP, 1989.

FARES, Josebel Akel (2003). *Cartografias marajoaras: cultura, oralidade, comunicação*. Tese de Doutorado. São Paulo: PUC.

_____ (2007). "Encantarias marajoaras: o mundo das mães míticas". *In:* Iphan. *Inventário nacional de referências culturais: Marajó*. CD-ROM, 13 pp.

_____ (2009). "Clareúmes". *In:* JURANDIR, Dalcídio, *Primeira manhã*. 2ª ed. Belém: EdUEPA, pp. 11-12.

FARES, Josse; NUNES, Paulo (2004). "Palcos da linguagem: uma leitura psicanalítica de *Chove nos campos de Cachoeira*, de Dalcídio Jurandir". *Asas da Palavra* (Belém), n. 17, pp. 57-65.

FAUSTO, Boris (2015). *História concisa do Brasil*. Colaboração de Sérgio Fausto. 3ª ed. atual. e ampl. São Paulo: EdUSP.

FAUSTO, Sérgio (2015). "A modernização pela via democrática (1990-2010)". *In.* FAUSTO, Boris. *História concisa do Brasil*. 3ª ed. atual. e ampl. São Paulo: EdUSP, pp. 311-384.

Feliz Lusitânia: Museu de Arte Sacra. Belém: Secult, 2005.

Feliz Lusitânia: Forte do Presépio – Casa das Onze Janelas – Casario da rua Padre Champagnat. Belém: Secult, 2006.

FERREIRA, Alexandre Rodrigues (1970). *Viagem filosófica às capitanias do Grão-Pará, Rio Negro, Mato Grosso e Cuiabá*. Org.: Edgard de Cerqueira Falcão. São Paulo: Gráficos Brunner.

_____ (1971). *Viagem filosófica pelas capitanias do Grão-Pará, Rio Negro, Mato Grosso e Cuiabá*. Rio de Janeiro: Conselho Federal de Cultura.

_____ (1974). *Viagem filosófica pelas capitanias do Grão-Pará, Rio Negro, Mato Grosso e Cuiabá: memórias [sobre] antropologia*. Rio de Janeiro: Conselho Federal de Cultura.

_____ (1983). *Viagem filosófica ao rio Negro*. Belém: Museu Paraense Emílio Goeldi.

_____ (2002). *Viagem ao Brasil: a expedição philosophica pelas capitanias do Pará, Rio Negro, Mato Grosso e Cuyabá*. 2 vols. Petrópolis: Kapa.

_____ (2003). *Viagem ao Brasil, II: a expedição philosophica pelas capitanias do Pará, Rio Negro, Mato Grosso e Cuyabá*. 3 vols. Petrópolis: Kapa.

_____ (2005). *Viagem ao Brasil: coleção etnográfica: a expedição philosophica pelas capitanias do Pará, Rio Negro, Mato Grosso e Cuyabá*. 3 vols. Petrópolis: Kapa.

_____ (2006). *Viagem ao Brasil: a expedição philosophica pelas capitanias do Pará, Rio Negro, Mato Grosso e Cuyabá*. 3 vols.: I: *Botânica*, II: *Arquitetura*, III: *Diários*. Petrópolis: Kapa.

_____ (2007a). *Viagem ao Brasil: a expedição philosophica pelas capitanias do Pará, Rio Negro, Mato Grosso e Cuyabá*. 3 vols. Petrópolis: Kapa.

_____ (2007b). *Viagem filosófica ao rio Negro*. 2ª ed., org. por Francisco J. dos Santos, Auxiliomar S. Ugarte e Mateus C. de Oliveira. Manaus: Edua.

FIGUEIREDO, Aguinaldo (2011). *História do Amazonas*. Manaus: Valer.

FIGUEIREDO, Sílvio Lima (2005, org.). *Círio de Nazaré: festa e paixão*. Belém: EdU-FPA.

FREIRE, José Alonso Torres (2008). *Entre construções e ruínas: o espaço em romances de Dalcídio Jurandir e Milton Hatoum*. São Paulo: FFLCH.

FREIRE, Paulo (2013). *Pedagogia do oprimido*. 54ª ed. Rio de Janeiro: Paz e Terra (1ª ed. no Brasil: 1974).

FREITAS, Marcílio de; FREITAS, Marilene Corrêa da Silva (2016). *A sustentabilidade como paradigma: cultura, ciência e cidadania*. Petrópolis: Vozes.

FREUD, Sigmund (1948). "Über Deckerinnerungen" [Sobre lembranças encobridoras]. *In: Gesammelte Werke*, vol. I. Frankfurt: S. Fischer, pp. 531-554.

FREYRE, Gilberto (1975). *Casa-grande & senzala: formação da família brasileira sob o regime da economia patriarcal*. 17ª ed. Rio de Janeiro: José Olympio (1ª ed., 1933).

FRITZ, Samuel: ver PINTO, Renan Freitas (2006, org.).

FURTADO, Francisco Xavier de Mendonça: ver MENDONÇA, Marcos Carneiro de.

FURTADO, Marlí Tereza (2007). "De reses, de homens e mulheres: as cercas do latifúndio em *Marajó*, de Dalcídio Jurandir". *In:* ASSIS, Rosa (org.). *Estudos comemorativos: Marajó – Dalcídio Jurandir – 60 anos*. Belém: Unama, pp. 97-121.

_____ (2009). *"Primeira manhã*: as culpas soterradas de Alfredo". *In:* JURANDIR, Dalcídio, *Primeira manhã*. 2ª ed. Belém: EdUEPA, pp. 15-19.

_____ (2010). *Universo derruído e corrosão do herói em Dalcídio Jurandir*. Campinas-SP: Mercado de Letras.

_____ (2015). "Dalcídio Jurandir e o romance de 30 ou um autor de 30 publicado em 40". *Teresa: Revista de Literatura Brasileira* (São Paulo), n. 16, pp. 191-204.

GALLO, Giovanni [1980]. Marajó: a ditadura da água. 2ª ed. Santa Cruz do Arari/PA: Edições "O Nosso Museu", 1981. 3ª ed. Cachoeira do Arari/PA: Edições "O Museu do Marajó", 1997.

_____ [1990]. *Motivos ornamentais da cerâmica marajoara: modelos para o artesanato de hoje*. 3ª ed. Cachoeira do Arari-PA: Edições O Museu do Marajó, 2005.

GALVÃO, Eduardo (1955). *Santos e visagens: um estudo da vida religiosa de Itá, Baixo Amazonas*. São Paulo: Companhia Editora Nacional.

GALVÃO, Walnice Nogueira (2008). "Sobre o regionalismo". *In: Mínima mímica: ensaios sobre Guimarães Rosa*. São Paulo: Companhia das Letras, pp. 91-118.

GAMA, Raimundo Tadeu (2014). "A representação da cidade de Cachoeira do Arari nos aspectos físicos, sociais e culturais na obra *Chove nos campos de Cachoeira*, de Dalcídio Jurandir". *In:* PRESSLER; MENEZES; SANTOS NETO (orgs.). *Dalcídio Jurandir: bibliografia geral e estudos críticos*. Toronto: Kobo, *e-book*, 3.2, pp. 1-26.

GATTI, Luciano (2015). *A peça de aprendizagem: Heiner Müller e o modelo brechtiano*. São Paulo: EdUSP.

GMELIN, Hermann (1950), *Der französische Zyklenroman der Gegenwart: 1900-1945*. Heidelberg: Quelle & Meyer.

GOETHE, Johann Wolfgang von [1795/1796]. *Os anos de aprendizado de Wilhelm Meister*. Tradução: Nicolino Simone Neto. São Paulo: Editora 34, 2006.

GRIMM, Jacob [1854], "Vorrede zum Deutschen Wörterbuch". *In: Kleinere Schriften* VIII. Hildesheim: Georg Olms, 1966, pp. 302-380.

GUERRA, Gutemberg (2006). "Personagens e problemas rurais em Dalcídio Jurandir: o fazendeiro-coronel". *In:* LEITE, Marcus (org.). *Leituras dalcidianas*. Belém: Unama, pp. 113-122.

HARDMAN, Francisco Foot (2005). *Trem fantasma: a ferrovia Madeira-Mamoré e a modernidade na selva*. 2ª ed. rev. e ampl. São Paulo: Companhia das Letras (1ª ed., 1988).

_____ (2009). *A vingança da Hiléia: Euclides da Cunha, a Amazônia e a literatura moderna*. São Paulo: EdUNESP.

HARVEY, David (2015). *Paris, capital da modernidade*. Tradução: Magda Lopes. São Paulo: Boitempo.

HATOUM, Milton (2000). *Dois irmãos*. São Paulo: Companhia das Letras.

_____ (2008). *Órfãos do Eldorado*. São Paulo: Companhia das Letras.

HÉBETTE, Jean (1989). "A questão da terra". *In:* PARÁ, SECRETARIA DE ESTADO DE EDUCAÇÃO. *Estudos e problemas amazônicos*. Belém: Instituto do Desenvolvimento Econômico e Social do Pará, pp. 115-127.

HOLANDA, Sérgio Buarque de (1977). *Visão do paraíso: os motivos edênicos no descobrimento e colonização do Brasil*. 3ª ed. São Paulo: Companhia Editora Nacional (1ª ed., 1958).

HOMERO. *Ilíada*. Edição bilíngue. Tradução: Haroldo de Campos. 4ª ed. São Paulo: Arx, 2003.

HUBER, J. (1902). "Contribuição à geographia physica dos furos de Breves e da parte occidental de Marajó". *Boletim do Museu Paraense de História Natural e Etnografia* (Belém), v. 3, n. 3-4, pp. 447-499.

HUMBOLDT, Alexander von [1810-1813]. *Vues des cordillères et monuments des peuples indigènes de l'Amérique*. Nanterre: Éditions Erasme, 1989.

_____ [1814-1825]. *Relation historique du voyage aux régions équinoxiales du nouveau continent*, vol. II. Stuttgart: Brockhaus, 1970.

Iphan (2007). *Inventário nacional de referências culturais: Marajó*. CD-ROM e DVD. Belém: 2ª SR.

JAEGER, Werner (1973). *Paideia: Die Formung des griechischen Menschen*. Berlin; Nova York: De Gruyter.

KOUDELA, Ingrid Dormien (1991). *Brecht: um jogo de aprendizagem*. São Paulo: Perspectiva.

KUPFER, Eckhard E. (2010). "Amazônia: do cacau à borracha, da borracha à alta tecnologia". *In:* BOLLE, Willi; CASTRO, Edna; VEJMELKA, Marcel (orgs.). *Amazônia: região universal e teatro do mundo*. São Paulo: Globo, pp. 185-205.

LA CONDAMINE, Charles-Marie de (1993). *Voyage sur l'Amazone*. Ed. org. por Hélène Minguet. Paris: La Découverte.

LEANDRO, Rafael Voigt (2016). *Os ciclos ficcionais da borracha e a formação de um memorial literário da Amazônia*. Goiânia: Espaço Acadêmico.

LEITÃO, Wilma Marques (2010, org.). *Ver-o-Peso: estudos antropológicos no Mercado de Belém*. Belém: NAEA/UFPA.

LEITE, José Nailton; LEITE, Cecília Sayonara G. (2010). "Alexandre Rodrigues Ferreira e a formação do pensamento social na Amazônia". *Estudos Avançados* (São Paulo), v. 24, n. 68, pp. 273-289.

LEITE, Marcus Vinnicius (2004). "Fazendeiros e vaqueiragem no *Marajó*, de Dalcídio Jurandir". *Asas da Palavra* (Belém), n. 17, pp. 109-119.

_____ (2006, org.). *Leituras dalcidianas*. Belém: Unama.

LEVI, Giovanni (1992). "Sobre a micro-história". *In:* BURKE, Peter (org.). *A escrita da História: novas perspectivas*. Tradução: Magda Lopes. São Paulo: EdUNESP, pp. 133-161.

LIMA, Alexandre Martins de (2011). *Pelos trilhos dos bondes: cidade, modernidade e tensões sociais em Belém de 1869 a 1947*. Tese de doutorado, NAEA/UFPA.

LIMA, Jacqueline (2012). "Intelectuais e política: o exemplo de Dalcídio Jurandir". *Novos Cadernos NAEA* (Belém), v. 15, n. 2, pp. 247-260.

LIMA, Teodoro Lalor de (2016). *Liderança quilombola dos rios Arari e Gurupá "diante da lei"*. Ed. org. por Alfredo Wagner Berno de Almeida e Rosa Elizabeth Acevedo Marin. Rio de Janeiro: Casa 8.

LINS, Álvaro (1947). *Jornal de Crítica*, 5ª série. Rio de Janeiro: José Olympio.

LINS, Paulo (1997). *Cidade de Deus*. São Paulo: Companhia das Letras.

LISBOA, Pedro Luiz Braga. (2012). *A terra dos aruã: uma história ecológica do arquipélago do Marajó*. Belém: Museu Paraense Emílio Goeldi.

LOUREIRO, João de Jesus Paes (1989). "A questão cultural amazônica". *In:* PARÁ, SECRETARIA DE ESTADO DE EDUCAÇÃO. *Estudos e problemas amazônicos*. Belém: Instituto do Desenvolvimento Econômico e Social do Pará, pp. 177-194.

_____ (2007). "A Ilha de um doce mar". *In:* Iphan. *Inventário nacional de referências culturais: Marajó*. CD-ROM, 4 pp.

LOUREIRO, Violeta Refkalefsky (2014). *Amazônia: estado, homem, natureza*. 3ª ed. atual. e ampl. Belém: Cultural Brasil.

_____ (2004). "Educação e sociedade nos últimos 60 anos". *In:* MENDES, Armando Dias (org.). *Amazônia, terra e civilização: uma trajetória de 60 anos*. 2ª ed. rev. e aum. Belém: Banco da Amazônia, vol. I, pp. 301-343.

LÖWY, Michael (2005). *Walter Benjamin: aviso de incêndio – Uma leitura das teses "Sobre o conceito de história"*. São Paulo: Boitempo. Tradução das teses: Jeanne Marie Gagnebin e Marcos Lutz Müller.

LÜDTKE, Alf (1989, org.). *Alltagsgeschichte: Zur Rekonstruktion historischer Erfahrungen und Lebensweisen*. Frankfurt; Nova York: Campus.

MALIGO, Pedro (1992). "Ruínas idílicas: a realidade amazônica de Dalcídio Jurandir". *Revista USP* (São Paulo), n. 13, pp. 48-57.

MARCOVITCH, Jacques (2011). *A gestão da Amazônia: ações empresariais, políticas públicas, estudos e propostas*. São Paulo: EdUSP.

MARIN, Rosa Elizabeth Acevedo (2005). Ata da Audiência pública "Ocupação das terras e águas do Município de Salvaterra", lavrada em 10 maio 2005 na cidade de Salvaterra, 5 pp. (cópia xerox cedida pela autora).

_____ (2006a). "Marajó: *tableaux* de uma sociedade pós-escravista". *In:* LEITE, Marcus (org.). *Leituras dalcidianas*. Belém: Unama, pp. 93-112.

_____ (2006b), (org.). "Quilombolas da ilha de Marajó". Fascículo 7. *In:* ALMEIDA, Alfredo Wagner Berno de (coord.). *Projeto nova cartografia social da Amazônia*. Manaus: UFAM; Belém: NAEA/UFPA.

_____ (2008). "Quilombolas na ilha de Marajó: território e organização política". *In:* LIMA, Maria Dorotéa; PANTOJA, Vanda (orgs.). *Marajó: culturas e paisagens*. Belém: 2ª SR; Iphan.

MARTIUS, Carl F. Ph. von [1931]. *Frey Apollonio: ein Roman aus Brasilien*. Ed. org. por Erwin Theodor Rosenthal. Berlim: Dietrich Reimer, 1ª ed., 1992. – *Frey Apollonio: um romance do Brasil*. Org. e tradução: E. Th. Rosenthal. 2ª ed. rev. São Paulo: Imprensa Oficial, 2005 (1ª ed. brasileira, 1992).

_____ [1832]. *O estado do direito entre os autóctones do Brasil*. Tradução: Alfredo Löfgren. Belo Horizonte: Itatiaia; São Paulo: EdUSP, 1982.

_____ [1845]. "Como se deve escrever a história do Brasil". Tradução: Wilhelm Schüch. *In: O estado do direito entre os autóctones do Brasil*, 1982, pp. 85-107.

_____ (1867). *Beiträge zur Ethnografie und Sprachenkunde, zumal Brasiliens*. 2 vols. Leipzig: Friedrich Fleischer.

MAUÉS, Raymundo Heraldo (2007). "A novilha encantada do lago Guajará: religião e medicina popular na ilha do Marajó (primeira metade do século XX)". *In:* Iphan. *Inventário nacional de referências culturais: Marajó*. CD-ROM, 21 pp.

MEDEIROS, Lidia; VALLADARES, Lícia do Prado (2003). *Pensando as favelas do Rio de Janeiro – 1906-2000: uma bibliografia analítica*. Rio de Janeiro: Faperj; e Relume Dumará.

MEIRA FILHO, Augusto (2015). *Evolução histórica de Belém do Grão-Pará: fundação e história, 1616-1823*. 2ª ed. Belém: M2P Arquitetura e Engenharia.

MEIRELES FILHO, João (2009). *Grandes expedições à Amazônia brasileira, 1500-1930*. São Paulo: Metalivros.

_____ (2011). *Grandes expedições à Amazônia brasileira, século XX*. São Paulo: Metalivros.

MENDONÇA, Marcos Carneiro de (2005). *A Amazônia na Era Pombalina: correspondência do governador e capitão-general do Estado do Grão-Pará e Maranhão, Francisco Xavier de Mendonça Furtado*. 3 vols., Brasília: Senado Federal.

MILLER, Darrel (1988). "Itá em 1974; um epílogo". *In:* WAGLEY, Charles. *Uma comunidade amazônica.* Belo Horizonte: Itatiaia; São Paulo: EdUSP, pp. 289-314.

MIRANDA NETO, Manoel José de [1976]. *Marajó: desafio da Amazônia – aspectos da reação a modelos exógenos de desenvolvimento.* 3ª ed. Belém: EdUFPA, 2005.

MITSCHEIN, Thomas A.; MIRANDA, Henrique R.; PARAENSE, Mariceli C. (1989). *Urbanização selvagem e proletarização passiva na Amazônia: o caso de Belém.* Belém: Cejup.

MOISÉS, Massaud [1989]. *História da literatura brasileira,* vol. V: *Modernismo.* 3ª ed. São Paulo: Cultrix, 1996.

MONTEIRO, Benedicto (2014). *História do Pará.* 2ª ed., 2ª impressão. Belém: Amazônia.

MONTEIRO, Maurílio de Abreu (2003). "A Icomi no Amapá: meio século de exploração mineral". *Novos Cadernos NAEA,* v. 6, n. 2, pp. 113-168.

_____ (2005). "Meio século de mineração industrial na Amazônia e suas implicações para o desenvolvimento regional". *Estudos Avançados* (São Paulo), v. 19, n. 53, pp. 187-207.

MORAES, Eneida de (1960). "Eneida entrevista Dalcídio", *Folha do Norte,* 23 out. 1960. *Asas da Palavra* (Belém), n. 4 (1996), pp. 32-33.

MOREIRA, Eidorfe (1966). *Belém e sua expressão geográfica.* Belém: Imprensa Universitária.

_____ (1989). "Visão geo-social do Círio". *In: Obras reunidas de Eidorfe Moreira.* Belém: Cejup, vol. IV, pp. 79-112.

MOTA, Carlos Guilherme; LOPEZ, Adriana (2015). *História do Brasil: uma interpretação.* 4ª ed. São Paulo: Editora 34 (1ª ed., 2008).

MOURA, Carlos Eugênio Marcondes de (1997). *O teatro que o povo cria.* Belém: Secult.

NIETZSCHE, Friedrich [1872] (2003). "Sobre o futuro dos nossos estabelecimentos de ensino" [Über die Zukunft unserer Bildungsanstalten]. *In: Escritos sobre educação.* Tradução: Noéli Correia de Melo Sobrinho. Rio de Janeiro: Ed. PUC-Rio; São Paulo: Loyola, pp. 41-137.

NUNES, Benedito (2006a). "Pará, capital Belém". *In:* NUNES, B.; HATOUM, Milton. *Crônica de duas cidades: Belém e Manaus.* Belém: Secult, pp. 11-43.

_____ (2006b). "Dalcídio Jurandir: as oscilações de um ciclo romanesco". *In:* NUNES,B.; PEREIRA, R.; PEREIRA, S. (orgs.). *Dalcídio Jurandir: romancista da Amazônia,* pp. 245-251 (1ª publicação em *Asas da Palavra,* v. 8, n. 17 (2004), pp. 15-21).

NUNES, Benedito; PEREIRA, Ruy; PEREIRA, Soraia Reolon (2006, orgs.). *Dalcídio Jurandir: romancista da Amazônia.* Belém: Secult; Rio de Janeiro: Fundação Casa de Rui Barbosa/Instituto Dalcídio Jurandir.

NUNES, Paulo (2001). *Aquonarrativa: uma leitura de "Chove nos campos de Cachoeira", de Dalcídio Jurandir.* Belém: Unama.

_____ (2007). *Útero de areia: um estudo do romance* Belém do Grão-Pará, *de Dalcí-*

dio Jurandir. Tese de Doutorado. Belo Horizonte: PUC-MG.

_____ (2009). "Amanhecer: as calças curtas dependuradas no varal". *In:* JURANDIR, Dalcídio, *Primeira manhã.* 2ª ed. Belém: EdUEPA, pp. 21-26.

OELZE, Berthold W. H. (2008). "Favela-Diskurse: Anmerkungen zur Konstruktion des Begriffs 'Favela' in der politischen Öffentlichkeit". *Martius-Staden-Jahrbuch* (São Paulo), n. 55, pp. 73-85.

OLIVEIRA, Pétia Arruda de (1998). *Utopia possível na Cidade Velha, Belém.* Trabalho final de graduação em Arquitetura e Urbanismo. Niterói: Universidade Federal Fluminense.

PACE, Richard (2014). "O legado de Charles Wagley: uma introdução". *Boletim do Museu Paraense Emílio Goeldi, Ciências Humanas,* v. 9, n. 3, pp. 597-602.

PACE, Richard; HINOTE, Brian P. (2013). *Amazon Town TV: an Audience Ethnography in Gurupá, Brazil.* Austin: University of Texas Press.

PACHECO, Agenor Sarraf (2009). *En el corazón de la Amazonía: identidades, saberes e religiosidades no regime das águas marajoaras.* Tese de Doutorado. São Paulo: PUC.

PACHECO, Agenor Sarraf; SCHAAN, Denise Pahl; BELTRÃO, Jane Felipe (2012, orgs.). *Remando por campos e florestas: patrimônios marajoaras em narrativas e vivências.* Belém: GKNoronha.

PATACA, Ermelinda Moutinho (2005). "A Ilha do Marajó na *Viagem Philosophica* (1783-1792) de Alexandre Rodrigues Ferreira". *Boletim do Museu Paraense Emílio Goeldi, série Ciências Humanas,* v. 1, n. 1, pp. 149-169.

PENTEADO, Antonio Rocha (1968). *Belém – estudo de geografia urbana.* 2 vols. Belém: UFPA.

PEREIRA, Manuel Nunes (1956). *A ilha de Marajó: estudo econômico-social.* Rio de Janeiro: Ministério da Agricultura.

PINTO, Lúcio Flávio (1982). *Carajás: o ataque ao coração da Amazônia.* 2ª ed. Rio de Janeiro: Marco Zero; e Studio Alfa.

_____ (2006). "Amazônia: tem futuro o futuro?". *In:* FORLINE, Louis; MURRIETA, Rui; VIEIRA, Ima (orgs.). *Amazônia além dos 500 anos.* Belém: Museu Paraense Emílio Goeldi, pp. 455-471.

_____ (2012). *A Amazônia em questão: Belo Monte, Vale e outros temas.* São Paulo: B4.

_____ (2014). *O fim da Amazônia: grilagem e desmatamento.* Manaus: UEA Edições.

PINTO, Renan Freitas (2006, org.). *O Diário do Padre Samuel Fritz.* Manaus: EDUA [O diário foi escrito nos anos 1689 a 1691].

_____ (2008). *Viagem das ideias.* 2ª ed. Manaus: Valer.

PIZARRO, Ana (2009). *Amazonía: el río tiene voces – Imaginario e modernización.* Santiago de Chile: Fondo de Cultura Económica. – *Amazônia: as vozes do rio – Imaginário e modernização.* Tradução: Rômulo Monte Alto. Belo Horizonte: EdUFMG, 2013.

POE, Edgar Allan. "The Mystery of Marie Rogêt". *In: Collected Works of Edgar Allan*

Poe. Ed. org. por Thomas Ollive Mabbott. Cambridge/Mass.: Harvard University Press, 1978, pp. 723-788.

PORRO, Antonio (1992). *As crônicas do rio Amazonas*. Petrópolis: Vozes.

PRESSLER, Gunter Karl (2004). "A nova recepção da obra de Dalcídio Jurandir". *Asas da Palavra* (Belém), n. 17, pp. 121-129.

_____ (2005). "Der 'Bildungsroman' in der Literatur Amazoniens: Inglês de Souza und Dalcídio Jurandir". *In:* BEIL, Ulrich; DORNBUSCH, Claudia; NOMURA, Masa (orgs.). *Blickwechsel. Akten des XI. Lateinamerikanischen Germanistenkongresses: São Paulo-Paraty-Petrópolis 2003*. Vol. II. São Paulo: EdUSP; Montferrer, 2005, pp. 93-100.

_____ (2006). "Dalcídio Jurandir – a escrita do mundo marajoara não é regional, é universal". *In:* LEITE, Marcus (org.). *Leituras dalcidianas*. Belém: Unama, pp. 9-17.

_____ (2007). "O espelho adiantado: sobre a recepção da obra de Dalcídio Jurandir". *In:* D'ANGELO, Biagio; PEREIRA, Maria Antonieta (orgs.). *Um rio de palavras: estudos sobre literatura e cultura da amazônia*. Lima: Fondo Editorial de la Universidad Catolica Sedes Sapientiae, pp. 125-147.

_____ (2010). "O maior romancista da Amazônia – Dalcídio Jurandir – e o mundo do arquipélago de Marajó". *In:* BOLLE, Willi; CASTRO, Edna; VEJMELKA, Marcel (orgs.). *Amazônia: região universal e teatro do mundo*. São Paulo: Globo, pp. 235-259.

_____ (2012a). "Dalcídio Jurandir – João Guimarães Rosa: a crítica literária diante do romance de nova feição regionalista". *Asas da Palavra* (Belém), n. 26, pp. 127-137.

_____ (2012b). "Gurupá – das ruínas aos cemitérios". *Estudos Avançados* (São Paulo), v. 26, n. 76, pp. 351-372.

_____ (2014). "Introdução: O espelho adiantado". *In:* PRESSLER, Gunter Karl; MENEZES, Flávia; SANTOS NETO, Mário (orgs.). *Dalcídio Jurandir: bibliografia geral e estudos críticos*. Toronto: Kobo, *e-book*, pp. 1-28. 2ª versão, ampliada, Belém: SMD, 2016.

_____ (2018). "Aprendizagem e fracasso do jovem Alfredo: Dalcídio Jurandir e o romance moderno de formação na Amazônia Oriental". *Literatura e Sociedade* (São Paulo), v. 27, pp. 158-174.

PRESSLER, Gunter Karl; MENEZES, Flávia; SANTOS NETO, Mário (2014, orgs.). *Dalcídio Jurandir: bibliografia geral e estudos críticos*. La Coruña: SMD; versão *e-book*, Toronto: Kobo. 2ª versão, ampliada, Belém: SMD, 2016.

RAIOL, Domingos Antônio (1970). *Motins políticos*. 3 vols. Belém: UFPA.

RANGEL, Alberto (2008). *Inferno verde: cenas e cenários do Amazonas*. 6ª ed. rev. Manaus: Valer (1ª ed., 1908).

RODRIGUES, Angelina da Costa (2014). "A representação da cidade de Ponta de Pedras nos aspectos físicos, sociais e culturais na obra *Marajó*, de Dalcídio Jurandir". *In:* PRESSLER, Gunter Karl; MENEZES, Flávia; SANTOS NETO, Mário (orgs.). *Dalcídio Jurandir: bibliografia geral e estudos críticos*. Toronto: Kobo, *e-book*, 3.1, pp. 1-22.

RODRIGUES, Carmen Izabel (2008). *Vem do bairro do Jurunas: sociabilidade e cons-*

trução de identidades em espaço urbano. Belém: NAEA/UFPA.

RODRIGUES, Denise Simões (2009). *Revolução cabana e construção da identidade amazônida.* Belém: EdUEPA.

RODRIGUES, Edmilson Brito (1996). *Aventura urbana: urbanização, trabalho e meio ambiente em Belém.* Belém: UFPA/NAEA.

_____ (2000). *Os desafios da metrópole: reflexões sobre desenvolvimento para Belém.* Belém: UFPA/NAEA.

ROLLAND, Romain [1904-1912]. *Jean-Christophe* [10 vols.], 3 tomos. Paris: Albin Michel, 1931.

_____ [1909]. *Dans la Maison* [= 7º vol. de *Jean-Christophe*]. 75ª ed. Paris: Ollendorf, s.d.

RÓNAI, Paulo [1947]. *Balzac e a Comédia humana.* 4ª ed. São Paulo: Globo, 2012.

ROQUE, Carlos (1996). *Antônio Lemos e sua época: história política do Pará.* 2ª ed. Belém: Cejup.

_____ (2001). *História geral de Belém e do Grão-Pará.* Belém: Distribel.

SALLES, Vicente [1971]. *O negro no Pará sob o regime da escravidão.* 3ª ed. rev. ampl. Belém: IAP; Programa Raízes, 2005.

_____ (1978). "Chão de Dalcídio". Posfácio *in:* JURANDIR, Dalcídio. *Marajó.* 2ª ed. rev. Rio de Janeiro: Cátedra; Brasília: INL, pp. 345-360. Reimpressão *in: Asas da Palavra* (Belém), n. 4 (1996), pp. 66-71.

_____ (1992). *Memorial da Cabanagem: esboço do pensamento político-revolucionário no Grão-Pará.* Belém: Cejup.

SANTOS, Milton (1971). *Les villes du Tiers Monde.* Paris: Génin.

SANTOS, Roberto (1980). *História econômica da Amazônia: 1800-1920.* São Paulo: T. A. Queiroz.

SARGES, Maria de Nazaré (2010). *Belém: riquezas produzindo a Belle Époque (1870-1912).* 3ª ed. Belém: Paka Tatu (1ª ed., 2000).

SCHAAN, Denise Pahl (2007). "O patrimônio arqueológico da ilha de Marajó". *In:* Iphan. *Inventário nacional de referências culturais: Marajó.* CD-ROM.

_____ (2009). *Cultura marajoara.* Edição trilíngue: português/espanhol/inglês. Rio de Janeiro: Senac Nacional; São Paulo: Ed. Senac; Fecomércio/PA.

SCHAAN, Denise Pahl; PACHECO, Agenor Sarraf; BELTRÃO, Jane Felipe (2011, orgs.). *Remando por campos e florestas: memórias e paisagens dos Marajós.* Rio Branco: GKNoronha.

SCHLEGEL, Friedrich [1800]. "Über die Unverständlichkeit" [Sobre a incompreensibilidade]. *In: Charakteristiken und Kritiken I (1796-1801).* Ed. org. por Hans Eichner. Munique-Paderborn-Viena: Schöningh; Zurique: Thomas-Verlag, 1967, pp. 363-372.

SCHWARCZ, Lilia Moritz; STARLING, Heloisa Murgel (2015). *Brasil: uma biografia.* São Paulo: Companhia das Letras.

SILVA, Benedito Sanches da (2008). *Gurupá dos mariocays.* Gurupá/PA: Gráfica Sanches.

SILVA, Maria Amélia Rodrigues da (2004). "Meio século de mineração na Amazônia: das ocorrências à diversificação concentrada". *In:* MENDES, Armando Dias (org.). *Amazônia, terra e civilização: uma trajetória de 60 anos.* 2ª ed. rev. e aum., Belém: Banco da Amazônia, vol. I, pp. 245-270.

SLATER, Candace (2002). *Entangled Edens: Visions of the Amazon.* Berkeley; Los Angeles; Londres: University of California Press.

SOUZA, H. Inglês de (2007). *História de um pescador.* Belém: EdUFPA, 2007 (1ª ed., 1876).

SOUZA, Márcio (1976). *As folias do látex.* 3ª ed. Manaus: Valer, 2007.

_____ (2005). *Mad Maria.* 17ª ed. Rio de Janeiro: Record (1ª ed., 1980).

_____ (2009). *História da Amazônia.* Manaus: Valer.

SOUZA, Waldinei do Carmo de; GUIMARÃES, Regina; LOIOLA, Rosane de; BRANDÃO, Rosineide; GONÇALVES, Wallace da Silva (2015). "Innovation und Investition in die Zukunft / Inovação e investimento no futuro". *In:* BOLLE, Willi; KUPFER, Eckhard E. (orgs.). *Deutsch-brasilianische Beziehungen in der Gegenwart / Relações entre Brasil e Alemanha na época contemporânea.* Santos-SP: Editora Brasileira de Arte e Cultura, pp. 68-73.

SPIX, Johann Baptist von; MARTIUS, Carl Friedrich. (1981). *Viagem pelo Brasil, 1817-1820,* vol. III. Tradução: Lúcia Furquim Lahmeyer. Belo Horizonte: Itatiaia; São Paulo: EdUSP. Ed. original: *Reise in Brasilien, 1817-1820,* vol. III, 1ª ed., 1831, reimpressão 1980. Stuttgart: Brockhaus.

STEINWEG, Reiner (1972). *Das Lehrstück: Brechts Theorie einer politisch-ästhetischen Erziehung.* Stuttgart: Metzler.

The Brecht Yearbook / Das Brecht Jahrbuch n. 39: "The Creative Spectator" (University of Wisconsin Press), 2014.

TOCANTINS, Leandro [1952]. *O rio comanda a vida: uma interpretação da Amazônia.* Rio de Janeiro: A Noite. 9ª ed. rev., Manaus: Valer, 2000.

_____ (1963). *Santa Maria de Belém do Grão-Pará.* Rio de Janeiro: Civilização Brasileira.

TORRES, Maurício (2005, org.). *Amazônia revelada: os descaminhos ao longo da BR-163.* Brasília: CNPq.

TRINDADE JR., Saint-Clair (1997). *Produção do espaço e uso do solo em Belém.* Belém: UFPA/NAEA.

_____ (1998). *A cidade dispersa: os novos espaços de assentamentos em Belém e a reestruturação metropolitana.* Tese de doutorado, São Paulo: FFLCH-USP.

UGARTE, Auxiliomar Silva (2009). *Sertões de bárbaros: o mundo natural e as sociedades indígenas da Amazônia na visão dos cronistas ibéricos (séculos XVI-XVII).* Manaus: Valer.

VALENTE, José (1993). *A História nas ruas de Belém,* vol. 2: *Umarizal.* Belém: Cejup.

VERÍSSIMO, José (1970). "As populações indígenas e mestiças da Amazônia". *In: Estudos amazônicos*. Belém: EdUFPA, pp. 9-87 (1ª ed., 1878).

VIDAL, Lux (1989). "A questão indígena na Amazônia". *In:* PARÁ, SECRETARIA DE ESTADO DE EDUCAÇÃO. *Estudos e problemas amazônicos*. Belém: Instituto do Desenvolvimento Econômico e Social do Pará, pp. 145-154.

VIEIRA, Antônio (2001). *Sermões*. 2 vols., org.: Alcir Pécora. São Paulo: Hedra [Os sermões são dos anos 1640 a 1697].

VOVELLE, Michel (2011). "A história e a longa duração". Tradução: Flávia Nascimento. *In:* NOVAIS, Fernando A.; SILVA, Rogério Forastieri da (orgs.). *Nova história em perspectiva*. São Paulo: Cosac Naify, vol. I, pp. 370-407.

WAGLEY, Charles (1988). *Uma comunidade amazônica: estudo do homem nos trópicos*. Tradução: Clotilde da Silva Costa. 3ª ed. Belo Horizonte: Itatiaia; São Paulo: EdUSP (1ª ed., 1957). – Ed. original: *Amazon Town: a Study of man in the Tropics*. Nova York: Macmillan, 1953.

WALLACE, Alfred Russel (1979). *Viagens pelos rios Amazonas e Negro*. Tradução: Eugênio Amado. Belo Horizonte: Itatiaia; São Paulo: EdUSP.

WEINSTEIN, Bárbara (1993). *A borracha na Amazônia: expansão e decadência, 1850-1920*. Tradução: Lólio Lourenço de Oliveira. São Paulo: Hucitec; EdUSP, 1993. – Ed. original: *The Amazon Rubber Boom, 1850-1920*. Stanford University Press, 1983.

WILLER, Stefan (2013). "Roman als Enzyklopädie – Vorbemerkung". *Arcadia: International Journal of Literary Culture* (Berlim; Boston), v. 48, n. 2, pp. 259-261.

WILLIAMS, Raymond [1973] *O campo e a cidade na história e na literatura*. Tradução: Paulo Henriques Britto. São Paulo: Companhia das Letras, 1990.

ZARUR, George (1993). "A contribuição de Charles Wagley para a antropologia brasileira e para a ideia de Brasil". *Anuário Antropológico* (Brasília), pp. 257-269.

DVDS

Festividade de São Benedito de Gurupá, 2012. DVD gravado pela empresa Foto Allen, Gurupá/PA.

Festividade de São Benedito de Gurupá: Vesperal, 2012. DVD gravado pela empresa Foto Allen, Gurupá/PA.

Iphan (2007). *Inventário nacional de referências culturais: Marajó*. CD-ROM e DVD. Belém: 2ª SR.

WEBSITES

FERREIRA, Alexandre Rodrigues. "Notícia histórica da Ilha de Joanes ou Marajó". Disponível em: <http://filologia.org.br/pereira/textos/noticia_historica_da_ilha_grande_de_joanes.pdf>. Acesso em: 1º jun. 2015.

<http://cidades.ibge.gov.br/xtras/uf.php?lang=&coduf=15&search=para>. Acesso em: 21 mar. 2016.

<www.diarioonline.com.br/noticia-252510-idh-expoe-abandono-em-que-vive-o--marajo.html?101160912>. Acesso em: 15 jul. 2016.

<http://nacaomestica.org/diretorio_dos_indios.htm>. Acesso em: 13 maio 2015.

"Os Tucumãs – narradores de Dalcídio Jurandir". Disponível em: <https://www.youtube.com/watch?v=J92QI4Tn40I>. Acesso em: 19 out. 2017.

ROTEIRO DA ADAPTAÇÃO CÊNICA DO ROMANCE

Passagem dos Inocentes (1963), de Dalcídio Jurandir

Esta adaptação foi realizada em 2009/2010, por um grupo de professores e alunos da Escola Estadual de Ensino Fundamental e Médio Dr. Celso Malcher, localizada no bairro de Terra Firme, em Belém, com a coordenação dos professores Waldinei do Carmo de Souza (ECM) e Willi Bolle (USP). Houve uma leitura dramática em 6 de novembro de 2009, na Escola Dr. Celso Malcher, e uma apresentação teatral em 15 de abril de 2010, na Unama.

Os números de páginas entre colchetes referem-se, em sua grande maioria, à 2ª edição de *Passagem dos Inocentes* (Belém: Falangola, 1984; sigla "INO"). Há também algumas citações do romance *Belém do Grão-Pará*, do mesmo autor (2ª ed. 2004, Belém: EdUFPA; Rio de Janeiro: Casa de Rui Barbosa, 2004; sigla "BGP"); e do estudo de Ernesto Cruz, *Ruas de Belém* (2ª ed., Belém: Cejup, 1992; sigla: "E. Cruz").

Cenário e Introdução

Em cima do palco flutuam duas pipas e três rabiolas [cf. INO, p. 126] *com os dizeres:*

Guamá – Ponte do Galo – Passagem dos Inocentes – Chão dos Lobos – Terra Firme.

Pipas e rabiolas são seguradas por fios nas mãos de alunos, na plateia.

Os atores cantam

Que ofício dá pra ele / Mando tiro, tiro lá
O ofício de aprendiz / Mando tiro, tiro lá
Este ofício já me agrada /Mando tiro ... [*bis*] [cf. p. 70]

Narrador:
Alfredo, um quase rapaz de 14 anos da ilha de Marajó,
chega a Belém, para estudar [cf. pp. 67-82]
Ele foi convidado a se hospedar na casa de uma parente do pai, d. Celeste, de Mua-
ná, que também possui casa em Belém.
No ano passado, Alfredo morou na casa da família Alcântara, na avenida Gentil Bit-
tencourt, perto do largo de Nazaré com a Basílica. [cf. *Belém do Grão-Pará* = BGP]
Dos fundos daquela casa, ele olhava em direção ao rio Guamá.
Sentiu o hálito das baixadas que cobria o quintal. [cf. BGP, p. 109]
Que população vivia nessa outra cidade de Belém, nas baixadas, perguntava-se
Alfredo, ao olhar para os cercados, janelas e telheiros:
que lavadeiras, capinadores com suas foices, que meninos? [cf. BGP, p. 248]

Narrador:
Primeiro Ato
Iniciação de Alfredo à periferia [cf. INO, pp. 67-82]
Alfredo está em companhia de Leônidas, irmão de d. Celeste.
No Muaná, d. Celeste, sobrinha do pai de Alfredo, tinha falado para a mãe dele:

Voz de **d. Celeste:** Amélia, onde teu filho vai parar na cidade?
Tu queres, eu agasalho ele lá na minha casa. [cf. p. 66]
Espero lá o meu ilustre hóspede. [cf. p. 68]

Alfredo: Como será essa casa?
Alta? De platibanda? Telha francesa? Soalho de madeira preta e branca? Sacada?
[cf. p. 68]

Narrador: D. Celeste ocultava o seu endereço em Belém, para se livrar dos abelhu-
dos, principalmente daqueles no interior. Esquivava, falava assim:

Voz de **d. Celeste:**
Ali, no Umarizal, eu moro, moramos, eu gosto. Na passagem Mac-Donald.
O número da casa? Não te digo. [cf. p. 69]

Leônidas: Daqui a pouco estamos chegando. Já passamos pelo largo de Santa Luzia e estamos perto da rua Curuçá. [cf. pp. 70-71]

Alfredo, *desconfiado, para*:
Não é por aqui? [cf. p. 79] Pelo que ouvi dizer em Muaná,
a passagem Mac-Donald é entre duas avenidas asfaltadas.

Narrador: Volta o chuvisco. [cf. p. 70]
A rua, sem calçamento, cavada pelas chuvas, é escorregadia.
Barracas, capinzal, insetos, sapos – a escuridão.
Ouve-se o som de grilos e sapos.

Leônidas: É aqui. Aqui se entra. Já chegamos na rua Curuçá.

Narrador: O chuvisco caindo. Luz nenhuma na rua, o caminho encharca. [cf. p. 79]

Alfredo, *assustado*: Aqui? Mas isso aí dentro?

Leônidas: Muito escuro? Não tenha medo, vais comigo. [cf. p. 79]

Alfredo: Não é medo. Mas tem que passar por aí para chegar lá?

Leônidas: Na Cecé? Na Celeste? Mas é por aqui, é aí dentro. [p. 79]

Alfredo: Mas pra ir para lá, precisa mesmo entrar aqui? Por esta boca?

Leônidas: Meu filho, é aqui, nesta passagem, que a Celeste mora. Por aquela boca, o caminho vai dar lá, na Celeste, o teu Grande Hotel, meu viajante.
A Inocentes. [p. 79]

Alfredo: Inocentes? [p. 80]

Leônidas: A passagem dos Inocentes, sim, onde tu vais morar, Celeste mora.
Pra onde vamos. [p. 80]

Alfredo: Mas não é a passagem Mac-Donald, Leônidas? [cf. p. 80]
D. Celeste lá no Muaná dizia que era como a Passagem Mac-Dowell,
que liga a São Jerônimo com a avenida Nazaré.

Leônidas: A Mac-Donald? Ah, o inglês? Celeste imagina muito, é. Queres tirar a lama do sapato? Só chegando lá, se tira. [p. 80]

Narrador: Escancara-se uma vala, que se estende até lá embaixo, nas barracas sepultadas. Um palhame grosso, arrepiado, encharcado. E logo a passagem se estreita, com mais buracos, valas e capinzal. [cf. p. 80]

Leônidas, *segurando o braço de Alfredo*: Não esmoreça, o tempo é que está danisco. Foi a figuração da Cecé. Aquela minha senhora irmã. Tu não sabias? Lá no Muaná, Cecé é uma coisa, aqui é outra. Cecé, lá, disto nunca diz. Oculta. Sabias? [p. 80]

Narrador: Alfredo tenta desviar-se da lama. As palhoças com seus beiços de palha. Gatos miando. E chovendo em cheio em cima dos viajantes, os carapanãs num zunido em grosso disparam de todos os lados. [cf. p. 81]

Leônidas: É carapanã, é sapo, é gato, a banda de música da Inocentes nos recebendo nesta lama, companheiro... [p. 81]
Torna-se mais forte o som de grilos e sapos.

Narrador: Alfredo mal consegue andar, se abanando. A noite espreme o palhoçal, come aquela população ali entocada como sapo. [cf. p. 81]

Alfredo: Por ali, sai-se onde? Não estou enxergando nada. Onde? Porta do inferno te abre, te apresenta, casa do são nunca. [cf. p. 81]

Narrador: Leônidas quer guiá-lo, Alfredo se arreda, rejeita o amparo. Mete então bem fundo o pé, sapato e meia, no lamaçal. Esta não é a lama de Cachoeira, das beiragens de rio, a gostosa lama do igarapé na vazante. Arranca a perna como se a trouxesse podre, esmagada, os bichos lhe subindo.

Alfredo: Quer saber de uma coisa? Eu quero que a d. Celeste, a casa dela, o estudo, a cidade, que tudo isto aqui vá pras profundas!

Narrador: De repente, ele encontra a palavra que resume aquilo tudo:

Alfredo: Covões
Covões!

Narrador: Esse derradeiro, triste-triste grau de se morar:

Coro: COVÕES!!! [cf. p. 82]

Narrador:
Segundo Ato
D. Cecé no seu barraco, na rotina do cotidiano [cf. INO, pp. 166-174]

D. Cecé ou d. Celeste **era três:**
– a jovem de 18 anos
– a dama rica, morando num sobrado de azulejos em Muaná
– a Cecé de Belém, vivendo num barraco, na rotina do seu cotidiano

Cena 1: Belerofonte
D. Cecé, *de vassoura na mão, para a vizinha*:
Bom dia, d. Romana! Preparando o mingau pros filhos? [cf. p. 167]
Ah, não aguento: meu marido roncando, roncando! [cf. p. 167]
Ouve-se o ronco do marido de d. Cecé.
Será que o seu marido, na hora do almoço, come fino de talher,
como a sra. e eu aprendemos, ou come com a mão, igual ao meu? [cf. p. 107]
Ah! Eu me oculto no meu cabelo para não ver esse marido. [cf. p. 108]

para o filho: Belerofonte, vem cá! Dar um beijo na mamãe.

D. Romana, a sra. já reparou que este é o menino mais belo do mundo?

Alfredo, não achas que meu filho é belo? [cf. p. 172]
Ele tem garbo. É talhado para um oficial da Marinha. [cf. p. 172]
É meio danado, sim, mas a danação dele é sinal de homem, é ou não é?
Belerofonte não é apenas bonito, não é apenas lindo, ele é belo!
Não parece o filho dum capitão de encouraçado inglês?
O destino dele é a Marinha. No navio-escola ele vai correndo os mares,
me mandando seus retratos e os cartões do Vesúvio. [cf. p. 172]

É uma pena, d. Romana, que não haja mais no mundo homens belos.
Ah, como meu Belerofonte é belo! [cf. pp. 172-173]

Alfredo, *segredando para a plateia*:
Esse menino é um demônio.
É o malino escorrido e escarrado. [cf. p. 173]

Narrador:

Cena 2: A Patroa define as regras para a empregada [cf. pp. 123-126]

D. Cecé: Esta aqui é mea afilhada, Alfredo, vem ajudar no serviço, veio do sítio. Eu estava na falta duma.

Arlinda, agora, ouve qual a tua obrigação.

Treze, tua idade, é? Teu tio me falou. [pp. 123-124]

Aqui está esse meu filho, um que nunca sossega nem no sono, o Belerofonte.

Não te zanga com ele, aquela-menina, senão vai ser o teu inferno. [p. 124]

Estás e não estás na casa alheia, vieste me servir.

Servirzinho um pouco o bastante que quero para movimento de fogão, encher o pote, rachar um pau de lenha, o lixo na baixa, a vigiação do porco, o asseio no quintal, atender ao Belerofonte, ir numa compra, tirar de minha mão certos cuidados. [p. 124]

Saudade? [cf. p. 124]

Desentristece, criatura.

Tão anêmica que está. Comes terra?

Tens vício? Não te acanha, me diz, não esconde, que eu te desvicio.

E esses panos brancos? Precisa é tirar isso do corpo, isso é roupa de gente?

Vou cortar teu vestido dum meu velho.

Piolho, tens? Não? Me deixa ver tua cabeça, parece que não.

De que estás chorando?

Teu tio te emprestou para mim, eu acabo de te criar.

Na tua idade, mea filha, não se tem querer; querer tem teu tio, que te entregou a mim que te preciso. [cf. p. 125]

E se te dá de chorar, chorazinho um pouco, que o fadário de toda mulher desde gitinha é pegar esse defluxo. [p. 125]

Tu não vieste para um castigo, Arlinda, isto aqui não é um degredo.

Pior era se teu tio – Deus te livre – te metesse num orfanato. Amanhã, possível, estás aí emplumada, saindo daqui pela mão dum rapaz trabalhador. Doutro modo, não. [p. 125]

Te assoa neste pano, toma. [p. 125]

Prum castigo tu vieste? Te disseram isto?

Vai, aquela menina, puxa um balde d'água, te asseia, te passa sabão, te esfrega com sabugo de milho, passa folha de vindicá no braço e peito, tu precisa é duma lixa, te desencardir, minha encardida! Ariar bem teu corpo, mea papa-siri, mea papa-gurijuba.

Sorrateiramente, entra Belerofonte, brincando com um barquinho.
Mas, fala, criatura, larga o que tu sente. Tua mágoa me diz. Descobre teu sentimento, que eu aqui não sou tão monstra. [cf. p. 126]

Belerofonte avança em cima de Arlinda.
Mas... Belerofonte! Belerofonte! Não me puxa a orelha da pirralha, me deixa a menina! Belerofonte! Não arriba a sainha dela, menino sujo, demoninho, demônio,
me larga a menina, Belerofonte! [p. 126]

Vem cá, Arlinda. Carrega pra dentro a tua trouxinha.
Nestes primeiros dias, tem paciência, entrete teu sono na esteira, mea filha,
mas numa rede vais deitar, sim, que te prometo. [p. 126]

E mais uma coisa, Arlinda, aquela-menina...
Todo dia varre bem por baixo daquela mala.
Que tu me dê conta daquela mala, criatura! [p. 169]

Narrador:
Cena 3: D. Celeste recorda a cena que viveu aos 18 anos:
sua fuga a bordo, com o comandante [cf. pp. 83-101]

Hoje à tarde, d. Celeste saiu, toda misteriosa. Ela sai sempre na quarta-feira.
As pessoas da passagem já se deram conta, chove olhares e comentários.
Agora à noite – o marido roncando – ela caminha até a sala com a mala. [cf. p. 141]

Celeste, *de lingerie, gira a chave da mala, tira um vestido.*
Põe o vestido de baile e olha-se no espelho.
Música de valsa. Ela escuta.

Ah! Aquele fim de baile a bordo, aquela noite no Muaná. [cf. p. 83]
Quase sinto a mesma vertigem, ainda hoje, também por saudade, por desespero.

Voz de **uma amiga:** Celeste, teu namorado não veio?
Vocês não iam dançar juntos pela primeira vez? [cf. p. 84]

Celeste: Antonino foi caçar hoje à tarde. Foi ferrado por uma aranha e não pôde
vir.

Voz de **uma amiga**: E agora, o que tu vais fazer?

Celeste: Estou muito suada, vou mudar de roupa em casa. [cf. p. 83]
Vai até a mala, tira outro vestido. Defronte ao espelho:
Que rumor é esse, no quintal? Um rumor de gente? Um gemer?
Onde? Ali debaixo das bananeiras? Porco? [cf. p. 83]
Ouve-se um grunhir de porcos e gemidos de prazer.
Pai do céu, não é o que vejo, não é o que ouço.
Meu Deus, me deixe soltar meu grito.

Narrador: O grito dela ficou engasgado, petrificada a boca, gelou o peito.
Correu para bordo, como se fosse partir, o navio a largar. [cf. p. 85]
O tempo de ser puxada e ter a cintura enlaçada, e aquele primeiro rodopio no salão.
Música de valsa. Celeste dança. Chove confete.
E valsa em cima de valsa, era ela dar um suspiro, o seu par suspiro e meio, agora longe-longe das bananeiras, voava. Invisível o cavalheiro, a dama levava o seu baile para o meio do rio. Soalho macio era a maré agora seu salão, onde se banhava aquelas tardes tão ontem. Aquelas tardes de tanta moça nua na enseada do rio, felizes até a boquinha da noite brincando, nadando e mergulhando. Quando então as mães vinham chamar:

Voz de **uma das mães:** Olhem meninas, saem da água já!
Candiru se enfia por dentro de vocês, suas acesas do diabo! [cf. p. 85]

Celeste: Lá me vou, Cecé, com meu vestido de ar. Valsando sobre igapós, lagos, cemitérios dos índios, em meio do laço no ar que os vaqueiros me atiram.
Faço o meu baile nas águas grandes, montei naquele cavalo freio de prata e crina dourada que sobe as alturas de Monte Alegre. [cf. pp. 85-86] O navio subindo, nos desconformes desta noite: [cf. p. 150] Manaus, Solimões, rio acima...
O comandante, comandando nesta roda de leme que é este meu corpo. [cf. p. 86]

Coro: As cidades com seus arraiais embandeirados, as vilas cheirando a febre e a baunilha, os portos de lenha, castanhas, um São Benedito esmolando, o urro dos bois na maromba, o silêncio dos caçadores no mato, o lodo e a aninga, o cavalgar dos peixes-boi e a rabuda arara carregando no bico a cauda do vestido de baile, de Celeste Coimbra de Oliveira, família de nome no Muaná. [cf. p. 86]

Cena 4: Matando a Quimera [cf. p. 107]

Voz do marido de d. Celeste, **seu Antonino Emiliano:**
Mata a Quimera!
Belerofonte, meu filho, monta no "Pégaso" e mata a Quimera! [cf. p. 107]

Narrador:
O Pégaso é o porquinho que a d. Celeste está cevando para o dia do Círio.
Toda quarta-feira, enquanto d. Celeste dá o seu passeio,
Belerofonte vai até a mala e arromba o fecho.
Arranca dali um vestido e cavalga com ele no Pégaso.

Belerofonte cavalga o porco; ambos estraçalham o vestido.

Voz de **d. Celeste:**
Arlinda, aquela-menina, onde você deixou o meu chapéu com pluma de garça?

O chapéu com pluma de garça aparece na cabeça do porco. [cf. p. 196]

Coro:
Mata a Quimera! Mata a Quimera! Mata a Quimera! [cf. p. 107]

Narrador:
Terceiro e último Ato
O passeio de quarta-feira de d. Celeste [cf. pp. 175-191...]

Cena 1: As fofocas
Alfredo vai até o bar da esquina comprar uma garrafa de querosene.
É abordado por um bêbado, o Cara-Longe. [cf. p. 175]

Cara-Longe, *com a garrafa de pinga:*
Como vai meu vizinho do 268? E o Belerofonte, o "Zéfiro" e o "Pégaso"?
Veio comprar cana para a dona da casa abrir o apetite? [cf. p. 175]
Amanhã é quarta-feira. Olhe aqui o calendário: marquei todas as quartas-feiras
do mês.
A rainha das nossas palhas vai dar seu giro pela cidade. Metade das saias desta
passagem assopram: amanhã é o dia da senhora Quarta-Feira. [cf. p. 178] A pérola
vai sair de sua concha, amanhã. Pega o circular externo e volta pelo interno. Vai
fazer sua trasladação. Em torno de um sol que deve estar escondido no gabinete
de algum dentista, ou na sala de um quiromante. Ou num chatô de cortina, ou
no reposteiro de algum comandante, ou na igreja de Santana no confessionário
daquele galante vigário. A passeante dá assim um laço em volta da cidade. Quer
que eu lhe desenhe o itinerário? [cf. pp. 178-179]

Narrador: Neste balcão da Boca, o Cara-Longe é a voz geral. [cf. p. 182]

Aqui, todos fossam a vida do próximo, do mundo só veem o imundo. [cf. p. 180]

Fofoqueira 1: Aquela casada nas quartas-feiras vai num rumo que decente não é. Só pode ser quem deixou a alma na unha do Cão.

Vai fazer a Nossa Senhora, de novo, derramar as suas santas lágrimas. [cf. p. 184]

Fofoqueira 2: E seu Antonino? Que ideia ele tem dessa quarta-feira? O marido devia lavar em sangue semelhante passeio. [cf. p. 184]

Fofoqueira 1: Ele finge não saber, ou sabe? E nem liga? O tempo inteiro ele está rondando o Ver-o-Peso, catando fretes para seu barco com aquele nome esquisito: um tal de "Zéfiro". Mas ele fica só esperando, pois quem usa o barco é o irmão de d. Celeste, que nunca chega. [cf. p. 184]

Narrador: Marido e mulher do 268 não andam batendo boca, mas todo mundo duvida que se entendem bem. Eles fingem se entenderem bem. São tão bem casados que se vê logo o mau casamento. [cf. p. 184]

Cena 2: Alfredo e seu Antonino

Alfredo: Eu não compreendo. Por que seu Antonino não dá nenhum basta aos passeios da quarta-feira? Casou com a d. Celeste depois da viagem dela no "Trombetas", por quê? [cf. p. 188]

Narrador: Seu Antonino faz de Alfredo o seu confidente e revela os seus planos.

Seu Antonino: Pois é, Alfredo: do sobrado de Muaná caímos nesta cabana. [cf. p. 108] E o "Zéfiro" me dá prejuízo em cima de prejuízo. [cf. p. 190] O Leônidas usa o "Zéfiro" pros negócios dele e eu fico aqui esperando. Posso assim conseguir fretes? E o nosso de-comer? Não é com os trinta mensais que a tua mãe te manda que esta casa se sustenta. Resultado: tive que vender os primeiros azulejos do sobrado da Celeste, em Muaná. E vou vender todos os azulejos, desmancho o sobrado. Doer me dói, sim, mas que remédio. Celeste, Deus me livre, não sabe nem vai saber. A ti, parente, te digo, mas não ouviste. Vou fazer de tudo para ela não ir em junho a Muaná. Nem dezembro. Passamos a comer de azulejos. [cf. pp. 190-191]

Narrador: D. Celeste, com o seu sobrado de azulejos em Muaná, é a última representante da antiga família Oliveira. Mas aqui o filho lhe destrói os vestidos e lá, o marido lhe desmancha o sobrado. [cf. p. 191]

Narrador:

Cena 3: Aula de Geografia e História sobre Belém, ou:
O misterioso passeio de d. Celeste [cf. pp. 192-214]

Nesta tarde de quarta-feira, d. Celeste está saindo, e Alfredo atrás, como um detetive. [cf. p. 192]

Entram em cena d. Celeste, Alfredo e o professor de Geografia.

Professor de Geografia: Caros alunos, hoje vamos estudar os nomes das ruas, praças e lugares históricos de Belém.

Fofoqueira 1: Aonde vai essa dona, meu Santo Antônio de Lisboa? [cf. p. 192]

Fofoqueira 2: Ela saiu pela esquina em direção ao largo de Santa Luzia.
Eu vi ela apanhar o bonde circular, seguindo pela Generalíssimo. [cf. pp. 192-193]

Professor de Geografia: A avenida Generalíssimo Deodoro recebeu este nome em homenagem ao proclamador da República e chefe do Governo provisório, na transição política que marcou o fim do Império. O Generalíssimo Manuel Deodoro da Fonseca tomou parte ativa na guerra do Paraguai... [E. Cruz, p. 88]

Fofoqueira 1: Agora ela chegou no largo de Nazaré.

Fofoqueira 2: Passa pela frente do Grupo Escolar do Barão e, dobrando na Gentil, continua em direção à Soledade. [cf. INO, p. 193]

Professor de Geografia: O largo de Nazaré recebeu esse nome por causa da ermida construída no século XVIII para o culto à milagrosa Santa. Mudou depois o nome para praça Justo Chermont, em homenagem ao primeiro governador escolhido e nomeado pelo Generalíssimo Deodoro da Fonseca... [E. Cruz, pp. 105-106]

Fofoqueira 1: Ela continua pela 16 de Novembro.

Fofoqueira 2: Agora ela saltou no largo do Palácio. [cf. INO, p. 193]
Parece que vai subir para a Cidade Velha. [cf. p. 195]

Professor de Geografia: A Cidade Velha é a parte de Belém onde os portugueses, sob o comando de Francisco de Castelo Branco, desembarcaram em 1616 e construíram um forte de madeira e uma capela. Saindo do forte, os colonos foram se aventurando na construção de casas para moradia. Daí surgiu a cidade, chamada posteriormente de Velha, permanecendo esta denominação até os dias presentes... [E. Cruz, p. 30]

Fofoqueira 1: Será que ela vai fazer a trasladação? [cf. INO, p. 178]

Fofoqueira 2: Sim, trasladação para algum chatô de cortina:
para o gabinete de algum dentista ou daquele astrólogo hindu. [cf. p. 178]

Fofoqueira 1: Nada disso. Olhe: Na esquina da João Alfredo,
ela apanha um "Curro" bagageiro. [cf. p. 195]

Professor de Geografia: A rua Conselheiro João Alfredo teve, primitivamente, o nome de Mercadores, pois estavam ali localizados os principais comerciantes da época. João Alfredo Corrêa de Oliveira foi presidente da Província do Pará, nomeado por carta imperial de 20 de outubro de 1869, tendo exercido o cargo, de 2 de dezembro daquele ano a 17 de abril de 1870... [E. Cruz, p. 41]

Um aluno: Professor, desculpe interromper a sua aula, que é muito interessante. Mas a gente gostaria de assistir ao passeio da d. Celeste.

Professor de Geografia: Se é assim, vamos votar.
para a classe: Quem prefere assistir à aula de Geografia?
E quem quer acompanhar o passeio da d. Celeste?

Votação dos alunos.

Fofoqueira 1: Ela desceu antes do Reduto. Passeia pela Manoel Barata. [cf. pp. 195-196]

Fofoqueira 2: Agora ela entrou nos Correios. Está no guichê da caixa postal. Que bilhete será que ela recebeu? [cf. INO, p. 196]

Fofoqueira 1: Agora ela desce a rampa da rua Quinze, rumo do Ver-o-Peso? [cf. p. 197]

Fofoqueira 2: Não, ela desce para o cais. [cf. p. 197]

Fofoqueira 1: Vai embarcar outra vez no "Trombetas"? [cf. pp. 197-198]
Será que o comandante já está esperando?

Fofoqueira 2: Não, é um rebocador chamado "Conqueror" – O Conquistador! Ela gosta de nome mágico. [cf. p. 198]

Fofoqueira 1: Mas lá sobe ela pela Padre Prudêncio. [cf. p. 199]

Será que ela vai se confessar com aquele galante vigário? [cf. p. 178]

Cena final: A manifestação popular: a cidade e seus problemas [pp. 202-214]

Narrador:
E assim vai caminhando d. Celeste, até chegar ao largo da Trindade. [cf. p. 200]
Parece indecisa. Será que vai ao largo da Pólvora? [cf. p. 201]
Mergulhando em suas lembranças do largo da Trindade, Alfredo distrai-se um pouco. [cf. p. 200]

Alfredo:
De repente, a d. Celeste sumiu.
Por onde será que escapou? Pela Arcipreste? [cf. p. 200]
Ou tomou o rumo do largo da Pólvora? [cf. p. 201]
Corre para lá:
Lá longe, na avenida Nazaré, não é ela que lá se vai?
Vou seguir a minha caça.
Uma multidão de manifestantes se interpõe no caminho de Alfredo.

Alfredo:
Mas assim é impossível! Por que tanta gente na rua? [cf. p. 201]
Tamanha acumulação de pessoas.
O povo está tomando conta da praça.

Faixas e gritos:
Costureiras da Fábrica Aliança. [p. 202]
Sociedade Beneficente dos Funileiros. [p. 203]
Federação das Classes em Construção Civil. [p. 204]
União dos Caldeireiros de Ferro. [p. 204]

Coro: Nós, os Coveiros de Santa Isabel, suspendemos o trabalho!
Queremos pagamento e chega de morrer tanta criança! [p. 204]

Uma mulher *gritando*: As nossas crianças estão morrendo!
Onde estão os doutores desta cidade? [p. 202]

Um homem: O forno da Cremação apagou e o lixo se acumula. [cf. p. 202]
Há montões de lixo pelas ruas da cidade. [cf. p. 203]

Outra mulher: Do lixo vem a praga das moscas que mata as nossas crianças.
 [cf. p. 203]

Coro:
As nossas crianças estão morrendo! [p. 202]
Removam o lixo! Salvem as crianças! [p. 204]
Onde estão os doutores desta cidade? [p. 202]
Estão reunidos no Palácio, com o governador. Preocupados só com a segurança.
[cf. p. 213]

Ouve-se um tropel e relinchar de cavalos.
Gritaria geral: Cuidado: aí vem a cavalaria. A cavalaria! A cavalaria! [cf. p. 214]

Uma mãe: Vão curar a doença mandando carregar as armas contra as mães?
[p. 213]

AGRADECIMENTOS

Pelo apoio recebido para a realização deste estudo e dos trabalhos correlatos, agradeço às seguintes instituições:

– Conselho Nacional de Desenvolvimento Científico e Tecnológico (CNPq), pela bolsa de produtividade em pesquisa, durante o período de 2007 a 2019;
– Núcleo de Altos Estudos Amazônicos (NAEA)/UFPA, pelo apoio ao meu estágio de pesquisa em 2008;
– Escola Estadual de Ensino Fundamental e Médio Dr. Celso Malcher, no bairro de Terra Firme (Belém), pelo apoio à oficina teatral realizada de 2009 a 2014;
– Universidade da Amazônia (Unama), pelo acolhimento de todas as nossas montagens teatrais dos romances de Dalcídio Jurandir, em 2010, 2011, 2012 e 2013;
– DAAD (Serviço Alemão de Intercâmbio Acadêmico), pela bolsa de estudos sobre Alexander von Humboldt, em 2010;
– Lateinamerika-Institut da Freie Universität Berlin, pelo convite, em 2011, para a conferência sobre a Amazônia em Alexander von Humboldt e Dalcídio Jurandir;
– Zentrum für Literatur-und Kulturforschung de Berlim, pelo fomento do projeto de pesquisa e do seminário "Romance e enciclopédia", em 2012;
– Departamento de Teoria Literária e Literatura Comparada da FFLCH/USP, pelo apoio ao seminário "Romances da Amazônia", em 2012;
– Secretaria de Estado de Cultura/Pará, pelo convite para as montagens teatrais dos romances *Os habitantes* e *Chão dos Lobos*, na Feira Pan-Amazônica do Livro, em 2012 e 2014.

Um agradecimento especial aos participantes das montagens teatrais (2009-2014) dos romances de Dalcídio Jurandir, cuja colaboração foi decisiva para eu poder realizar este trabalho: a Regina Guimarães, ex-diretora da Escola Dr. Celso Malcher, pelo apoio dado à nossa oficina teatral; aos professores e professoras Waldinei do Carmo de Souza (coordenador do grupo), Anna Carolina Abreu, Moisés Braga do Nascimento, Nelson Costa Fonseca, Rosana Passos, Rosane de Loiola, Rosineide Brandão e Marinilce Coelho (Escola de Aplicação da UFPA); aos alunos e alunas Ana Daniele Costa Pantoja, Ângelo Araújo, Cristiane Silva, Francivaldo de Aviz Araújo, Gabriela Gomes, Gilvan Kapela Jr., Keterson Pereira, Lucas Ferreira, Marcele Melo, Mirlene Araújo, Natália Cavalcante, Nayra Campos, Thainara Socorro e Wallace Gonçalves da Silva; e a Francisco Batista, do bairro de Terra Firme, por ter estabelecido o contato com esse grupo de professores e alunos.

Agradeço também aos professores e professoras que foram os meus interlocutores durante a elaboração

– Edna Castro, Rosa Acevedo Marin, Saint-Clair Trindade Jr. e Simaia Mercês (todos do NAEA/UFPA);
– Agenor Sarraf Pacheco, Benedito Nunes (*in memoriam*), Ernani Chaves, Gunter Pressler, Haroldo Baleixe, Luís Heleno Montoril Del Castilo, Maria do Socorro Simões, Marlí Tereza Furtado e Sílvio Holanda (de vários institutos da UFPA);
– Alexandre Martins de Lima, Célia Jacob, Francisco Cardoso, Marcus Leite, Neusa Pressler (*in memoriam*), Paulo Nunes e Rosa Assis (Unama, Belém);
– Josebel Akel Fares (UEPA, Belém);
– Angelina da Costa Rodrigues, Helton Malato e Raimundo Tadeu Gama (das escolas de Ponta de Pedras e Cachoeira do Arari, na ilha de Marajó);
– Renan Freitas Pinto e Selda Vale da Costa (UFAM, Manaus);
– Allison Leão (UEA, Manaus);
– Luciana Marino do Nascimento (UFRJ);
– Paulo Astor Soethe (UFPR, Curitiba);
– Alexandre Flory (Universidade Estadual de Maringá);
– Davina Marques (Instituto Federal de Educação, Ciência e Tecnologia de São Paulo);
– Eduardo Marandola Jr. (Unicamp);
– Antonio Candido (*in memoriam*), Fabiana Carelli, Jorge de Almeida e Neli de Mello-Théry (USP);
– Juliana Cibim (Instituto Democracia e Sustentabilidade);
– Susanne Klengel (Freie Universität Berlin);
– Stefan Willer (Zentrum für Literatur- und Kulturforschung, Berlim);
– Oliver Lubrich (Universität Bern).

Agradeço, ainda, às seguintes pessoas em Belém:
Adriana Lima (professora da Escola Barão do Rio Branco e coordenadora do projeto "Dalcídio Jurandir nas Escolas"), Alan Kardek Guimarães (pela filmagem do documentário *Os Tucumãs – contadores de Dalcídio Jurandir*); Alípio de Nazaré (pelas filmagens das nossas apresentações teatrais), Carlos Pará (editor da revista *PZZ*), Edmilson Brito Rodrigues (prefeito de Belém, 1997 – 2004), Elisabeth Pessoa, Eurico Alves (Companhia de Desenvolvimento e Administração da Área Metropolitana de Belém), Giovanni Gallo (criador do Museu do Marajó, *in memoriam*), João Meirelles Filho, Michel Pinho, Miguel Chikaoka, Patrick Pardini, Ricardo Massoud e Stella Pessoa (*in memoriam*);

e finalmente, em São Paulo:
a Adélia Bezerra de Meneses, Cristianne Lameirinha, Joaci Pereira Furtado, Pedro Bolle e, *last but not least*, pelo apoio integral durante todo este percurso: a Fátima Monteiro.

CRÉDITO DAS IMAGENS

Todas as fotos por Willi Bolle

Imagem 25 Gilvan Capela Jr.

Imagem 26 Rosane de Loiola

Imagem 28 Ângelo Araújo, Rosana Passos, Wallace Gonçalves da Silva, Gilvan, Waldinei do Carmo de Souza

Imagem 29 Wallace, Ângelo, Keterson Neves Pereira

Imagem 30 Waldinei e atores não identificados

Imagem 31 Anna Carolina de Abreu, Rosane, Wallace

Imagem 33 Gilvan, Gabriela Gomes, Lucas Ferreira

Imagem 34 Nayra Campos, Cristiane Silva Vieira, Thainara Socorro, Wallace, Lucas Ferreira, Gilvan, Keterson

Imagem 35 Rosana, Rosineide Brandão

Imagem 36 Alan Kardek Guimarães, Rosane, Wallace, Regina Guimarães, Gleidson Andrade, Lucas Corrêa Melo, João Batista Nobre

SOBRE O AUTOR

Willi Bolle nasceu em 1944, na Alemanha. Em 1966 veio para o Brasil, para estudar o país à luz do romance *Grande sertão: veredas*. Em 1968 fez a licenciatura em Letras na Universidade de São Paulo, e em 1971, o doutorado na Universidade de Bochum, Alemanha, com uma tese sobre a técnica narrativa nos contos de Guimarães Rosa. Desde 1977 é professor de Literatura Alemã na USP, professor titular desde 1990. Foi professor convidado na Stanford University, na Freie Universität Berlin, na Unicamp, na UFPE (Recife) e na UFPA (Belém). É também ator formado pela Escola de Arte Dramática da USP. Entre 2009 e 2014 realizou adaptações teatrais de romances de Dalcídio Jurandir, com um grupo de professores e alunos da periferia de Belém. Por esse trabalho lhe foi outorgado, em 2014, pela Assembleia Legislativa do Estado do Pará, o título honorífico de "Cidadão do Pará". Publicou, entre outros, os livros *Fisiognomia da Metrópole Moderna: Representação da História em Walter Benjamin* (Edusp) e *grandesertão.br: o romance de formação do Brasil* (Duas Cidades e Editora 34).

Fonte Pona e Voir
Papel Pólen Soft 70 g/m²
Impressão Gráfica e Editora Pifferprint Ltda.
Data Fevereiro de 2020